Coaching Empresarial & Mentoria Para leigos

Quando se é coach empresarial ou mentor, há muito com o que lidar, e é possível que esse seja um voo solo. Como manter todos os aspectos de sua atividade progredindo? Use as dicas rápidas desta Folha de Cola para conseguir transitar pelo mundo do coaching empresarial e da mentoria.

CHECKLIST DA SESSÃO

Como tudo na vida, as sessões de coaching empresarial e mentoria têm início, meio e fim. Use esta lista como um guia rápido para ajudar você e seus clientes a tirarem o máximo de suas sessões de coaching e mentoria.

- Antes da sessão
    - Revise as notas anteriores
    - Prepare notas pessoais para manter o controle
    - Concentre-se na sessão seguinte e limpe sua mente
- Ao final da sessão
    - Observe as principais questões e modelos usados na sessão
    - Verifique quais modelos funcionaram e a noção do cliente do que funcionou na sessão
- Depois da sessão
    - Tome nota dos pontos de ação a serem concluídos e quaisquer questões propostas para a sessão seguinte
    - Complete o histórico de coaching/mentoria

Coaching Empresarial & Mentoria Para leigos

TÓPICOS PARA MANTER SUA ATIVIDADE DE COACHING NOS TRILHOS

Provavelmente, você entrou no coaching empresarial porque gosta de ajudar as pessoas a resolverem problemas e crescerem em suas carreiras e relações profissionais. O que você talvez não esperasse eram todas as tarefas administrativas que surgem ao gerenciar a própria atividade. Isso mesmo!

Veja algumas perguntas a se fazer no início ou fim de cada mês. Estas perguntas darão suporte e o farão crescer em sua atividade.

- Perguntas sobre o fluxo de caixa
    - As faturas foram emitidas e estão atualizadas?
    - Os comprovantes de pagamento das faturas estão no banco?
    - As faturas dos fornecedores foram pagas dentro dos termos acordados?

- Perguntas sobre o perfil empresarial
    - O site e as mídias sociais estão atualizados com todos os softwares/plugins e mudanças pessoais/do negócio?
    - Quais reuniões de networking ou eventos de treinamento estão planejados na agenda?

- Perguntas sobre questões de pessoal
    - Quais reuniões individuais e em grupo estão planejadas para o mês?
    - Os pagamentos para associados e equipe interna estão liquidados e alinhados com os comprovantes?
    - As sessões de desenvolvimento e coaching/supervisão internas estão planejadas e/ou concluídas?

Coaching Empresarial & Mentoria

Para leigos

Coaching Empresarial & Mentoria
para leigos

Tradução da 2ª Edição

Marie Taylor e Steve Crabb

ALTA BOOKS
EDITORA
Rio de Janeiro, 2019

Coaching Empresarial & Mentoria Para Leigos® — Tradução da 2ª Edição
Copyright © 2019 da Starlin Alta Editora e Consultoria Eireli. ISBN: 978-85-508-0862-8

Translated from original Business Coaching & Mentoring For Dummies®, Copyright © 2017 by John Wiley & Sons, Inc. ISBN 978-1-119-36392-7. This translation is published and sold by permission of John Wiley & Sons, Inc., the owner of all rights to publish and sell the same. PORTUGUESE language edition published by Starlin Alta Editora e Consultoria Eireli, Copyright © 2019 by Starlin Alta Editora e Consultoria Eireli.

Todos os direitos estão reservados e protegidos por Lei. Nenhuma parte deste livro, sem autorização prévia por escrito da editora, poderá ser reproduzida ou transmitida. A violação dos Direitos Autorais é crime estabelecido na Lei nº 9.610/98 e com punição de acordo com o artigo 184 do Código Penal.

A editora não se responsabiliza pelo conteúdo da obra, formulada exclusivamente pelo(s) autor(es).

Marcas Registradas: Todos os termos mencionados e reconhecidos como Marca Registrada e/ou Comercial são de responsabilidade de seus proprietários. A editora informa não estar associada a nenhum produto e/ou fornecedor apresentado no livro.

Impresso no Brasil — 1ª Edição, 2019 — Edição revisada conforme o Acordo Ortográfico da Língua Portuguesa de 2009.

Obra disponível para venda corporativa e/ou personalizada. Para mais informações, fale com projetos@altabooks.com.br

Produção Editorial Editora Alta Books	Produtor Editorial Thiê Alves	Marketing Editorial marketing@altabooks.com.br	Vendas Atacado e Varejo Daniele Fonseca Viviane Paiva	Ouvidoria ouvidoria@altabooks.com.br
Gerência Editorial Anderson Vieira		Editor de Aquisição José Rugeri j.rugeri@altabooks.com.br	comercial@altabooks.com.br	
Equipe Editorial	Adriano Barros Bianca Teodoro Ian Verçosa	Illysabelle Trajano Juliana de Oliveira Keyciane Botelho	Kelly Oliveira Maria de Lourdes Borges Paulo Gomes	Thales Silva Thauan Gomes
Tradução Jana Araujo	Copidesque Eveline Vieira Machado	Revisão Gramatical Carolina Gaio Thaís Pol	Revisão Técnica Ronaldo Roenick	Diagramação Joyce Matos

Erratas e arquivos de apoio: No site da editora relatamos, com a devida correção, qualquer erro encontrado em nossos livros, bem como disponibilizamos arquivos de apoio se aplicáveis à obra em questão.

Acesse o site www.altabooks.com.br e procure pelo título do livro desejado para ter acesso às erratas, aos arquivos de apoio e/ou a outros conteúdos aplicáveis à obra.

Suporte Técnico: A obra é comercializada na forma em que está, sem direito a suporte técnico ou orientação pessoal/exclusiva ao leitor.

A editora não se responsabiliza pela manutenção, atualização e idioma dos sites referidos pelos autores nesta obra.

Dados Internacionais de Catalogação na Publicação (CIP) de acordo com ISBD

T238c   Taylor, Marie

           Coaching Empresarial & Mentoria Para Leigos / Marie Taylor, Steve Crabb. - 2. ed. - Rio de Janeiro : Alta Books, 2019.
           416 p. : il. ; 17cm x 24cm. – (Para Leigos)

           Tradução de: Business Coaching & Mentoring For Dummies
           Inclui índice
           ISBN: 978-85-508-0862-8

           1. Administração. 2. Coaching Empresarial. 3. Mentoria. I. Crabb, Steve. II. Araujo, Jana. III. Título. IV. Série.

                                                          CDD 658
2019-599   CDU 65

Elaborado por Vagner Rodolfo da Silva - CRB-8/9410

Sobre os Autores

Marie Taylor foi coach executiva, palestrante e facilitadora de conhecimento e aprendizado. Ela iniciou sua atividade bem-sucedida de consultoria e coaching em 2002, e foi coach por mais de 18 anos. Trabalhou em outros países, apoiando líderes e suas organizações para terem sucesso.

Marie é pós-graduada em Coaching e Consultoria, é membro do *Chartered Institute of Personnel and Development* (CIPD), treinadora master em programação neurolinguística (PNL) e hipnoterapeuta. Também possui diploma de honra e mestrado em Negócios pela Universidade de Cambridge. Facilitadora e treinadora experiente, trabalhou com grupos de liderança no governo britânico, em startups de tecnologia e ciência, organizações profissionais, corporações internacionais, TV, artes e empreendimentos sem fins lucrativos. Ela comandou um programa bem-sucedido de *leader-as-coach* (líder como coach), treinando líderes sobre como integrar habilidades práticas de coaching à gestão diária. Marie foi uma aprendiz completa e pragmática. Escreveu livros sobre pensamento, desenvolvimento de carreira e eneagrama.

Sua filosofia de coaching resume-se da seguinte forma: "A possibilidade é a base da experiência humana. Nossa verdadeira intenção é o que mais importa. Viver com um propósito é a melhor maneira de ter uma vida significativa."

Infelizmente, a significativa vida de Marie foi interrompida enquanto este livro estava sendo revisado.

Steve Crabb é empreendedor e coach empresarial, e aplicou sua experiência profissional em coaching e negócios para trabalhar com indivíduos e organizações, promovendo mudanças rápidas e duradouras em nome da excelência dos negócios. Especializado em gerenciamento de estresse e crescimento de negócios, Steve prepara e treina organizações, equipes e indivíduos para superar as próprias expectativas.

Steve foi diretor de duas empresas multimilionárias e teve negócios nas áreas de construção, TI, varejo e treinamento. Durante sua carreira empresarial, ele reconheceu o valor de uma atitude sem estresse na vida e a importância de estar apto a vender, o que levou à sua especialização em coaching e treinamento de clientes em vendas e gestão de estresse.

Steve é treinador master em programação neurolinguística (PNL), foi treinador-chefe do Dr. Richard Bandler (cocriador da PNL) e do autor best-seller e guru de desenvolvimento pessoal Paul McKenna. Crabb foi responsável por selecionar e treinar suas equipes britânicas de PNL. Ele é coach transformador master certificado e hipnoterapeuta clínico qualificado. Combina PNL, coaching e hipnose em seu trabalho com indivíduos e grupos para gerar mudanças intensas e profundas nos clientes.

Sua carreira em coaching já dura aproximadamente 20 anos, nos quais trabalhou individualmente com milhares de clientes, incluindo famosos profissionais dos esportes, celebridades da mídia, indivíduos de alta performance, empreendedores mundialmente renomados e empresas.

Sua filosofia de coaching pode ser resumida na máxima: "Usar a PNL, o coaching e a hipnose para fazer o impossível parecer possível; o possível, parecer fácil e o fácil tornar-se natural e simples."

Dedicatória

Venho de várias gerações de pessoas com a profissão de *mascate* (empreendedores sem capital e com muitas ideias de empreendimento) em suas certidões de casamento e óbito. Este livro é para elas, particularmente para o meu avô Thomas Taylor (1902–1973), que faleceu quando eu era criança. Sua descrição de como fazer um negócio sempre esteve comigo: "O que as pessoas querem comprar, pelo que pagarão e você quer vender?"

— MARIE TAYLOR

Dedico este trabalho à minha coautora, Marie Taylor, que faleceu tragicamente em fevereiro de 2017. Ela era uma das pessoas mais gentis que já conheci, com um senso de humor fantástico. Queria sempre compartilhar seu grande conhecimento em coaching e negócios sem restrições. Tenho orgulho de ter sido seu amigo e ter trabalhado com ela escrevendo este livro. A profundidade de seu conhecimento e sua generosidade vivem nestas páginas.

— STEVE CRABB

Agradecimentos dos Autores

Marie: Agradeço aos meus adoráveis clientes, que nunca deixaram de me surpreender. Agradeço à minha maravilhosa e excêntrica família — Kathy, Keely, Claire, Nathan, Josh, Oscar, Scarlet, Daisy, Nancy, Colin, Andy e Marie —, que foram meus melhores professores na vida. Agradeço aos meus próprios coaches, que fizeram brilhar a luz e caminharam comigo por lugares nos quais outros temeram pisar; em particular, à adorável Mandy Evans, em Palm Springs, cujas sabedoria, intuição e habilidade desconhecem limites. Agradeço à *Business School* da Universidade de Cambridge por me manter engajada e me ensinar o que sei sobre as realidades dos negócios, mais do que imaginava em 2001. Não menos importante, agradeço aos meus maravilhosos amigos, que têm sido eternamente pacientes comigo, entendendo minhas ausências em função dos prazos do livro e por me apoiarem como uma pessoa que ama as palavras. Não menos importante, agradeço ao meu amigo e coautor, Steve, que sobreviveu a essa montanha-russa comigo, apesar de sua relação tensa com o apóstrofo e da minha com a vírgula.

Agradeço à Wiley por encomendar este livro. Bajulação é subestimada, e gostei secretamente de ser cortejada e persuadida a escrevê-lo. Agradeço muito a Mark Ryan, diretor de talentos globais da Wiley, pela sugestão original. Agradeço a Steve Edwards, por seu apoio inicial; e a Annie Knight, por nos fazer agir. Agradeço, em particular, a Vicki Adang, a editora da primeira edição deste livro, que mostrou uma incrível paciência com duas pessoas ocupadas enviando capítulos de aviões, trens e mesas de vários lugares do mundo. Sou grata por seu apoio para a navegação do formato da *Para Leigos*, por notar o uso excessivo de infinitivos e o uso inapropriado do ponto e vírgula.

Steve: Este livro foi uma jornada pessoal de exploração e descoberta sobre dois assuntos que me trazem muita alegria na vida: negócios e coaching. Sem minha coautora, Marie Taylor, que me ligou para perguntar se eu estava interessado em escrever junto com ela, eu nunca teria tido a oportunidade de me deliciar dedicando tanto tempo a esses assuntos. Obrigada, Marie.

Sem a equipe da Wiley, haveria muito mais frases com minha pontuação aleatória, e algumas das minhas ideias não teriam feito tanto sentido quanto fazem agora. Agradeço em especial a Vicki Adang, a editora da primeira edição deste livro; a Elizabeth Kuball, que fez essa edição revisada; e a Tracy Boggier. Obrigado por sua infinita paciência, orientação e disponibilidade gentis, porém firmes, ao continuar me pedindo para reescrever mais claramente.

Há dois grupos de pessoas sem as quais eu nunca teria sido capaz de compartilhar o que compartilhei nestas páginas. Primeiro, as pessoas incrivelmente capazes e talentosas com quem tive o privilégio de estudar e treinar, em especial Paul McKenna, Dr. Richard Bandler, John e Kathleen LaValle, e Michael

Neill. Todos me apoiaram, deram-me oportunidades de trabalhar com eles, continuando a aprender e a crescer; sempre serei grato.

O segundo grupo que deve ser reconhecido são meus clientes e protegidos. Sem eles, eu nunca teria tido a oportunidade de desenvolver minha prática de coaching. Agradeço por estarem dispostos a confiar em mim como seu coach e por estarem dispostos a tentar algumas coisas loucas que as pessoas pedem para fazer. Há loucura nos métodos.

Por último, mas não menos importante, agradeço à minha família e aos meus amigos, que tiveram que me aguentar quando eu me trancava por horas e pedia para não ser perturbado, especialmente Dani, Nat e Ben, que agora têm seu tempo com o papai de volta.

Sumário Resumido

Introdução 1

Parte 1: Começando com Coaching Empresarial e Mentoria 5

CAPÍTULO 1: Navegando pelo Mundo do Coaching e da Mentoria 7

CAPÍTULO 2: Defendendo Coaching e Mentoria............................ 27

CAPÍTULO 3: Desenvolvendo a Base de Conhecimentos e Habilidades de um Coach e Mentor............................ 45

CAPÍTULO 4: Avaliando as Necessidades do Cliente Antes do Coaching.......... 69

Parte 2: Construindo a Mentalidade do Líder 91

CAPÍTULO 5: Gerenciando o Mundo Interior dos Pensamentos e Emoções 93

CAPÍTULO 6: Por que "Fiz do Meu Jeito" Não É o Melhor Epitáfio 121

CAPÍTULO 7: Orientando Clientes em Seus Pontos Cegos 139

Parte 3: Coaching e Mentoria para uma Empresa nos Trilhos 163

CAPÍTULO 8: Contando uma História Convincente nos Negócios.............. 165

CAPÍTULO 9: Ajudando Clientes a Avaliar Objetivamente Suas Empresas 189

CAPÍTULO 10: Desenvolvendo Visão, Missão e Valores 205

CAPÍTULO 11: Transformando Visões em Planos Viáveis....................... 227

CAPÍTULO 12: Mentoria para Sucesso Pessoal e Empoderamento.............. 251

Parte 4: Criando uma Identidade Bem-sucedida 271

CAPÍTULO 13: Desenvolvendo Sua Marca................................. 273

CAPÍTULO 14: Desenvolvendo Relações em Todos os Níveis 297

CAPÍTULO 15: Orientando para Engajar, Informar e Influenciar................. 323

Parte 5: A Parte dos Dez................................. 349

CAPÍTULO 16: Dez Recursos Online para Maior Eficácia 351

CAPÍTULO 17: Dez Dicas para Líderes que São Coaches ou Mentores 359

CAPÍTULO 18: Dez Dicas para Líderes que Contratam um Coach Empresarial ... 371

CAPÍTULO 19: Dez Perguntas para Manter uma Empresa nos Trilhos.......... 377

Índice.. 385

xii   Coaching Empresarial & Mentoria Para Leigos

Sumário

INTRODUÇÃO 1

Sobre Este Livro 1

Penso que... 2

Ícones Usados Neste Livro 3

Além Deste Livro 4

De Lá para Cá, Daqui para Lá 4

**PARTE 1: COMEÇANDO COM COACHING
EMPRESARIAL E MENTORIA** 5

**CAPÍTULO 1: Navegando pelo Mundo do Coaching
e da Mentoria** 7

Benefícios Empresariais de Coaching e Mentoria 8

Definindo Coaching e Mentoria 9

Coaching é a arte da cocriação 9

Mentoria é a arte de dar sábios conselhos 11

Distinguindo coaching e mentoria de terapia 11

Distinguindo o Coaching Empresarial dos Outros Tipos 14

Coaching empresarial exige uma compreensão do negócio . . . 14

Coaching líderes para fazerem diferença 17

Preparando-se para Ajudar Outras Pessoas no
Contexto Empresarial 18

Escolhendo um coach ou um mentor 20

Tornando-se coach ou mentor empresarial 21

Estando do Outro Lado como Coachee ou Mentorado 22

Entendendo as Exigências Profissionais 23

CAPÍTULO 2: Defendendo Coaching e Mentoria 27

Assumindo o Papel de Educador 28

Valorizando a Observação Externa em Empresas 29

Mostrando que a perspectiva do coach importa 29

Sabendo como a perspectiva alimenta a mudança 30

Entendendo a teoria no nível da construção 30

Levando um cliente a um momento de iluminação 34

Identificando o Retorno sobre Investimento do Cliente 34

Vendendo benefícios 35

Fazendo uma análise de custo-benefício 36

Mensurando e monetizando 38

Medindo os benefícios ocultos, que os clientes não veem 39

Investindo agora para um retorno futuro 40

Esticando o Orçamento 42

Adicionando Valor ao Treinar Líderes 42

Sumário **xiii**

CAPÍTULO 3: Desenvolvendo a Base de Conhecimentos e Habilidades de um Coach e Mentor 45

As Diferenças entre Coaching e Mentoria 46
  Conjunto de habilidades do coaching...................... 47
  A mentalidade da mentoria........................... 47
Habilidades de Coaching e Mentoria........................... 48
  Estar presente para a sessão 48
  Escuta ativa 49
  Por que o coaching raramente trata do primeiro problema na conversa...................... 50
  Fazendo sua tarefa de casa e desenvolvendo conhecimento empresarial relevante.................... 51
Estruturando a Sessão com o Cliente 52
  Entrando na atitude mental certa 52
  A contratação cria clareza no relacionamento 52
  A sessão de contratação 53
  Criando o ambiente certo 54
  Conheça suas limitações 55
Usando Modelos em Coaching e Mentoria 57
  O modelo CLEAR................................. 58
  Modelo de coaching focado em solução 60
  Um modelo para mentoria 61
  Desenvolvendo flexibilidade na utilização de modelos e ferramentas 64
Trabalhando em Circunstâncias Particulares................... 64
  Coaching e mentoria via telefone, web e e-mail 65
  Trabalho inter e multicultural 67

CAPÍTULO 4: Avaliando as Necessidades do Cliente Antes do Coaching 69

Criando Programas para Fazer Coaching e Mentoria em Organizações 70
  Descobrindo o que a organização quer e precisa 71
  Trabalhando com gestão de talentos e planejamento de sucessão.................................... 76
  Dando suporte a coaches e mentores 77
Fazendo o Coaching dos que Querem Ser Donos de Empresas e Startups 78
  Ajudando startups a verem o valor do coaching............. 78
  Buscando áreas para focar 79
  Guiando o faz-tudo e o limitado...................... 81
Ajudando Empresas Familiares a Sobreviver e Prosperar........ 82
  Sabendo onde o suporte é mais útil 83
  Desenvolvendo o legado 83
  Mantendo a empresa profissional..................... 84
Desenvolvendo "Intraempreendedores" Dentro das Organizações 85
  Criando espaço para inovação........................ 86

Transformando o catalisador de uma ideia em realidade......87
Trabalhando com Empresas de Caráter Social..................88
Conhecendo tipos e composições..........................88
Identificando os desafios da empresa 89

PARTE 2: CONSTRUINDO A MENTALIDADE DO LÍDER .. 91

CAPÍTULO 5: Gerenciando o Mundo Interior dos Pensamentos e Emoções......................93

Entendendo o Pensamento Humano..........................94
Nós somos o que pensamos 95
Nós nos tornamos o que praticamos 96
Escolhendo o Estado Mais Apropriado para Cada Momento......98
Notando os efeitos de um estado emocional negativo........98
Analisando o Modelo Comportamental de Estado...........99
Trabalhando com os quatro estados de luta e fuga.........100
Sabendo que respirar é a melhor escolha.................102
Parecer totalmente deprimido é uma péssima escolha 104
Se as coisas não estão melhorando, olhar para cima ajuda...105
Mudando o Diálogo Interno 107
Entendendo que não é o que você diz, mas como..........108
Fazendo o ridículo parecer ridículo....................109
Ser mais gentil e mais legal importa 111
Criando Imagens Mentais Significativas 112
Tomando distância da situação 113
Focando isso, não aquilo.............................115
Transformando o Mundo Interno com Meios Externos.........116
Identificando quando a terapia é a resposta...............117
Usando a atenção plena, a meditação
e o oculto para dar suporte ao negócio..................117

CAPÍTULO 6: Por que "Fiz do Meu Jeito" Não É o Melhor Epitáfio....................................121

Reconhecendo que a Inflexibilidade às Vezes Leva à Extinção....122
Sabendo que a inovação de processos e produtos
exige uma liderança adaptável........................123
Verificando o apetite pelo risco para diminuir ou
aumentar a ambição 124
Disposição para Pedir Ajuda Quando Estiver Fora de Sua Alçada.127
Implementando o Pensamento Certo para o Problema Certo....130
Pensando com propósito 130
Exercitando o pensamento............................131
Buscando certeza quando a ambiguidade pode
criar algo maravilhoso 133
Desenvolvendo Perspectivas Alternativas.....................133
Considerando estilos de liderança.....................134
Aplicando contribuições da liderança na empresa..........135

CAPÍTULO 7: Orientando Clientes em Seus Pontos Cegos ...139

Pré-estruturando a Conversa de Coaching 140
Superando Barreiras Comuns 142
    Trabalhando na disposição para aprender 142
    Indo além da zona de conforto 144
    Identificando os inimigos do aprendizado 145
Lidando com Funções e Percepções que Contribuem
  para a Cegueira.................................147
    Controlando o ego 147
    Disciplinando a excentricidade......................149
    Distanciando a empatia...........................151
Neutralizando Dramas que Turvam a Visão...................152
    Indo além do pensamento reativo.....................153
    Desistindo dos papéis dramáticos....................154
    Lidando com a incapacidade aprendida.................156
    Encontrando significado no medo.....................158
Elucidando a Incoerência..............................161

PARTE 3: COACHING E MENTORIA PARA UMA EMPRESA NOS TRILHOS...........................163

CAPÍTULO 8: Contando uma História Convincente nos Negócios.................................165

Entendendo o Valor da História da Empresa..................166
    Reconhecendo como uma empresa transmite sua história...166
    Sabendo que histórias um negócio conta 168
    Analisando quem responde às histórias 169
Ajudando o Cliente a Criar o Roteiro......................171
    Guiando o cliente por um exercício exploratório 172
    O importante é "como você conta" 173
Distinguindo Fatos de Opiniões 176
    Refletindo sobre os mapas da realidade 178
    Fazendo perguntas adequadas 180
    Eliminando supressões, distorções e generalizações 181
    Bancando o detetive mestre para separar
      opinião e realidade.............................184
Dando Feedback sobre a História Empresarial 185

CAPÍTULO 9: Ajudando Clientes a Avaliar Objetivamente Suas Empresas.................................189

Testando os Alicerces da Empresa 190
Aplicando o Pensamento Estratégico 190
Simplificando o Complicado 194
    Usando um quadro parapassear pela empresa............194
    Trabalhando com uma lupa 195
Determinando Onde o Melhor Trabalho de Mentoria
  Começa e Termina 199
Desenvolvendo Confiança e Avaliação Honesta com o Feedback ..199

Encorajando clientes a se tornar receptivos ao
feedback regular...................................200
Usando feedback para avançar 200
Aprendendo com o Espetacular Sucesso dos Outros 201
Mentoria em uma Pequena Organização.....................201

CAPÍTULO 10: **Desenvolvendo Visão, Missão e Valores** 205

Alinhando Quem Você É com a Empresa em que Está 206
Revelando o que É Realmente Importante....................206
Definindo o como e o porquê de sua empresa.............207
Evitando que a história o pare 207
Verificando seu *locus* de controle 208
Esclarecendo o que você valoriza e o que quer 210
Ajudando uma Empresa a Criar Valores Operacionais 213
Orientando líderes empresariais a identificar valores 214
Dando consistência às declarações de valores............216
Criando uma Visão Inspiradora com o Modelo de Níveis Lógicos...218
Identificando os seis níveis 219
Usando o modelo dos Níveis Lógicos 222
Engenharia reversa do futuro.........................224
Comunicando a Visão.................................224
Exemplos de Declarações de Visão e Valores 225
Federação Internacional da Cruz Vermelha...............225
Fusion Optix.......................................225
JPMorgan Chase & Co...............................225

CAPÍTULO 11: **Transformando Visões em Planos Viáveis** 227

Criando um Plano Adequado ao Propósito 228
Regras de mentalidade do planejamento..................229
Explorando opções.................................231
Revelando o que pode parar ou descarrilar o plano 236
Conseguindo comprometimento e adesão honestos 239
Apontando quando é a hora certa 240
Atribuindo Recursos ao Plano............................241
Fazendo as malas para a viagem 242
Conhecendo a rota e indo na direção certa 245
Programando quando parar e reabastecer.................246
Agindo e Revisando o Plano 246
Reunindo e repassando feedback......................247
Verificando se o plano está nos trilhos..................247
Sabendo quando é bom parar.........................248
Reconhecendo um trabalho bem-feito...................249

CAPÍTULO 12: **Mentoria para Sucesso Pessoal e Empoderamento**.................................251

Sendo um Ótimo Mentor de Liderança....................252
Desafiando as Ilusões do Sucesso........................253
Sucesso e cultura 254

Sucesso não é um destino 255
Explorando a Verdadeira Natureza do Sucesso 255
Lidando com as Armadilhas do Sucesso do Tipo "Eu Deveria" . . .257
Por que considerar crenças limitantes na mentoria?. 259
Encontrando uma estratégia para analisar e eliminar
crenças limitantes. 260
Identificando as Qualidades Comuns dos Grandes Líderes 263
Parecendo e se comportando como líder 264
Adaptando seu estilo para criar seguidores 266
Permitindo que Outros Liderem. 268
Permitindo liderança através de gerações. 268
Fazendo mentoria de líderes millennials 269

PARTE 4: CRIANDO UMA IDENTIDADE BEM-SUCEDIDA 271

CAPÍTULO 13: Desenvolvendo Sua Marca 273

Que Entre a Marca Pessoal 274
Definindo o que Funciona 275
Construindo uma Marca com Propósito. 277
Definindo seu propósito 277
Mantendo sua empresa intacta e seus valores nos trilhos. . . .279
Olhando no Espelho da Autocrítica 282
Cultivando as qualidades de excelência da marca 282
Tornando-se um novo você 283
Apresentando-se com Estilo e Conteúdo 284
Reconhecendo Quando a Incoerência Ataca. 285
Valorizando o que Tem para Oferecer 286
Percebendo seu valor 286
Seguindo um modelo de seis passos 288
Posicionando sua marca 289
Ajustando seu termostato financeiro 290
Promovendo-se com uma Humildade Desavergonhada. 292
Acendendo a Luz Quando Entrar na Sala, Não Quando Sair 293
Deixando um Legado 294

CAPÍTULO 14: Desenvolvendo Relações em Todos os Níveis . . 297

Relacionando-se Bem Consigo Mesmo. 298
Estabelecendo a Base. 298
Passo 1: Formando o mapa pessoal 298
Passo 2: Identificando altos e baixos. 299
Passo 3: Descobrindo o progresso desejado 300
Trabalhando em Si Mesmo 300
Sendo autêntico 301
Permanecendo no jogo 301
Começando forte e evitando carência 302
Cultivando Relações com Clientes 304

xviii   Coaching Empresarial & Mentoria Para Leigos

Verificando comprometimento e desejo 304
Exemplo de caso de como verificar
o comprometimento com metas. 305
Gerenciando Relações com Interessados e Patrocinadores. 307
Gerenciando relações com interessados. 308
Comunicação em situações triangulares 310
Patrocinando uma intervenção de coaching 311
Construindo uma Colaboração Sinérgica. 312
Criando sinergia e empreendedorismo em série 312
Crescendo em sabedoria e criando valor. 313
Networking É um Depósito no Banco Cármico 314
Construindo Confiança e Reconstruindo a Confiança Perdida. . . . 317
Desenvolvendo confiança a nível organizacional 317
Resolvendo conflito e evitando destruição
mutuamente assegurada 319
Ter a Coragem de Desapegar 320

CAPÍTULO 15: **Orientando para Engajar,
Informar e Influenciar**. 323

Entendendo a Importância da Comunicação Efetiva 324
Comunicando Mais Rápido que a Velocidade
do Pensamento Consciente 325
Entendendo Por que as Pessoas Dizem Sim 327
Se Tiver Necessidade de Influenciar,
Você Precisa Fazer Todo o Trabalho. 329
Navegando pelo Cenário Político 329
Influenciando Eticamente e Persuadindo para Ter Resultados . . . 332
São Precisos Dois para Influenciar. 333
Prestando atenção 333
Escutar ativamente. 334
Desenvolvendo consonância 336
Escolhendo palavras que podem, devem e
vão fazer a diferença 342
Se Não Consegue os Resultados Desejados,
Mude Sua Comunicação 346

PARTE 5: A PARTE DOS DEZ. 349

CAPÍTULO 16: **Dez Recursos Online para Maior Eficácia**. 351

Steve Crabb 352
Listas de Leitura de Negócios. 352
iTunes U 353
YouTube 353
Podcasts 354
Blogs 354
TED Talks. 355
Twitter 355
Facebook. 356
Vídeos Complementares a Este Livro 357

CAPÍTULO 17: Dez Dicas para Líderes que São Coaches ou Mentores 359

Desenvolva Talentos Naqueles que Lidera. 360
Venda Mais do que Fale. 361
Identificando a Erva Daninha Antes de Arrancá-la 362
Seja Bom em Fazer Perguntas 363
Seja Específico e Preste Atenção à Sua Linguagem 364
Reconheça o Valor de Desacelerar ou Se Calar. 365
Pese as Diferenças para Fazer a Diferença 366
Crie as Condições Ideais para Fazer Coaching a Distância 367
Apoie Seu Pessoal Durante a Mudança 368
Entenda a Empresa. 369

CAPÍTULO 18: Dez Dicas para Líderes que Contratam um Coach Empresarial 371

Seja Claro sobre Aonde Quer Chegar 372
Aceite Estar Errado 372
Busque um Ponto de Vista Diferente 373
Crie as Bases 373
Foque Conteúdo em Vez de Estilo. 374
Encontre o Mais Adequado à Sua Empresa. 374
Busque Participação dos Interessados 375
Evite o Coaching Tamanho Único. 375
Administre Suas Expectativas 376
Ponha os Pingos nos Is. 376

CAPÍTULO 19: Dez Perguntas para Manter uma Empresa nos Trilhos 377

O que Criaríamos se Fosse Possível?. 378
Por que Fazemos Isso?. 378
O que Richard Branson Faria?. 380
O que É um Caminho Melhor? 380
Ainda Somos as Pessoas Certas para Fazer Isso?. 381
Estamos Ocupados Sendo Ocupados?. 381
O que Podemos Fazer para Otimizar ou Simplificar?. 382
Estamos Indo na Direção Certa?. 383
O que Precisamos Parar de Fazer? 383
Ainda Estamos em Sintonia?. 384

ÍNDICE 385

Introdução

Antes, quando os donos de empresas diziam aos colegas que tinham coaches ou mentores, ouviam: "Por que precisa de um coach? O que há de errado com você?" O pensamento costumava ser que se você tem um coach, deve ter problemas que não consegue resolver por si só. Enquanto isso, nos esportes e nas artes, há muito tem sido uma prática comum para atletas de alto nível ter coaches psicólogos e de performance, e as estrelas dos palcos e das telas têm coaches de voz e atuação.

Felizmente, nos últimos 15 ou 20 anos, a conversa sobre coaching nos negócios mudou. Líderes empresariais experientes estão aproveitando os benefícios de ter um coach ou mentor profissional. É comum que tais líderes perguntem uns aos outros: "Você conhece um coach ou mentor empresarial bom?", como fariam a respeito de qualquer outro profissional, como um contador. Coaching e mentoria empresariais estão sendo vistos cada vez mais como serviços profissionais essenciais.

Uma das razões para a crescente demanda de coaching e mentoria empresariais profissionais é que o panorama de negócios atual está mudando mais rapidamente do que nunca. Quem teria imaginado 20 anos atrás as transformações provocadas pela tecnologia, o surgimento das economias chinesa e indiana, os efeitos globais da crise de crédito, a recessão e a depressão da última década? Muito mudou. Coaching empresarial trata de mudanças, lidar com elas e auxiliar clientes a apresentarem e se adaptarem a mudanças políticas, econômicas, sociais e tecnológicas. Coaching empresarial apoia líderes empresariais para criarem negócios que floresçam e prosperem. Dificilmente haverá um período mais empolgante para estar nos negócios e ser um coach empresarial. As mudanças no pensamento e nas maneiras como os negócios operam significam ainda mais demanda para ótimos coaches. Você pode encontrar oportunidades para fazer um ótimo trabalho em todo lugar.

Sobre Este Livro

Com uma experiência de coaching combinada de três décadas, nós (Marie e Steve) temos visto as diferenças positivas que um ótimo coaching tem em qualquer negócio. Em *Coaching Empresarial & Mentoria Para Leigos, segunda edição,* compartilhamos um pouco dessa experiência e apresentamos abordagens, ferramentas e técnicas que permitem ser um incrível coach empresarial ou um incrível empresário capaz de lidar com circunstâncias variáveis.

Este livro é para inspirar a excelência de coaching e encorajar altas performances tanto para coaches quanto para utilizadores empresariais.

Se for coach, leia os capítulos e use as técnicas consigo mesmo primeiro; assim, não apenas terá uma abordagem prática para clientes de coaching, mas o fará de forma idêntica, sabendo que praticou o que ensina. Além disso, há os benefícios de fazer mudanças positivas na própria prática de coaching.

Incluímos mentoria no título do livro; então, se for mentor, este livro é para você também. Mentores usam o conjunto de habilidades de coaching e podem aplicar muitos dos modelos descritos neste livro. A diferença é que mentores frequentemente compartilham conhecimentos e habilidades específicos de sua área de experiência profissional. Para ver mais detalhes sobre as distinções entre coaching, mentoria e outros auxílios profissionais, veja o Capítulo 1.

Se você é dono de empresa ou empreendedor, está lendo este livro porque quer ser seu próprio coach ou simplesmente está curioso para saber mais sobre coaching, leia os capítulos e pratique as técnicas como se estivesse sendo treinado.

Para ajudar a navegar por este livro e usá-lo como uma referência fácil e acessível, tenha em mente o seguinte:

» Boxes de informação (os boxes cinza espalhados pelo livro) acrescentam pérolas extras de informação. Eles contribuem com o assunto do capítulo, mas não são essenciais para a compreensão do texto. Você pode pulá-los se quiser.

» Neste livro, você pode notar que alguns sites estão divididos em duas linhas de texto. Se quiser visitar uma dessas páginas, basta digitar no navegador o endereço exatamente como está escrito no texto, fingindo que a quebra de linha não existe.

Penso que...

Escrevemos este livro com dois leitores em mente: o coach profissional e o empresário. Também tiramos algumas conclusões sobre você, quer seja um coach, quer seja um empresário:

» Você ouviu falar sobre os benefícios do coaching e quer muito saber mais. Não são necessárias experiências anteriores de coaching para utilizar este livro.

» Se tem experiências anteriores com coaching ou se já é um profissional, supomos que está aberto a aprender e tentar coisas novas. Incluímos histórias que não foram vistas nem lidas antes, a partir de nossas próprias experiências pessoais.

» Deseja tentar algo diferente, que faça diferença.

» Deseja aprender com a experiência e a aplicação em vez de apenas ler. Incluímos muitos exercícios com os quais pode aprender na prática, não apenas lendo sobre eles.

Ícones Usados Neste Livro

Todos os livros da *Para Leigos* usam ícones distintos para chamar sua atenção para recursos específicos dentro do capítulo. Os ícones ajudam a encontrar rápida e facilmente tipos particulares de informações que podem ser úteis:

DONOS DE EMPRESAS

Se for dono de empresa, ou apenas quiser melhorar nos negócios, preste atenção a esse ícone. Aqui, encontrará informações voltadas para seus interesses.

DICA

Esse ícone marca uma dica prática para ajudar com uma técnica ou em sua atividade de coaching.

LEMBRE-SE

Quando aparecer esse ícone, estamos enfatizando um ponto valioso, que é importante lembrar. Isso evita que você sublinhe ou use um marcador de texto conforme lê, mas sinta-se livre para marcar pontos-chave na leitura.

EXEMPLO

Nada torna um ponto melhor do que um exemplo da vida real; então, incluímos algumas de nossas próprias experiências de coaching, não para impressionar, mas para enfatizar as ideias que estamos tentando passar.

CUIDADO

De vez em quando, você pode querer fazer uma coisa quando o melhor seria fazer o oposto (ou não fazer nada). Chamamos a atenção para essas situações com o ícone Cuidado.

PAPO DE ESPECIALISTA

Esse ícone contém uma análise mais detalhada ou explicação sobre um tópico; você pode pular esse material sem perder nada.

Além Deste Livro

Além do material no livro, este produto também vem com alguns mimos na web. Confira a Folha de Cola Online para ver dicas sobre como manter sua atividade de coaching empresarial funcionando perfeitamente, uma lista de tarefas para fazer antes e depois da sessão de coaching, e uma lista de questões para ajudar a manter seu trabalho e sua vida pessoal em equilíbrio. Você acessa a Folha de Cola Online no site da editora Alta Books, procurando pelo título do livro/ISBN. Na página da obra, em nosso site, faça o download completo da Folha de Cola, bem como de erratas e possíveis arquivos de apoio.

De Lá para Cá, Daqui para Lá

A equipe do Monty Python tem uma esquete maravilhosa sobre os Jogos Olímpicos. Quando o tiro de partida é disparado, os participantes correm em todas as direções.

Este livro pode ser lido exatamente da mesma maneira; ele não foi feito para ser linear, com uma linha de partida e uma de chegada a cruzar. Navegue pelos títulos das partes e dos capítulos, e veja quais o atraem. Sinta-se livre para explorar as páginas e mergulhe no que parecer mais relevante no momento. Pense em cada capítulo como uma ferramenta que serve a um propósito por si só. Não é preciso ler o livro inteiro de cabo a rabo, embora você possa se ver forçado a fazer isso, pois cada ferramenta se soma para criar um conjunto de ferramentas completo e abrangente.

1
Começando com Coaching Empresarial e Mentoria

NESTA PARTE...

Diferencie modelos de coaching e mentoria e entenda como um coach atende às diferentes necessidades de variados clientes.

Descubra como demonstrar valor agregado para clientes e assegurar que entendam que o coaching é um investimento que vale a pena.

Adapte coaching e mentoria para indivíduos, grupos e organizações.

Explore algumas das melhores metodologias de coaching e como trabalhar com muitas categorias e necessidades de negócios diferentes.

NESTE CAPÍTULO

» Entendendo por que os negócios precisam de coaches e mentores

» Distinguindo coaching de mentoria

» Descobrindo como se desenvolver como coach de negócios ou mentor

» Considerando as exigências profissionais

Capítulo **1**

Navegando pelo Mundo do Coaching e da Mentoria

egócios tratam de pessoas; organizações são sistemas complexos, e negócios e pessoas são codependentes. Precisamos correr para produzir de maneira efetiva e eficiente. Nosso mundo digital é conectado em tempo real 24 horas por dia. Essa realidade produz seus efeitos na habilidade de líderes empresariais pensarem e refletirem. Quando não tiramos um tempo para analisar as coisas, tomamos decisões ruins, ficamos menos eficientes e podemos nos tornar péssimos gestores. Podemos perder a perspectiva sobre o que é importante em nossas vidas pessoais também. A comunicação com colegas, família, amigos e associados passa a ser como se estivéssemos em encontros rápidos, levando apenas o tempo suficiente para entender o essencial e filtrar uma resposta afirmativa ou negativa. Não é sustentável combinar constantemente nossas relações com a velocidade na qual recebemos informações e as devemos responder. Somos seres sociais, precisamos nos relacionar, estar motivados, criar e ter nossa contribuição reconhecida por nós mesmos e pelos outros.

O coaching e a mentoria são um presente dos deuses, antecipado do fim do século XX, levando em conta a vida no século XXI. O valor do coaching empresarial é bem documentado, com estudos sobre retorno sobre investimento (ROI), envolvimento, motivação e inovação ligados ao coaching e à mentoria. Empresas que usaram o coaching ao longo de alguns anos veem isso como parte integrante de sua estratégia de desenvolvimento de talentos, com ambas as disciplinas resistindo à tempestade da recessão. É solitário no topo, e quando as pessoas estão acendendo fogueiras sob seus pés, você precisa de alguém em quem confiar para ajudar a ganhar clareza e perspectiva. Esse aporte é o valor agregado que o coach e o mentor levam.

Neste capítulo, você descobrirá alguns dos fundamentos profissionais do coaching. Definiremos os papéis em jogo em coaching e mentoria organizacionais, fornecendo as distinções entre esses e outros auxílios profissionais.

Benefícios Empresariais de Coaching e Mentoria

Em sua análise de 106 estudos sobre mentoria organizacional, a professora Christina Underhill descobriu que compromisso organizacional, satisfação profissional, estresse no trabalho e percepções de oportunidades de promoção ou avanço na carreira eram estatisticamente significativos para aqueles que tiveram apoio em suas carreiras através de mentoria informal em comparação àqueles que não tiveram. *Mentoria*, nesse contexto, refere-se ao apoio profissional contínuo de um colega mais experiente.

Da mesma forma, um estudo conduzido em 2011 pelo *Institute of Leadership and Management* (Instituto de Liderança e Gestão) britânico perguntou a 200 organizações por que usavam coaching. Veja o que foi dito:

» Para dar apoio ao desenvolvimento pessoal (53%)

» Para melhorar uma área de desempenho específica (26%)

» Como parte de um programa de desenvolvimento de liderança mais amplo (21%)

» Para oferecer desenvolvimento de uma gestão sênior (19%)

» Para oferecer progressão dentro da organização (12%)

» Para dar apoio ao cumprimento de objetivos organizacionais específicos (12%)

» Para resolver uma questão de comportamento específica (8%)

» Para oferecer apoio depois de uma mudança de cargo ou de responsabilidades (6%)

Vemos o papel de um coach como:

» Um cocriador, facilitador e parceiro de pensamento que ajuda os clientes a desenvolverem, avaliarem e cristalizarem ideias

» Um apoiador incondicional que lida com questões de vida dos clientes em tempo real, sem julgamentos

» Uma caixa de ressonância quando um cliente precisa de um ouvido para escutar

» Alguém para segurar o espelho quando um cliente tem dificuldades para se ver de forma clara

Coaches ajudam os clientes a:

» Enxergarem possibilidades
» Conseguirem clareza
» Desenvolverem intenções bem definidas
» Trabalharem em aspectos específicos da empresa para criar ótimos negócios
» Atuarem no que querem criar, vivendo uma vida bem-sucedida, "de propósito"

As principais organizações profissionais mantêm essa visão geral da pessoa completa. Em grande parte, abrangem os aspectos pessoal e profissional.

De acordo com a *Association for Coaching*, o coaching executivo é

> Um processo sistemático, orientado a resultados e concentrado em solução de colaboração, no qual o coach facilita melhoria do desempenho profissional, experiência de vida, aprendizado autodirecionado e crescimento pessoal da pessoa alvo de sua ação (coachee) [...] É especificamente focado em um nível de gestão sênior no qual há uma expectativa para que o coach sinta-se confortável para explorar tanto tópicos relacionados à empresa quanto de desenvolvimento pessoal com o cliente para melhorar sua performance pessoal.

DONOS DE EMPRESAS

Donos de empresas com frequência esperam que um coach ofereça soluções e tenha todas as respostas. Ao considerar recrutar um coach, lembre-se de que ninguém conhece seu negócio melhor que você e que nenhum coach ou empresário sabe tudo o que há para saber sobre negócios. Pense na relação de coaching como uma colaboração, na qual o coach está lá para questionar, guiar, desafiar, repreender e auxiliar a atingir os resultados que você deseja. O coach não está lá para fazer seu trabalho. Prepare-se para ser desafiado a experimentar. No Capítulo 7 damos dicas e sugestões que ajudarão a criar a mentalidade certa para aproveitar o máximo do seu programa de coaching.

Mentoria é a arte de dar sábios conselhos

O trabalho do mentor é diferente do coaching à medida que um mentor compartilha regularmente sua sabedoria e experiência profissionais em particular com um aprendiz. Isso tende a ser mais específico e concentrado em torno de uma área de trabalho particular ou de desenvolvimento pessoal. Um mentor aconselha sobre problemas específicos que um aprendiz tem e compartilha contatos, advoga em prol dele durante sua carreira e o ajuda a fazer conexões úteis.

O *European Mentoring and Coaching Council* define mentoria como:

> Um processo de desenvolvimento no qual uma pessoa mais experiente compartilha seus conhecimentos com uma menos experiente em um contexto específico através de várias conversas. Ocasionalmente, a mentoria é também uma parceria de aprendizado entre colegas.

A mentoria é usada quando um cliente precisa:

- » Aprender uma habilidade específica
- » Adquirir um conhecimento em particular
- » De sábios conselhos de um amigo crítico e experiente

LEMBRE-SE

Um amigo crítico é alguém convidado a fazer uma crítica construtiva, que expressa coisas que você talvez não queira ouvir, mas precisa, porque ele se importa e quer ser útil. Ele dá conselhos não solicitados, de uma perspectiva de quem sabe tudo, e a crítica nem sempre é construtiva. Se quiser ser um crítico, talvez precise procurar uma posição no jornalismo político ou cultural.

Distinguindo coaching e mentoria de terapia

Coaching não é terapia nem aconselhamento, embora haja métodos, modelos e técnicas usados em alguns aspectos de coaching e mentoria que vêm dessas modalidades. Qualquer um envolvido em uma relação de coaching ou mentoria precisa entender o que o coaching e a mentoria são e o que não são.

Anthony Grant, psicólogo de coaching da Universidade Macquarie, destaca a diferença entre o coaching e o simples aconselhamento:

> O coaching lida com clientes funcionais. Eles querem melhorar seu desempenho em um aspecto particular da vida. A ênfase do coaching é menos em desvendar e entender problemas e dificuldades, e mais em encontrar soluções. Ele visa o futuro. O coaching não lida com questões clínicas, como depressão ou altos níveis de ansiedade; para isso, é preciso ver um médico.

A MENTORIA SE ORIGINOU DE UMA DEUSA

Odisseu, rei de Ítaca, deixou sua esposa, Penélope, e o filho pequeno, Telêmaco, para lutar na Guerra de Troia por dez anos. Ele deixou seu filho para ser guiado por um guardião chamado Mentor. Odisseu foi impedido de voltar para casa por mais dez anos. Jovens nobres exigiram que Penélope escolhesse um deles para se casar e negar a Telêmaco seu direito de primogênito.

Mentor foi bastante inútil como guia confiável e conselheiro durante os 21 anos em que foi deixado como guardião. Telêmaco era indeciso e um desastre emocional, a quem aparentemente faltava confiança em sua habilidade de assumir seus deveres reais e manter o poder. Ele precisava de ajuda.

A deusa Atena queria Odisseu de volta ao trono e apareceu para Telêmaco de várias formas para lhe dar sábios conselhos. Uma das personificações foi uma versão sábia de Mentor. Com sua orientação, Telêmaco finalmente matou os possíveis pretendentes e seu pai retornou. Essa intervenção de Atena como conselheira confiável sob a forma de um mentor originou o termo como o utilizamos hoje.

Em outras palavras, não foi um homem chamado Mentor o sábio conselheiro; esse sábio foi, na verdade, a deusa da sabedoria e do esforço heroico. Acreditamos que quando o mundo da mentoria empresarial adotou o termo para descrever a relação individual envolvendo o estímulo do potencial, não foi possível chamar isso de "endeusamento". Ah, como teria sido divertido!

A distinção se aplica igualmente à mentoria. Você lida com o presente e o futuro dos seus clientes em vez de convidá-los a se recostarem em um divã enquanto analisa seu psiquismo, em uma paródia da análise freudiana.

Pensando nas distinções, considere os papéis profissionais que as pessoas comumente assumem em ambientes nos quais recebem apoio para aprender. A Tabela 1-1 descreve os diferentes papéis de coaching e mentoria. Ela também destaca a distinção entre facilitação e aconselhamento.

TABELA 1-1   ## Dimensões de Coaching e Mentoria

Papel	Relação com o Aprendiz	Foco	Narrativa
Patrocinador organizacional	Hierárquica/parental Investida em apoiar um direcionamento de carreira de longo prazo	De três a dez anos Criar sucessão em uma organização ou profissão	"Tenho um interesse de longo prazo ao apoiar, promover e monitorar sua carreira."
Mentor	Conselho sábio/sênior, embora acadêmico Conhecimento e experiência adquiridos ao longo de vários anos em uma área profissional específica	Meses a anos Compartilhar exemplos de conhecimento e experiência para apoiar um indivíduo ou um grupo, para planejar e atingir resultados particulares	"Usarei minha sabedoria e experiência de longo prazo em uma área específica para ajudar a minimizar erros em circunstâncias parecidas."
Coach externo	Desafiadora/facilitadora de autopercepção e desenvolvimento empresarial/pessoal/de carreira	Três a doze meses Usar várias ferramentas para equipar um indivíduo ou grupo com habilidades e capacidades para atingir resultados gerados por clientes	"Usarei minhas habilidades de especialista para apoiá-lo ao ganhar clareza e confiança para maximizar sua contribuição."
Líder que é coach	Hierárquica com interesse pessoal em resultados	Gerenciamento contínuo Usar um estilo de coaching de liderança para apoiar indivíduos e grupos para entregarem resultados globais cuja entrega é responsabilidade do líder	"Chamarei você para determinar como apresentar resultados para atender aos objetivos organizacionais exigidos e irei capacitá-lo para que tome a ação certa."
Facilitador de aprendizado	Professor/apoiador	Horas Compartilhar habilidades e conhecimento para permitir ao indivíduo ou ao grupo aprender uma habilidade específica ou adquirir conhecimento usando vários métodos de aprendizado	"Ajudarei você a desempenhar seu papel com mais eficiência usando minhas habilidades de facilitação para ensinar o que sei ou as habilidades que tenho."
Conselheiro/ terapeuta	Ouvinte solidário	Meses a anos Usar uma abordagem identificável para ajudar um indivíduo, casal ou família a entender seu histórico e experiência atual para aprender novas estratégias de gerenciamento da vida	"Apoiarei você para desenvolver e manter uma relação melhor com você mesmo e outras pessoas."

Distinguindo o Coaching Empresarial dos Outros Tipos

É possível encontrar áreas de nicho de coaching, e a profissão se desenvolve constantemente. Nichos existem até mesmo dentro de nichos. Independentemente de sua escolha, entenda que existe uma diferença significativa entre coaching pessoal e empresarial.

Trabalhar com empresas exige um nível totalmente diferente de gestão de relacionamentos, sobretudo se trabalha em organizações corporativas, em vez de em pequenos negócios liderados pelo fundador. Gerenciar triangulações é quase uma arte conforme você abre caminho ao dialogar com o cliente e o *responsável* (o gestor ou pessoa responsável pela gestão de talentos) e, às vezes, com um quarto ator, se o gerente e o gestor de talentos estiverem envolvidos em contratação e monitoramento. O diretor de operações ou financeiro pode querer se envolver no monitoramento contratual também, caso o orçamento seja substancial.

Essa situação funciona bem, contanto que todos se lembrem de qual é seu papel e consigam manter esse limite. Como coach, você não tem apenas que agir como membro da CIA ou do MI5 em termos de confidencialidade. Esteja preparado para ser questionado incessantemente pelas pessoas que querem saber os detalhes do que está acontecendo nas conversas com o cliente. Desenvolva a arte de responder a uma pergunta sem dar uma resposta de fato, de ser bem claro ao informar a organização sobre o processo de coaching e a entrega dos resultados no contrato, mas não o conteúdo do coaching.

LEMBRE-SE

Capacitar o cliente inclui assegurar que as confidencialidades pertencem a ele, sujeitas, claro, às regras usuais que se aplicam se ele for um perigo para si ou para outras pessoas, se cometeu ou tem intenção de cometer um ato ilegal.

Coaching empresarial exige uma compreensão do negócio

Se não sabe como as empresas operam e não conhece a linguagem dos negócios, estude. Esse estudo não precisa ser um MBA; pode ser a leitura de notícias sobre negócios em jornais online de qualidade, a participação em palestras curtas ou a adesão a um clube ou instituto empresarial. Aprenda o máximo que conseguir sobre como dirigir a própria prática. Trabalhe em seu próprio coaching empresarial. Determine o que precisa descobrir e encontre um modo de aprender que funcione para você. Arranje um mentor que o ajude compartilhando sua experiência e lhe oferecendo desafios e esforço.

ÀS VEZES, OS COACHES TAMBÉM PRECISAM DE COACHING

EXEMPLO

Marie orientava um coach. Ele era um ótimo sujeito e um coach bem-sucedido, com vários treinamentos e seminários em coaching na manga. Ele nunca tinha trabalhado no setor nuclear nem internacionalmente. Tinha bastante experiência no trabalho com terapeutas, no coaching de trabalhadores humanitários de países devastados pela guerra em seu retorno aos Estados Unidos e no apoio a líderes que estavam em organizações de resgate de jovens do tráfico humano. Muitas vezes, seus clientes estavam envolvidos em trabalhos com grande carga emotiva e, frequentemente, perigosos. Eles o amavam. Uma consultoria ofereceu-lhe uma oportunidade de fazer o coaching de um grupo de expatriados que foram feridos ou sofreram traumas em Fukushima, em 2011. Ele teria que ir ao Japão por aproximadamente três meses para fazer o trabalho.

O coach viu esse trabalho como uma grande ruptura, uma oportunidade para ser reconhecido. Ele próprio nunca tinha trabalhado em uma zona de recuperação de desastres ou em condições potencialmente perigosas; nunca tinha visto a devastação de um acidente nuclear de perto e pessoalmente. Não era terapeuta de trauma e nunca tinha feito qualquer treinamento nessa área. As pessoas que tinha treinado tinham distorcido a visão da própria habilidade de enfrentar tal situação.

Marie trabalhou com ele cuidadosamente e o ajudou a enxergar como sua falta de conhecimento sobre o setor nuclear poderia ser um enorme choque cultural para ele, e até ter comprometido o próprio bem-estar. Marie o ajudou a enxergar que estava sendo pedido que ele ajudasse as pessoas a retornarem ao trabalho, e rápido, e ele não tinha nem mesmo considerado como seria se chegasse ao Japão e sentisse que essas pessoas não estavam prontas. Trabalhando juntos, eles descobriram alguns objetivos de esforço que envolviam trabalhar com clientes fora dos EUA, e ele conseguiu isso muito rápido. A oferta de Fukushima catalisou um desejo desconhecido nele, mas não foi preciso comprometer a si próprio e os clientes em potencial para conseguir.

Definindo expectativas e determinando o ajuste

Os clientes querem alguém com conhecimento sobre negócios; ou seja, sobre como funcionam, sua linguagem e a realidade de se gerenciar um. Especificar se alguém precisa de experiência em um processo empresarial em particular, disciplina ou estrutura de negócios pode ser importante. Um responsável que procura um coach ou mentor para dar suporte a um CEO ou a uma equipe no planejamento de uma fusão provavelmente deseja experiência ou conhecimento para maximizar o impacto.

TREINANDO A PESSOA POR COMPLETO PARA TER RESULTADOS EMPRESARIAIS

EXEMPLO

Marie foi convidada para ser coach de uma colega em um escritório de advocacia internacional durante um período particularmente difícil: seu retorno ao trabalho após a morte do marido. Dessa vez, era esperado que a cliente resolvesse um caso bastante desafiador e complexo que valia US$3 milhões para a empresa, caso que apresentava um grande risco para um cliente de longa data. A instrução era ajudar a manter o membro da equipe emocionalmente saudável e focado, prestando atenção em seu bem-estar geral. A colega também tinha acesso à terapia pós-luto paga pela firma e a vários acordos flexíveis para ajudar em suas necessidades.

O coaching era concentrado em autocuidado, planejamento de tempo e delegação de tarefas para outras pessoas. Essas questões não eram particularmente problemas empresariais à primeira vista, embora fossem. Os negócios operam de forma eficiente quando as pessoas operam de forma eficiente para entregar o que é exigido. Oferecendo esse tipo de suporte, o contexto empresarial é indispensável. Quando as organizações têm especialistas-chave, o bem-estar individual é a diferença entre aceitar um acordo ou não.

Um coach com anos de experiência em auditoria e contabilidade pode ser ótimo para dar suporte sobre questões profissionais a um novo diretor de finanças, mas se ele herdou um problema de alocação de pessoal que exige uma gestão de desempenho da equipe devido a uma atitude e serviços ruins ao cliente, um coach com experiência em uma disciplina orientada a pessoas poderá ser melhor. Da mesma forma, alguém que tem mais de 20 anos de experiência em coaching dentro do ambiente corporativo global pode não ser a melhor escolha para um pequeno negócio familiar que busca manter sua identidade.

Mantendo conversas pré-contratuais

Esteja preparado para ter conversas exploratórias, não apenas conversas sobre vendas, em empresas. Aceite que, às vezes, você não é a pessoa certa e que pode ser necessário indicar alguém para fazer um trabalho melhor. Por vezes, pode ser um ajuste parcial, mas não o correto para o momento. Você pode não ser capaz de ver o problema, pois está olhando com lentes erradas.

DICA

Se você não sabe que não sabe, encontre um coach ou mentor que gostaria de imitar e pergunte como ele desenvolveu seu conhecimento empresarial.

COACHING EM GRUPO PARA REFORÇAR AS RESPONSABILIDADES

EXEMPLO

Steve estava fazendo o coaching de uma organização internacional sem fins lucrativos quando ficou claro que ninguém na equipe nos quatro continentes gerenciava proativamente bem o pessoal local que gera lucro. Os níveis de ausência eram altos e os custos cresciam em contraste com as metas de receita. Os membros da equipe precisavam dar maior ênfase à responsabilização e aumentar sua compreensão do impacto das horas de trabalho perdidas nas receitas globais. A situação era bastante urgente, pois trabalhavam com metas de receita anuais e já havia passado seis meses do ano fiscal.

Steve e a diretora concordaram que ele desenvolveria um programa de coaching em oito sessões para os 15 melhores gestores e os treinaria como uma equipe nas oito sessões para ajudá-los a atingir sua meta de receita. O coaching era focado em questões emergentes de desempenho relacionadas à gestão de pessoas e à entrega quinzenal de metas elevadas. O objetivo geral era ajudar os gestores a ganharem confiança para gerir o desempenho contínuo e aumentar a habilidade da equipe para discutir questões desafiadoras locais de forma mais aberta com seu gestor e colegas. Eles conseguiram.

Coaching líderes para fazerem diferença

Líderes em organizações estão gerindo desempenho: resultado empresarial, objetivos-chave, entregas, indicadores-chave de desempenho (KPIs) — não importa a terminologia usada, tudo é desempenho. Executivos, líderes, gestores e chefes de (preencha a lacuna) são gestores de recursos levando a resultados.

Espera-se que o pessoal sênior seja autodirigido, autorreflexivo e focado no futuro. Com frequência, eles buscam o suporte de um coach ou mentor (às vezes, de ambos) para ajudá-los a atingir essas expectativas. As organizações, de fato, fornecem um suporte de aprendizado individual para seu pessoal sênior e de alto desempenho para que se mantenham no rumo. De tempos em tempos, elas também usam coaches e mentores para ajudar quando alguma habilidade ou conhecimento específico precisa de aperfeiçoamento, ou quando antecipam o que um executivo poderia considerar desafiador devido a mudanças organizacionais ou por causa de uma mudança em circunstâncias pessoais fora do trabalho. As organizações são eficientes quando seus líderes são emocionalmente inteligentes, têm autocontrole e consciência do próprio bem-estar e do bem-estar daqueles à sua volta.

Se trabalha em organizações gerenciando uma grande mudança ou buscando uma mudança na cultura, ensine a esses líderes como usar o conjunto de habilidades de coaching. Isso muda a responsabilidade e a delegação, aumenta a criatividade e a inovação, e mantém as pessoas focadas em gerarem mudança de perspectiva de acordo com a evolução.

Preparando-se para Ajudar Outras Pessoas no Contexto Empresarial

O setor global de treinamento de coaches está prosperando. Em qualquer profissão, isso resulta em alguns ótimos programas de treinamento, programas medíocres e programas terríveis, beirando a fraude. Algumas escolas de treinamento prometem que qualquer um terá uma extensa prática de coaching em um mês. Fazer o coaching de porcos voadores que usam saias de grama e tocam ukulele geralmente não é uma opção no programa, mas não parece fora do contexto. Outros sugerem que o coaching profissional é uma arte obscura, que exige vários ritos de passagem, anos de busca pelo eu interior e a habilidade de demonstrar 25 modelos de melhores práticas antes de poder realmente se dizer um coach ou mentor. Se está buscando treinamento ou deseja aprimorar suas habilidades, pesquise sobre os treinamentos disponíveis. Seja claro e específico sobre o que deseja aprender e pesquise a qualidade do curso e a experiência dos instrutores.

LEMBRE-SE

Escolha um treinamento que o encoraje a fazer coaching em boa parte do tempo. Tenha resultados claros, padrões de prática e mentoria/supervisão para ajudá-lo a perceber a própria atividade, e apoio ao enfrentar problemas que estão além de sua experiência.

Para ser um bom coach ou mentor empresarial, você precisa

» Posicionar-se com

- Mentalidade de crescimento
- Envolvimento respeitoso com o cliente, mesmo se ele não estiver em sua melhor forma ou não for respeitoso com os outros (incluindo você)
- Resiliência emocional e disposição para reconhecer quando está desnorteado
- Responsabilidade pelo próprio bem-estar pessoal
- Empatia e compreensão solidárias sem entrar na montanha-russa emocional da jornada do seu cliente
- Avaliação autorreflexiva e desejo de experimentar, agir e fazer mais daquilo que funciona
- Foco absoluto nos clientes e desejo de servi-los

» Entender

- Que as pessoas aprendem e desenvolvem autodomínio de formas diferentes, e que você precisa se adaptar a elas

- Que a teoria da motivação é sobre pertencimento, não sobre recompensas

- Como as empresas funcionam e o contexto do setor

- Os processos e as funções envolvidas em gerir um negócio e a linguagem que esse negócio usa

- Como as mudanças pessoais e transformações acontecem

- Como as organizações se desenvolvem e mudam

» Ser capaz de

- Oferecer um feedback de forma construtiva para ajudar o cliente em vez de apenas parecer inteligente e perspicaz

- Definir resultados claros e ser flexível o bastante para acompanhar as necessidades dos seus clientes conforme elas mudam

- Gerenciar seus limites pessoais com vários atores

- Manter a confidencialidade, mesmo quando a pessoa que paga os honorários realmente quer saber o que acontece no processo de coaching

- Considerar o panorama geral e partes menores

- Desafiar para ajudar o cliente, não de maneira vazia

- Pensar com propósito e de forma criativa

- Estar confortável com ambiguidades e pensamentos conceituais

- Usar o conjunto de habilidades de coaching de forma flexível e estar preparado para continuar adicionando ferramentas para ter diversas habilidades e técnicas para lidar com as várias necessidades dos clientes

- Saber quando não é a pessoa certa para dar suporte ao indivíduo ou ao grupo dessa vez

- Indicar outro serviço de ajuda a alguém quando for necessário algo além de sua experiência, habilidades e limites

- Gerir bem a própria prática empresarial e ganhar a vida fazendo o que ama

Se quiser entender as especificidades do conjunto de habilidades do coaching, veja o Capítulo 3.

Escolhendo um coach ou um mentor

No mundo real de coaching e mentoria profissionais, é possível encontrar pessoas com meses de treinamento, mas experiência limitada, e algumas com muita experiência, mas pouco treinamento. A pesquisa destaca duas coisas em relação aos resultados de coaching e mentoria:

» Não há nenhuma correlação positiva entre o período de tempo que uma pessoa foi qualificada como coach e os resultados do coaching.

» Há menos correlação ainda entre os honorários que alguém cobra e o resultado do coaching.

O que importa é a relação; o ônus fica com a pessoa que contrata o coaching ou a mentoria para estabelecer o que se busca nela.

Se um futuro cliente perguntar como a relação será gerenciada, você pode mostrar algo como a Figura 1-1, que exibe um quadro típico e os elementos geralmente incluídos (este é o quadro que Marie usa).

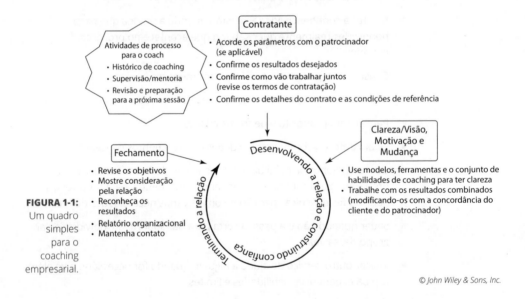

FIGURA 1-1: Um quadro simples para o coaching empresarial.

© John Wiley & Sons, Inc.

20 PARTE 1 **Começando com Coaching Empresarial e Mentoria**

DONOS DE EMPRESAS

Ao entrevistar um possível coach, procure ver se ele é o ideal para você e sua organização. Duas ótimas perguntas a fazer são:

» Quem seria seu cliente ideal e por quê?
» Com qual tipo de cliente você não trabalharia e por quê?

As respostas às perguntas revelarão muito sobre a experiência e os valores do coach ou mentor, e o ajudarão a decidir quem é o melhor profissional para você.

Tornando-se coach ou mentor empresarial

Se você for um coach ou mentor pessoal experiente, mas com pouca experiência em empresas, nossa sugestão é: obtenha experiência em empresas. Trabalhe em uma, gerencie ou crie a própria startup. Não importa quanto tempo passa lendo livros sobre negócios, não estará preparado para trabalhar como coach empresarial sem experiência no mundo real. É preciso entender funções, linguagem, papéis e deveres de empresas, particularmente no coaching de diretores.

Se você é um executivo empresarial experiente que quer se tornar mentor, treine usando o conjunto de habilidades do coaching e compreendendo como desenvolver relações de mentoria e contratação (veja o Capítulo 3 e a Parte 3 deste livro). É preciso aprender como não dar a alguém as respostas que você pode gerar por causa de sua experiência. Quando responder a partir da própria experiência, um cliente aceitará e até concordará com você; quando o cliente gera as respostas por si mesmo, ele se apodera das descobertas que faz e fica mais propenso a agir segundo elas. Seja claro e específico sobre o que oferece em termos de experiência. Se você é conhecido por seu excepcional histórico em conseguir contratos públicos de larga escala, provavelmente poderá facilmente aprender a ser um mentor nesse setor. No entanto, fazer a mentoria de contratações interculturais nos mercados de grãos da África e do Pacífico Asiático pode ser um desafio.

Se não tem experiência em negócios nem é um coach experiente, dedique tempo a empresas e decida sobre o tipo de ambiente do qual gosta e se sente confortável. Descubra como desenvolver o conjunto de habilidades de coaching para ser um facilitador para as pessoas. Parece simples, mas vimos muitos coaches que foram "treinados" para acreditar que tudo do que precisavam era de um treinamento de seis semanas e o mundo do coaching e da mentoria estaria em suas mãos. Isso pode ser suficiente para garantir alguns clientes para o coaching pessoal, mas raramente é o bastante no mundo empresarial e do coaching executivo.

Estando do Outro Lado como Coachee ou Mentorado

Desenvolvimento pessoal e aprendizado contínuo são importantes nessa área. Não é possível estar íntegro e treinar pessoas para desenvolver o autodomínio se não trabalhar isso em si mesmo. Se acha que não tem mais nada a aprender, há uma placa na porta marcada com "delirante" e seu nome nela, e você é o único que a lê como "desejável". Não pule a informação no Modelo de Degraus da Competência se estiver nesse grupo e preste muita atenção ao Passo 1.

Em sua maioria, os coaches são exímios aprendizes que veem o desenvolvimento profissional contínuo como uma característica do seu ofício. Esse desenvolvimento não é opcional, mas uma exigência central. Coaches precisam ser capazes de identificar as necessidades de aprendizado em si e nos outros para perceberem os pontos cegos à medida que criam consciência e, às vezes, precisam estar preparados para ter um colega mostrando esses pontos com gentileza (de vez em quando, sem tanta gentileza, dependendo do quanto 2se conhecem).

O Modelo de Degraus da Competência, mostrado na Figura 1-2, destaca os quatro estágios do aprendizado. Use-o para ponderar o próprio aprendizado ou ajudar os outros a descobrirem suas necessidades de aprendizado.

FIGURA 1-2: O Modelo de Degraus da Competência.

© John Wiley & Sons, Inc.

Aqui estão os quatro estágios do Modelo de Degraus da Competência:

1. **Incompetência inconsciente: O Alheio.**

    Você não sabe que não sabe (ignorância abençoada).

2. **Incompetência consciente: O Homer Simpson (Dã).**

    Você tem consciência do que não sabe (tornando-se autoconsciente).

3. **Competência consciente: O "Sou Bom e Sei Disso".**

   Com experimentação, aquisição de conhecimento e/ou prática, você está praticando como fazer algo e melhorando (aumento na confiança).

4. **Competência inconsciente: O Artista Completo.**

   A ação é tão natural que você nem mesmo percebe que está fazendo. (Quem, eu? O que eu fiz? Como eu faço o quê? Eu não sei!)

Pense no Modelo de Degraus da Competência à medida que considera o conjunto de habilidades de coaching ao longo deste livro. Perceba onde você está se tornando consciente das habilidades e conhecimento que usa e aos quais não está conscientemente atento. Perceba onde sente que sua competência precisa ser desenvolvida ou aperfeiçoada para situações específicas.

Entendendo as Exigências Profissionais

Nenhuma exigência legal existe em relação ao padrão de treinamento ou às horas completadas. Porém, é provável que seja difícil construir uma prática de coaching bem-sucedida sem o treinamento e a conclusão apropriados das horas de prática para adquirir tais habilidades. O padrão exigido de coaching para o credenciamento de coaches internacionalmente reconhecido fica entre 35 e 100 horas de prática de coaching, mais a exigência de treino (veja as diretrizes de credenciamento na Tabela 1-2). A maioria dos coaches de negócios profissionais que fazem o coaching em um nível sênior tem mais de 500 horas de coaching na bagagem e faz coachings regularmente.

TABELA 1-2   Exigências de Credenciamento para Novos Coaches

	European Mentoring and Coaching Council	Association for Coaching	International Coach Federation (ICF)
Exigências de adesão	Adesão a uma organização profissional	Ter um nível adequado antes de enviar o formulário	Concluir um Treinamento de Credenciamento de Coach do ICF completo ou 60 horas de treinamento específico de coaching em um programa aprovado pelo ICF, mais 10 horas de coaching com um mentor credenciado pelo ICF

(continua)

(continuação)

	European Mentoring and Coaching Council	Association for Coaching	International Coach Federation (ICF)
Horas de contato com clientes ou treinamento de coaching	50 horas	+35 horas	Concluir a Avaliação de Conhecimentos do Coach
Experiência de coaching	Um ano (a partir da primeira prática como mentor/coach)	+75 horas	100 horas (75 horas pagas)
Número de clientes	Pelo menos cinco clientes		Pelo menos oito clientes
Feedback de clientes	Cinco dentro dos últimos 12 meses (concluindo com a data de envio do formulário)	Uma referência de cliente	
Desenvolvimento Profissional Contínuo (CPD)	16 horas por ano	Histórico de CPD desde o treinamento inicial de coach	40 horas a cada três anos
Supervisão de mentor/coach	Uma hora por trimestre	No mínimo, três meses de supervisão de coaching	
Sites para mais informações (conteúdo em inglês)	www.emccouncil.org	www.associationforcoaching.com	www.coachfederation.org

Para simplificar, fizemos duas checklists para estabelecer nossa visão das exigências mínimas necessárias. Faça seu dever de casa e confira os sites dos institutos profissionais para se orientar.

Checklist 1 — apenas faça:

» A papelada de contratação que estabelece os acordos financeiro e de coaching

» Um termo claro de isenção de responsabilidade sobre quaisquer mudanças que o cliente faça segundo responsabilidade e escolha dele

» Pormenores individuais de um parente próximo do cliente se for encontrá-lo fora ou se for contratado por um indivíduo em vez de por uma empresa

- » Condições e termos claros em relação a honorários, pagamentos, cancelamentos, viagens e gastos

- » Seguro para cobrir sua responsabilidade profissional e pública se você tem instalações

- » Armazenamento confidencial dos registros do cliente e maneiras de proteger e destruir documentos confidenciais.

Checklist 2 — não é necessário, mas faça:

- » Uma explicitação com o cliente em relação a qualquer trabalho de terapia no qual ele esteja envolvido ou quaisquer condições médicas que impactem seu trabalho com ele

- » O próprio sistema de gerenciamento de sessão, limpeza do espaço, notas (histórico de coaching) e revisão

- » Compartilhe uma política de notas abertas com o indivíduo que você está treinando

- » Tenha um coach, mentor ou supervisor

- » O mais importante de tudo, ame os clientes

26   PARTE 1 Começando com Coaching Empresarial e Mentoria

NESTE CAPÍTULO

» Assumindo a tarefa de educar clientes

» Mostrando o valor de uma perspectiva externa

» Estabelecendo um sólido retorno sobre investimento

» Maximizando o orçamento do cliente

» Considerando o valor do coaching interno

Capítulo **2**

Defendendo Coaching e Mentoria

oaching de negócios objetiva mudança e crescimento, seja para o indivíduo, seja para a organização; um processo que leva as pessoas por uma jornada do ponto em que estão até aonde querem chegar. O valor do coaching está no nível de mudança que você, como coach, ajuda os clientes a atingirem. Quanto mais a diferença entre o antes e o depois de uma intervenção for identificável, mais um cliente verá valor e desejará trabalhar com você.

Tudo o que o cliente realmente quer saber é: "O que tem aí para mim?" Neste capítulo, responderemos a essa pergunta, criando uma proposta tão atraente que o cliente apenas terá que dizer: "Sim, quero seu programa de coaching."

Criar um argumento convincente para coaching e mentoria é igualmente importante se você for um líder empresarial buscando envolver as partes interessadas em um programa de coaching ou mentoria. Antes de defendê-lo na organização, você precisa saber sobre o que está falando para engajar as partes interessadas.

CAPÍTULO 2 **Defendendo Coaching e Mentoria** 27

>> Para oferecer apoio a novos funcionários (5%)

>> Para possibilitar a mudança organizacional (4%)

>> Para dialogar com preocupações individuais de funcionários (2%)

Os maiores benefícios individuais foram a melhoria do autoconhecimento, da confiança, do conhecimento e das habilidades empresariais. O relatório destaca que os principais resultados organizacionais foram a melhoria em liderança, resolução de conflitos, confiança pessoal, mudança de atitude, motivação e habilidades de comunicação e interpessoais.

Resumindo, o coaching e a mentoria fazem uma diferença concreta em como os líderes comandam as empresas.

Definindo Coaching e Mentoria

Em um nível mais simples, coaching e mentoria são conversas nas quais ocorrem percepção e aprendizado. Oferecem um espaço para desacelerar e reservam um tempo para pensar, dando aos líderes tempo para se abrirem a possibilidades e, talvez, pensarem diferente.

Algumas nuances são aparentes nas definições de coaching e mentoria. Na realidade, há muita sobreposição, e os limites podem ficar nebulosos no contexto empresarial. As seções seguintes descreverão algumas definições para ajudá-lo a entender essas sutilezas.

Coaching é a arte da cocriação

O coaching, como o conhecemos, foi formado por um conjunto de disciplinas, incluindo psicologia, treinamento esportivo, desenvolvimento organizacional, ciência comportamental, sociologia e terapia. O treinamento esportivo teve a maior influência no desenvolvimento de liderança e coaching empresarial, inicialmente analisando os conceitos de foco, excelência de desenvolvimento e competência de alto nível pessoal e em equipe no fim dos anos 1970 e 1980.

Há infinitas definições de coaching. Entendemos da seguinte forma:

O coaching ocorre desde pequenas a médias mudanças de desempenho até uma grande transformação de vida. Isso às vezes exige um caminhão de demolição metafórico para derrubar velhos padrões de crenças e comportamentos antes de cocriar um novo pensamento e bases para o crescimento. Muitas vezes, um diálogo consistente, regular e focado, com uma pitada de desafio gentil e muitas ferramentas de coaching, é suficiente.

Assumindo o Papel de Educador

O coaching e a mentoria empresariais não são mais considerados apenas uma nova tendência de moda ou simplesmente um substituto de bem-estar para uma boa gestão. Empresários os veem cada vez mais como uma metodologia válida para avaliar e reavaliar metas e processos, e criar e produzir soluções eficientes para as necessidades empresariais.

Muitas empresas estão reconhecendo mais e mais que, durante e depois de programas de coaching, as coisas ficam diferentes. No entanto, uma empresa apenas fará um grande investimento em coaching com base na ideia de que isso a ajudará. Empresas bem-sucedidas não vão jogar montantes infinitos de dinheiro em programas que não terão um impacto positivo em seus resultados; ou, pelo menos, não por muito tempo.

Os coaches, portanto, precisam instruir potenciais clientes sobre os benefícios do coaching. Eles precisam saber como isso se traduz em melhores resultados, sejam esses:

» Melhores lucros líquidos

» Melhor comunicação

» Níveis reduzidos de estresse, doenças e absentismo

» Melhora no desempenho

» Melhora no compromisso e na lealdade da equipe

» Melhora na produtividade

PESQUISA SOBRE COACHING

Infelizmente, existem poucas pesquisas atualizadas para reforçar a credibilidade e o valor da implementação de programas de coaching. No entanto, o que há de pesquisa é encorajador, ou mesmo cientificamente validado:

- O estudo de 2002 do *Chartered Management Institute* e da *Campaign for Learning Coaching at Work* descobriu que 80% dos gestores discordam das afirmativas "Coaching é só uma nova moda" e "Coaching é demorado demais", e acreditam que poderiam se beneficiar do coaching (ou de mais coaching) em seu local de trabalho.

- Estudos mostram retornos sobre investimento variáveis, de 5,7 a 7 vezes o investimento inicial, com alguns mostrando números de 5.000%!

Como coach, muitas vezes é tarefa sua fundamentar a discussão empresarial e fechar as lacunas nos dados de pesquisas. Para instruir com eficiência os clientes sobre a mudança em potencial que pode ser atingida, recomendamos que você:

» Documente as próprias experiências, analise e compartilhe-as.

» Monitore seu histórico, reunindo feedback de clientes.

Valorizando a Observação Externa em Empresas

Veja uma máxima popular: "Você não pode julgar o todo pela parte." O que esse ditado quer dizer é que não é possível ver toda a situação claramente porque está olhando perto demais os pequenos detalhes ou envolvido demais para ver o que alguém de fora poderia ver.

Um coach, no entanto, pode ver cada parte. Ele não se prende a história, política ou hábitos; está aberto a todas as possibilidades. Pode levar uma perspectiva diferente, nova e *valiosa* para a empresa. É isso que você deve explicar ao defender um programa de coaching.

Mostrando que a perspectiva do coach importa

A maioria das pessoas já tem uma ideia do valor da perspectiva. A gente escuta as pessoas dizerem "preciso tomar distância dessa situação" ou "preciso ver o problema de fora". Intuitivamente, sabemos que distância e perspectiva ajudam a ver soluções.

Como coaches, não alegamos ter uma perspectiva divina e onisciente da empresa. Não somos especialistas no assunto, nem alegamos ter todas as respostas. O que afirmamos é que conhecemos o valor da perspectiva externa e trazemos essa abordagem propositalmente para nosso trabalho, cultivando e demonstrando uma atitude de curiosidade que desafia e provoca novas formas de ver a empresa.

Uma frase geralmente usada em programação neurolinguística (PNL) é *buscar o óbvio elusivo* (encontrar mudanças pequenas e sutis que fazem a diferença nos resultados). Os coaches fazem isso. E, além das coisas sutis, também identificam o evidente ou, como se diz por aí, "o que está na cara"! A distância e a objetividade nos permitem enxergar soluções, opções e escolhas, e, assim, oferecer as intervenções adequadas.

DICA

Estar apto a demonstrar esse valor a partir de uma perspectiva externa para um cliente vale mais do que estar apto a explicar teorias. Onde for possível, um coach deve estar disposto a arregaçar as mangas e demonstrar o trabalho de mudança do coaching, em vez de explicá-lo. Se houver oportunidade de oferecer uma nova perspectiva para os clientes considerarem, então, sugerimos que a agarre com as duas mãos.

Sabendo como a perspectiva alimenta a mudança

Um indivíduo ou uma empresa que precisa de coaching precisa de mudança; alguma coisa não está funcionando ou precisa ser melhorada. A perspectiva externa permite que o coach destaque onde a mudança pode ocorrer. Em uma organização, por exemplo, as áreas de mudança identificadas incluem:

» Cultura

» Como o trabalho é feito

» Missão e valores

» Identidade organizacional

» Processos usados

» Relação entre os membros da equipe

» Relação entre a organização e sua equipe, clientes e fornecedores

» Papéis

» O tipo de trabalho feito

Entendendo a teoria no nível da construção

A teoria no nível da construção explora a psicologia de não estar apto a ver a parte pelo todo. Em termos simples, baseia-se na ideia de que as pessoas pensam de maneiras mais abstratas sobre os problemas dos quais têm mais distância ou relacionados a pessoas distantes. Pensar em um nível mais abstrato significa que é possível estar desconectado do problema, não ser pessoalmente afetado ou associado a ele. Essa perspectiva desprendida permite que mais soluções criativas sejam consideradas.

EXEMPLO

VENDO O ÓBVIO ELUSIVO

O relato a seguir demonstra o pensamento construtivo de alto nível e mostra como a perspectiva diferente do coautor Steve em relação à do seu cliente permitiu que ele recuasse da situação e abordasse a tarefa a partir de um ponto de vista desprendido, o que foi um enorme benefício para o cliente.

James era o gerente de marketing de um fornecedor de software. Steve fazia seu coaching em persuasão e influência, com o objetivo de analisar as campanhas de marketing por e-mail da empresa. A instrução era remodelar a persuasão e a influência das campanhas para aprimorar as solicitações dos clientes e aumentar as vendas.

A principal estratégia de James foi enviar e-mails para públicos-alvo selecionados; respostas automáticas eram disparadas pelas ações dos destinatários do e-mail. Ele chamou essa estratégia de "campanha de gotejamento". Eram as ações do destinatário que automatizavam os e-mails disparados (ou gotejados). As mensagens automatizadas variavam dependendo de os destinatários abrirem os e-mails, quais páginas iniciais visitavam no site da empresa, o que viam e quais links seguiam.

James avisou que não acreditava que a estratégia da campanha de gotejamento fosse tão eficiente quanto criar e-mails específicos. Sustentou sua suposição com estatísticas que tinha reunido, mostrando claramente que, quando ele escreveu e enviou um e-mail isolado independente, mais pessoas leram e agiram. James se convenceu de que a campanha de gotejamento era ineficaz e um desperdício de tempo.

Ele também concluiu que a campanha de gotejamento apenas aborrecia as pessoas, mas não havia evidência que sustentasse esse ponto de vista. Steve confrontou o ponto de vista de James perguntando: "Como você sabe que isso é verdade?" James não conseguiu responder, apenas disse que tinha uma intuição.

Steve pediu para ver exemplos de mensagens de e-mail. O que James não conseguia ver por causa de seu envolvimento ao longo do ano foi que sua habilidade de escrever réplicas atraentes e persuasivas melhorou com o tempo. As comunicações iniciais usadas nas campanhas de gotejamento eram menos atraentes e persuasivas do que os e-mails específicos enviados depois. Steve suspeitava que a qualidade das réplicas, não a mudança de estratégia, representava melhores resultados.

(continua)

(continuação)

> Para essa teoria, Steve treinou James para escrever novas réplicas usando uma linguagem de persuasão e influência. James enviou o e-mail para a mesma base de dados de clientes futuros que já tinha recebido e-mails na campanha de gotejamento anterior. Ele mensurou os resultados e a nova campanha persuasiva de gotejamento claramente superava tanto a original quanto a específica, levando a um aumento de quase 130% nas vendas da empresa. Uma campanha anual de marketing por e-mail, de US$45 mil, gerou leads que se converteram em números de vendas de mais de US$3,5 milhões, comparados ao US$1,5 milhão anterior (veja o Capítulo 15 sobre como engajar, informar e influenciar).
>
> **Lembre-se:** Sempre que possível, mensure e monetize para demonstrar ao cliente e a futuros novos clientes o valor do coaching (para saber mais sobre isso, veja a seção "Mensurando e monetizando").

Existem dois níveis de pensamento construtivo:

» **Pensamento construtivo de alto nível:** Quando as pessoas veem o panorama geral e não focam limitações ou detalhes. Pelo seu pensamento, mudam a abordagem ou contexto no qual o coach enxerga a situação e vê outras soluções. Em outras palavras, por causa da distância, o coach está mais concentrado em soluções em comparação àqueles *dentro da* situação, que tendem se concentrar no problema.

» **Pensamento construtivo de baixo nível:** Quando o cliente pensa em termos mais concretos — como concreto, os termos frequentemente são fixos e rígidos, com pouca ou nenhuma flexibilidade. Essa perspectiva fixa geralmente ocorre porque alguém esteve envolvido em um problema por muito tempo. A fixação impede que se veja, ou até que se explore, outras perspectivas e novas possibilidades.

DICA

Veja quatro maneiras simples de praticar uma nova perspectiva e acessar o pensamento construtivo de alto nível para qualquer situação ou problema (no Capítulo 6, exploraremos técnicas adicionais de pensamento criativo para o coach e o cliente praticarem o pensamento construtivo de alto nível).

» **Distância temporal:** Mude a percepção e veja através de diferentes horizontes temporais (por exemplo, olhando antecipadamente, ou em retrospectiva, ao longo dos prazos curto, médio e longo). Tomar uma distância temporal frequentemente revela informações que não estavam disponíveis para o cliente.

FAZENDO O COACHING DE UM CLIENTE PARA EXPERIMENTAR SEU VALOR

EXEMPLO

Há muitos anos, durante uma entrevista para alguns programas de treinamento de executivos que um grande banco multinacional queria implementar, o CEO, Alex, casualmente perguntou a Steve se e como o coaching o ajudaria a tomar decisões importantes e difíceis. Steve teria técnicas que poderiam colaborar? Embora essa troca não fosse parte da entrevista, era uma oportunidade de demonstrar o valor da perspectiva externa. Uma divina ajuda para qualquer coach!

Steve começou fazendo algumas perguntas para conseguir informações mais específicas sobre o que Alex queria dizer com "importante e difícil". Pelas respostas, Steve entendeu que o CEO precisava tomar um pouco de distância da decisão e ter uma nova perspectiva. Ele elaborara duas possíveis decisões e estava em um dilema sobre qual escolher, pois a diferença entre elas não era clara.

Steve fez uma intervenção de coaching de 10 minutos, na qual Alex visualizou as escolhas e transcendeu o futuro imaginado, olhando além no tempo para ver o futuro desdobrando seus resultados inevitáveis. Essa intervenção permitiu que ele visse as escolhas ao longo do tempo e as analisasse em retrospectiva. A retrospectiva antecipada é importante!

Em nenhum ponto Steve precisou saber qual era o assunto em questão. Tudo o que precisava era guiar Alex na exploração de diferentes perspectivas.

Esse simples exercício de coaching permitiu a Alex experimentar um pensamento construtivo de alto nível em relação ao tempo e espaço. Como resultado, Alex atingiu um ponto no qual uma luz se acendeu. Dessa nova perspectiva, viu uma nova escolha e outro resultado possível. Então, testou a escolha em sua mente, usando a mesma técnica de visualização, e foi capaz de ver que essa seria a melhor decisão que poderia tomar naquele momento com as informações disponíveis.

Steve perguntou a Alex o valor de sua nova escolha para a empresa. Acabou que a ideia economizaria US$150 milhões para o banco nos dois anos seguintes. "Ótimo", disse Steve, "faz com que meus honorários pareçam bem razoáveis".

» **Distância espacial:** Ver perspectivas de uma posição estratégica em diferentes espaços físicos (confira o box "Vendo o óbvio elusivo"). Pratique observar uma situação de variados pontos de vista, imaginando o problema em sua frente e literalmente levantando, andando em torno dele, sentando-se em uma cadeira e deitando no chão. Pergunte a si mesmo: "Dessa perspectiva, qual é a outra maneira de ver este problema?"

» **Distância social:** A diferença entre os coaches e os grupos trabalhados afeta como qualquer situação é percebida. Como diz o antigo ditado: "Cada macaco no seu galho." Nossas identidades sociais têm um impacto em como percebemos o mundo. Valorize a diferença entre você e seus clientes, e pratique enxergar uma situação a partir das perspectivas de outras pessoas. Por exemplo, pergunte como uma criança veria essa situação. O que Richard Branson, Steve Jobs, Arianna Huffington ou outros empreendedores criativos pensariam e fariam aqui?

» **Distância hipotética:** Todos temos crenças sobre o que pensamos ser possível ou não. Como coach, apresenta-se um pensamento totalmente novo e original para a situação do cliente. Pratique sonhar alto e oferecer soluções criativas, totalmente irreais.

Levando um cliente a um momento de iluminação

DICA

Para criar um argumento empresarial convincente para o coaching, não apenas fale sobre os benefícios para os clientes, *mostre-os*. Esteja disposto a dar a alguém a experiência de descobrir várias perspectivas alternativas. A experiência que os clientes têm ao treinar os convencerá do valor do coaching.

Nem toda nova perspectiva oferecida funcionará ou será entendida pelos clientes, mas muitas darão certo, e a responsabilidade do coach é ajudar os clientes a verem as alternativas e, então, trabalharem com as escolhas.

Identificando o Retorno sobre Investimento do Cliente

"Então, qual é o custo?" e "O que tenho que investir?" são perguntas que todos os clientes fazem, mesmo não tão diretamente. No jargão empresarial, o que eles querem saber é: "Qual é o meu retorno sobre o investimento?" e, em bom português, a pergunta é: "Então, o que eu ganho em troca do meu dinheiro?"

O retorno sobre investimento (ROI) nem sempre é fácil de quantificar e demonstrar, e dados de qualidade existentes são, muitas vezes, difíceis de obter. Um estudo rigoroso precisa estar em conformidade com as regras de testes duplo-cego aleatórios controlados e exige:

» Reunir dados críticos de desempenho
» Analisar resultados e ajustá-los para influência causal e impacto sustentado
» Atribuir um valor monetário aos dados de resultados empresariais
» Calcular o custo completamente alocado do projeto da solução

» Calcular o ROI e seu nível de qualidade

» Prever e quantificar a melhoria no desempenho

Alguns projetos de coaching exigem esse nível de compromisso e pesquisa profissional, realizados, em geral, por especialistas em análise. No entanto, muitos clientes não buscam um relatório detalhado e querem ouvir de *você* como o coaching implica em resultado. Assim, nesta seção mostramos uma abordagem simples para a demonstração do ROI para os clientes.

DONOS DE EMPRESAS

Ao apresentar um plano de negócios, seja você um coach, seja um líder empresarial, há uma pergunta-chave a fazer a todas as partes interessadas, e é melhor perguntar no início de qualquer preparação para um programa de coaching: "Existe alguma coisa que você acha que mudaria como resultado do coaching que o impeça de participar plenamente?" A resposta para essa pergunta revela objeções ou resistências ocultas ao se envolver ou participar completamente do programa, que poderiam surgir cedo ou tarde. Isso pode economizar um tempo valioso tanto do cliente quanto do coach quando a pergunta é feita logo no início. Reserve um tempo para explorar essa questão com o cliente e com as partes interessadas, pois, com frequência, é a resistência oculta que impossibilita um programa valioso desde o começo, apesar de haver um bom plano de negócios. Se a resistência se revela logo cedo, há chances de explorar se a objeção é legítima e como superar ou resolvê-la.

Vendendo benefícios

Nos negócios, todos são vendedores. Todas as pessoas precisam vender alguma coisa, seja vender o currículo para conseguir um emprego, a si próprio para uma promoção ou uma ideia criativa para uma equipe. Coaches profissionais que abraçam essa ideia e se tornam especialistas em vender a ideia do seu coaching têm agendas cheias e podem escolher quem treinar.

CUIDADO

Vimos muitos bons coaches caírem no esquecimento e retornarem às suas antigas carreiras porque, embora fossem bons em coaching, eram ruins em vender suas habilidades. Eles não tinham clientes suficientes e acabaram voltando aos antigos empregos. Não precisa ser assim com você!

Vendedores geralmente reconhecem que consumidores e clientes compram os *benefícios*, não os recursos de um produto ou serviço. No entanto, muitos vendedores ineficientes ainda falam sobre como são seus produtos e serviços, não sobre o que farão pelo consumidor. Os clientes estão interessados apenas no que há ali para eles. O mesmo acontece com muitos coaches quando se trata de explicar o que fazem e propor um plano de negócios convincente para o coaching.

Considere um evento de networking. Durante o evento, as pessoas vão conhecê-lo e uma das primeiras perguntas será: "Então, o que você faz?" Se sua resposta for "Sou coach empresarial" é possível que veja seus olhos ficarem vidrados enquanto elas se afastam em direção à saída mais próxima. Você também pode dizer "Sou consultor de infestações de piolhos" se quiser acabar com a conversa rapidamente. Se tiver sorte o bastante para ter uma segunda chance e a pessoa (que pode ser um futuro cliente) perguntar "O que exatamente isso quer dizer?", agora terá uma oportunidade de se redimir.

Existem duas opções:

» **Enumere sua profissão ou os atributos dos seus serviços.** Por exemplo:

- "Sou coach de gerenciamento de estresse e tenho um programa para executivos com excesso de trabalho"
- "Faço coaching de gerenciamento do tempo pessoal"
- "Sou coach empresarial e faço coaching e mentoria de executivos em liderança e montagem de equipes"

» **Destaque os benefícios para alguém escolher trabalhar com você.** Por exemplo:

- "É muito caro substituir um executivo estafado, então, ajudo empresas a gerenciarem melhor o estresse e criarem condições para que as pessoas estejam mais felizes, com menos doenças e absentismo, e mais produtividade"
- "Treino as pessoas para serem mais efetivas e eficientes, o que se traduz em melhores resultados e aumento nos lucros"
- "Treino executivos para criarem e liderarem equipes coesas, o que significa cumprir prazos de projetos dentro do orçamento e com o mínimo de excessos e deslizes"

A diferença é clara. O primeiro conjunto de respostas é pouco inspirador. O segundo conjunto vende os benefícios do coaching. E são essas respostas que devem ser apresentadas quando alguém pergunta o que você faz, em vez de dizer: "Sou coach empresarial."

Fazendo uma análise de custo-benefício

Você pode chegar ao ROI a partir do ponto de vista da avaliação:

» Os custos de não se fazer um coaching
» Os benefícios de se fazer um coaching

Experimente o seguinte exercício, com um cliente ou como uma avaliação externa antes de uma reunião. É possível fazer isso formalmente com caneta e papel ou apenas conversando. Preferimos fazer o exercício formalmente com o cliente usando papel e caneta, assim ele consegue enxergar de forma visual o plano de negócios para o coaching se desdobrando à sua frente.

1. Faça um gráfico de custo-benefício.

Pegue um pedaço de papel e desenhe uma linha reta vertical no meio. De um lado, escreva "Custos de não se fazer o coaching e ficar na mesma" e do outro, escreva "Benefícios e valor do coaching".

2. Analise os custos de se ficar na mesma (sem o coaching).

Faça boas perguntas, que revelem os custos ocultos que podem não estar óbvios para o cliente. Por exemplo:

- Se for uma equipe de vendas, qual é o custo de não marcar reuniões porque ela não consegue lidar com as objeções a preços?

- Se o coaching for para gerenciamento de estresse, qual é o custo das licenças médicas devido ao estresse?

- Se estiver fazendo o coaching de um atendimento a cliente, qual é o custo de se substituir um cliente perdido por insatisfação?

- Como esses custos se somam ao longo do tempo, digamos, um mês, um ano, três anos?

- Quais são os custos adicionais que talvez não tenham sido totalmente considerados, por exemplo, motivação da equipe ou dano à marca? Como esses custos se traduzem em inatividade, atrasos em projetos, excesso de gastos e substituição de pessoal? Dadas as condições de mercado emergente, como esse retrato dos custos fica ainda mais amplo?

3. Analise os benefícios do coaching.

Aqui estão algumas perguntas podem ser incluídas:

- Se o coaching de uma equipe de vendas para lidar com objeções a preços gerar, em média, 10% mais vendas mensais, qual é o valor?

- Se o coaching de gerenciamento de estresse gerar, em média, 10% de redução em licenças médicas, qual é o valor?

- Se o coaching de uma equipe de serviço ao consumidor para oferecer um serviço melhor levar a 20% dos consumidores renovando um serviço por mais dois anos, qual é o valor?

- Como essas economias se somam ao longo do tempo, digamos, um mês, um ano, três anos?

- Quais são os benefícios e valores adicionais que podem não ter sido totalmente considerados ou são difíceis de monetizar, por exemplo, ambiente de trabalho feliz, melhora no desempenho ou na comunicação?

DICA

Com o cliente, trabalhe para mostrar a distinção entre o custo da inação e os potenciais benefícios e valor do coaching. Quando um cliente pode ver a análise comparativa entre onde está agora e onde pode estar depois do coaching, fica mais propenso a dizer: "Sim, vamos fazer." Quanto maior a lacuna entre as duas situações, mais valor haverá.

Mensurando e monetizando

Na análise de custo-benefício descrita na seção anterior, foi possível ver uma ênfase em mensurar e monetizar. Fatos e números são muito importantes para os clientes.

Em uma seção anterior, "Vendendo benefícios", apresentamos duas abordagens para explicar que o coaching trata de clientes em potencial. Mas existe uma terceira abordagem, e até melhor: destacar os benefícios e dar exemplos mensuráveis. Por exemplo:

» "Custa muito substituir um executivo estressado e esgotado. Você sabia que o custo estimado do estresse relacionado ao trabalho para as empresas norte-americanas é de mais de US$150 bilhões por ano, o que é igual a aproximadamente 10 dias produtivos perdidos todo ano para cada funcionário? Faço coaching em empresas para melhorar o gerenciamento de estresse e criar condições para as pessoas serem mais felizes, com menos doenças e absentismo, e mais produtividade. Meus clientes relatam que, em média, as doenças e o absentismo diminuem em 30%."

» "Faço coaching para tornar as pessoas mais efetivas e eficientes, o que se traduz em melhores resultados e maiores lucros. Alguns dos meus clientes têm atingido economias de 15%, em média. São milhares de dólares."

» "Faço coaching de executivos para criar e liderar equipes coesas. Os custos das taxas de recrutamento para uma empresa são, em média, de US$30 mil para substituir um membro de uma equipe sênior, fora o custo de treinar novos membros. Reter talentos não tem preço. Além disso, uma equipe experiente cumpre prazos e orçamentos de projetos com o mínimo de excessos e deslizes. As economias ficam na casa de milhares de dólares."

DICA

Recomendamos que, sempre que possível, você ofereça benefícios mensuráveis aos clientes, a partir das próprias experiências de coaching e estudos que mostrem a mudança depois do coaching. Busque sempre monetizar. Logo, se um estudo mostra porcentagens, traduza-as em termos monetários, que são de maior interesse para o cliente.

Medindo os benefícios ocultos, que os clientes não veem

Você pode ganhar um valor real sendo capaz de ajudar um cliente a ver os benefícios muitas vezes ocultos do coaching nestas áreas:

» Comunicação

» Cultura e mudança social

» Felicidade e bem-estar

Ao fazer a análise de custo-benefício (veja a seção anterior, "Fazendo uma análise de custo-benefício"), você notará que o cliente começa a falar dessas áreas. A monetização nem sempre é possível ou fácil, mas você pode ter um valor real na *mensuração* para o fazer ver a necessidade do coaching não apenas na consulta, mas ao longo do processo.

É preciso definir e acordar com o cliente o que ele precisa ver, ouvir ou experimentar, para saber:

» Que o resultado desejado foi alcançado

» Que o programa está seguindo uma direção positiva, o que inclui discutir:

- Como o programa será mensurado
- Como o programa será reportado

A seguir, está um processo de três passos chamado de Processo de Valor Oculto, que permite mensurar e destacar os benefícios resultantes do coaching que não podem ser monetizados:

1. **Calcule os *investimentos* (os recursos necessários para implementar um programa de coaching).**

Eles são mensurados como custos. Por exemplo, as taxas para administrar o programa incluem custos com o local e equipamento, e custos com a equipe pelo tempo gasto. Avalie os custos de forma realista, pois dão uma medida precisa do investimento.

2. **Estime o *desempenho* (o resultado direto da meta do programa).**

Assim, por exemplo, se cinco membros da equipe forem treinados para melhorarem suas habilidades de comunicação no serviço ao cliente, quantos problemas nesse serviço você deseja resolver em uma ligação em vez de em múltiplas? O desempenho pode ser estimativas melhores ou um estudo-piloto, ou os resultados do programa de coaching podem fornecer o feedback

CAPÍTULO 2 **Defendendo Coaching e Mentoria** 39

para programas futuros e avaliações de desempenho mais precisas. Se programas de coaching anteriores foram administrados com desempenho similar, você poderá usar os resultados para definir as metas de desempenho.

3. **Mensure os *resultados* (as mudanças que ocorreram ao longo do tempo).**

Dessa forma, por exemplo, os cinco membros da equipe resolveram 10% mais problemas em uma ligação em comparação a antes do programa de coaching.

Depois de medir os resultados, muitas vezes, pode ser mais fácil buscar maneiras de monetizá-los. No exemplo das ligações do serviço ao cliente, esse resultado pode se traduzir em maior satisfação e maior retenção de consumidores. Em caso positivo, qual é o valor para a empresa desse ciclo de vida estendido do cliente? Essa informação é a base de uma valiosa discussão para treinamento posterior ou um argumento convincente para conseguir um novo cliente.

O que é medido é valorizado. Ao mostrar o valor dos benefícios de uma equipe mais feliz e uma cultura organizacional mais positiva, você valida o ROI.

Investindo agora para um retorno futuro

Um coaching eficiente gera mudanças. Às vezes, a mudança não é aparente ou evidente durante o processo. Por exemplo, o processo de aprender uma nova habilidade e praticá-la até que se torne um comportamento leva tempo. Visão e ideias criativas, às vezes, aparecem *depois* das sessões de coaching, em momentos de reflexão silenciosa. Muitos desenvolvimentos a partir do coaching levam tempo para se assentarem e criarem resultados.

Ótimos coaches lembram-se de conscientizar os clientes sobre o valor da mudança tanto na conversa sobre o coaching quanto depois, em um futuro próximo ou distante. Um erro comum entre os coaches é subestimar esse valor e fracassar em associar mudanças futuras ao trabalho que fizeram.

Quando a mudança não pode ser facilmente mensurada ou monetizada, muitas vezes é útil explicar para um cliente que nem todo trabalho de mudança tem resultados imediatos. Explique que o coaching tem quatro partes integrantes que precisam estar presentes para ser eficiente:

» Consciência de que algo precisa ou pode mudar

» Desejo de fazer a mudança

» Competências e habilidade de fazer a mudança

» Compreensão de que a mudança leva tempo e pode aparecer depois ou de formas diferentes das originalmente esperadas ou antecipadas

PLANTANDO SEMENTES PARA A COLHEITA FUTURA

A coautora Marie estava fazendo coaching em um seminário sobre o design de um projeto futuro e testando os passos ao longo do caminho quando, de repente, um membro do grupo arrepiou-se, empolgado. O empresário, Paul, explicou:

> Você provavelmente não se lembrará, mas nos conhecemos em um seminário há mais ou menos seis anos e você fez um exercício de autoconfiança comigo. Me senti incrível, e você me disse para imaginar quais outras coisas incríveis poderiam mudar em minha vida. Posso olhar para trás e lembrar-me daquele momento como sendo catártico. Bem, imaginei minha empresa sendo bem-sucedida e eu sendo capaz de viajar o mundo. E acabei de perceber, no meio desse exercício, que aqui estou! Tudo foi possível por ter trabalhado com você anos atrás.

Marie respondeu:

> Isso é incrível! Fico feliz por ter se lembrado desse momento e experimentado o sucesso, que ocorreu por causa das ações que tomou. Agora, imagine o que mais pode melhorar e mudar no seu futuro. Talvez um dia você olhe para trás de novo e reconheça o trabalho que fizemos aqui, hoje.

Não tenha falsa humildade menosprezando esse fenômeno não o associando ao seu trabalho de coaching. Porém, é preciso encontrar um equilíbrio entre se gabar e assegurar que o cliente associe as mudanças positivas ao trabalho. Esse exemplo mostra como fazer a associação através da conversa. Claro, Paul fez todo o trabalho; Marie não tinha nada a ver com aquilo. No entanto, se uma mudança ocorre para um cliente em uma conversa de coaching ou depois, não tenha vergonha de reivindicá-la. Paul tornou-se cliente de coaching depois do seminário, um depósito no banco cármico para pagar dividendos.

Dar essa explicação aos clientes é uma forma efetiva de influenciá-los a perceberem e associarem futuras mudanças positivas ao trabalho que fizeram com você.

Todos os funcionários alegarão estar ocupados. É uma objeção comum a investir um tempo valioso em um programa de coaching. Para assegurar que você e outras partes interessadas consigam o máximo de valor do coaching, invista tempo ao apresentar o plano de negócios para sua equipe e ter compromisso e participação totais no programa. Dessa forma, as partes interessadas não se sentirão como se tivessem que trocar um tempo valioso pelo coaching; pelo contrário, verão valor ao dedicar tempo a isso.

Esticando o Orçamento

Muitas vezes, a primeira coisa que uma empresa corta durante qualquer crise é o orçamento para treinamentos, e isso inclui coaching e mentoria. Mesmo sem uma crise, departamentos de RH experientes buscam maneiras de esticar seu orçamento para treinamento e tirar o máximo do mínimo.

Assim, seu trabalho como coach para convencer um cliente a contratá-lo é demonstrar valor oferecendo uma mistura de coaching que se encaixe no orçamento do cliente e ainda entregue resultados.

Um benefício do coaching é sua flexibilidade; isso é possível de várias maneiras diferentes:

- » Coaching por e-mail
- » Coaching em grupo, fora da empresa e/ou nela
- » Sessões de coaching individuais e pessoalmente
- » Coaching entre pares
- » Coaching por Skype ou comunicações online similares
- » Coaching por telefone

Todos os métodos de coaching podem ser apresentados separadamente ou combinados. Podem ser usados em sessões únicas ou em intervalos espaçados, a depender de qual método é melhor para o coach e o cliente. Cada método de apresentação tem prós e contras que afetam o ROI, especialmente os custos envolvidos na entrega.

DICA

Ao apresentar um plano de negócios para um cliente, o coach deve avaliar todos os investimentos da perspectiva do cliente. Usar o Processo de Valor Oculto (veja a seção anterior "Medindo os benefícios ocultos, que os clientes não veem") para calcular e demonstrar os custos e potenciais retornos do programa de coaching ajuda os clientes ligados ao orçamento a tomarem uma decisão informada sobre o coaching. Quando se trata do preço líquido de um programa, grandes economias podem ser feitas pelo cliente com consideração cuidadosa e apresentação de uma mistura das formas de se mostrar o coaching descritas nesta seção.

Adicionando Valor ao Treinar Líderes

Conforme mais empresas reconhecem o valor do coaching, elas buscam maneiras de tirar o máximo do dinheiro empregado. Como resultado, os coaches têm crescentes demandas para trabalhar ao lado de equipes de coaches existentes ou com a empresa para desenvolver seu próprio talento e programas de coaching "domésticos". A lógica da empresa é que uma equipe interna conhece o negócio melhor que as pessoas de fora, e esse coaching interno é mais eficiente do ponto de vista dos custos do que contratar um externo. Essa lógica é frequentemente baseada em palpites, pois até agora pouca pesquisa foi feita em relação ao ROI do coaching interno.

LEMBRE-SE

Ao fazer um plano de negócios para trabalhar com coaches internos ou auxiliar o desenvolvimento de talentos internos, o coach deve trabalhar com o cliente para criar um programa personalizado. Comece fazendo uma análise das necessidades para ajudar o cliente a ver qual opção melhor se encaixa em sua situação específica. Destacar os valores vistos neste capítulo, como a perspectiva externa, permite ao cliente tomar uma decisão fundamentada.

Também é possível falar sobre os altos e baixos de se treinar uma equipe interna para se tornar coach, caso o cliente decida que um coach externo é melhor. Do lado positivo:

- » O coach interno agrega uma grande vantagem à conversa sobre o coach externo: entende a cultura, pois é parte dela.
- » Responsáveis hierárquicos podem fazer coaching no trabalho e, muitas vezes, são especialistas em processar tarefas.
- » Líderes que foram treinados para ser coaches e mentores geralmente têm mais acesso e tempo do que os coaches externos. Em geral, o coaching pode ocorrer sob demanda ou quando necessário.

Vale a pena explorar as potenciais desvantagens a seguir com o cliente:

- » Estar na empresa pode levar a um pensamento construtivo de nível inferior, ou seja, não ser capaz de julgar o todo pela parte (veja a seção anterior "Entendendo a teoria no nível da construção").
- » Embora os responsáveis hierárquicos sejam especialistas em processos, a pergunta de um milhão é: são especialistas em coaching de transferência de talento? Ser capaz de transmitir habilidades para outra pessoa é um conjunto de habilidades diferente de saber como fazer bem um processo.
- » O coach interno não é imune às políticas do local de trabalho e, se lidar com informações pessoais, os coachees poderão relutar em se abrir e realmente considerar a conversa de coaching confortável para se mostrarem e serem honestos e vulneráveis.
- » Um desafio para muitos gestores que se tornam coaches é garantir que estejam capacitando e apoiando, em vez de usarem uma abordagem ditatorial de gestão. Isso não quer dizer que os gestores são ditadores; estamos apenas enfatizando que o conjunto de habilidades de um coach é diferente do tradicional de um gestor.

CAPÍTULO 2 **Defendendo Coaching e Mentoria** 43

É possível criar um plano de negócios válido para o coach experiente, que trabalha com a organização, para treinar coaches ou dar suporte a coaches internos. Não existe uma fórmula fixa que tenha sido testada ou comprovada como a melhor prática; veja isso como um terreno fértil para o coach e o cliente explorarem em busca de quais opções oferecem o melhor valor. No Capítulo 4, veremos como fazer coaching e dar suporte a coaches e mentores internos.

NESTE CAPÍTULO

» Tendo ótimas conversas em coaching

» Conhecendo o negócio do seu cliente

» Gerenciando as sessões com o cliente

» Trabalhando com estruturas (frameworks)

» Dando suporte a clientes em circunstâncias particulares

Capítulo **3**

Desenvolvendo a Base de Conhecimentos e Habilidades de um Coach e Mentor

Habilidades e conhecimentos são, muitas vezes, subestimados no mundo do coaching.

Em webinars individuais, cursos online, leituras, exercícios em grupo, supervisão, mentoria de coaching ou coaching pessoal, faça o que for necessário para desenvolver a sua prática e a de seus clientes. "O que for necessário" não significa que é preciso seguir a última moda vendida por alguém que jura que sua prática melhorou 20 vezes desde que entrou na floresta com um grupo de percepção sensorial e dançou em volta de uma fogueira chamando o espírito da deusa do coaching. Não importa o quanto as pessoas tentem convencê-lo, isso não é uma exigência no mundo do coaching empresarial e da mentoria.

Neste capítulo, mostraremos algumas coisas que sabemos que funcionam para desenvolver suas habilidades e seus conhecimentos para dar suporte aos seus clientes. Nosso objetivo é dar-lhe um gostinho do que é preciso saber e do que é preciso estar apto a fazer bem.

As Diferenças entre Coaching e Mentoria

Apesar de cobrirmos tanto coaching quanto mentoria neste capítulo, eles não são a mesma coisa. Um coach dá suporte aos clientes para que atinjam seus objetivos e os ajuda a esclarecer suas medidas de sucesso e impacto ao atingir seus objetivos; ajuda-os a focar "como" alcançar o que desejam de maneiras que se alinhem com seus valores.

A mentoria é usada mais adequadamente quando um cliente precisa aprender um conjunto específico de habilidades, adquirir um conhecimento em particular ou ter sábios conselhos de uma pessoa mais experiente ao longo de um período. A Tabela 3-1 destaca as diferenças entre os dois papéis.

TABELA 3-1 **Mentoria e Coaching: A Diferença**

Mentoria	Coaching
Relação contínua, geralmente por um longo período	Relação por um período determinado e com recontratação regular
Mais informal; quando o mentorado precisa de conselhos/suporte ou há propósito e duração específicos	Estruturado, planejado; intervenções regulares
Mentor escolhido pela experiência ou conhecimento em uma área particular	Coach escolhido principalmente pela habilidade de facilitação, experiência de coaching e compreensão de como ajudar indivíduos e grupos a automaximizarem a contribuição em um contexto particular
Planejamento definido pelo mentorado, cujas exigências de aprendizado levam aos objetivos da mentoria; o quadro de resultados pode ser definido por um responsável	Planejamento focado em atingir objetivos iminentes específicos e pode ser definido pelo coachee ou responsável para a intervenção
Foca mais o desenvolvimento profissional	Foca mais o suporte para determinar desenvolvimentos ou soluções específicas

As diferenças entre coaching e mentoria são sutis. Ter clareza no primeiro momento e no estágio de contratação assegura que os clientes saibam o que esperar.

PARTE 1 **Começando com Coaching Empresarial e Mentoria**

Conjunto de habilidades do coaching

As habilidades-chave usadas no coaching são aquelas que você usou a vida inteira, como escuta, questionamento, gestão emocional e fala. As diferenças entre o coaching e as conversas cotidianas estão na intensidade e qualidade da escuta, estrutura da conversa, qualidade das perguntas e foco da atenção na clareza, percepção e resultado. As habilidades do coaching ficam evidentes ao longo deste livro. Fazer uma checagem saudável destas habilidades ajuda bastante coaches, mentores e líderes nessa função.

DICA

Se ainda não fez uma avaliação das habilidades, pode ser útil concluí-la e manter suas respostas em mente ao ler as próximas seções deste capítulo.

Algumas coisas práticas ajudam em qualquer intervenção de coaching, seja ela conduzida pessoalmente, por telefone, por Skype ou por e-mail:

» Assegure-se de que você está em um bom estado emocional antes de começar qualquer coaching. No Capítulo 5, encontrará técnicas para verificar se está em um alto estado de desempenho.

» Reveja suas notas de coaching iniciais para se assegurar de que está no caminho certo com seus objetivos de coaching.

» Reveja suas notas de coaching anteriores. Se tiver estabelecido trabalhos ou tarefas para seu cliente, lembre-se de acompanhar e rever os resultados e experiências.

A mentalidade da mentoria

A relação de mentoria é ligeiramente diferente da relação de coaching. Sim, você precisa estar presente e ouvir ativamente, mas o equilíbrio da conversa é diferente na mentoria. Os mentores provocam menos e ilustram, apoiam e aconselham mais do que os coaches. Assim, embora os mentores precisem de uma mentalidade de crescimento focada na habilidade de aprendizado do mentorado, é preciso estar em alerta, com seu conhecimento e habilidade particulares à mão. O mentorado o busca para ter orientação, então, a provocação e a escuta precisam estar focadas nas questões relacionadas à mentoria, particularmente se for em uma área especializada.

Quando fazemos mentoria, geralmente ela gira em torno de algum tipo de atividade de pensamento, como ajudar alguém a elaborar uma resposta situacional ou a entender e aplicar uma metodologia testada para lidar com algo. O equilíbrio é mais para sinalizar e aconselhar ativamente o mentorado, em vez de dar-lhe recursos para encontrar a resposta por si só.

Na mentoria, o mentor compartilha experiência, conhecimento, redes e geração de ideias com o mentorado. Os mentores precisam de um contrato com um cliente, trabalhar dentro de um modelo/estrutura e ajudá-lo a ter clareza sobre quaisquer ações tomadas como resultado da sessão.

Habilidades de Coaching e Mentoria

Coaches e mentores precisam ter boas habilidades para gerenciar bem o tempo da sessão, ajudar seus clientes a aproveitarem o máximo de seu tempo e a fazerem mudanças em seu pensamento e abordagem. Veremos cada uma dessas habilidades nesta seção. Todas precisam ser aperfeiçoadas e utilizadas para dar suporte aos clientes de forma efetiva.

Estar presente para a sessão

No coaching, aparecer para uma sessão não é estar presente. Um poste na rua pode estar presente. Parecer ou mostrar-se interessado também não é suficiente. Um cão dedicado pode fazer isso se você balançar um petisco em sua direção. Presença é estar completamente envolvido com o cliente, e isso exige tudo do coach. É a total atenção no corpo, coração e mente. Sim, usamos a palavra *coração*. Se um coach está lá fisicamente, tem todas as faculdades intelectuais e de pensamento em alerta, mas não tem conexão emocional com a experiência do cliente, a situação é como ir ao médico e receber uma prescrição de medicamento sem ele reconhecer o impacto da dor em você. Não deixe sua compaixão em casa ao trabalhar com empreendimentos, você está tentando ajudar pessoas a criarem empreendimentos com os quais as pessoas amam negociar!

Líderes empresariais são ocupados. Sua sessão de coaching pode ser uma das raras oportunidades que têm de parar e pensar de maneira concentrada com outra pessoa. Parte do trabalho é ajudar os clientes a removerem distrações e desacelerarem um pouco o passo para que foquem e tirem algo de suas sessões.

DICA

Coaches precisam estar presentes para espelhar uma presença efetiva e encorajar os clientes a estarem com eles naquela oportunidade. Cultivar presença significa convidar um cliente a parar e fazer uma respiração abdominal, fechar os olhos por um segundo e permitir que os pensamentos e distrações do dia o abandonem pela próxima hora enquanto você o ajuda a focar o motivo da sessão.

Estar presente na mentoria é obviamente tão importante quanto no coaching. É preciso ir para a conversa bem preparado; mas a distância emocional é maior na mentoria.

Escuta ativa

Escutar, no coaching, não é apenas ouvir ou prestar atenção para responder, o que fazemos na maioria das conversas. Você escuta ativamente. Quando age assim, foca apenas o cliente e o ouve completamente. Escuta para entender a história do cliente, seus dilemas e os problemas que ele deseja resolver. Você ouve por linguagem, suposições, generalizações, credos, fatos e emoções. Escute por paixão, pânico, percepção e pausa. Você também precisa escutar atentamente e ser capaz de resumir o que o cliente falou. Ele precisa saber que foi ouvido para que você o atenda bem.

É necessário dar ao cliente sua atenção absoluta para

- » Extrair o problema para o qual o cliente quer ajuda.
- » Verificar sua compreensão das suposições, generalizações, opiniões e fatos da história que ouviu.
- » Escutar a linguagem que diz como a pessoa vivenciou o problema ou a situação. A forma como alguém se lembra de uma situação ou descreve um problema é tão importante quanto o problema em si.
- » Entender o que tirar do seu kit de ferramentas de coaching para auxiliá-lo.
- » Garantir que a pessoa se sente ouvida e se pode conquistar e sustentar uma relação.

DICA

Escuta ativa é escutar com a potência e o volume lá em cima; atenção completa, não do tipo: "Ah, você poderia repetir isso? Me distraí com a adorável pintura na parede." Endireite-se, esteja completamente presente e perceba tudo.

Parte do seu trabalho é ajudar os clientes a verem a si mesmos e seu comportamento. Você não pode ser um espelho claro e brilhante a menos que seu foco esteja inteiramente direcionado para o cliente. Quando ele diz: "Acho que o terno estava errado; eles estavam vestidos casualmente. Acho que podem me tomar por alguém formal demais", você deve estar apto a dizer: "Sua apresentação foi boa, e os investidores amaram o produto. Você trabalhou muito para chegar até aqui nos últimos quatro anos. Sua equipe está muito animada para ouvir que assegurou fundos para a expansão. Estão todos com você nessa. Parece que fez um ótimo trabalho. Então, se eles são tão encorajadores e estão junto de você, por que está tão preocupado por julgarem seu terno?"

Por que o coaching raramente trata do primeiro problema na conversa

A contratação pode ser complexa. Às vezes, os clientes contratam por um período de coaching, começam o processo, então, mudam de ideia abertamente sobre a ajuda que querem. Como alternativa, uma questão nova, mais profunda e impactante surge na conversa. Os clientes podem estar cientes da questão secundária (que, provavelmente, é a primária) no momento da contratação ou era algo de que não tinham conhecimento. Então, por que surgiu isso? Pode haver várias razões. Confiança e espaço se destacam. Leva tempo para um coach construir uma relação com os clientes e para que confiem o suficiente para manifestar os problemas reais para os quais querem o coaching. Essa situação é bastante normal e os coaches precisam estar prontos para isso.

Quando qualquer um de nós desacelera e foca coisas que nos impactam na vida empresarial, o mero fato de criarmos espaço para pensar convida à possibilidade de outros problemas aparecerem.

Flexibilidade no coaching e da parte do coach é imperativa. Permitir a um coachee confiar no processo e considerar as sessões como um evento contínuo, em vez de pontual, realmente faz as pessoas olharem para lugares que nunca haviam considerado.

EXEMPLO

SUPERANDO AS EXPECTATIVAS DO CLIENTE

Muitos clientes têm noção do que querem em termos de coaching, mas, muitas vezes, o que querem não é o que precisam.

O coautor Steve estava fazendo o coaching de Edward, um CEO recém-promovido de uma empresa de mídia internacional. A instrução era ajudá-lo a melhorar suas habilidades de apresentação. Edward lutava contra a ansiedade de desempenho e isso afetava sua confiança. Steve logo percebeu que fazer o coaching de Edward em torno de como fazer apresentações não era a solução.

A nova função desafiava a identidade de Edward: ele não tinha certeza se era capaz e ideal para o papel. Não se via como o CEO que agora era. Steve perguntou a Edward se ele desejava explorar o tema de identidade. Diante da resposta positiva, o coaching não apenas tratou de como ele se via, mas também transformou a forma como se sentia em relação a si mesmo e como se apresentava.

Esteja disposto a explorar questões mais profundas com seus clientes uma vez que tenha sua permissão. Em geral, os resultados e o impacto do coaching superarão as expectativas do cliente.

Fazendo sua tarefa de casa e desenvolvendo conhecimento empresarial relevante

Se quiser dar suporte a pessoas em empresas, sobretudo nos níveis executivos nos quais decisões sobre direção, estratégia, recursos, risco e recompensas são tomadas, você precisa entender de negócios e da linguagem empresarial.

A profundidade desse conhecimento realmente depende do tipo e nível de engajamento que você busca com os clientes. Pergunte a si mesmo: com que tipo de cliente quero trabalhar? Quero me especializar em um setor particular, uma área empresarial, temática ou em um nicho definido? Quero trabalhar neste país ou globalmente? Entender o seu consumidor ideal é imprescindível. Quando você pensa em seus clientes e no nível no qual operam e desejam suporte, o que isso lhe indica?

Os conhecimentos a seguir devem ser úteis:

» Uma perspectiva do negócio, como opera, principais características e linguagem-chave usada

» Conhecimento detalhado de um mercado geográfico particular (nacional ou global)

» Conhecimento aprofundado de uma área profissional

» Conhecimento de uma profissão em vários mercados

» Responsabilidades do investidor e governança

» Uma compreensão de estruturas no nível da diretoria e deveres dos diretores

Ter bastante clareza sobre esse conhecimento útil ajuda a desenvolver a atividade de coaching, direcionar sessões com uma ênfase específica e identificar aprendizado próprio. Seria difícil trabalhar em partes da China sem falar mandarim, e você acharia igualmente difícil fazer coaching empresarial sem entender de negócios.

Um coach experiente não precisa ser exposto necessariamente a um tipo particular de nicho empresarial para fazer o coaching naquele negócio; os próprios clientes sabem disso. Mas saber como um negócio opera, conhecer a linguagem empresarial, como ler um relatório anual, o panorama de exigências de um relatório organizacional e as características genéricas de empresas nacionais e globais é útil e gera credibilidade.

DICA

Saiba quando está confortável e quando está fora de seu domínio. O Capítulo 16 dá algumas indicações de recursos para ajudar a desenvolver sua base de conhecimentos. Mas a melhor forma de entender o que você precisa saber começa com seu bom senso.

CAPÍTULO 3 **Desenvolvendo a Base de Conhecimentos e Habilidades...** 51

Se você estiver dando suporte a uma área profissional específica, mantenha suas exigências de associação profissional atualizadas. Se estiver fazendo coaching de equipes globais, leia, pergunte e esteja aberto a diferentes normas culturais inerentes a um grupo misto. Trabalhe com preferências individuais o quanto for possível de forma prática, tendo em mente o contexto cultural e o ambiente operacional da matriz. Se normalmente faz coaching na indústria farmacêutica e conseguiu um contrato para trabalhar em hospitais, pesquise funções, estruturas e ambiente operacional.

Estruturando a Sessão com o Cliente

Planejar as sessões antes de sentar-se na frente do cliente é importante, particularmente no primeiro momento da contratação e na finalização de uma relação de coaching. Nesse meio-tempo, a estrutura precisa ser mais uma revisão de notas, alguma consideração do que funciona com o cliente e um lembrete de quais eram as necessidades do contratante no início do coaching. O restante do tempo da sessão precisa ser conduzido pelo cliente.

Entrando na atitude mental certa

Gerenciar sua mentalidade de coaching significa garantir que você está relaxado, porém alerta, antes de uma sessão de coaching se iniciar. Estar com uma mentalidade de abertura, aprendizado e crescimento durante a sessão realmente ajuda. Lembre-se de que seu papel é estar a serviço do cliente. Parar para se preparar antes de iniciar o encontro ou pegar o telefone é o primeiro passo; apenas pare de cinco a dez minutos para limpar a mente de distrações e se comprometa a focar apenas o cliente à sua frente. Garantir que esteja em um bom estado emocional independentemente do que tenha lhe acontecido um pouco antes da sessão é uma parte essencial para estar a serviço do cliente.

A contratação cria clareza no relacionamento

Com o coaching individual ou em grupo, o acordo sobre por quê, o quê, onde, quando, quem e como precisa estar absolutamente claro. Essa clareza inicial evita quaisquer confusões ou surpresas mais tarde. Seu acordo precisa ser por escrito e claro. A Tabela 3-2 mostra, no mínimo, o que deve incluir e quem é responsável por observar cada questão.

CUIDADO

Tenha em mente que essa lista não está completa e não representa um parecer jurídico. Consulte um advogado para auxiliar na preparação de um contrato de coaching.

52 PARTE 1 **Começando com Coaching Empresarial e Mentoria**

TABELA 3-2   Questões a Abordar em um Contrato de Coaching

Questão	Atribuição do Coach	Atribuição do Cliente
Confidencialidade	X	X
Ética e padrões em relação à conduta e à retenção de informação	X	
Bem-estar e limites de responsabilidade	X	X
Limites de responsabilização e notificação de seguro contra danos	X	
Com quem é o acordo, honorários e termos de pagamento	X	
Duração do período de coaching, frequência e organização das sessões	X	X
Descrição dos requisitos do coaching	X	X
Descrição dos serviços e duração do programa	X	X
Cancelamento e penalidades	X	X
Comprometimento com o trabalho fora das sessões		X

Se já tem uma estrutura para gerenciar as sessões, verifique se os elementos na Tabela 3-2 foram satisfeitos.

Além disso, o acordo deve refletir as características de sua marca e como você gosta de trabalhar (veja o Capítulo 13 para saber mais sobre como desenvolver sua marca).

DICA

Onde outros responsáveis estiverem envolvidos em uma organização e incumbidos do pagamento dos honorários, é preciso incluí-los no início da contratação e integrá-los aos resultados do coaching e conteúdo dos termos do contrato. Se o contrato precisar mudar durante o período do coaching, o cliente ou o coach deverão discutir isso com o responsável. Você deve criar dois níveis de acordo: um contrato para o documento de serviços e um acordo sobre a relação de coaching entre o coach e o coachee. Isso deve estabelecer claramente quem é responsável pelo quê. E deve ser escrito em português claro.

A sessão de contratação

A primeira sessão com o cliente pode ser razoavelmente dividida em três partes:

» **As bases:** Onde e como trabalharão juntos; os detalhes do acordo e como funcionarão na prática; qual é o acordo com o empregador (se aplicável); onde as notas serão armazenadas e similares.

» **Respeitar a relação:** Como vocês se comportarão em relação um ao outro, implicações do cancelamento, confidencialidade, agir honestamente, limites da função e o que acontece se for necessário sugerir orientação fora do coaching.

» **Fazer a diferença:** Resultados esperados, expectativas para o trabalho individual fora da sessão, avaliação de como o cliente e outras pessoas terão sucesso e como a relação contínua de coaching será avaliada.

Criando o ambiente certo

Parece muito simples dizer que é necessário prestar atenção no ambiente de coaching e torná-lo favorável ao coaching eficiente, mas ouvimos falar de pessoas fazendo coaching em ambientes inadequados com tanta frequência que vale a pena mencionar isso aqui.

Simplificando, essa relação é profissional e, embora muitos acordos empresariais sejam feitos em campos de golfe, avisamos que esse não é um ambiente favorável, a menos que faça coaching ou mentoria de clientes entre as tacadas. Em um nível mais simples, o cliente fica distraído com o jogo. Além disso, não é possível estar completamente presente no coaching se estiver preocupado em vencer o jogo e, com isso, acabar irritando o cliente altamente competitivo.

Algumas ideias simples do que fazer para gerenciar um ambiente:

» Realize a sessão em um ambiente calmo e profissional. Sem camas ou divãs.

» Tenha luz natural, se possível.

» Tenha água à disposição.

» Tenha uma sala que comporte confortavelmente de duas a quatro pessoas se estiver treinando um indivíduo. (Alguns exercícios de coaching exigem espaço para ficar de pé e andar. Uma sala pequena demais pode afetar o resultado do exercício.)

» Use uma mesa, de preferência redonda, e sente-se lateralmente, diferente de uma entrevista.

» Use cadeiras em círculo se estiver treinando um grupo.

» Mantenha a temperatura agradável e tenha ar fresco na sala, se for possível.

» Tenha o mínimo de distrações possível.

» Desligue todos os telefones e equipamentos eletrônicos. É uma conversa de coaching, não uma consulta multitarefas.

» Tenha papel em branco e canetas à mão ou um caderno para o cliente escrever, se quiser.

- » Se possível, monitore o tempo com um relógio de parede atrás do seu cliente e longe do campo de visão dele.

- » Chegue cedo e organize a sala da melhor maneira possível quando trabalhar fora de seu ambiente conhecido.

- » Se o coaching for a distância, tente recriar essas condições em seu espaço e encoraje o cliente a fazer o mesmo. Em particular, sugira que quaisquer papéis sejam retirados, quaisquer alertas no computador sejam desligados e que a sala tenha um sinal do lado de fora pedindo para não ser perturbado.

- » Vista roupas confortáveis e apropriadas, e abra um sorriso acolhedor.

DICA

Crie o tipo de ambiente convidativo no qual gostaria de fazer um coaching. Sem ligações no Skype do seu quarto e de pijama, mesmo se estiver trabalhando em outros fusos horários! Já até soubemos de coaches fazendo sessões na esteira da academia e em uma sauna; péssimas ideias. Coaching é uma relação profissional e precisa ser tratada como tal. Você não gostaria que seu advogado, médico ou contador o encontrassem em uma esteira para discutir sobre seu testamento, resultados da sua ressonância magnética ou imposto de renda, gostaria?

Conheça suas limitações

Nem todos os coaches são iguais. Sim. Dissemos isso. No mundo do desenvolvimento pessoal e profissional, no qual gostamos de encontrar o melhor em todos e queremos que as pessoas sejam qualificadas e bem-sucedidas, evitamos dizer tais coisas. A verdade é que coaches são como vinho. Existe uma distância entre o vinho que comprado no supermercado e a fina reserva produzida por monges trapistas no topo de uma montanha isolada, acessível por uma ponte giratória em que apenas cinco garrafas são liberadas a cada 20 anos.

Podemos pensar que somos a reserva, promover-nos como a reserva, cobrar honorários próximos ao preço da reserva, mas nem sempre sabemos se as pessoas mais próximas do padrão de supermercado estão oferecendo uma experiência de reserva por um preço razoável. O que sabemos é que algumas pessoas pensam que estão tendo a experiência da reserva, pois o preço é mais próximo do valor da garrafa com a imagem de monge trapista. No entanto, alguns clientes estão recebendo vinho no padrão reserva por preço reduzido porque alguns ótimos coaches não sabem gerenciar um negócio ou porque, simplesmente, subestimam a diferença que fazem.

Os clientes devem entender o que estão pagando. Você precisa estar confortável para explicar suas credenciais e os clientes, para perguntar sobre elas. Experiência, qualificações, treinamento e bagagem profissional são importantes. De todas, experiência é a mais importante. Por experiência, não queremos dizer horas de coaching (que são importantes); queremos dizer a vivência dos clientes com os quais o coach trabalhou e o impacto que teve. Reconhecer os limites

POR QUE RECUSAR O TRABALHO ERRADO AJUDA A CONSEGUIR O CERTO

EXEMPLO

Certa vez, a coautora Marie foi requisitada para fazer o coaching de uma equipe em uma plataforma de petróleo após a morte de um colega em um acidente. Esse pedido era de um antigo executivo de coaching no setor petrolífero que já tinha trabalhado com Marie, tanto individualmente quanto em equipe. Ele conhecia seu trabalho e confiava em seu julgamento, acreditava que ela poderia ajudar as pessoas impactadas pela perda de um colega. Achava que tinha a solução de emergência de resgate do coaching.

Marie nunca havia estado em uma plataforma de petróleo, nunca havia lidado com trauma pós-evento e não tinha apreço particular por viagens noturnas de helicóptero. Também não estava muito feliz com a perspectiva de estar rodeada por uma profunda extensão de mar aberto.

Seu antigo cliente não sabia disso. Tudo o que sabia era que sentiu que ela poderia ajudar em uma terrível emergência durante uma investigação na plataforma e que tinha sete membros da equipe contando com ele para os ajudar e apoiar.

Em termos de trabalhar com colegas de luto em uma plataforma isolada, Marie estaria fora de seu domínio. Rapidamente, ela disse a ele que não era a pessoa certa para esse trabalho em particular e ajudou-o a encontrar um coach experiente e conselheiro de luto.

Na verdade, alguns coaches teriam aceitado esse desafio com base em bajulação, e poderia ter funcionado. A pergunta que os coaches profissionais precisam se fazer é: "Sou a melhor pessoa para cumprir essa missão agora, e os clientes terão um ótimo serviço com base em meu conhecimento e competência?" Se a resposta for não, ou até talvez não, tenha confiança o bastante em sua credibilidade e integridade pessoais para dizer: "Muito obrigado por pensar em mim, mas não sou a pessoa certa para o serviço." Nem conte uma mentirinha e diga que está muito ocupado. Seja honesto. Do contrário, eles poderiam voltar com o mesmo problema depois, e você não gostaria de dizer "Não, estou muito ocupado" de novo, gostaria? Se fizer isso, eles pararão de ligar, pois estarão ocupados também, e você será conhecido como "muito ocupado para ajudar". Evite a tentação de estruturar um contrato para o qual não está qualificado, confiante e apto a cumprir. Os clientes o respeitarão por isso.

da experiência e saber quando um coach está trabalhando acima de sua capacidade é importante. Pegar um cliente para o qual você não tem ainda a experiência e as habilidades necessárias para o coaching pode ser um desastre. É preciso saber quando dizer: "Essa não é minha área de conhecimento."

DICA

Descubra como dizer não de modo claro e gentil quando o trabalho não for para você ou souber que pode não servir bem ao cliente. Mantenha sua rede de coaching renovada e reconheça que, às vezes, faz parte do trabalho com os clientes lhes indicar outro ótimo coach. Como cliente empresarial, reconheça que alguém que é claro sobre as limitações de suas habilidades é um ótimo coach. Você desejará saber mais sobre o que ele faz e guardará os detalhes de seu contato.

DONOS DE EMPRESAS

Se for dono de empresa, confira o Capítulo 18. E, se for coach, leia o Capítulo 18 para saber quais perguntas um dono de empresa esperto provavelmente fará.

Usando Modelos em Coaching e Mentoria

Um *modelo de coaching* é simplesmente uma estrutura do processo que os coaches usam para ter alguma organização dentro do coaching. Os modelos podem ser úteis para ajudar a manter as sessões nos trilhos. Pense no coaching como uma maneira de permitir aos clientes serem ainda mais qualificados e pense no modelo como o método usado para ajudá-los a percorrer o caminho para resolver um problema. Quanto mais modelos simples usar, mais fácil será para os clientes aprenderem um processo ou dois, ajudando-os a resolverem as questões quando você não estiver por perto.

É possível encontrar, literalmente, milhares de modelos de coaching. São necessárias boas ferramentas para ajudá-lo a ficar no caminho certo e gerenciar o tempo da sessão de forma eficaz. Em empresas, trabalha-se com pessoas ocupadas, que querem resultados rápidos.

É útil ter mais de um modelo em seu kit de ferramentas para dar suporte aos clientes em diferentes situações ou lidar com diferentes tipos de problemas. Às vezes, clientes com um estilo de aprendizado particular se identificam mais facilmente com um modelo particular de coaching. Em nossa experiência, especialistas em TI, cientistas e médicos parecem se identificar bem com uma abordagem mais narrativa, como o modelo CLEAR. É apenas uma observação, não uma regra. Destacamos dois modelos nesta seção podem ser usados em coachings individuais ou em grupo.

LEMBRE-SE

Continue usando o que funciona para seu cliente e misture um pouco os modelos, em vez de permanecer rigidamente em um que você acha que funciona com base em suas suposições sobre a preferência de uma pessoa. O tamanho único definitivamente não serve para todos nos modelos de coaching. A questão para os coaches é descobrir e desenvolver vários modelos para criar e manter a flexibilidade comportamental. Como coach, use modelos que sirvam para o cliente, não para você.

CAPÍTULO 3 **Desenvolvendo a Base de Conhecimentos e Habilidades...** 57

O modelo CLEAR

Peter Hawkins, no Bath Consultancy Group, desenvolveu o modelo CLEAR no início dos anos 1980. Como muitos modelos de coaching, esse é definido usando acrônimos (geralmente, em inglês). Tem cinco estágios ou elementos (veja a Figura 3-1):

1. **Contratar:** Abrir a discussão, definir o escopo, estabelecer os resultados desejados e concordar em estabelecer regras.

2. **Lembrar:** Usar escuta ativa e intervenções, e ajudar os clientes a desenvolver sua compreensão da situação e gerar uma percepção pessoal.

3. **Explorar:** Ajudar os clientes a entenderem o impacto pessoal que a situação tem sobre eles e desafiá-los a pensar nas possibilidades de ações futuras para resolvê-la.

4. **Agir:** Dar suporte aos clientes na escolha de um caminho à frente e decidir o próximo passo.

5. **Revisar:** Terminar a intervenção e reforçar o caminho percorrido, as decisões tomadas e o valor agregado. Sempre que possível, o cliente sintetiza suas ações, percepções e autorreflexões nesse estágio. O coach também encoraja o feedback sobre o que foi útil no processo, o que foi difícil e o que ele gostaria mais ou menos nas futuras conversas de coaching.

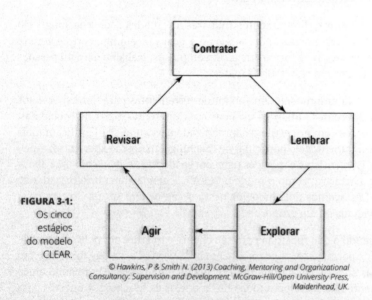

FIGURA 3-1: Os cinco estágios do modelo CLEAR.

© Hawkins, P & Smith N. (2013) Coaching, Mentoring and Organizational Consultancy: Supervision and Development. McGraw-Hill/Open University Press, Maidenhead, UK.

Esse modelo é eficaz para dar suporte a alguém que precisa resolver uma situação operacional. Pode ser facilmente usado para identificar uma forma de resolver uma questão ou problema emergente atual e imediato. O modelo é útil para gerar ideias, ajudar um cliente a ver a situação de modo diferente ou identificar e avaliar as possíveis alternativas.

LEMBRE-SE

O importante sobre o modelo CLEAR é mantê-lo aberto ao diálogo. A conversa tem uma estrutura e uma direção com o objetivo global de dar ao cliente o que ele quer na sessão e deixá-lo em uma situação melhor do que estava quando sentou para conversar.

Aqui estão algumas perguntas de exemplo para ilustrar os diferentes estágios do modelo CLEAR:

> » **Contratar:** A conversa deve ser baseada nesta:
>
> **Coach:** Temos mais ou menos uma hora, então, vamos checar o que poderia ser útil para você hoje. Da última vez que nos vimos, você sugeriu que gostaria de focar sua responsabilidade de líder para melhorar a diversidade no ambiente de trabalho. Ainda é o caso?
>
> **Cliente:** Sim, eu gostaria de dar uma olhada na apresentação para a diretoria que tenho semana que vem.
>
> **Coach:** Ótimo. Aonde gostaria de chegar ao final dessa uma hora?
>
> **Cliente:** O artigo já foi e estou bastante confiante, mas gostaria de passá-lo e pensar sobre a ênfase das perguntas que podem ser feitas. Gostaria de ter a confiança de que cobri todas as questões.
>
> **Coach:** O que gostaria de mim na sessão?
>
> **Cliente:** Gostaria que você agisse como ouvinte e me ajudasse a identificar as questões difíceis.
>
> **Coach:** Tudo bem. Vou monitorar o tempo, talvez fazer algumas anotações e fazer uma avaliação 10 minutos antes do final da sessão para que possamos sintetizar e ver se precisamos discutir mais alguma coisa. Tudo bem?
>
> » **Lembrar:** O coach age como um ouvinte para testar o artigo, fazendo perguntas apropriadas, como as seguintes:
>
> - "Você pode explicar o que quer dizer com..."
> - "De onde veio aquela figura na página 34?"
> - "Como você sabe que é mal comparado em relação a seus concorrentes sobre retornos femininos?"
>
> » **Explorar:** O coach ajuda o cliente a observar a questão com perguntas abertas, reflexões, desafio e síntese:

- "Então, o que estou ouvindo é que quando chega à metade da apresentação você está preocupado que João será exigente em relação aos números, pois ele sempre se detém nas estatísticas. É isso?"

- "Me pergunto se você percebe como apresenta bem as informações e como é bom nisso usando o artigo impresso e o PowerPoint. Você parece alguém muito confiante em relação aos seus dados."

- "Então, qual é a pior coisa que João pode perguntar? Sobre qual parte do artigo você está menos confiante?"

- "O que acontece quando você fica muito ansioso com o que João pode dizer?"

- "O que acontece quando não está preocupado com o que João pode perguntar? Como pode repetir isso no dia?"

- "Você disse que João gosta de humor. Você usa um pouco, mas como poderá usar mais se João o desafiar?"

- "Então, vou resumir os pontos nos quais você disse estar confiante e o que pode fazer diferente..."

» **Agir:** O coach faz perguntas como as seguintes:

- "Então, de acordo com o que discutimos, o que você pode fazer de agora até a semana que vem?"

- "Quem precisa agir assim? Você ou alguém da sua equipe?"

- "Como está se sentindo sobre fazer essa apresentação nesse momento?"

- "Como pode entrar nesse estado positivo antes de ir para a reunião da diretoria?"

- "Quais outras ações você destacou hoje?"

» **Revisar:** O coach faz perguntas como as seguintes:

- "Em resumo, o que você fará como resultado dessa sessão?"

- "O que foi útil? O que foi menos útil para você hoje?"

- "Tem mais alguma coisa que você queira mencionar antes de terminarmos?"

Modelo de coaching focado em solução

O coaching focado em solução ajuda as pessoas a verem as possíveis soluções abertas para elas e como podem agir para atingi-las. Pode ser particularmente útil quando um cliente tem dificuldades para discutir sobre o conteúdo de uma situação ou percebe o problema como avassalador e não consegue segmentá-lo em suas partes constituintes.

A pergunta para o coach no trabalho focado na solução não é "De onde o cliente está vindo e qual questão está enfrentando?"; é mais algo como "Aonde o cliente quer chegar e quais passos pode dar para chegar lá?"

O coach dá suporte ao cliente trabalhando com estes quatro passos:

1. **Trabalhe com o cliente para criar imagens positivas focadas no futuro.**

O que o cliente vai fazer (em vez do que não fará) que indicará que o problema está sendo resolvido?

2. **Ajude o cliente a identificar etapas específicas de ação.**

Para que o cliente saiba que está indo bem, precisa saber especificamente quais ações deve tomar para melhorar sua situação.

3. **Ajude o cliente a perceber pequenas mudanças graduais.**

Ele precisa identificar os pequenos indicadores que ele ou outras pessoas perceberão. Indicadores que demonstrem que as etapas de ação que seguiu o estão levando na direção certa para resolver o problema.

4. **Identifique um futuro preferido.**

Esse futuro é aquele que o cliente define e imagina. Ele é capaz de atingi-lo. Você não está buscando o futuro ideal ou perfeito que o cliente imagina que o coach deseja para ele.

Esse modelo é simples e pode ser usado rapidamente se um cliente tem tempo limitado. Também funciona bem como ferramenta de autocoaching. Com frequência, ensinamos aos clientes como usar o modelo eles mesmos e com suas equipes. Ele pode ser usado em um coaching em grupo no qual o grupo está focado em entregar uma mudança de resultado ou introduzir um novo produto, por exemplo.

Um modelo para mentoria

Como fã de mnemônicos, a coautora Marie usou o modelo a seguir para treinar mentores para pensarem sobre seu papel. Ele funciona como um auxílio útil de memorização e tem estrutura similar ao modelo CLEAR, descrito previamente neste capítulo. O modelo é simples, e gostamos de simplicidade.

No seguinte modelo de mentoria, o mentor conduz e gerencia a sessão em torno de seis estágios (coaches e mentores amam vários estágios e passos).

O mentorado geralmente levanta uma questão. A sessão de mentoria começa com ideias, compartilhamento e exame de cenários. A diferença da mentoria em relação ao coaching está na quantidade de experiência pessoal que o mentor compartilha a partir da própria vida profissional. O mentor usa sua experiência para destacar os problemas que o mentorado precisa considerar e ajuda-o a refletir sobre opções e ações propostas. O mentorado produz um plano de ação claro.

1. **M**otive gerando ideias e opções, e compartilhando a própria experiência.

2. **E**xplore ideias, soluções, funções e cenários.

3. **N**ote a resposta do mentorado e o grau de movimentação para uma solução.

4. **T**eorize sobre possíveis impactos das ideias e opções geradas.

5. **O**rganize uma proposta de plano de ação.

6. **R**evise a sessão e a utilidade da intervenção.

UMA INTERVENÇÃO EM EQUIPE FOCADA EM SOLUÇÃO

EXEMPLO

A coautora Marie trabalhava com uma equipe de líderes no setor de assistência domiciliar e residencial que era responsável por identificar se uma parceria em potencial com um fornecedor de assistência individual em uma nova área geográfica seria positiva.

A equipe estava no processo de construir e renovar 60 propriedades para idosos e adultos que precisavam de soluções temporárias de suporte domiciliar por 6 a 36 meses, enquanto estivessem em reabilitação por deficiências físicas graves e permanentes.

A equipe estava tendo problemas para identificar se criar uma joint venture com a prestadora de assistência *Independent You* (nome fictício) era uma alternativa aos serviços de assistência junto com os próprios cuidados residenciais. A equipe ainda não tinha identificado o que essa solução exigiria.

Marie realizou com a equipe um processo focado em soluções fazendo as seguintes perguntas:

- **O que fará se esta situação for resolvida? Você determinou um curso de ação estabelecido?**

  No fim de junho, teremos um acordo de parceria com a *Independent You*. Será uma joint venture na qual ofereceremos os cuidados residenciais e a *Independent You* oferecerá o serviço de assistência para a região de Newcastle.

- **O que especificamente você fará de agora até o final de junho se houver um acordo de parceria? O que está fazendo bem neste momento e o que sabe que será exigido para tornar essa joint venture bem-sucedida?**

  Identificar as necessidades gerais do cliente

  Determinar quais necessidades de equipamentos temos

  Desenvolver de 10 a 60 especificações para o serviço

Realizar a devida diligência na *Independent You*

Conhecer a equipe de gerência da *Independent You* e suas capacidades com mais detalhes

Trabalhar com advogados nos acordos legais

Trabalhar com políticos locais nos planos de construção, RP e serviço

(Criamos quatro páginas de detalhes específicos.)

- **Como saberá que todos esses elementos estão sendo corretamente gerenciados e que você está no caminho certo?**

A matriz dos riscos mostrará que os riscos operacionais e legais estão sob controle.

Os residentes se sentirão envolvidos e a pesquisa de janeiro indicará isso.

As especificações individuais serão acordadas e seus planos de implementação, determinados mensalmente.

Os advogados poderão desenvolver um único acordo com uma cláusula de quebra após dois anos de operação, e isso será aceito.

(Criamos sete páginas de detalhes, com datas aproximadas e etapas.)

- **Se este é o futuro preferido, como se parece? Descreva-me a imagem completa que você tem agora. (Marie pediu-lhes para criá-la como uma equipe e imaginar algumas coisas que seus clientes e principais partes interessadas diriam.)**

Conforme faziam a atividade, perceberam por que estavam reticentes sobre essa opção. Anteciparam fortes objeções e bloqueios de dois grupos interessados. Perceberam que sua visão precisava ser compartilhada mais cedo para levar essas equipes a bordo, pois poderia ser um fator decisivo na habilidade da organização oferecer essa opção. Conforme realizaram a atividade, três membros da equipe de líderes expressaram reservas reais sobre a opção e quiseram trabalhar em uma alternativa, usando o mesmo método. Definindo dois futuros alternativos potencialmente bem-sucedidos, a equipe desenvolveu as exigências de cada um para que fossem corretamente executados. Como resultado, puderam escolher a opção preferida, trabalhar em planos detalhados, justificar sua fundamentação e gerenciar as objeções das partes interessadas.

Desenvolveram uma joint venture levando em conta o orçamento e o objetivo.

Desenvolvendo flexibilidade na utilização de modelos e ferramentas

O bom dos modelos de coaching é que quando se tem alguns, pode misturá-los e identificar o que funciona com o cliente. Mencionamos vários modelos neste livro. Convidamos você a combiná-los e perceber o que funciona para seu cliente. Mesmo com os dois modelos destacados neste capítulo, é possível inserir um pouco de foco na solução no modelo CLEAR. É possível misturar os modelos de imediato ao explorar o que pode ser exigido ou no estágio de ação, ao definir como fazer as coisas avançarem.

O convite é para usar os modelos de coaching como uma banana split, com todas as coberturas, em vez de quatro sabores em casquinhas separadas. Essa mistura reflete o funcionamento das empresas. Elas não funcionam no sabor baunilha. Estão mais para gotas de chocolate e raspas de framboesa misturadas com cookies e algumas castanhas!

DICA

Não seja tacanho e possessivo com seu kit de ferramentas. Se quiser oferecer recursos aos seus clientes, deixe-os saberem o que está fazendo quando usar os modelos. Compartilhe seus modelos para que os clientes aprendam a usá-los também. Alguns coaches se comportam como se guardassem segredos de Estado com seus kits de ferramentas. Modelos são apenas informação. O que você faz com eles em exercícios com um cliente é que cria resultados mágicos.

Trabalhando em Circunstâncias Particulares

Orientar líderes empresariais pode ser difícil, dadas suas circunstâncias operacionais e padrões de trabalho. Essa dificuldade será ainda mais evidente se eles estiverem trabalhando com fusos horários diferentes, em um ambiente com vários locais ou global. Se estiver trabalhando com líderes de uma cultura diferente ou operando em várias culturas, será preciso considerar isso. Qualquer que seja o método, lembre-se de mantê-lo profissional e dar tempo ao cliente. Você está envolvido em uma conversa, não em uma transação.

Às vezes, é necessário usar métodos diferentes de coaching para atender às necessidades do cliente. As seções a seguir destacam algumas atitudes práticas a serem tomadas.

Coaching e mentoria via telefone, web e e-mail

Quando o cliente não estiver sentado na sua frente, crie condições para agir como se estivesse. Se estiver fazendo uma sessão por telefone ou e-mail, vise o seguinte, se puder:

» **Livre-se de quaisquer distrações.** Desligue seus alertas no celular e no computador; tire os papéis da mesa. Tenha apenas coisas que estejam relacionadas ao cliente à sua frente. Se tiver uma foto do cliente, dê uma rápida olhada e lembre com quem está falando antes de começar. Imaginá-lo sentado à sua frente parece um pouco exagerado, mas funciona!

» **Esteja preparado para ouvir os silêncios como uma lacuna ensurdecedora.** O silêncio sempre parece durar mais no telefone ou na webcam. Tenha em mente que o cliente precisa de tempo para explorar seus pensamentos. Ele não consegue fazer isso sendo interrompido.

» **Esteja preparado para mostrar ao cliente o processo que está seguindo para dar-lhe sinais do que está prestes a fazer.** Fazer isso é uma boa prática, mas fica ainda mais importante quando o cliente não pode ver você. Por exemplo, se estiver usando o modelo CLEAR (veja a seção "O modelo CLEAR"), quando tiver identificado a questão geral que ele deseja focar, poderá dizer algo do tipo: "Vou apenas escutar pelos próximos minutos e fazer algumas anotações enquanto você pensa sobre o problema. Quando estiver pronto, me diga o que preciso saber para ajudá-lo hoje."

Em resumo, revele o que está fazendo para facilitar o pensamento do cliente.

Usando o telefone

Sua habilidade de escuta ativa precisa estar em alerta quando usar o telefone para o coaching. Escute não apenas as palavras, mas quaisquer pausas que indiquem confusão, descontentamento ou alguma outra emoção. Quando sentir que algo está interrompendo o pensamento do cliente, será interessante verificar. Você pode perguntar: "Sua hesitação é porque você precisa de um minuto para parar e pensar ou por alguma outra razão?"

Quando as pessoas estão cara a cara, é possível fazer seu coaching com vários cenários e passos facilmente. Quando Marie o fazia por telefone, geralmente sugeria que o cliente deixasse o telefone de lado por 10 minutos para anotar ideias rápidas em um mapa mental ou pontos principais. Essa atividade é útil se o cliente quiser gerar um elemento de comunicação ou acompanhar uma conversa que pretende ter com outra pessoa. Usar um serviço de teleconferência é mais eficaz, pois você pode ficar na linha e o cliente pode ligar de volta quando estiver pronto.

CAPÍTULO 3 **Desenvolvendo a Base de Conhecimentos e Habilidades...** 65

Usando Skype ou serviços de videoconferência

A videoconferência é preferível ao coaching por telefone ou e-mail, mas só funcionará para o cliente se você puder garantir uma conexão confiável. Marie uma vez tentou conseguir sinal usando a conexão Bluetooth de seu telefone para alimentar uma conexão pelo Skype em um notebook no meio do deserto do Arizona. Não foi seu melhor momento de coaching.

Faça uma chamada e teste a conexão antes. Enviar um lembrete das suas pequenas regras de compromisso para o cliente também ajuda a ter uma sessão melhor. Talvez seja possível programar uma mensagem na manhã da sessão para lembrá-lo de quaisquer detalhes de login (usuário do Skype ou senha) e a hora da chamada (em ambos os fusos horários, se for relevante), e sugerir que o cliente terá uma experiência melhor se puder estar em uma mesa organizada ou sala privativa, sem telefone ou outras distrações. Verifique se ele tem um telefone celular ou fixo para o caso de algo dar errado. Mencionamos trabalhar de pijama antes; não faça isso. Vista-se como se estivesse vendo o cliente pessoalmente.

E-mail

O coaching por e-mail não é ideal, pois muita coisa pode ser mal interpretada sem a relação que ocorre cara a cara ou através da voz, mas alguns coaches e clientes preferem assim.

Se estiver fazendo coaching via e-mail, não será possível esclarecer as coisas com o outro rapidamente. Verifique se a comunicação é clara e breve. Lembre-se de que está em um diálogo, não escrevendo um ensaio. Verifique frequentemente com o cliente onde ele está no processo de coaching. Além disso, como no coaching por telefone, o processo precisa estar mais explícito. Assim, pode-se escrever: "Parece que você já explorou todos os ângulos desta questão. Então, se quiser entrar em ação agora, quais passos poderia dar para executar sua ideia?"

Para fazer um bom coaching por e-mail, é necessário ser bom em usar a linguagem e perceber supressões, distorções, suposições e generalizações (veja o Capítulo 8). Especializar-se em reestruturar frases escritas rapidamente ajuda também. Resista à tentação de encurtar as frases em seu mundo muito focado em rapidez e frases de efeito.

Você provavelmente percebe a enorme diferença entre:

Acho que você está dizendo que Maria está causando problemas na equipe.

E

Então, entendo que o trabalho de Maria não está no nível que você gostaria e ela não está atingindo a meta no momento.

Será uma diferença ainda maior se usar abreviações, como:

Vc tá dizendo q o trab da M não tá bom e vc precisa fazr mto +

Não parece profissional nem planejado, parece?

DICA

O formato do coaching por e-mail é importante. Enviar e-mails em duas cores diferentes (uma para cada pessoa) ajuda muito. Seja cauteloso com o uso dos destaques, como negrito, maiúsculas, exclamações, e por aí vai. Podem gerar interpretações equivocadas por parte do cliente.

Trabalho inter e multicultural

O trabalho intercultural pode ser um assunto complexo, porque existem muitas permutas. Se você trabalha em uma empresa totalmente norte-americana, comandada dos Estados Unidos, e está alocado na Europa, mas gerencia equipes em Cingapura, Rússia, Austrália e Índia, essa situação será muito diferente de gerenciar uma subsidiária britânica de uma empresa norte-americana com um pequeno escritório em Genebra e outro na Alemanha. Se estiver fazendo o coaching de clientes com responsabilidades complexas, precisará entender essas responsabilidades para lhe atender bem.

Se os clientes gerenciam pessoas de culturas diferentes, mas situadas no país de origem delas, essa situação é totalmente distinta de se fazer o coaching de um cliente de outra cultura fora de seu país de origem.

As pessoas geralmente agrupam áreas usando uma conveniente terminologia geral, como *Ásia* ou *Europa*, mas várias nuances culturais existem dentro dessas classificações. Se pensar sobre as minúsculas ilhas que formam o Reino Unido, temos as culturas galesa, escocesa, irlandesa, inglesa, do sul e do norte, e subculturas regionais. Não surpreende que seja complexo pensar sobre a noção de trabalho intercultural!

Aqui estão algumas perguntas para fazer ao cliente:

» De qual país a empresa é comandada, em termos de governança?

» Em geral, quais fatores são dominantes naquele país, em termos de valores, questões de gênero, igualdade, religião, apetite pelo risco, sistema governamental (democrático ou autocrático) e relações de poder?

» Qual é a cultura dentro da empresa? Quais cinco palavras ou frases você poderia usar para descrevê-la?

» O que é valorizado na empresa? O que é recompensado e o que não é?

» Onde estão os clientes a que você atende e quais são as características da cultura do cliente?

Quando estiver fazendo o coaching de empresas que trabalham em contextos culturais diferentes, com equipes de origens culturais variadas, precisará trabalhar mais para entender seu contexto e fazer seu coaching segundo os desafios e recompensas adicionais que essa variedade origina.

A maioria das empresas grandes está em um estado de constante aprendizado sobre como ter resultados de formas diferentes, geralmente em mercados distintos. Com frequência, fazer o coaching de líderes que trabalham interculturalmente significa ajudá-los a desenvolver flexibilidade e dar esclarecimento sobre quais fatores são importantes para gerar resultados para a empresa em diferentes territórios. Você precisa ajudá-los a focar o desempenho enquanto prestam atenção à cultura do país dominante, à da própria organização e às várias normas que operam nas organizações pelas quais são responsáveis.

NESTE CAPÍTULO

» Focando as organizações

» Guiando empreendedores

» Trabalhando com empresas familiares

» Cultivando "intraempreendedores"

» Fazendo a diferença com empresas de caráter social

Capítulo **4**

Avaliando as Necessidades do Cliente Antes do Coaching

C ada organização para a qual você fizer coaching é única comparada a qualquer outra com a qual trabalhe, não importa o quanto possam ser parecidas superficialmente. Até as organizações de um mesmo setor têm diferentes pessoas, processos, clientes, valores, fornecedores, e por aí vai.

Neste capítulo, veremos como ajudar diferentes pessoas a navegar pelo complexo leque de decisões que devem tomar e, por fim, guiá-las a dizer "sim" para ter um coach ou mentor. Veremos tipos de organizações que, embora sejam únicas, compartilham necessidades em comum. Então, lidaremos com o ajuste de seu coaching e sua mentoria para atender a essas necessidades.

TOMANDO A ATITUDE CERTA

Para ajustar um programa de coaching especificamente às necessidades do cliente nos estágios iniciais da consulta, quando vocês dois estão descobrindo se o que você tem para oferecer é adequado para as exigências dele, é preciso ser:

- **Honesto:** Honestidade é a base de qualquer boa relação, pessoal ou profissional. Então, desde o primeiro momento, é preciso estar disposto a fazer perguntas difíceis e apontar o que o cliente pode não querer ouvir. Seu conselho honesto ajuda o cliente a passar pelo processo de tomada de decisão e gerenciar os bastidores que influenciam como ele pensa, se comporta e decide. Vá para a Parte 3 para ver um guia sobre oferecer uma perspectiva honesta, que destacará o valor do coaching com você.

- **Independente:** Ouvimos dizer que um coach *carente* é um coach *repelente*. Já conheceu um vendedor, amigo ou companheiro carente? A carência é desanimadora: a pessoa está pensando apenas em si mesma. Se você for carente, comprometerá seu trabalho de coaching. Por carência, o coach pode acabar oferecendo ou aceitando programas inadequados ou acatando sugestões do cliente sabendo que ambos se arrependerão depois.

O conteúdo real das sessões de coaching e mentoria varia dependendo do assunto em questão. Cobriremos as intervenções, ferramentas e técnicas que você pode utilizar nas Partes 2 e 3.

Criando Programas para Fazer Coaching e Mentoria em Organizações

Nesta sessão, focaremos avaliar as necessidades e desejos de uma organização e como elaborar um plano de coaching adequado.

LEMBRE-SE

Uma organização é feita de equipes, e as equipes consistem de indivíduos. É possível adaptar as abordagens nesta seção e usá-las tanto com indivíduos quanto com grupos.

Descobrindo o que a organização quer e precisa

Quando o telefone toca ou chega um e-mail com um convite para uma reunião de consulta inicial, você está indo ver alguém em uma das condições a seguir:

- » Acha que sabe qual coaching quer
- » Suspeita que precisa de coaching, mas ainda não tem certeza do que quer

Em ambos os casos, é preciso começar com um questionamento honesto para descobrir o que o cliente *acha* que quer e precisa, e o que ele *realmente* quer e precisa.

LEMBRE-SE

Uma *avaliação de necessidades*, para um indivíduo, departamento ou organização, é um processo sistemático que identifica a lacuna entre onde eles estão agora e onde gostariam de estar. Esse processo é o começo de qualquer planejamento. As avaliações de necessidades identificam problemas, intervenções adequadas e soluções.

Definindo uma avaliação de necessidades

Uma boa avaliação de necessidades é vantajosa para a organização e o coach da seguinte forma:

- » Assegura que o programa de coaching mapeie as necessidades da organização, não apenas o que o coach tem a oferecer.
- » Oferece uma discussão e valida as ideias da organização de que o coaching será vantajoso.
- » Identifica as objeções ocultas, muitas vezes inconscientes, ao coaching, que devem ser suscitadas antes que o processo comece, evitando que se tornem obstáculos para um coaching bem-sucedido.
- » Identifica obstáculos óbvios e potenciais que o coach e a organização têm ciência de que podem afetar o sucesso de qualquer plano de coaching. Salientar esses obstáculos no início permite que um plano de contingência seja implementado para minimizar o efeito que eles têm ou assegurar que o plano de coaching desenvolvido evite que esses obstáculos ocorram, antes de tudo.
- » Estabelece uma conclusão para a avaliação pós-coaching.

Resumindo, uma minuciosa avaliação das necessidades estabelece as bases para o sucesso do programa de coaching.

Por onde começar ao fazer uma avaliação

Por causa da natureza única de cada organização, nenhuma fórmula de avaliação se encaixa em todas as empresas. A maioria já terá ideias sobre o que acham que querem, então, você pode usá-las como ponto de partida para qualquer avaliação. Essa abordagem mantém a relação com a organização desde o início.

Para identificar por onde começar a avaliação, considere as necessidades verticais e horizontais da organização:

» Uma **avaliação vertical das necessidades** trata de três categorias de necessidades:

- **Organizacional:** Avalia o desempenho organizacional, levando em conta pessoas e processos, demografias, tecnologia, economia e tendências políticas

- **Ocupacional:** Avalia competências, habilidades e conhecimento para operar com eficácia e eficiência

- **Individual:** Avalia o desempenho individual

» Uma **avaliação horizontal das necessidades** trata de metas da organização, possíveis soluções e o que pode afetar os resultados. As necessidades horizontais ficam em quatro categorias:

- **Desempenho:** Identifica onde um nível de desempenho em competências ou comportamento precisa mudar para funcionar de maneira satisfatória

- **Instrumental:** Identifica onde um novo sistema, tarefa tecnológica ou processo de intervenção precisa mudar para funcionar de maneira satisfatória

- **Consciente:** Identifica as necessidades conhecidas por aqueles que querem operar de maneira satisfatória

- **Inconsciente:** Identifica as necessidades desconhecidas por aqueles que querem operar de maneira satisfatória

Reabastecendo sua caixa de ferramentas

Roger Kaufmman, considerado por muitos como o pai da avaliação das necessidades, identificou muitas ferramentas úteis para reunir informações:

» **Observação:** Conhecimento em primeira mão é indispensável. Garanta que sua observação tenha um efeito mínimo no desempenho para não influenciar os dados. As pessoas muitas vezes agem de forma diferente quando estão sendo observadas.

- » **Entrevistas:** Fazer boas perguntas revela informações que podem não estar disponíveis para a organização. Crie um espaço seguro e confidencial para que as pessoas estejam dispostas a falar a verdade, não apenas o que acham que os chefes ou você quer ouvir.

- » **Questionários:** Os questionários permitem o feedback de grandes grupos. A confidencialidade permite que as pessoas se expressem e revelem informações valiosas que podem não surgir de outra forma. Considere cuidadosamente como a pessoa que prepara o questionário estrutura previamente e apresenta as perguntas feitas; isso pode influenciar as respostas recebidas.

  Por exemplo, se você inicia um questionário com "Quais são os problemas com o atendimento ao cliente?" pressupõe que há um problema com o atendimento e o questionário não suscita nenhuma solução. Um início melhor seria "Uma consulta sobre os pontos fortes e fracos do atendimento ao cliente e como podemos melhorá-lo".

- » **Avaliação da descrição do cargo:** Um estudo de todas as responsabilidades e uma avaliação de competências e comportamentos exigidos para operar satisfatoriamente revelam lacunas. Essas lacunas se devem a atitude, *deficits* de competências ou, simplesmente, ter a pessoa errada fazendo o serviço errado.

- » **Avaliação das dificuldades:** Onde estão os maiores desafios? Essa pergunta revela onde pequenas intervenções de coaching têm grandes impactos.

- » **Conferência da solução do problema:** Aqui, você pode convidar a equipe a criar um programa com base em solução para atender às suas necessidades. Eles conhecem a empresa melhor que você, então, essa abordagem é valiosa. Porém, uma consideração importante é que, embora a equipe seja especialista no que faz, não é especialista em coaching.

- » **Revisões de avaliação:** Conduzidas dentro de uma revisão de desempenho, essas revisões compreendem todas as questões anteriores.

DICA

Use essas ferramentas combinadas, pois, separadamente, não dão um panorama completo das necessidades do cliente.

Usando metas bem formadas e processo de resultados

Metas bem formadas e processo de resultados pertencem à programação neurolinguística (PNL), originalmente usados em intervenções terapêuticas. O processo é uma pesquisa de análise de necessidades simples, mas poderosa, focada em soluções; faz perguntas ótimas e reveladoras, e funciona para todas as categorias de avaliação vertical (veja a seção anterior, "Por onde começar ao fazer uma avaliação").

O processo destaca não apenas onde o coaching deve ocorrer, mas também possíveis gargalos que dificultem o sucesso. A seguir, uma série de perguntas para fazer ao seu cliente. Se as respostas atenderem às definições dadas pelos cinco critérios, então, as metas desejadas passaram no teste de metas e resultados bem formados. Quando suas respostas passam nos testes, é mais provável que o cliente atinja suas metas e resultados do que quando não passam.

Aqui estão os cinco critérios e testes para metas e resultados bem formados:

» **Todas as metas e resultados devem ser definidos no positivo.** Por exemplo, se você pedir para as pessoas não pensarem em elefantes azuis, primeiro elas precisam pensar em elefantes azuis para não pensarem neles. Esse resultado é semelhante a focar o problema, e não a solução. Você precisa de soluções, então, sempre quer respostas definidas no positivo. Em outras palavras, não me diga o que não quer; diga o que quer.

» **Todas as ações devem ser iniciadas e mantidas pela pessoa que deseja a meta.** Podemos controlar apenas nós mesmos, então, as ações desejadas devem partir do indivíduo. Se precisar que outras pessoas ajam, essas ações serão gargalos potenciais.

» **Metas e resultados devem ser definidos e avaliados de acordo com a evidência sensorial.** Esse critério assegura que as metas ou resultados estejam em uma linguagem que o cérebro entenda, expressa como o que vemos, ouvimos, sentimos e, se for relevante, cheiramos e provamos.

» **Atingindo metas e resultados, as intenções positivas da situação presente são preservadas.** Se você aceitar que todo comportamento ou situação surgiu com uma intenção positiva, essa intenção positiva deverá ser preservada com qualquer nova solução. Se a intenção positiva da situação presente não for preservada, então, as metas e os resultados, muitas vezes, não serão atingidos por conta de uma autossabotagem inconsciente.

» **Quaisquer mudanças devem atender à ecologia da pessoa ou organização.** Quaisquer mudanças têm efeito sobre outras partes de um sistema, então, a ecologia ou o bem-estar do sistema devem ser preservados. Se as mudanças buscadas afetarem adversamente a ecologia, as tentativas de atingir metas e resultados serão sabotadas com frequência.

Comece a pesquisa fazendo perguntas para trazer à tona a situação presente:

» Qual é o problema/situação, especificamente?

» Como você sabe que isso é um problema?

» Como sabe como ter/fazer isso?

» Como sabe quando ter/fazer isso?

» Como sabe com quem ter/fazer isso?

» Como sabe onde ter/fazer isso?

» O que impede você de mudar o problema/situação?

Então, faça perguntas para trazer à tona a situação/resultados desejados:

» **Todas as metas e resultados devem ser definidos no positivo.**

- O que você quer, especificamente?

- Quando, onde e com quem você quer isso?

» **Todas as ações devem ser iniciadas e mantidas pela pessoa que deseja a meta.**

- Quais recursos você tem para atingi-la?

- Quais recursos estão sob seu controle?

- Quais recursos faltam ou poderiam ser melhores?

- De quais recursos que estão fora do seu controle você precisa?

» **As metas e resultados devem ser definidos e avaliados de acordo com as evidências sensoriais.**

- Como você saberá quando atingi-los?

- O que irá ver, ouvir, sentir, cheirar e provar?

- Como será? E daí por diante.

» **Teste para saber se atingir as metas e os resultados preservará as intenções positivas da situação presente.**

- O que acontecerá se você atingir este resultado?

- O que não acontecerá se você o atingir?

- O que acontecerá se você não o atingir?

- O que não acontecerá se você não o atingir?

- O que consegue ter ou preservar mantendo a situação atual? (Essa pergunta revela quaisquer ganhos secundários inconscientes por permanecer na situação na qual já está. Esse ganho secundário muitas vezes aparece como sabotagem ou resistência à mudança).

- Como você sabe que vale a pena os alcançar?

- Quando, onde e com quem não ter a mudança ou resultado desejado funciona para você?

» **Quaisquer mudanças devem atender à ecologia da pessoa ou da organização.**

- Como essas mudanças afetarão sua vida? Família? Amigos? Colegas?

• O que será diferente como resultado dessas mudanças?

Rever as respostas revela onde o coaching é necessário. Assim, é possível planejar e fornecer programas de coaching e mentoria que atendam às necessidades idiossincráticas da organização.

Trabalhando com gestão de talentos e planejamento de sucessão

Talentos-chave em uma organização são pessoas que já são especialistas em seu trabalho, mostraram potencial destacado para se tornarem especialistas ou são cruciais para a empresa em sua função, permitindo que a organização funcione efetivamente.

Tradicionalmente, as organizações tentam reter talentos-chave permitindo que os funcionários "subam na hierarquia" de maneira progressiva. Hoje, o desenvolvimento de carreira é mais variado, e as organizações precisam de estratégias para fazer evoluir o conhecimento contínuo e o desenvolvimento de competências de seus funcionários, preparando-os para o crescimento futuro da organização.

Para revelar os talentos potenciais que já existem, mais organizações estão identificando a necessidade de:

» **Gestão de talentos:** Isso envolve criar e oferecer programas de coaching e treinamento para desenvolver os talentos existentes dentro da organização.

» **Planejamento de sucessão:** Isso envolve criar e oferecer programas de coaching e treinamento para disseminar conhecimentos e competências existentes na organização, e experiência prática para as próximas gerações de equipes.

As organizações cada vez mais pedem a coaches para criar e executar planos para talentos e sucessão, desenvolver e dar suporte a pessoas que se tornem gestores de talentos.

DICA

Veja um processo de seis passos que podem ser seguidos para criar uma estratégia de gestão de talentos e sucessão:

1. Avalie a disponibilidade e a intenção da organização de se comprometer com a estratégia.

2. Identifique as metas de gestão de talentos e planejamento de sucessão e filosofias da organização.

3. Identifique as métricas usadas para medir progressos e resultados.

4. Comunique e colabore com executivos que sejam parte interessada para assegurar concordância e suporte.

5. Crie ferramentas, sistemas e programas para oferecer a estratégia.

6. Comunique a estratégia às partes interessadas e comece o processo.

Dando suporte a coaches e mentores

Conforme as empresas reconhecem os benefícios do coaching, com frequência, primeiro olham sua gestão de organização para ver quem tem competência, conhecimento e experiência que podem ser passados para as outras pessoas. O papel da gestão pode ser misturado como o do coach e, em algumas ocasiões, funciona. No entanto, as competências de um ótimo gestor e um ótimo coach são muito diferentes. Estar apto a dar suporte a coaches e mentores internos, especialmente aqueles em transição nas funções de gestão, é um nicho lucrativo e vantajoso para qualquer coach empresarial explorar.

Os benefícios de dar suporte a uma cultura de coaching dentro de uma organização são bastante reconhecidos no mundo corporativo. O paradigma mudou do tradicional estilo de gestão vertical, com comando e controle, para criar uma força de trabalho responsável e capacitada na qual todos os empregados agem de maneira colaborativa e estão comprometidos com a conquista dos objetivos e o crescimento sustentado. Fazer o coaching de coaches é uma parte essencial dessa nova maneira de gerenciar um negócio.

Supervisionar coaches e mentores é um processo de aprendizado colaborativo no qual o coach supervisor tem um diálogo reflexivo com o coach para desenvolvimento e benefício contínuos do coach e das pessoas que ele orienta.

Veja as principais áreas para focar quando estiver dando suporte a coaches e mentores nas organizações:

» **Construir relações colaborativas e de confiança, e ser claro sobre o papel de supervisor.** Defina primeiro os aspectos anteriores às estruturas e verifique se o cliente está disposto a ouvir para aprender. O coach externo está lá para dar suporte, não para fazer o trabalho do interno.

» **Concordar com processos para revisar as sessões de supervisão e os resultados do coaching.** Trate cada sessão de coaching com um coach interno como trataria qualquer cliente. Faça revisões regulares e pergunte o que está funcionando ou não. Isso mantém o foco de ambas as partes em onde podem ser feitas melhorias.

» **Permitir que os coaches tomem ciência das próprias fraquezas, pontos cegos e áreas para ter crescimento e desenvolvimento.** Esteja disposto a fazer críticas construtivas e encoraje o coach interno a ser vulnerável, honesto e aberto a feedbacks.

>> **Distinguir a abordagem gerencial do controle direto; fazer o coaching encorajando liberdade, escolha, responsabilidade pessoal e empoderamento.** Sempre lembre o coach interno de ser coach, não gestor. Faça o teste pela observação; sente-se em uma sessão de coaching ou ouça uma sessão gravada.

>> **Gerar novas conversas de coaching que podem não ter ocorrido ao coach porque ele está muito próximo da empresa.** Esteja disposto a apresentar novas técnicas e conceitos de coaching ao coach interno. Trabalhe com ele para montar uma caixa de ferramentas de técnicas e abordagens de coaching grande e flexível. Quanto mais escolhas tiver, melhor se tornará.

Fazendo o Coaching dos que Querem Ser Donos de Empresas e Startups

De acordo com o censo norte-americano, 400 mil novas empresas abrem e 470 mil fecham a cada ano. Aproximadamente 33% dos pequenos negócios vão falir durante os dois primeiros anos de funcionamento. A maioria das empresas começa com entusiasmo e muitas esperanças, e a taxa de falência não tem apenas implicações financeiras: há o custo humano para os que querem ser donos de empresas que têm que tomar a árdua, porém necessária, decisão drástica de fechar um negócio, e esse custo muitas vezes não é medido. As startups muitas vezes vão à falência por motivos comuns que podem ser evitados com um planejamento prévio e coaching adequados, e é aqui que você, o coach, entra.

Ajudando startups a verem o valor do coaching

O coaching de alto desempenho no esporte tem um valor muito reconhecido. Significa a diferença entre ascensão e rebaixamento, entre chegar em quarto e ganhar uma medalha olímpica. A diferença se traduz em prêmios em dinheiro e acordos de patrocínio conquistados ou perdidos, valendo milhares ou até milhões. A distinção entre um profissional e um amador nem sempre é a competência. É a atitude. E uma atitude vencedora no esporte se aplica igualmente bem à arena empresarial.

Trabalho árduo e por longas horas não é o que faz uma empresa prosperar, é preciso um trabalho inteligente. Para trabalhar com inteligência, uma startup precisa de uma atitude vencedora e deve buscar formas de ser eficiente e bem-sucedida.

Poucas startups vão parar e fazer perguntas inteligentes, a menos que, claro, estejam trabalhando com um coach inteligente. Você e o novo empresário devem considerar questões como:

> » Quem já está fazendo o que eu faço? O que posso aprender com suas vitórias e fracassos? O que posso fazer melhor, mais rápido, fácil e de forma mais lucrativa? Como posso ter mais diversão no trabalho?
>
> » Quem é bem-sucedido em uma área empresarial diferente da minha que eu posso usar como modelo, aprender e integrar em minha própria empresa?

O coaching de uma empresa startup para cultivar uma atitude vencedora é mais eficaz se feito no começo, antes que o novo empresário adquira maus hábitos medíocres. Você pode começar verificando todos os aspectos da empresa e fazendo o coaching onde mais interessa.

EXEMPLO

No final das Olimpíadas de Londres, em 2012, a equipe francesa de ciclismo reclamou que a equipe britânica usava pneus especialmente desenvolvidos, que supostamente davam vantagem na competição. O treinador britânico respondeu dizendo que, depois das Olimpíadas de Pequim, a equipe decidiu observar cada aspecto do programa de treinamento e buscar toda e qualquer vantagem. Eles analisaram metabolismo, dieta e desenho de cada parte integrante da bicicleta e buscaram as mínimas melhorias. Essa abordagem profissional valeu a pena: o objetivo da equipe eram 10 medalhas, e eles ganharam 12, com a equipe masculina de sprint estabelecendo um novo recorde mundial na final, contra a França. Os pneus usados eram de uma fabricante francesa.

Cada esportista vencedor tem um treinador profissional. Seu trabalho é mostrar aos clientes como o uso da mesma abordagem resultará em recompensas. Mostre, não apenas diga, como as startups que contratam coaches asseguram uma abordagem profissional em tudo o que fazem com um desempenho máximo. Como atletas, aqueles que trabalham de forma inteligente atingem resultados incríveis.

Buscando áreas para focar

Aqui estão seis áreas nas quais entusiastas de startups frequentemente precisam de suporte:

> » **Plano de negócios:** O plano de negócios é a estratégia da empresa. Ele contém todas as revisões de informações e mostra se algum "cuidado" foi desenvolvido. Também mostra que as melhores avaliações foram feitas com informações em mãos. Algumas empresas não escrevem um plano ou, se o fazem, arquivam e nunca mais olham para ele. Mesmo trabalhando com o coach para fazer uma simples análise FOFA (SWOT — forças, fraquezas, oportunidade e ameaças) identificar os pontos fortes e fracos,

oportunidades e riscos pode revelar percepções valiosas sobre a empresa e mostrar ao coach o que é necessário. (Para saber mais sobre FOFA (SWOT), vá ao Capítulo 11.)

DICA

Uma revisão cuidadosa do plano de negócios apontará para o coach a direção para a qual o coaching é necessário. Tenha em mente a máxima de que "falhar em planejar é planejar para falhar"; se não existe plano, comece o coaching pela criação de um.

» **Plano de ação de marketing:** Sem um plano, muitas pessoas se perdem. Alguns donos de startups não testam o mercado porque não querem ouvir nenhuma notícia que contradiga suas ideias animadas. O mercado determina o sucesso da empresa depois que conhece seus serviços e produtos, e o que eles podem fazer, oferecer ou conquistar. Apenas aí a startup tem chance de ser bem-sucedida. Ela se beneficia do coaching profissional em muitas áreas de marketing, incluindo marca, vendas, atendimento ao cliente e publicidade.

» **Finanças:** Como coach, você deve saber quando orientar e quando não. Se oferecer algum coaching relacionado a finanças, sempre esteja seguro se é qualificado para tal. A falta de financiamento é uma das principais causas da falência de empresas antes de seu terceiro ano. Muitas startups superestimam as vendas e subestimam os custos e o tempo que leva para atingir as metas. Muitos serviços financeiros gratuitos estão disponíveis para novas empresas startups e, muitas vezes, é melhor indicar um cliente startup para um especialista em finanças confiável do que dar dicas financeiras você mesmo.

» **Averiguação:** Alguns clientes precisam de coaching para estabelecer processos e procedimentos que monitorem fatos: novas aquisições de clientes, taxa de perda de clientes e todos os custos implicados no processo. Sem um monitoramento de métricas consistente, os clientes nunca sabem se a startup está prosperando ou afundando.

» **Sucesso:** O sucesso pode ser um problema. Comece definindo o que isso significa para o cliente. Conforme uma empresa se estabelece e cresce, fazer o negócio ir de uma startup a atender a demandas crescentes pode ser difícil, pois exige uma nova equipe ou premissas, e um novo sistema e processos. Há vezes em que o coaching pode dar suporte ao plano de crescimento para a expansão. Fazer coaching desde o início de um empreendimento significa que ele tem maiores chances de ter as pessoas certas nas funções certas com os processos certos ocorrendo na hora certa.

» **Equilíbrio:** Os clientes podem precisar de ajuda para atingir um equilíbrio entre trabalhar no negócio e realmente fazer o negócio. Um coach guia o cliente, que tende a ser levado, nos primeiros estágios, a passar mais tempo trabalhando no negócio, criando logomarcas, planos de ação de marketing etc., em vez de apenas fazendo o trabalho que foi designado a fazer. A próxima seção traz mais informações sobre esse tema.

Guiando o faz-tudo e o limitado

Com tantos aspectos no comando de uma empresa, muitos donos de startups caem na armadilha de tentar fazer tudo eles mesmos. Um erro comum é que investem um tempo valioso e gastam energia fazendo tudo, inclusive coisas nas quais são péssimos, em vez de focar o que fazem melhor, sua *área de especialidade*.

Este exercício é chamado de Matriz de Fluxo. Pode ser usado para ajudar clientes a identificarem trabalhos que estão fazendo, mas que seria melhor delegarem para outras pessoas.

1. **Liste as tarefas empresariais nas quais se envolve e se dê uma nota como a seguir:**

    - **Fluxo:** É natural, é fácil e o tempo voa. É o que nasci para fazer.
    - **Excelente:** Se alguém me desse a tarefa, eu faria um excelente trabalho.
    - **Razoável:** Se alguém me desse a tarefa, eu faria um trabalho razoável.
    - **Péssimo:** Se alguém me desse a tarefa, provavelmente se arrependeria.

2. **Estime qual porcentagem do seu tempo você passa fazendo essas tarefas, em média, por semana.**

    Ponha as porcentagens em cada um dos quatro quadrantes da Figura 4-1, com o tempo gasto totalizando 100%.

EXEMPLO

SUPERANDO O IMPEDIMENTO DE SE SOBRESSAIR EM SUA ÁREA DE FLUXO

Em uma sessão de mentoria com um coach, Steve perguntou qual era sua área de fluxo. *Fluxo* é quando o trabalho é fácil e sem esforço. Ocorre quando você faz algo que faria mesmo se tivesse que pagar por ele. Sua resposta foi rápida e sincera: "É quando estou treinando um grupo ou fazendo coaching sobre criatividade. Não parece realmente trabalho, e o tempo voa quando estou fazendo isso. E sou brilhante nisso!"

Então Steve fez outra pergunta: "Se é aí que você está no fluxo, em qual parte do negócio você é péssimo?"

Sua resposta também foi rápida: "Vendas. Sou razoável conversando com um futuro cliente, mas quando chego a esse ponto — fazer o networking, ligar para as pessoas, marcar reuniões — eu o evito."

O coach passava mais tempo evitando fazer algo no qual era péssimo do que simplesmente investindo em alguém que estava no fluxo para as vendas da empresa, o que lhe permitiria estar em seu "espaço de fluxo".

CAPÍTULO 4 **Avaliando as Necessidades do Cliente Antes do Coaching** 81

A maioria das pessoas é inclinada a permanecer executando tarefas mesmo quando é péssima ou razoável nelas. Fazem isso para economizar dinheiro ou na esperança de que, com prática e estudo, fiquem melhores e, em algum momento, ultrapassem a linha média. Essas abordagens são economias falsas e impedem que alguém passe seu valioso tempo fazendo o que faz de melhor. O certo é perceber o custo de fazer tarefas abaixo da linha média e delegá-las a fornecedores ou colegas para quem essas tarefas estejam nas matrizes de "Excelente" ou "Fluxo".

FIGURA 4-1: A Matriz de Fluxo.

© John Wiley & Sons, Inc.

DICA

Se fizer esse exercício com empreendedores bem-sucedidos, descobrirá que a maioria passa pouco ou nenhum tempo fazendo tarefas abaixo da linha média. O padrão para o sucesso é focar tarefas que você faz em um estado de fluxo e montar uma equipe de excelência e fluxo para as outras.

Ajudando Empresas Familiares a Sobreviver e Prosperar

Nos EUA, 30% das companhias são empresas familiares, com vendas acima de US$1 bilhão. No Reino Unido, elas são 66% de todas as empresas de pequeno e médio portes. A pegada econômica deixada por empresas familiares calça um belo tamanho 44.

Esse setor único e ativo tem traços e características específicos que podem ser pontos fortes e fracos. Uma análise das necessidades (veja a seção anterior, "Buscando áreas para focar") destaca esses pontos fortes e fracos, apontando onde o coaching beneficiaria mais a empresa.

Sabendo onde o suporte é mais útil

Veja algumas áreas nas quais se pode fazer uma grande diferença com coaching ao trabalhar com empresas familiares:

> » **Internalizar talentos:** Para se manter no nível dos concorrentes e crescer, as empresas precisam angariar novos talentos, de fora da família. Elas precisam saber onde os encontrar e como integrá-los.
>
> » **Ampliar a empresa:** Jeitos velhos e tradicionais de trabalhar precisam evoluir ou ser redesenhados. O que funcionava antes pode não funcionar conforme a empresa amadurece.
>
> » **Tomar decisões de financiamento:** A empresa familiar preocupa-se com como separar o dinheiro da família e o da empresa, e como levantar esses fundos.
>
> » **Mudar as aspirações dos membros da família:** Conforme as necessidades mudam, as aspirações pessoais podem entrar em conflito com os valores tradicionais da família e da empresa.
>
> » **Implementar novas mudanças tecnológicas:** As organizações que abraçam a mudança e adotam novas formas de trabalho podem ser mais bem-sucedidas, ganhando uma vantagem competitiva sobre aquelas que não estão dispostas a avançar.
>
> » **Estrutura organizacional:** A mistura única e, muitas vezes, volátil de dinâmicas pessoais familiares, estratégia de negócio, valores empresariais e estrutura de posse cria um ambiente emocionalmente carregado, que torna a tomada de decisões e o planejamento futuro (sem mencionar a gestão diária) de uma empresa desafiadores.

Também é importante planejar sucessões e priorizar o profissionalismo acima da emoção. Exploraremos essas áreas nas seções a seguir.

Desenvolvendo o legado

EXEMPLO

O Grupo LEGO é uma marca globalmente reconhecida, que começou fazendo brinquedos de madeira nos anos 1930. Hoje, emprega mais de 10 mil pessoas e vende modernos blocos de plástico em 130 países. Ela continua firmemente nas mãos de sua família fundadora, Kirk Kristiansen, com Kjeld Kirk Kristiansen e seu filho Thomas na diretoria da empresa. No início dos anos 2000, a família contratou uma gestão profissional, uma jogada que rendeu belos frutos, com as vendas quase dobrando anualmente desde 2008, atingindo US$2,79 milhões em 2011. Essa evolução não custou os valores da família fundadora, principalmente no que tange a qualidade, comunidade e ambiente. "Apenas o melhor é bom o suficiente" é o lema do Grupo LEGO.

Levar uma gestão profissional e buscar pessoas, processos e novas rotas no mercado transformou a LEGO em poucos anos. Tal transformação requer flexibilidade e disposição para evoluir. Essa afirmativa é ainda mais verdadeira quando se tratam de empresas familiares, muitas das quais sendo calcadas em formas tradicionais de fazer as coisas, geralmente passadas à frente por gerações. Para as empresas familiares evoluírem, prosperarem e brilharem em um cenário global competitivo, elas precisam adotar abordagens ainda mais profissionais (veja a próxima seção).

Às vezes, alguém supera a empresa e, em outras, a empresa supera alguém. Sua natureza moderna, com as necessidades atuais de alta tecnologia e as questões do ciclo de vida para produtos e serviços, pode não se adequar mais às gerações antigas, assim como formas tradicionais de operar não se adaptam mais às atitudes e aspirações da geração mais nova. De qualquer forma, a evolução está na sucessão cuidadosamente gerida, assegurando continuidade de liderança e gerência a uma organização.

Use o modelo de seis passos da seção anterior "Trabalhando com gestão de talentos e planejamento de sucessão". Um bom plano de sucessão assegura que substituições estejam preparadas para preencher as principais vagas e que as pessoas tenham a habilidade de assumir responsabilidades gerenciais maiores e ampliadas na empresa. Isso também ajuda a identificar quando não há um talento interno, quando e como recrutar as pessoas certas para as funções certas.

O coaching de transição é valioso quando uma organização está trabalhando para evoluir. Avançar pode ser traumático, mas, com suporte, um indivíduo entende que permanecer em uma situação na qual não está feliz ou prosperando é um desserviço para ele e para a empresa.

Mantendo a empresa profissional

Os conflitos fazem parte de uma experiência normal para qualquer empresa. O *conflito construtivo* é saudável, pois demonstra um desejo dos indivíduos de expressarem suas ideias e que todos estejam dispostos a ouvir um feedback construtivo, mesmo se não concordarem com tais visões. Uma empresa exige uma cultura organizacional saudável para encorajar o conflito construtivo e lidar com ele de forma profissional. Muitas reuniões empresariais acabam com todos acenando com a cabeça em concordância com as propostas feitas e saindo sabendo que nada mudará simplesmente porque as pessoas não estão dispostas a falar, por medo de conflitos. Mas crie a cultura certa para encorajá-las a resolver quaisquer preocupações, questões ou discordâncias, e elas acompanharão.

Por outro lado, o *conflito destrutivo* (quando as pessoas tornam o conflito pessoal ou o levam para o lado pessoal) tem um efeito negativo sobre o bem-estar da equipe e da organização inteira. Uma empresa exige uma estrutura formal de gestão que engloba políticas e procedimentos para lidar com o conflito destrutivo.

Muitas empresas familiares começam com estilos de gerenciamento informais, sem uma estrutura para lidar com isso.

Que entre o coach ou o mentor. Com seu suporte, a organização pode começar a encorajar o conflito construtivo e lidar com o conflito destrutivo antes que se torne um problema.

DICA

Quando fizer o coaching de uma empresa familiar, sempre a oriente para:

- » **Recompensar pelo mérito, não pelos laços de sangue.** A ética é "Não é pessoal, é profissional". Ponha os membros da família na folha de pagamento apenas se derem uma contribuição real. Essa regra também vale para fornecedores. Estabeleça cargos, funções, remuneração e avaliações, como é feito com alguém de fora da família.

- » **Ser justo.** Tenha cuidado para não demonstrar tratamento preferencial para os membros da família. Fazer isso cria uma cultura de família versus não família, o que é uma receita para conflitos. Trate a família e as pessoas que não são da família da mesma forma quando o assunto for recompensas e disciplina.

- » **Ser honesto.** Reuniões secretas com membros da família para discutir questões-chave em jantares criam divisão e dúvidas nas pessoas fora da família que deveriam fazer parte dessas discussões. Busque uma comunicação aberta e honesta.

- » **Separar decisões familiares das empresariais.** Fazer a pergunta "O que você faria se essa pessoa não fosse um membro da família?" ajuda a manter o processo de tomada de decisões profissional.

- » **Ter um equilíbrio saudável entre vida e trabalho que separe o pessoal do profissional.** Crie regras nas quais conversas de trabalho sejam proibidas. Você ajudará os membros da família a distinguir os dois.

Desenvolvendo "Intraempreendedores" Dentro das Organizações

Um *intraempreendedor* é um funcionário que trabalha para uma organização em vez de se arriscar sozinho. Mas, além dessa diferença, eles agem exatamente como empreendedores. Assumem riscos calculados. Veem oportunidades em vez de obstáculos. São pioneiros em inovações. Seguem em frente com uma ideia sem ter que buscar a permissão de outra pessoa. Antecipam tendências. Criam soluções para necessidades e identificam oportunidades que, muitas vezes, geram um valor inesperado.

Empresas bem-sucedidas, como Facebook, Google e 3M, adotam o conceito de encorajar funcionários a tomar iniciativas que não fazem parte da descrição da função. Esses intraempreendedores têm, em alguns casos, transformado ideias em empreendimentos inovadores, criativos e lucrativos dentro de um ambiente organizacional existente.

EXEMPLO

O intraempreendedorismo da 3M surgiu por acaso, quando o Dr. Spencer Silver, cientista na empresa, trabalhava em um projeto para desenvolver um adesivo forte para ser usado na indústria aeroespacial. Em vez de um adesivo forte, ele criou um adesivo leve, que colava bem objetos em superfícies e não deixava nenhuma marca ou resíduo quando removido. Em vez de ver esse resultado como um fracasso, Dr. Silver persistiu, buscando aplicações para ele. E, com o colega Art Fry, desenvolveu os Post-Its, agora encontrados em praticamente qualquer escritório.

Os intraempreendedores precisam da cultura e do espaço organizacionais para criar ideias, e as organizações precisam das estratégias para transformar as ideias de seus intraempreendedores em realidade. Essa mistura gera vários desafios, que levam a um pedido de ajuda do coach ou mentor. O intraempreendedorismo é uma área empolgante e em crescimento, na qual o coaching e a mentoria dão suporte ao nascimento e crescimento de inovações.

Criando espaço para inovação

Os intraempreendedores precisam de espaço criativo. Isso significa que a organização deve estimular uma cultura empreendedora que permita aos "rebeldes leais", como os intraempreendedores são muitas vezes chamados, dar um passo à frente e crescer, enquanto trabalham dentro de sistemas organizacionais, descrições de funções e culturas tradicionais.

CUIDADO

Requer coragem e comprometimento para um intraempreendedor dar um passo à frente e entregar uma ideia. Como diz o ditado: "Santo de casa não faz milagres." Se a cultura da organização não for madura o suficiente para respeitar essa coragem, então grandes ideias ficarão nas cabeças dos intraempreendedores e nunca chegarão ao mercado. Como alternativa, e pior para a organização, os intraempreendedores se transformarão em empreendedores e levarão suas ideias para outros lugares.

Quando um intraempreendedor tem coragem para inovar, fica vulnerável e pode ser rejeitado. Ele pode colocar muito em risco ou, no mínimo, em suspensão, por exemplo, abandonando as responsabilidades da função atual; talvez os benefícios e as promoções. A organização tem que criar uma política de zona livre para que esse tipo de iniciativa prospere. O intraempreendedor ganha seu colete à prova de balas e deve ter independência para desenvolver sua ideia com sua máxima habilidade e suporte da organização.

DONOS DE EMPRESAS

Empresas modernas parecem estar acelerando mais a cada ano com rápidos avanços em tecnologia. É cada vez mais importante criar uma cultura de criatividade e inovação; portanto, uma empresa pode não apenas acompanhar o setor, mas também liderá-lo.

Se você é um líder empresarial dando os primeiros passos hesitantes em direção à criação de uma cultura intraempreendedora em sua organização, precisa engajar todas as partes interessadas na criação dela. A imposição de uma ordem do nível gerencial para baixo é frequentemente recebida com ceticismo ou mesmo ignorada. Quando os funcionários são engajados nas discussões e contribuem com a criação da estrutura e condições para as iniciativas intraempreendedoras, não há necessidade de alguém "comprar" a ideia, porque todos os interessados integrarão a nova mudança cultural.

Há valor real em usar um coach para mediar essas discussões, pois eles são capazes de manter uma perspectiva independente e, assim, acharão mais fácil testar e desafiar o comprometimento, a confiança e a honestidade que devem haver para que uma cultura intraempreendedora prospere.

Aqui estão algumas áreas nas quais os programas de coaching e mentoria dão suporte à organização na criação de uma cultura de intraempreendedorismo:

» Estabelecer estruturas para permitir que as pessoas tomem decisões e estejam dispostas a falar. A cultura existente em uma organização pode desencorajar esse tipo de pensamento independente, e é aí que o coaching individual e da organização agrega valor.

» Desenvolver estratégias para o pensamento criativo, permitindo que os intraempreendedores sejam revolucionários e visionários.

» Entender as estratégias e as atitudes dos empreendedores e ser capaz de aplicá-las.

» Criar incentivos para encorajar ideias, incluindo comemorar e recompensar as colaborações.

Transformando o catalisador de uma ideia em realidade

Lançar empreendimentos intraempreendedores é similar a pegar uma ideia de startup e transformá-la em uma grande empresa multinacional no espaço de um ano. Cada fase do desenvolvimento para ampliação exige diferentes habilidades de gerenciamento e programas distintos de coaching para lhes dar suporte. No Capítulo 11, exploraremos em detalhes como você pode ajudar os clientes a transformar uma visão em um plano viável.

Uma das principais decisões que uma empresa deve tomar, depois de ter a ideia e ter feito a devida diligência para assegurar que é viável, é determinar quem é mais adequado para colocar o projeto no mercado. A pessoa que desenvolveu a ideia pode não ser a pessoa certa para isso.

Você pode fazer o coaching dos intraempreendedores para desenvolver sua habilidade e capacidade de avaliar a ideia. Uma alternativa é fazer o coaching da organização para encontrar ou desenvolver um modelo distinto, no qual diferentes líderes gerenciam fases específicas de uma iniciativa ou o projeto inteiro.

Trate cada empreendimento inovador como trataria uma nova startup. Essa ideia significa que você pode usar os mesmos parâmetros que usaria para uma nova empresa. Assim, pode criar o programa de coaching mais adequado, oferecendo ao empreendimento a maior chance possível de se tornar realidade.

Trabalhando com Empresas de Caráter Social

Nos últimos anos, houve um crescimento no número de livros e artigos publicados, e foram dadas palestras sobre empresas de caráter social. A filantropia nas empresas não é um conceito novo; ela existe desde que os Quakers começaram, no século XVII, talvez antes. Uma *empresa de caráter social* é uma organização que aplica estratégias comerciais para maximizar melhorias no bem-estar humano e ambiental, em vez de maximizar os lucros para acionistas externos. É possível encontrar muitos exemplos modernos de tais organizações.

Por trás de cada organização, encontram-se indivíduos que querem fazer a diferença. O *Volant Charitable Trust*, da escritora J. K. Rowling, ajuda a combater a pobreza e a discriminação social, sobretudo, no que tange a mulheres e crianças. Tem um orçamento anual de US$7,6 milhões. O *Angel Network*, de Oprah Winfrey, financia bolsas de estudos, centros para jovens e abrigos para mulheres; suas contribuições ultrapassam US$454 milhões. Em 1991, John Bird e Gordon Roddick fundaram o *The Big Issue*, que permite que as pessoas desabrigadas do Reino Unido ganhem dinheiro vendendo cópias da publicação *The Big Issue* pelas ruas e, fazendo isso, recuperam autorrespeito, confiança e a chance de se sustentarem.

Conhecendo tipos e composições

Há várias formas de empresas de caráter social. O professor Muhammad Yunus ganhou o prêmio Nobel da Paz em 2006 pela fundação do Grameen Bank. O banco ajuda pessoas pobres a superar a pobreza oferecendo empréstimos em termos compatíveis e passando-lhes alguns sólidos princípios financeiros. O professor Yunus descreve dois tipos de empresas de caráter social:

>> **Tipo Um:** Foca negócios que lidam apenas com objetivos sociais.

>> **Tipo Dois:** Pertence aos pobres e desfavorecidos, que podem ganhar com o recebimento direto de dividendos ou benefícios indiretos. Nesse tipo de empresa, os investidores usam dividendos para entrar em outros negócios lucrativos.

Os dois tipos podem ser combinados na mesma empresa social, como aconteceu no caso do Grameen Bank. Um Tipo Três está evoluindo conforme mais empresas tomam consciência social: uma organização criada para ter lucros que se transforma em uma empresa de caráter social.

Identificando os desafios da empresa

As empresas de caráter social têm os seguintes desafios em comum, todas podendo se beneficiar de coaching e mentoria:

>> **Ser diligente com o dinheiro dos outros:** Os subsídios requerem muitas condições e resultados, então as empresas precisam ser cuidadosas para não perderem o propósito.

>> **Comunicar:** Encontrar as pessoas certas, levá-las para o negócio e mantê-las interessadas e ativamente engajadas são atitudes para as quais excelentes habilidades de comunicação são essenciais.

>> **Conseguir financiamento subvencionado:** O financiamento subvencionado é um mercado competitivo. Saber como melhor implementar ideias, desenvolver orçamentos, opções e estimativas, e cumprir com os termos do financiamento são áreas nas quais as empresas de caráter social precisam de suporte.

>> **Cumprir com as responsabilidades:** A estrutura da empresa social acarreta muitas responsabilidades. Por exemplo, se for sem fins lucrativos, a transparência das operações financeiras é de vital importância.

>> **Apresentar e lançar o plano de negócios:** Um dos maiores problemas é ficar sem dinheiro para gerir a empresa principal ou criar novos empreendimentos e projetos. Os investidores de risco especialistas apoiam as empresas de caráter social e realmente as entendem. Eles oferecem suporte como as participações privadas ou os investidores de risco parceiros fariam em uma empresa puramente baseada em lucro.

>> **Defender o lucro:** Mesmo uma empresa sem fins lucrativos deve ter lucros! Há despesas gerais e contas para pagar, então os empreendimentos devem ser lucrativos. Além disso, a empresa precisa de uma abordagem comercial inteligente, que lhe permita atrair e manter o suporte financeiro.

» **Manter-se nos trilhos:** O truque é lembrar que as empresas de caráter social estão criando um negócio, e o objetivo é gerar lucro e aumentar a autossuficiência da forma mais rápida e viável possível. Para tanto, a empresa deve ter potencial de crescimento, pois só assim as pessoas financiarão uma bela ideia filantrópica por muito tempo. O cliente pode amar sua empresa, seu grupo de clientes e o bem social que cria, mas se seus números não crescerem, ele estará comandando caridade em busca de subsídio. Em outras palavras, seu trabalho como coach é ajudá-lo a deixar de ser dependente de financiamento e passar a criar financiamento.

CUIDADO

Qualquer coach ou mentor que ofereça orientação profissional em relação a finanças deve se certificar de trabalhar dentro das regulamentações e estrutura daquele país. O conjunto de competências de coaching e mentoria em torno de finanças e responsabilidade pública pode ser bastante especializado e é melhor que seja terceirizado ou passado adiante se não o for.

Trabalhar com empresas de caráter social é uma contribuição valiosa para o bem maior. O setor tem os próprios desafios, mas você pode usar muitos dos princípios, ferramentas e técnicas padrão do coaching. Acima de tudo, sua perspectiva ajuda a empresa a dar um passo para trás e ver além de sua visão e propósito para criar planos que transformarão ideais filantrópicos em empresas reais, que fazem a diferença.

2 Construindo a Mentalidade do Líder

NESTA PARTE...

Explore o mundo interior do pensamento e comportamento, e saiba como mudá-los.

Desenvolva autoconsciência como primeiro passo para autogestão, crescimento pessoal e excelência de desempenho.

Lide com obstáculos comuns para o coaching efetivo e garanta que o cliente fique engajado e proativo.

NESTE CAPÍTULO

» Entendendo a complexidade do pensamento humano

» Mudando seu pensamento e mantendo a mudança

» Sabendo quando não orientar além de suas habilidades

Capítulo **5**

Gerenciando o Mundo Interior dos Pensamentos e Emoções

O denominador comum entre todos os líderes é que eles têm seguidores, pessoas que são inspiradas por eles, e lideram pelo exemplo. O novo pensamento em torno da liderança é encorajar os indivíduos a trabalhar autonomamente como líderes empoderados, sendo autodidatas e autogestores. Líderes empoderados são capazes de:

» Permanecer calmos em situações desafiadoras.

» Superar as adversidades rapidamente.

» Ser criativos e ver soluções onde outros veem problemas.

Essas habilidades e competências ajudam os líderes a tomar decisões bem pensadas. Elas surgem naturalmente para alguns, mas também podem ser treinadas e aprendidas. Com a prática, tornam-se habituais.

Orientar clientes para se tornarem mais autoconscientes sobre como pensam e sobre o impacto que seu pensamento tem em suas emoções e comportamentos capacita-os para gerirem seu mundo interior e serem os líderes que as empresas precisam. Neste capítulo, descubra como fazer exatamente isso.

Pense nas técnicas deste capítulo como mecanismos salva-vidas. Se um cliente luta para não afundar, você pode jogar uma corda de segurança e oferecer ajuda imediata. Lembre-se, no entanto, de que se as pessoas estão lutando para nadar tudo o que precisam fazer é relaxar, e boiarão naturalmente.

Com frequência, os coaches novatos vão procurar problemas para resolver. Não procure o que não existe; isso é fazer o coaching de suas próprias necessidades pessoais, não das do cliente.

Entendendo o Pensamento Humano

As bases do pensamento e os vários fatores que influenciam o processamento de informações dos seres humanos são assuntos complexos. Para simplificar as coisas, veja cinco conceitos relevantes para as técnicas tratadas neste capítulo:

» **A mente armazena informação de forma holográfica.** O cérebro exige fornecimento adequado de sangue, oxigênio e água para acessar e transmitir informação. Se falta algum desses materiais, seu funcionamento é afetado, prejudicando a lembrança, retenção e desempenho da memória. Para operar holograficamente, ele usa neurotransmissores, permitindo que a informação seja transmitida através das sinapses. Os neurotransmissores, como a dopamina e a serotonina, que são geradas por atividades que nos deixam felizes, exercício regular e exposição à luz intensa, mantêm o fluxo de informação. Os inibidores neurais, como a adrenalina e o cortisol, que são gerados por estresse positivo e negativo, restringem-no.

» **O corpo não consegue distinguir entre a representação de uma experiência claramente imaginada e uma real.** As pessoas imaginam situações e experimentam muitas respostas emocionais relacionadas a seus pensamentos, embora os eventos possam nunca ter acontecido ou ser eventos do passado. O grau no qual alguém consegue imaginar vividamente varia de um devaneio a uma alucinação clara, ou algo entre os dois; a resposta emocional experimentada pelo corpo é causada pelo que os neurologistas chamam de *padrões sinestésicos* (veja o próximo ponto).

» **A mente sobrepõe os sentidos, criando padrões sinestésicos.** *Sinestesia* é quando o cérebro converte um sentido em outro. Os cinco sentidos através dos quais experimentamos e percebemos o mundo são *visual* (visão), *auditivo* (audição), *cinestésico* (tato), *olfativo* (olfato) e *gustativo* (paladar). Os sentidos não funcionam isoladamente. O cérebro os sobrepõe para criar ricas experiências do mundo. A sinestesia permite aos seres humanos sentir, ouvir, provar ou cheirar uma imagem visual, por exemplo, ou que um som crie uma resposta cinestésica no corpo. Imagine morder um limão e experimentar seu sabor e cheiro. Imagine alguém arranhando um quadro com as unhas; você experimenta uma sensação, não apenas o som.

» **A mente e o corpo estão em um ciclo psicocibernético.** Esse termo vem do campo da cibernética, que é o estudo de como os sistemas interagem e se regulam. No contexto do coaching e, especificamente, na gestão do mundo do pensamento e das emoções, o princípio-chave é lembrar que pensar afeta o corpo, e que a experiência no corpo afeta o pensamento. Se esse ciclo de resposta for negativo, leva a uma espiral descendente. Por exemplo, a preocupação leva à liberação de substâncias que estressam e tensionam o corpo; o estresse no corpo leva à preocupação. O ciclo psicocibernético também pode ser um ciclo de resposta positivo, no qual a lembrança de eventos felizes faz as pessoas se sentirem bem (libera substâncias neurais de bem-estar), e os bons sentimentos fazem-nas sentir novamente que a vida é boa. Isso é conhecido como *círculo virtuoso*.

» **As ações são precedidas pelo pensamento.** Se você se levanta para preparar uma bebida, primeiro tem que pensar em fazer isso; sem o pensamento, você se sentaria em uma cadeira e não agiria. Esses pensamentos são rápidos, indefinidos e aparentemente inconscientes, e ainda assim ocorrem. Os pensamentos que surgem em sua cabeça o fazendo agir ocorrem sob a forma de imagens visuais e diálogo interior, o que veremos em detalhes posteriormente no capítulo. A qualidade do seu pensamento (visual ou diálogo interno) determina a de suas ações e o que você faz ou não. Um exemplo extremo desse processo é alguém que tem transtorno obsessivo compulsivo (TOC). A pessoa tem os pensamentos e sente-se compelida a fazer a atividade; o pensamento entra em um ciclo, aparentemente fora de controle, forçando-a a repetir as ações. Sem esses pensamentos, ela não agiria.

Nós somos o que pensamos

Uma ciência relativamente nova, chamada *psiconeuroimunologia*, estuda a interação entre o pensamento e a química do corpo em relação a distúrbios e doenças. Ao remover toda a água de você e de seus clientes, vocês serão duas pilhas de substâncias químicas em uma sessão de coaching.

> ## FANTASIA E REALIDADE SÃO IGUAIS NO CÉREBRO
>
> Charlie, proprietário de uma pequena startup, estava apavorado com a ideia de ter que apresentar sua empresa aos clientes. Durante uma sessão, descobriu-se que Charlie havia se apresentado apenas uma vez antes, e foi um completo desastre, porque ele estava nervoso.
>
> Na sessão de coaching, Steve pediu a Charlie, na segurança da sala de coaching, para se imaginar apresentando-se em algum momento no futuro e dar uma nota de 0 a 10 a suas emoções, na qual 0 era calmo e 10, aterrorizado. Charlie foi capaz de experimentar um 10 só de pensar na apresentação. Em relação à sua preocupação, não havia diferença entre a experiência física e o terror do evento real, sua recordação do evento passado ou sua imaginação do que poderia experimentar em qualquer evento futuro.
>
> Steve orientou Charlie a mudar a maneira como pensava sobre o evento original. Ele conseguiu se apresentar com sucesso para um cliente, de forma confiante, calma e relaxada.

Os pensamentos transformam-se em substâncias químicas. Se alguém tem um pensamento feliz, produz um coquetel de substâncias diferente de quando tem pensamentos depressivos, estressantes ou raivosos. A qualidade de seu pensamento muda não apenas a química de seu corpo e mente, mas também a habilidade de processar informações.

Nós nos tornamos o que praticamos

Como chegar ao topo? A resposta é praticar, praticar e praticar um pouco mais. Todo comportamento humano que é praticado conscientemente se torna um hábito inconsciente em algum ponto. A prática é a "mãe da habilidade", e todo comportamento humano é uma habilidade atingida com a repetição.

A autoconsciência ensina a ter uma gama maior de flexibilidade e autogerência sobre como se pensa e sente, possibilitando ser mais criativo e resiliente.

Considerando que todo comportamento humano é uma habilidade aprendida, seja tocar piano, procrastinar, ter pensamentos estressantes, seja ser exímio em alguma atividade, se alguém praticou a habilidade de depressão ou preocupação, passou muitas horas tendo pensamentos negativos e simplesmente ficou bom nisso. As pessoas não conseguem desaprender uma habilidade, assim como não conseguem esquecer como andar de bicicleta, ler ou amarrar os cadarços. O que você orienta seu cliente a fazer é tomar consciência do que está fazendo e, se isso for negativo, orientá-lo a parar de fazê-lo. Então, substitua a antiga forma habitual de pensar por uma nova e engenhosa, até que essa prática seja um hábito.

EXEMPLO

O CUSTO DO ESTRESSE NO SER HUMANO

Jennifer trabalhava em uma fábrica em Maryland que produzia equipamentos para o interior de aeronaves e trens. Estava na mesma empresa há mais de 20 anos e trabalhava no departamento de contabilidade. No último ano, começou a cometer muitos erros no trabalho e estava ficando cada vez mais preocupada com seu estado mental. Ela havia tirado uma licença recentemente porque sofreu um ataque de pânico no trabalho pela primeira vez. Jennifer descobriu Steve através de um amigo que era coach. Ela conheceu Steve em uma sessão de coaching em Nova York e, então, eles combinaram uma série de chamadas no Skype para ajudá-la a entender o que estava acontecendo e superar seu elevado estado de ansiedade, que piorava dia após dia.

"Tenho uma pergunta", disse Steve. "Você está sentindo alguma ansiedade neste momento?"

"Não neste momento, não muito", respondeu Jennifer.

"Quanto é não muito? Em uma escala na qual 0 é absolutamente nenhuma e 10 é o pior a que isso poderia chegar, onde você está neste exato momento?"

"Ah, estou apenas em 6", disse Jennifer.

Muitas pessoas que experimentam estados de estresse e ansiedade se acostumam com as emoções e começam a aceitá-las. No caso de Jennifer, uma ansiedade nível 6 era seu estado normal, o que significava que não precisava que muito acontecesse no trabalho ou em casa para chegar a 8 ou 10. E era aí que ela sofria seus ataques de pânico.

Neste capítulo, oferecemos várias técnicas que Steve usou com Jennifer para levá-la de volta a um calmo estado de zero ansiedade. Nunca assuma que um cliente está em um bom estado emocional apenas por sua aparência. Sempre meça e avalie onde ele está e como se sente.

Os gatilhos para a ansiedade de Jennifer eram causados por demissões no trabalho e a preocupação em segundo plano sobre seu futuro. Com algumas intervenções de coaching, ela foi capaz de limpar a mente dos pensamentos negativos sobre demissão. Estar em um estado mental melhor ajudou-a a focar seu trabalho. Os erros simplesmente pararam de acontecer e ela se sentiu mais calma em geral, apesar de suas circunstâncias de trabalho.

LEMBRE-SE

Orientar um cliente a tomar consciência e gerir o próprio mundo interno é realmente transformador. Antes de orientar outras pessoas a serem coerentes, pratique as técnicas desta seção em si mesmo para poder liderar pelo exemplo.

CAPÍTULO 5 **Gerenciando o Mundo Interior dos Pensamentos e Emoções** 97

Escolhendo o Estado Mais Apropriado para Cada Momento

Imagine acordar em uma manhã de segunda-feira com um empolgante dia de coaching pela frente. Porém, a água quente não está funcionando, então, você toma banho gelado; o leite está estragado, então, não toma café da manhã; e o trem está atrasado, então, precisa correr para chegar a tempo no trabalho. Você chega em cima da hora (e sem fôlego) e descobre que seu primeiro cliente foi chamado para uma reunião emergencial e chegará 30 minutos atrasado, o que acaba com o resto de suas sessões do dia. Enquanto espera, você checa os e-mails e descobre um aviso de pagamento atrasado da sua empresa de cartão de crédito, embora saiba que pagou a conta em dia. E um pouco antes de começar o coaching, recebe uma ligação da escola dizendo que não precisa se preocupar, seu filho não está seriamente machucado, mas foi levado para o hospital para uma avaliação. E assim você vai, carregando essa bagagem mental, preparado para fazer o coaching de um cliente, lidando com o estresse profissional e como isso afeta suas decisões e desempenho.

DICA

Antes de fazer o coaching de qualquer cliente, você precisa deixar a própria bagagem emocional fora da sala e entrar em um estado calmo e desenvolto (usando as técnicas deste capítulo para atingi-lo). Depois, verifique se seu cliente está em um estado calmo e desenvolto antes do coaching. As aparências podem enganar. Não confie na aparência calma de alguém. Peça à pessoa para classificar seu estresse em uma escala de 0 a 10 (0 sendo totalmente calmo e 10, aaaahhhh!). Se sua resposta for algo acima de 2 ou 3, oriente-o para mudar isso; de outra forma, seu estado terá um impacto negativo em sua habilidade de participar e aproveitar completamente a sessão de coaching.

PAPO DE ESPECIALISTA

Usamos o termo *estado* para definir tanto emoções quanto humores. As emoções tendem a ser breves, muitas vezes mudam em minutos, enquanto os humores são estados emocionais que foram praticados ao longo do tempo, portanto, tornam-se habituais e, às vezes, crônicos. Emoções e humores bons e ruins não existem — em contextos particulares, eles servem a um propósito útil. Apenas quando afetam negativamente os comportamentos e o desempenho tornam-se um problema.

Notando os efeitos de um estado emocional negativo

Os efeitos negativos do estresse sobre julgamento, tomada de decisões, saúde e desempenho são bem pesquisados e documentados. Nos Estados Unidos, o custo estimado do estresse para as empresas é de US$150 bilhões por ano. No Reino Unido, 10,4 milhões de dias úteis são perdidos por estresse relativo ao trabalho, custando 460 milhões de libras por dia devido à ausência de funcionários e custando à economia britânica 15,1 bilhões de libras por ano. A maioria das economias desenvolvidas modernas tem estatísticas similares. O estresse custa dinheiro às empresas e prejudica o ativo mais valioso de uma organização: seu capital humano.

O que não foi tão claramente pesquisado são os custos para os indivíduos e as empresas de outros estados emocionais que afetam o desempenho, por exemplo, depressão, procrastinação, preocupação, dúvida, e o impacto que pequenos eventos estressantes diários têm nas pessoas. Nunca subestime o efeito que um trem atrasado pode ter no desempenho.

Seu estado emocional afeta como você percebe e reage ao mundo ao seu redor e como se comporta. Uma pessoa deprimida ou estressada vê o mundo como um lugar deprimente e estressante, e responde de forma diferente às mesmas situações e circunstâncias a que responderia em um estado feliz. A capacidade de desempenho das pessoas é considerada *dependente do estado*.

Analisando o Modelo Comportamental de Estado

O Modelo Comportamental de Estado, mostrado na Figura 5-1, oferece um quadro para avaliar como os indivíduos criam a qualidade de seu pensamento e geram seus estados (emoções e humores). Isso é a base para um plano de autoconsciência e autocuidado. Todas as técnicas deste capítulo estão relacionadas a esse modelo.

FIGURA 5-1: O Modelo Comportamental de Estado.

© John Wiley & Sons, Inc.

O modelo tem quatro partes para explorar com clientes:

- » **Fisiologia:** O impacto na postura, ou seja, sentam, levantam, movem-se e respiram. A próxima seção explica como mudar a fisiologia afeta o pensamento e os estados.

- » **Diálogo interno:** O impacto que o diálogo interno tem nos estados é profundo; fale consigo mesmo em uma entonação gentil e se sentirá bem; fale em entonações agressivas e se sentirá mal. A seção "Mudando o Diálogo Interno", posteriormente neste capítulo, explicará como temos o poder e a habilidade de mudar nosso diálogo interno e como nos sentimos.

- » **Imagens internas:** As imagens e filmes que as pessoas passam na cabeça têm um enorme impacto em seus estados. Esse material visual varia do preguiçoso devaneio ao pensamento traumático catastrófico de proporções épicas. Na seção posterior "Criando Imagens Mentais Significativas", veremos como você pode se tornar o roteirista, diretor e produtor das imagens e filmes que cria em sua cabeça.

- » **Ambiente:** Fatores externos, como ruído, luz, movimento, comida, bebida e drogas, afetam o estado emocional e de humor. Muitas pessoas usam os ambientes externos para mudar os estados internos, muitas vezes de maneiras pouco saudáveis e funcionais. Ao longo deste capítulo, veremos como gerir o mundo interno dos pensamentos e emoções para que os clientes não precisem mudar o ambiente para se sentirem bem.

DICA

Sempre separe o comportamento da identidade do indivíduo. Por exemplo, pergunte: "Qual é o problema?" em de vez "Qual é o seu problema?" Descubra o que os clientes estão falando ou imaginando para criar suas experiências. Então, oriente-os a mudar isso.

LEMBRE-SE

Seu papel não é orientar o cliente a eliminar ou gerir todos os pensamentos e emoções, como o Sr. Spock, de *Star Trek*. Primeiro, conscientize-o de que não há problemas em experimentar vários humores e emoções humanas. Fazer isso normaliza sua experiência. Então, use o Modelo Comportamental de Estado e as técnicas desta seção para orientá-lo a ver que há muitas escolhas sobre como pensar e se sentir em qualquer momento.

Trabalhando com os quatro estados de luta e fuga

Se aconteceu não com você, provavelmente você conhece alguém que estudou para uma prova, leu o material, fez as atividades e sabia o assunto de trás para frente. Mas, quando entrou na sala de prova, a mente deu branco, não conseguia lembrar nada. Assim que saiu da sala, todas as informações e respostas que precisava momentos antes voltaram em abundância.

O QUE CUSTA SUBSTITUIR
UM EXECUTIVO ESGOTADO?

EXEMPLO

Marie fazia o coaching de Adam, gestor de uma empresa de TI, para lidar com o estresse excessivo e alta carga de trabalho. Essas coisas afetavam seu desempenho no trabalho e impactavam sua vida pessoal. Ele estava com dificuldades para dormir, tinha começado a beber demais depois do trabalho e tomava remédios para insônia. Adam revelou que seu chefe era um autoproclamado "workaholic", que "prosperava sob pressão". Qualquer menção a estar estressado ou ser incapaz de fazer algo era vista como sinal de fraqueza pelo chefe.

Marie explicou o Modelo Comportamental de Estado para Adam e ensinou-o habilidades estratégicas para liberar o estresse e as tensões acumuladas, ter uma mente mais quieta e um corpo mais calmo. Em algumas semanas, Adam notou que parecia mais relaxado. Ele administrava a mesma carga de trabalho, mas não se sentia mais ansioso e reduziu a bebida.

Um mês depois de iniciar seu programa de autocuidado, Adam relatou que seu chefe foi afastado do trabalho indefinidamente sofrendo de "estafa corporativa".

Esse fenômeno acontece com empresários em reuniões, eventos de networking e apresentações, assim como no meio de situações que exigem muito ou simples emergências. Isso é causado por mudanças neuroendócrinas no cérebro geradas pelo estresse, o que afeta o pensamento e o comportamento. O fenômeno é parte do padrão de luta e fuga:

» **Fuga:** Identificado por elevados níveis de respiração, adrenalina aumentada e altos níveis de cortisol e de frequência cardíaca, mãos suadas e boca seca, enquanto o corpo se prepara para fugir para as montanhas.

» **Luta:** Os mesmos indicadores fisiológicos de quando fugimos, exceto que a decisão e a reação não são fugir, mas confrontar a ameaça percebida.

A maioria das pessoas está ciente dos padrões de luta e fuga; contudo, dois padrões menos conhecidos, mas igualmente impactantes, são os seguintes:

» **Congelamento:** Nesse estado, a respiração se torna superficial ou hiperventilada. Os fluxos de sangue e oxigênio ficam restritos ao cérebro, a capacidade de pensamento é reduzida e pensamentos problemáticos parecem ocorrer em um ciclo automático.

> **Desfalecimento:** Esse estado é calmo e relaxado. A pessoa é capaz de avaliar a situação prontamente, tomar uma decisão rápida e informada, e agir de modo adequado. (Na seção "Usando a atenção plena, a meditação e o oculto para dar suporte ao negócio", posteriormente neste capítulo, você descobrirá como avaliar o estado de desfalecimento.)

Nos negócios (e na vida particular da maioria das pessoas), os estados de luta e fuga são bastante raros. Mas todos nós temos essas programações inconscientes disponíveis quando precisamos. Se você ficar de frente com um tigre-dentes-de-sabre, agradecerá a reação de luta e fuga. Em geral, a sequência é congelar e fugir; lutar tem riscos maiores de danos, então, para a maioria das pessoas, é uma opção de último caso. Esses três padrões podem ser disparados pelo acúmulo de eventos menores, em vez de um grande trauma ou drama; esse efeito cumulativo é negligenciado com frequência.

Sob estresse, o cérebro desliga partes que não são relevantes para lidar apenas com o problema imediatamente percebido, o que é perfeitamente positivo para lidar com um tigre-dentes-de-sabre, mas não para rever e surgir com soluções criativas para um problema empresarial. Quando o problema termina, as pessoas conseguem respirar de novo, os níveis neuroendócrinos voltam ao normal e o pensamento é reativado, permitindo soluções criativas.

Orientar clientes para reconhecer se já têm ou estão chegando a padrões de congelar, fugir ou lutar, e treiná-los para mudar para o estado de desfalecimento pode levar algum tempo e requer prática, mas vale a pena. (Veja o box "O que custa substituir um executivo esgotado?" para um exemplo real.)

DONOS DE EMPRESAS

Nunca suponha que se você está bem os outros devem estar também. Muitos donos de empresas que prosperam sob pressão acreditam, por engano, que as outras pessoas conseguem lidar com a mesma quantidade ou tipo de estresse que eles. Essa perspectiva é uma receita para litígios; evite a todo custo!

Sabendo que respirar é a melhor escolha

A primeira área de onde se começa a orientar alguém que está em um estado de desequilíbrio é mudar sua fisiologia. A maioria das pessoas acha fácil mudar a fisiologia e nota uma mudança imediata na forma como se sente.

DICA

Para identificar o padrão de congelamento, siga esses passos. Quando as instruções disserem para executar uma ação devagar, leia *muito devagar*. Se um cliente não notar nenhuma mudança durante o exercício, executou-as rápido demais.

PRATIQUE SENTIR-SE ENTUSIASMADO APENAS PORQUE PODE

EXEMPLO

Durante workshops de gestão de estresse, Steve pede aos grupos para se sentarem como fariam se estivessem deprimidos. Todos abaixam a cabeça e se inclinam para frente, com a respiração superficial. Eles têm uma expressão abatida no rosto e, natural e inconscientemente, adotam a fisiologia do padrão de congelamento.

Então, são instruídos a se sentarem e respirarem como fariam se estivessem entusiasmados e prestes a ter a experiência de treinamento mais feliz de todas. Todos conhecem inconscientemente a fisiologia e a postura de empolgação entusiasmada. Todos levantam a cabeça, sorriem e respiram de novo. Ainda nesse estado de empolgação e entusiasmo, são instruídos a permanecer nessa fisiologia, tentando sentir-se deprimidos. Eles não conseguem sem mudar sua fisiologia novamente.

Eles são, então, instruídos a se sentarem no estado de empolgação e entusiasmo durante o resto do workshop.

1. **Sente-se confortavelmente com os pés apoiados no chão e os braços ao lado do corpo virados para frente. Tire um momento para relaxar e perceba como se sente dentro de seu corpo.**

    O que busca avaliar é o quanto se sente atento e alerta. Dê uma nota em uma escala de 0 a 10, com 0 sendo completamente desligado e 10, muito desperto e alerta.

2. **Lenta e cuidadosamente, abaixe a cabeça aos poucos e perceba o que acontece com a sensação de consciência enquanto faz isso.**

    A maioria das pessoas experimenta uma sensação de desligamento. Conforme o queixo se aproxima do peito, a respiração torna-se superficial. Essa sensação é muitas vezes descrita como "parece que estou desligando". Dê uma nota a essa experiência de 0 a 10, para comparar com a avaliação inicial.

3. **Então, lentamente, levante a cabeça de novo e perceba o que acontece.**

    Conforme faz isso, você provavelmente vai experimentar uma sensação de estar desperto, ciente de estar sendo ligado. Você atinge um ponto crítico aqui, no qual sente como se um interruptor tivesse sido invertido. As pessoas muitas vezes dizem que "é como ficar ativo de novo".

Ao abaixar a cabeça, restringe-se a respiração e o fornecimento de sangue para o cérebro, efetivamente mudando sua fisiologia. Ao fazer isso, entra na postura do padrão de congelamento. Simplesmente por ajustar sua cabeça, você está mudando seu estado e neuroquímica.

Considere o modo como muitas pessoas trabalham o dia inteiro, olhando para baixo, para a tela ou o teclado, e, sem querer, atingem um estado de estresse apenas por sua fisiologia e respiração.

Na seção "Se as coisas não estão melhorando, olhar para cima ajuda", ofereceremos uma técnica de reinicialização de estresse que podem ser ensinadas aos clientes para sair de estados de desligamento e atingir estados mais despertos e alertas conforme houver necessidade.

Parecer totalmente deprimido é uma péssima escolha

Na programação neurolinguística (PNL), você encontra padrões fisiológicos chamados de sinais de movimentação dos olhos. A direção e o posicionamento dos olhos permitem a um observador treinado identificar se alguém está:

> » **Acessando imagens de lembranças visuais (Lv):** Ao imaginar um evento passado lembrado.
>
> » **Acessando imagens de construtos visuais (Cv):** Ao imaginar um evento futuro ou passado construído (construir não significa necessariamente que alguém está mentindo).
>
> » **Acessando informações de lembranças auditivas (La):** Por exemplo, ao se lembrar de uma música ou conversa.
>
> » **Acessando informações de construtos auditivos (Ca):** Ao imaginar uma conversa que não aconteceu.
>
> » **Envolvendo-se em um comportamento de diálogo auditivo (Ad):** Ao falar consigo mesmo.
>
> » **Acessando informações cinestésicas (C):** Ao experimentar sensações internas, emoções e humores.

A Figura 5-2 mostra o cliente visto da posição do observador. Os sinais de movimentação dos olhos aparecem assim.

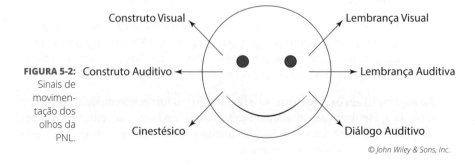

FIGURA 5-2: Sinais de movimentação dos olhos da PNL.

© John Wiley & Sons, Inc.

Você deve ter ouvido as frases "Me sinto deprimido" ou "Me sinto feliz". Essas descrições da experiência são literais. A maioria das pessoas (predominantemente as destras; para as canhotas, isso pode ser invertido) olha para baixo e para a direita para acessar sentimentos dentro do corpo. Se estiverem acessando estados positivos, tais ações não serão um problema. Apenas se os clientes estiverem acessando estados de desequilíbrio será preciso que estejam atentos à importância de mudar sua fisiologia.

Alerte o cliente para o impacto que sua postura, respiração e direção do olhar tem em seus estados e comportamentos. Consciência é o início da capacidade de mudar um hábito; conforme alguém se torna mais consciente, é possível interromper padrões de hábitos.

Se as coisas não estão melhorando, olhar para cima ajuda

A reinicialização de estresse 7/11 é uma técnica desenvolvida por Steve Crabb. Steve é especializado na orientação de clientes com questões relacionadas a terapia, particularmente depressão, ansiedade, medos, fobias, estresse e sobrecarga emocional. A técnica é formulada para agir rápido e exige pouco treinamento para ser eficiente. Ela incorpora mudanças na fisiologia, respiração e direção do olhar.

Os benefícios dessa técnica como parte de um plano de autocuidado são muitos. Como resultado, os clientes passam menos tempo em estados relacionados ao estresse e ficam mais calmos, centrados, equilibrados e resilientes. Começam a experimentar melhores padrões de sono. Um bônus é que, se praticarem a técnica no transporte público, quando virarem os olhos também garantirão um lugar sentados!

Siga estes passos para tentar a reinicialização de estresse 7/11:

1. **Instrua o cliente a se sentar confortavelmente em uma cadeira, com os pés no chão e as mãos relaxadas ao lado do corpo. Peça-o para perceber se há algum estresse físico ou emocional em seu corpo e classificá-lo em uma escala de 0 a 10, com 0 sendo absolutamente nenhum e 10, o maior estresse possível.**

2. **Instrua-o a imaginar uma vela à sua frente, expirar completamente e esvaziar os pulmões como se apagasse a vela.**

3. **Instrua-o a inspirar suave e facilmente, de modo completo e profundo, pela boca enquanto expande o abdômen contando até sete.**

    Este passo assegura que a respiração aconteça no diafragma e que os pulmões inflem completamente.

4. Quando os pulmões estiverem cheios, diga-lhe para segurar a respiração por um segundo ou dois.

5. Instrua-o a virar os olhos em direção ao teto.

   Peça-o para imaginar que ele tem óculos escuros no topo da cabeça e está tentando olhar através deles sem inclinar a cabeça ou o pescoço para trás.

6. Diga-lhe para relaxar e fechar os olhos.

7. Peça-lhe para expirar suavemente pela boca enquanto conta até 11.

8. Conforme expira, lembre-lhe de relaxar o maxilar e deixá-lo solto.

9. Peça-lhe para relaxar seu corpo completamente, para que fique solto e mole como uma boneca de pano, começando do topo da cabeça até os dedos dos pés.

10. Peça-lhe para ficar atento à diferença em seu corpo e classificá-la em uma escala de 0 a 10.

    É quase certo que ele relate uma mudança significativa depois de usar essa técnica uma vez. Faça com que pratique esse exercício de hora em hora.

Veja o que ocorre durante os diferentes estágios da técnica:

> **Ao respirar profundamente, o cliente sai de qualquer padrão de congelamento, fuga ou luta.** O coração monitora o fornecimento de oxigênio no sangue e a elevação do oxigênio dispara um sinal de resposta no cérebro, basicamente dizendo: "Ele está respirando de novo. O tigre-dentes-de-sabre deve ter ido embora, então, desligue a adrenalina. Está tudo bem."

> **Virar os olhos para cima estimula as ondas teta no cérebro, levando a um estado de relaxamento.**

> **Ao relaxar o maxilar, os músculos no pescoço e a musculatura próxima também relaxam, liberando tensões.** O maxilar é um dos ossos mais fortes do corpo; mas, nos momentos de estresse e ameaça, as articulações podem ficar vulneráveis, fazendo com que as pessoas estressadas muitas vezes apertem o maxilar.

DICA

Oriente os clientes a usarem essa técnica de hora em hora por alguns dias. Ela tem um efeito cumulativo positivo na neuroquímica do cérebro. Uma vez por dia não é suficiente para haver um impacto químico. Prepare-se para dizer: "É uma técnica que lhe permitirá se sentir bem por nenhuma razão em particular, só porque pode."

Mudando o Diálogo Interno

Todos temos diálogos internos. Todos falamos sozinhos, e não há nada de errado ou estranho nisso, embora poucas pessoas apreciem o impacto que o diálogo interno tem em seus estados emocionais, comportamentos e resultados práticos.

DICA

Faça um experimento simples de pensamento: fale consigo mesmo em uma voz confiante e otimista, motivando-se a fazer algo positivo que será bom para você, e perceba como se sente. Classifique o quão motivado se sente em uma escala de 0 a 10; com 0 sendo totalmente apático e 10, totalmente motivado.

Agora, use as mesmas palavras de antes, mas mude o tom do diálogo interno para sonolento, cansado e entediado. Faça isso por um minuto. Classifique sua motivação em uma escala de 0 a 10.

Volte à voz positiva, confiante e motivadora. Note que apenas mudar o tom de voz afeta os sentimentos. Esse é um padrão de sinestesia no qual a voz audível cria uma sensação cinestésica no corpo.

Os líderes demonstram confiança e motivação quando agem. Um tema comum de coaching são clientes que querem mais confiança e motivação quando o que estão realmente fazendo é se desmotivando e prejudicando com o próprio diálogo interno.

No Capítulo 8, veremos os padrões de linguagem e descreveremos quando alguém converte um verbo de ação em substantivo; esses padrões são chamados de *nominalizações*. Motivação e confiança são exemplos de nominalizações. Quando alguém diz: "Me falta motivação" ou "Não tenho confiança o bastante", transforma verbos em substantivos; a primeira coisa a fazer é reverter esses substantivos para verbos; fazer isso dá aos clientes posse sobre sua experiência. Agora eles podem assumir a responsabilidade pessoal pelo que fazem e agir em relação a isso, em vez de pensar em motivação e confiança como coisas (substantivos) sobre as quais não têm controle. Para desnominalizar os substantivos, pergunte ao cliente: "O que você está dizendo ou fazendo para se desmotivar?" ou "Se fosse fazer as coisas com confiança, o que diria ou imaginaria para si mesmo?"

Esse processo funciona da mesma forma para outras questões comuns de coaching, como estresse, procrastinação, medos e dúvidas, que também são nominalizações. São coisas que as pessoas *fazem*; elas não as possuem. As pessoas não têm estresse. Não é uma coisa, elas *agem* assim. Quando um cliente desenvolve autoconsciência de como fala consigo mesmo, é possível mudar o que faz.

Entendendo que não é o que você diz, mas como

Nos anos 1960 e 1970, praticar o poder do pensamento positivo e o uso de afirmações motivacionais se popularizou. Porém, para muitas pessoas, essas práticas não serviram para mudar a maneira como se sentiam. Embora usassem palavras positivas, muitas as diziam com um tom negativo, duvidando do que falavam.

Independente de as palavras serem de outra pessoa ou do diálogo interno, o que é dito tem menos impacto na mente e no corpo do que o modo como é falado. Pense em uma situação na qual alguém disse alguma coisa, mas o tom transmitiu uma mensagem completamente diferente. Por exemplo, se alguém disser "Nossa, muito bem" em tom sarcástico, isso tem o maior impacto, não as palavras.

Muitas características do diálogo interno afetam os sentimentos que são criados. Aqui estão quatro:

- **Volume:** De um sussurro a um berro
- **Velocidade:** De lento a rápido
- **Localização:** Se a voz vem da parte frontal, traseira, lateral ou do topo da cabeça
- **Tom:** De calmo, preocupado, sonolento ou irritado a sarcástico, feliz, irado ou amoroso

DICA

Para identificar seu diálogo interno, experimente ficar atento às distinções entre as vozes que você usa ao praticá-lo e como o fazem se sentir:

1. **Lembre-se de alguma vez na qual se sentiu confiante ao fazer uma atividade.**

    Escolha um assunto que também seja bom para você. Fale consigo mesmo dentro de sua cabeça da maneira como falou na ocasião.

2. **Perceba como se sente e classifique em uma escala de 0 a 10; com 0 sendo nenhuma confiança e 10, totalmente confiante.**

3. **Fique atento ao volume e à velocidade do diálogo interno, sua localização (ponto onde a voz está localizada) e o tom de voz. Tome nota das características usadas.**

4. **Levante-se, ande, balance a cabeça e saia do estado de confiança.**

Repita os passos anteriores para:

> » Dúvida seguida de certeza
> » Hesitação seguida de desejo
> » Estresse seguido de calma

Teste outras combinações.

DICA

Quando souber como falar consigo mesmo em diversas vozes de diálogos internos e entender como isso afeta seus sentimentos, considere em que seria útil usar esse conhecimento. Considere as aplicações para seus clientes, ou seja, em que situações podem escolher como falam consigo mesmos de maneira que ratifique o comportamento que querem ter.

Fazendo o ridículo parecer ridículo

Veja duas técnicas simples, porém poderosas, que você pode usar para si e para os clientes mudarem qualquer diálogo interno negativo ou limitador alterando as qualidades das vozes usadas.

DICA

Peça a um cliente que está se estressando muito para primeiro identificar como fala consigo mesmo:

1. **Peça-lhe para se lembrar de quando esteve estressado e falando consigo mesmo, e diga-lhe para fazê-lo da mesma maneira agora.**

2. **Peça-lhe para classificar o estresse em uma escala de 0 a 10.**

   Mesmo quando não estão passando pelos eventos de fato, as pessoas ainda podem sentir estresse por causa do poder de seu diálogo interno.

3. **Peça-lhe para notar o volume, a velocidade, a localização e o tom da voz de estresse.**

   Ele deve mudar as características do diálogo interno gradualmente, como exemplificamos a seguir:

   - **Volume:** Aumente ligeiramente o volume. (Ele pode sentir mais estresse fazendo isso.) Então, diminua para um sussurro e volte ao volume em que estava.
   - **Velocidade:** Acelere a voz até que fale tão rápido que não consiga formar as palavras. Então, desacelere como um gravador na velocidade lenta e volte à velocidade em que estava.

- **Localização:** Estenda um braço com o polegar apontando para cima e diga-lhe para imaginar a voz descendo pelo braço até que esteja, finalmente, saindo do polegar, indo em sua direção.

- **Tom:** Com a voz saindo do polegar, mude o tom para o de um personagem de desenho animado, como Pato Donald ou Frajola.

4. **Instrua-o a parar, sair do estado, levantar e sacudir a cabeça. Então, diga: "Tente falar consigo mesmo na mesma voz estressada de antes, mas perceba o que está diferente agora."**

   Você precisa usar essas exatas palavras porque quase sempre os clientes garantem que não serão capazes de usar de novo a antiga voz estressada.

5. **Faça-o classificar como se sente agora e compare com o início do exercício.**

   Algumas pessoas sentem apenas uma ligeira mudança e, nesse caso, você precisa fazer o exercício mais uma vez para que a mudança aconteça.

Muitas pessoas experimentam uma mudança completa na voz. Muitas vezes dizem: "Parece ridículo agora e não faz efeito." O cérebro tem a habilidade de se renovar e reorganizar, e os cientistas chamam esse processo de neuroplasticidade. Com esse exercício, você trabalha com o cliente para embaralhar os antigos caminhos neurais, tornando difícil e, às vezes, impossível alguém falar consigo com a voz interna estressada.

DICA

Se os clientes estão acostumados a dizer coisas ridículas para si mesmos, faça-os dizer com uma voz ridícula, que não se sentirão da mesma forma de novo.

DICA

Esse exercício embaralha os diálogos internos. Siga os Passos de 1 a 3 do exercício anterior para identificar um diálogo interno negativo ou limitador. Então, instrua o cliente a fazer o seguinte:

1. Torne a voz interna lenta, dizendo uma... palavra... de... cada... vez... com... intervalos... entre... elas.

2. Diga as mesmas coisas, dessa vez com intervalos e aloooooooongue... caaaaaada... palaaaaaaavra.

3. Sepaaaaaare... eeeeeee... aloooooongue... e dê a cada palavra um tom de personagem de desenho animado.

4. Pare, saia do estado, levante e sacuda a cabeça.

5. Tente falar consigo mesmo na voz antiga, mas perceba o que mudou.

Novamente, os clientes acham quase impossível falar consigo mesmos da antiga maneira negativa simplesmente porque instruíram o cérebro a se reorganizar.

Explique aos clientes que o que eles fizeram foi o equivalente a pegar um CD e arranhá-lo, então, fica difícil tocá-lo da mesma forma de antes.

Ser mais gentil e mais legal importa

As técnicas da seção anterior destinam-se a mudar o diálogo interno negativo. Aqui está uma técnica simples que permite ao cliente descobrir como falar consigo mesmo em tons mais gentis. Recomendamos que você só use essa técnica em encontros individuais, a menos que seja experiente em lidar com pessoas que se emocionam na frente de outras.

Este exercício treina a gentileza consigo mesmo. Siga estes passos:

1. **Embaralhe o diálogo interno negativo usando alguma (ou ambas) das técnicas dadas anteriormente.**

2. **Diga ao cliente para imaginar que, sentado à sua frente, está um jovem estressado, inseguro, desmotivado ou qualquer que seja o diálogo interno negativo com o qual esteja lidando.**

3. **Instrua-o a falar dentro de sua cabeça com esse jovem de maneira amigável e gentil, da forma como faria se estivesse sinceramente encorajando e motivando alguém com quem se importasse profundamente.**

4. **Diga-lhe para apontar onde está o diálogo interno gentil, amoroso e motivador, e perceber seu volume, velocidade e tom.**

   Quando fizer isso, pergunte como é ouvir essa voz. A reposta é sempre positiva.

5. **Então diga: "Agora quero que perceba que essa pessoa sentada à sua frente é você. Continue falando consigo mesmo com motivação amorosa e gentil. Você deve praticar isso diariamente."**

Se o cliente se emocionar, deixe-o ter seu momento, sente-se silenciosamente, mantenha-se calmo e, quando ele terminar, pergunte o que aconteceu. Para muitas pessoas, pode ser a primeira vez que falam consigo mesmas dessa forma, e isso tende a causar uma descarga de emoções. Posteriormente neste capítulo, veremos o que fazer se um cliente quiser discutir (ou demonstrar) questões psicoterapêuticas além de suas habilidades de coaching.

Criando Imagens Mentais Significativas

Você provavelmente ouviu pessoas dizerem estas frases:

» "Não consigo ver o futuro claramente. Preciso de clareza."

» "As coisas estão me sufocando. Não consigo ver o caminho à frente."

» "Continuo vivendo no passado. Não consigo deixá-lo para trás."

» "Não me vejo fazendo isso" ou "Me vejo fazendo isso."

Tome o que as pessoas dizem como uma descrição literal de suas experiências e você entenderá a maneira como pensam. Essas frases significam o que elas realmente dizem. Quando alguém diz "Não me vejo fazendo isso", a pessoa é incapaz (ainda) de criar imagens em sua mente de si mesma fazendo a atividade.

Todos criamos imagens em nossas mentes, projetando-as holograficamente para fora, de modo que as possamos ver. Algumas são chamadas de *imagens sugestivas*, pois nos impelem a agir. Por exemplo, quando alguém diz "Ah, lembrei que preciso ligar para alguém", a mente mostrou uma imagem quase como se fosse um lembrete no computador para levar a pessoa a fazer a ligação.

Aqui estão as características das imagens mentais que formamos:

» **As imagens são distinguíveis da realidade pela maioria das pessoas.** Algumas imagens emocionalmente carregadas parecem reais. Porém, há pessoas cujas imagens mentais aparecem como alucinações, tão reais quanto a realidade.

» **Algumas pessoas são mais conscientes de suas imagens mentais que outras, e algumas são melhores ao manipular e gerenciar elas.** Considere arquitetos ou designers brilhantes. Eles são capazes de conceber como um espaço ficaria depois de construir um prédio ou organizar os móveis de uma maneira particular.

» **As imagens são, muitas vezes, breves e fugazes.** Os nervos nos olhos estão constantemente vibrando para processar a luz que entra e perceber o mundo. As imagens projetadas também oscilam e parecem transitórias.

DICA

Este exercício objetiva criar consciência das próprias imagens mentais. Imagine uma entrada. Agora, aponte para onde fica a chave. Dê à imagem projetada um número com base em quão real ela parece (em uma escala de 0 a 10, na qual 0 é irreal e 10 é tão real quanto se a porta estivesse diante de você). Não há resposta certa ou errada. Agora, imagine a textura da porta e perceba o que isso faz com sua percepção e mensuração da realidade. A maioria das pessoas sente que fica mais real. Então, imagine que a porta acabou de ser pintada ou envernizada e, novamente, reavalie a mensuração. Adicionando sentidos extras (cinestésico e olfativo), as imagens tendem a ficar mais reais.

O que você está observando é uma imagem holográfica projetada. Quando faz esse exercício com seus clientes, você lhes oferece uma experiência do que significam as imagens mentais. Elas não são reais. São efêmeras, projetadas e têm um efeito profundo em como as pessoas se comportam e sentem.

Tomando distância da situação

As imagens mentais têm características que alteram seu impacto nos sentimentos das pessoas. Essas características são conhecidas como submodalidades. Veja algumas das principais submodalidades visuais:

- » Localização no espaço, tamanho ou distância do observador
- » Associada (na imagem) ou desassociada (sendo um observador da imagem)
- » Imagem estática ou em movimento
- » Colorida ou em preto e branco
- » Bidimensional (2D) ou tridimensional (3D)

Aqui estão duas técnicas simples para permitir aos clientes gerir as próprias imagens mentais. Os líderes empoderados conseguem tirá-las da cabeça para entender o panorama geral. Estas técnicas são usadas para superar um mau desempenho, más experiências, erros e estresse.

DICA

Pratique estes exercícios sozinho primeiro, trabalhando com bons sentimentos, antes de usá-los com os clientes, para que você tenha uma experiência pessoal dos efeitos de transformação das submodalidades.

Siga estas instruções para se sentir bem por nenhuma razão em particular:

1. **Lembre-se de alguma vez em que você teve uma experiência agradável.**

    Veja o que viu, ouça o que ouviu, perceba como se sente agora e dê uma nota. Em uma escala de 0 a 10, escolha algo como 8 ou mais para trabalhar. Embora não esteja na experiência, você ainda lembrará e experimentará algumas das emoções positivas associadas ao evento. Você se sentirá bem.

CAPÍTULO 5 **Gerenciando o Mundo Interior dos Pensamentos e Emoções** 113

2. **Aponte onde está a imagem e perceba sua localização, distância de você e tamanho.**

   Você está associado ou desassociado? A imagem é estática ou se move? É colorida ou está em preto e branco? É em 2D ou 3D? Agora, experimente e perceba o que acontece aos sentimentos quando cada uma das seguintes mudanças são feitas.

3. **Reduza o tamanho e mova-a para mais longe.**

   Se for uma imagem associada, saia e veja o evento como um observador o veria; se for colorida ou em preto e branco, empalideça a imagem para que se torne translúcida; se for um filme, torne-a estática; se estiver em 3D, torne-a 2D. Perceba o que acontece com as emoções. Elas se terão reduzido.

4. **Volte as submodalidades às originais.**

5. **Aumente ligeiramente o tamanho, entre na imagem, torne-se associado à experiência, aumente as cores (se for em preto e branco, adicione cor) e certifique-se de que é um filme.**

   Perceba o que aconteceu com as emoções. Elas ficarão amplificadas e poderão até ser mais intensas do que quando você começou ou mesmo de quando teve a experiência.

DICA

Este exercício se chama O que os Olhos Não Veem, o Coração Não Sente. Use isso com algum cliente que continue vivendo em um evento que você acha que deveria pôr no fundo da memória e seguir em frente. Antes de fazer o exercício, verifique com o cliente se ele quer mudar a forma como se lembra de um evento. Algumas pessoas vão querer deixar as coisas como estão, e é uma escolha delas. Se alguém concordar em fazer o exercício, antes de mudar quaisquer submodalidades peça-lhe para considerar quais coisas positivas são possíveis de aprender com o evento. Até as experiências negativas nos ensinam algo. Comece usando o exemplo anterior da porta para que a pessoa se familiarize com o que significam imagens mentais.

CUIDADO

Se trabalhar com um cliente para diminuir sentimentos de sobrecarga, estresse ou aborrecimento, trabalhe apenas com questões em uma escala a partir de 8 (de 10) até que tenha mais experiência. Não trabalhe com traumas ou questões terapêuticas, a menos que tenha recebido treinamento formal (veja "Identificando quando a terapia é a resposta").

1. **Instrua-o a se lembrar do evento e classificá-lo em uma escala de 0 a 10.**

   Veja o que ele viu, ouça o que ouviu e perceba como ele se sente. Então, descubra a emoção predominante e, em uma escala de 0 a 10, dê uma nota.

2. **Diga-lhe para apontar onde está a imagem e perceber sua localização, distância e tamanho.**

   Ele está associado ou desassociado? A imagem é estática ou se move? É colorida ou em preto e branco? É em 2D ou em 3D?

114   PARTE 2 **Construindo a Mentalidade do Líder**

3. **Instrua-o a reduzir o tamanho da imagem e movê-la para mais longe, sair e ver o evento passado como um observador, congelar a imagem em uma figura minúscula e empalidecê-la para que fique translúcida.**

   Ela já terá mudado para uma imagem em 2D.

4. **Rapidamente, peça-lhe para fechar e abrir os olhos, tornando a imagem preta, branca, preta, novamente branca. Diga-lhe para fazer isso rapidamente por um minuto.**

5. **Quando ele tiver seguido as instruções, use estas exatas palavras: "Tente se lembrar desse evento passado, mas perceba o que está diferente agora."**

Os clientes acham muito difícil acessar a antiga memória da mesma forma negativa. Eles relatam que agora ela está mais distante, parece irrelevante e não tem emoções. Deram, em seu próprio pensamento, instruções ao cérebro para "tomar distância do evento". Note, porém, que, em algumas ocasiões, pode ser preciso fazer esse exercício duas vezes com um cliente.

Considere as aplicações dessa técnica com clientes corporativos, o que pode incluir o seguinte:

» Superar uma má apresentação
» Lidar com bullying no ambiente profissional
» Aprender com um erro

Focando isso, não aquilo

Grandes líderes focam não os problemas, mas as soluções. Eles mantêm o quadro geral em mente, têm clareza ao lidar com a situação e tomam boas decisões com base nas informações em mãos. Todas essas frases nos falam sobre o mundo interior de excelência e o que focam. O exercício a seguir reorganiza o cérebro para se manter em uma linha positiva e focar o resultado desejado de alguma situação.

DICA

Esse exercício é chamado de Padrão Swish. Peça ao cliente para pensar em um evento que não saiu como o esperado. Se tivesse a chance de refazê-lo, em retrospectiva, ele gostaria de ter se comportado ou agido de forma diferente?

1. **Diga-lhe para apontar onde a imagem está e perceber sua localização, distância e tamanho.**

   Ele está associado ou desassociado? A imagem é estática ou se move? É colorida ou em preto e branco? É em 2D ou 3D? Chamamos isso de *imagem passada*.

CAPÍTULO 5 **Gerenciando o Mundo Interior dos Pensamentos e Emoções** 115

2. **Faça uma pausa: deixe-o levantar e se sacudir antes de passar para a próxima parte.**

3. **Instrua-o a imaginar uma grande tela chamada de *tela do sucesso*.**

   Nessa tela, peça-o para se ver desassociado, colorido e em um filme, lidando com a situação como gostaria de tê-la vivido. Ele deve criar um curta do sucesso e editá-lo até que esteja feliz com o resultado. Chamamos isso de *filme de sucesso*.

4. **Quando ele estiver satisfeito com o filme de sucesso, diga-lhe para encolhê-lo até o tamanho de um selo de postagem.**

5. **Diga-lhe para trazer de volta a imagem do passado e posicionar o filme de sucesso do tamanho de um selo no canto inferior direito.**

   Peça-o para fazer esse passo rapidamente, para empurrar a imagem do passado para uma distância além do horizonte, torná-la menor, tão minúscula que se torne uma mancha, piscando. Então, rapidamente abra o selo do filme de sucesso para que fique grande, brilhante e colorido.

   Faça isso algumas vezes, terminando com o filme de sucesso.

   A cada vez, fica mais difícil recordar a imagem do passado original, que é exatamente o que você quer que aconteça.

6. **Instrua-o agora a pensar no evento.**

   O cérebro automaticamente recorda a versão do filme de sucesso. Efetivamente, você agora instalou uma nova forma de pensar em relação ao evento.

Faça isso primeiro, pratique em si mesmo antes de usar essas técnicas com os clientes. Algumas podem parecer bobas, mas não são. Elas reeducam e treinam a mente para pensar de formas criativas.

Transformando o Mundo Interno com Meios Externos

A parte ambiental do Modelo Comportamental de Estado é o caminho de menor resistência para muitas pessoas. Em vez de aprender como mudar estados gerenciando a fisiologia e o pensamento, elas simplesmente se aproximam da química externa sob a forma de comida, álcool e drogas para alterar sua química interna.

A automedicação não lida com problemas presentes, que causam comportamentos disfuncionais. É simplesmente um mecanismo de enfrentamento. Quando o cliente é capaz de gerir seu mundo interno, a forma como pensa e se sente, consegue lidar melhor com o exterior.

Identificando quando a terapia é a resposta

As técnicas e conceitos cobertos neste capítulo lidam com a autoconsciência e a autogestão, capacitando todos os indivíduos para adquirirem qualidades e características de autoliderança. Ao orientar os clientes a gerirem seu pensamento e emoções, você pode encontrar extremos que estão além de seu treinamento e experiência. Por mais tentador que seja oferecer descanso e alívio, é necessário aprender a reconhecer o limite de suas competências, assim como o do seu breve tempo com o cliente.

Reconheça se está fora de seu alcance e, se for preciso, interrompa a sessão de coaching. É sempre melhor ser honesto com os clientes. Conforme constroem confiança, muitas vezes eles revelam hábitos pessoais, comportamentos ou características que estão além de suas habilidades. Não se sinta mal por admitir que não é treinado ou capaz de auxiliar com uma questão. Encontre pessoas competentes e experientes que possam lidar com as questões psicoterapêuticas, para sempre indicar os clientes aos profissionais certos.

Se encontrar alguma das seguintes situações, encaminhe a especialistas:

» Clientes que têm alucinações auditivas ou visuais e acham difícil distinguir a alucinação da realidade

» Clientes que são viciados em substâncias (comida e entorpecentes)

» Clientes que sofrem de transtorno de estresse pós-traumático (TEPT)

» Clientes diagnosticados com transtorno bipolar ou que não foram diagnosticados, mas demonstram grandes oscilações de humor entre euforia e depressão

» Clientes suicidas em potencial

» Clientes que exibam comportamento violento ou agressivo

Esteja sempre a serviço de seus clientes, mas ponha o próprio bem-estar físico em primeiro lugar. Se estiver sob risco ou se sentir intimidado, interrompa a sessão de coaching. Também recomendamos que, em seus termos e condições, você inclua uma cláusula para terminar um acordo de coaching se receber qualquer forma de ameaça de um cliente, física ou verbal.

Usando a atenção plena, a meditação e o oculto para dar suporte ao negócio

Quaisquer intervenções que ajudem com estresse, depressão e vícios são impressionantes. A introspecção promove flexibilidade psicológica, consciência, resiliência, bom desempenho no trabalho, melhor tomada de decisão, taxas de ausência reduzidas e a habilidade de aprender novas tarefas. Não é surpresa que as empresas se interessem em desenvolver programas de liderança que promovam ativamente essas competências.

Atenção plena é estar no presente, atento aos próprios pensamentos e sentimentos, e mundo ao redor. Até recentemente, o termo se restringia a textos budistas e retiros de meditação, como parte de um caminho espiritual para o despertar. Mas a prática não é mais vista como um simples modismo espiritual dos abraçadores de árvores da Nova Era. Em vez disso, tem sido rapidamente recebida em salas de diretoria. A lista de empresas de alto nível continua a crescer, e inclui companhias renomadas, como Apple, Google, IKEA e Sony. Aplicativos e cursos online sobre atenção plena proliferam, assim como estudos sobre novas formas e sobre como a prática é benéfica para o indivíduo e a organização.

O objetivo da atenção plena e da meditação em suas várias formas é capacitar o indivíduo a atingir uma maior autoconsciência, aquietar uma mente agitada e possibilitar estar mais presente no momento.

Muitas similaridades existem entre a abordagem da atenção plena e a do *desfalecimento*, um termo cunhado em 1975 pelo psicólogo húngaro Mihály Csíkszentmihályi, um dos fundadores da psicologia positiva. Ele percebeu que o ato de criar parecia, às vezes, mais importante que o próprio trabalho terminado. Ele era fascinado pelo que chamava de *estado de desfalecimento*, no qual a pessoa está completamente imersa em uma atividade com foco intenso e engajamento criativo.

Csíkszentmihályi identificou cinco fatores de fluxo:

» Concentração intensa e focada no momento presente

» Mistura de ação e consciência

» Perda de autoconsciência reflexiva

» Sensação de controle pessoal sobre a situação ou atividade

» Distorção da experiência temporal

Desfalecimento é a quarta escolha nos padrões de luta e fuga. Se você observar os fatores identificados por Csíkszentmihályi, verá porque é tão útil praticar a entrada no estado de desfalecimento não apenas em situações estressantes, mas quando você e seus clientes quiserem o melhor desempenho.

118   PARTE 2 **Construindo a Mentalidade do Líder**

EXEMPLO

QUANDO UM EXORCISMO É O MELHOR EXERCÍCIO

Margaret, diretora de uma empresa de design gráfico, tinha dificuldades para fazer seu negócio passar das primeiras fases de crescimento e simplesmente sobreviver. Ela possuía três membros na equipe e sentia insegurança sempre que visitava clientes ou participava de eventos de networking.

Steve pediu a Margaret para apontar para sua cabeça e dizer de onde vinha o diálogo interno crítico. Ela apontou para o topo e para a frente da cabeça.

"O que você diz para si mesma e qual tom usa quando pensa sobre participar de reuniões com clientes ou eventos de networking?", perguntou Steve.

"Eu não digo nada. Ele diz para mim, e fala que sou desprezível e inútil, e não tenho nada que valha a pena oferecer", respondeu Margaret.

Nesse ponto, surgiu uma voz na cabeça de Steve dizendo "Uh oh!"

"Quem é ele?", perguntou Steve.

"É o demônio", disse Margaret.

Steve pausou a sessão de coaching e perguntou a Margaret se ela queria lidar com essa questão do demônio a criticando. Com anos de experiência em terapia, incluindo o trabalho com clientes com esquizofrenia, Steve era capaz de ajudar Margaret.

Agora, alguns coaches lendo isso, de repente, podem ouvir uma voz interna dizendo: "Se alguns clientes acham que estão falando com o demônio, o coaching não é para mim." Fique tranquilo, depois de 15 anos fazendo coaching de milhares de pessoas, só aconteceu duas vezes.

Desde os oito anos, Margaret falava consigo mesma com uma voz dura e autocrítica que, com o tempo, começou a associar ao demônio, e não ao seu diálogo interno.

Com a permissão de Margaret, levou algumas horas de coaching (terapia) para separar e organizar o diálogo negativo. Depois de alguns dias, ela aprendeu a falar consigo mesma em um tom mais amigável, gentil, amoroso e motivacional. Agora, estava livre para ir às reuniões com confiança e ser a líder empresarial que sempre foi capaz de ser.

DICA

Siga estas instruções e experimente a atenção plena, estar presente no agora e o estado de desfalecimento, tudo com um simples exercício:

1. **Fique de pé, com os pés separados pela distância dos ombros, virados para frente.**

CAPÍTULO 5 Gerenciando o Mundo Interior dos Pensamentos e Emoções 119

2. **Aquiete o diálogo interno dizendo alto em uma suave voz sussurrante "shh, shh, shh, shh, shh, shh" (seis vezes curtas), então, "shhhhh, shhhhh, shhhhh, shhhhh, shhhhh, shhhhh" (seis vezes longas).**

A mente se aquieta. Deixa-a se aquietar e permita que quaisquer pensamentos que possam entrar simplesmente saiam.

3. **Faça o exercício de reinicialização de estresse 7/11 (veja a seção "Se as coisas não estão melhorando, olhar para cima ajuda", anteriormente no capítulo).**

Agora você está perfeitamente relaxado fisicamente, com uma mente quieta.

4. **Imagine estendendo-se à sua frente, na altura do peito e da esquerda para a direita, uma linha que representa o tempo.**

O passado está à esquerda e o futuro, à direita. Imediatamente à sua frente, na altura do coração, está o momento presente, o agora.

5. **Abra os braços na largura dos ombros e imagine pegar a linha do tempo, rapidamente dobrando-a e puxando com suas mãos para criar um ponto à frente, com o passado indo para trás de você à esquerda, a 45 graus, e o futuro, atrás de você à direita, a 45 graus.**

6. **Lentamente, puxe essa linha para dentro de você, para que o momento presente esteja agora no meio do seu corpo.**

7. **Deixe suas mãos caírem ao seu lado e relaxe no presente por um momento.**

Essa técnica usa as linhas do tempo (veja o Capítulo 11) e a visualização para reorganizar como você processa a quietude da mente e estar presente. Muitas pessoas experimentam uma sensação de serenidade, tempo desacelerando, de estar ciente, porém alheio; todas características do desfalecimento. Use esse exercício e oriente seus clientes a usá-lo sempre que quiserem acessar o estado de fluxo.

NESTE CAPÍTULO

» Construindo credibilidade ao agir com autenticidade

» Abraçando a adaptação

» Pensando com propósito em resultados

» Gerindo a ambiguidade

Capítulo **6**

Por que "Fiz do Meu Jeito" Não É o Melhor Epitáfio

Como uma empresa é percebida é reflexo de como é liderada e gerida. Líderes que são incapazes de levar as opiniões dos outros em consideração podem acabar com a empresa. Aqueles que levam ótimas pessoas para suas equipes de liderança e são receptivos a novas ideias criam organizações sustentáveis. Em um mundo que muda rapidamente, as empresas precisam ser capazes de se adaptar, e rápido. Os líderes precisam ser autoconscientes, capazes de lidar com várias condições e bons em reconhecer quando os próprios egos estão atrapalhando o caminho para fazer as escolhas certas para seus negócios.

DESEJAR O ÊXITO NÃO É O MESMO QUE AMBIÇÃO IMPIEDOSA

Bernard Arnault, o CEO da Louis Vuitton, que criou o grupo com aquisições em 1987, é conhecido por seu desejo de vencer. Ele não é um empresário-celebridade e, aparentemente, nunca foi descrito como uma pessoa impiedosa, embora suas estratégias de aquisição possam ser. Em uma entrevista recente ao jornal britânico *The Telegraph*, ele negou que dinheiro e poder são o que o impulsionam, declarando que: "O bom é escolher. Ter a liberdade de escolher. A única coisa que me foi imposta, profissionalmente falando, é minha visão das coisas em longo prazo." Quando perguntado pelo único momento profissional que gostaria de reviver, ele respondeu: "O momento em que eu soube que seria capaz de comprar a Dior... Bem ali, eu sabia que construiria a maior empresa de luxo do mundo."

Arnault tem uma boa história "fiz do meu jeito", que construiu ao ver os produtos pelos olhos do consumidor, buscar novos talentos criativos, criar uma diretoria forte, dominar o mercado e, possivelmente, aceitar bons conselhos. Ele criou um legado empresarial invejável.

Poucos de nós faremos coaching de um CEO com o patrimônio líquido de Arnault, mas os princípios de criar uma empresa e um legado bem-sucedidos estão em sua história. Claro que, em relação ao que o guia (liberdade e desejo de sucesso), ele criou um grupo que reflete o que o impulsiona (diversas empresas de holding e uma grande variedade de empresas para lidar com resultados ruins e superar os reveses econômicos). Ele angariou novos talentos e projetou novos produtos para atrair novos consumidores em novos mercados sem comprometer o aspecto e a percepção das marcas sob o âmbito do grupo.

Este capítulo destaca algumas formas de se evitar a maldição da fé cega no pensamento "fiz do meu jeito" se for líder empresarial e como os coaches podem ajudar os líderes a criar um legado saudável na empresa.

Reconhecendo que a Inflexibilidade às Vezes Leva à Extinção

As organizações que se adaptam adotam a flexibilidade e, quanto maiores, mais descentralizadas precisam ser para permanecerem bem-sucedidas. Tais organizações estão mais confortáveis com o caos e a experimentação. Estão confortáveis ao cometer erros e assumir riscos. Décadas de sucesso não são mais garantia de que uma empresa continuará a se desenvolver e prosperar no futuro. Há muitos exemplos de empresas que falharam em se adaptar e não existem mais. "Adapte-se ou morra" pode parecer um mantra cruel para os líderes corporativos ouvirem, mas você precisa progredir constantemente e se adaptar às novas oportunidades do mercado, a menos que queira seguir o mesmo caminho da Woolworth, Pan Am e incontáveis outras empresas líderes que fracassaram em mudar com o tempo.

Se assistir a um programa de televisão, verá o comportamento humano em relação ao apetite por risco em larga escala. Qualquer jogo que envolva risco e dinheiro normalmente vê participantes dispostos a apostarem uma grande quantia de dinheiro na esperança de ganhar uma quantia maior, embora assumam o risco de perder o que já têm. Outros adotam uma abordagem baseada na conveniência, na qual mantêm a oferta da banca, porque a quantia é mais do que poderiam esperar ter e eles têm medo de perder, em vez de dobrar seu dinheiro. Não é diferente nos negócios ou no mercado de ações. Uma empresa sem apetite por risco é uma empresa estática.

Sabendo que a inovação de processos e produtos exige uma liderança adaptável

Os CEOs e líderes sênior têm o panorama completo. Podem ver como o mosaico de suas organizações e indústrias se encaixam. Para uma organização operar, processos, sistemas, estrutura e fluxo de ideias precisam funcionar, mas é a habilidade dos líderes de articular o que querem e a motivação que faz a liga e evita que as partes se desgrudem. Os líderes que não explicam bem o porquê começam a parecerem líderes "porque sim". Deixar uma cópia de *Como Fazer Amigos e Influenciar Pessoas* na meia de Natal provavelmente não irá mudá-los. A percepção pessoal vem com a reflexão e a aplicação do aprendizado.

O grau de adaptação no nível organizacional depende do tipo de organização, das condições econômicas e das demandas das partes interessadas. As artes oferecem ótimos exemplos disso. Museus e galerias de arte têm que se adaptar para sobreviver devido a mudanças no financiamento artístico e na demanda dos consumidores.

A adaptação exige que os líderes sejam confiantes para identificar e abraçar oportunidades, experimentando e cometendo erros. Obviamente, o custo de assumir riscos tem que estar em um nível que a empresa tolere. Isso também exige que as pessoas tenham liberdade de agir e confiança para agir no melhor interesse para a organização. Os líderes precisam ser capazes de confiar nas pessoas para oferecer e reconhecer suas contribuições. Um líder ultracontrolador pode ter dificuldades e se tornar mais um obstáculo do que um facilitador se não aprender a recuar um pouco.

COMO ATÉ MESMO AS ORGANIZAÇÕES MAIS TRADICIONAIS SE ADAPTAM

EXEMPLO

Uma atração icônica de Londres, a Abadia de Westminster, agora tem um diretor de experiência do cliente. Com 1,2 milhão de visitantes por ano e uma proporção relativamente menor, de 70 mil, que vão orar, é possível ver o porquê. A Abadia não recebe financiamento do governo e conta com taxas de entrada para o público e aluguel comercial de suas várias instalações. Ela aprendeu a se adaptar. No relatório de 2014, seu receptor geral declarou: "Estabelecemos, pela primeira vez, uma função de marketing, com a responsabilidade inicial de uniformizar o padrão de visitação à Abadia entre os meses mais tranquilos e os mais movimentados, e aumentar a proporção de visitantes que vêm até nós do Reino Unido, não de outros países. Mais de nove décimos de nossa receita vem do turismo. Essa sempre será uma proporção desconfortável, e continuamos buscando formas de diversificar."

Nos Estados Unidos, a Pepsi Cola, fundada em 1893, fundiu-se à Frito-Lay em 1965 para criar a PepsiCo. No espírito da adaptação, ela tem dois grupos de estrategistas: um cuja função é maximizar a eficiência empresarial da organização em sua forma atual e outro cuja função é buscar formas de interromper o negócio antes que os concorrentes, tecnologia ou mudanças econômicas o façam.

DONOS DE EMPRESAS

Respire fundo aqui e esteja disposto a ser vulnerável. Pergunte a seus pares e colegas como percebem você em termos de flexibilidade de comportamento, disposição para ouvir e aversão ao risco. Se estiver disposto e for corajoso o suficiente para ouvir uma opinião sincera dos outros, isso revelará informações valiosas sobre você como líder. Lembre-se de ouvir o que dizem como feedback profissional, não crítica pessoal. Encontre mais informações sobre o valor de lidar com pontos cegos no Capítulo 7.

Verificando o apetite pelo risco para diminuir ou aumentar a ambição

Há várias ferramentas de gerenciamento relacionado ao risco por aí, desde as cinco forças de Porter, que ajudam a ver o impacto de vários fatores externos na empresa, até a análise de matrizes de risco para ajudar a considerar o impacto relativo de diferentes riscos e como os gerenciar, mitigar ou tolerar. Da mesma forma, usar exercícios simples de análise FOFA (forças, fraquezas, oportunidade e ameaças), análise PEST (política, econômica, social e técnica) análise do campo de força e planejamento de cenário ajuda as organizações a identificarem os riscos que podem surgir. Essas ferramentas de planejamento são projetadas para ajudar uma empresa a explorar sua posição e, em particular, o impacto de vários riscos e oportunidades:

» **Cinco forças de Porter:** Qualquer indústria é influenciada pelo poder de fornecedores e compradores, pela ameaça de novos concorrentes e de produtos substitutos, e pelo grau de rivalidade competitiva no mercado.

» **SWOT:** Examina as forças, fraquezas, oportunidades e ameaças relativas em uma empresa, produto ou nova ideia.

» **PEST:** Explora os fatores políticos, econômicos, sociais e técnicos que impactam ou podem impactar uma empresa.

» **Análise do campo de força:** Considera os prós e contras de uma mudança específica na empresa ou em uma ideia.

» **Planejamento de cenário:** Vislumbra os possíveis futuros com base nas motivações, condições e riscos conhecidos. Quando estão articulados, os cenários podem ser explorados e planos são desenvolvidos para avaliar sua viabilidade.

Imagine que você esteja fazendo o coaching de um líder sênior ou dono de empresa. Dependendo do tamanho da organização, ele precisa estar bastante envolvido em desenvolver uma matriz de risco ou ter uma equipe de líderes que levem essa informação em consideração. Suponha que a organização tenha feito uma análise de risco na qual a probabilidade e a consequência foram identificadas usando um sistema de marcação de gravidade dos riscos (veja a Figura 6-1).

FIGURA 6-1: Uma matriz de riscos ajuda os líderes a determinarem a probabilidade de um risco ocorrer e possíveis consequências de resultados indesejados.

Probabilidade \ Consequência	1 Insignificante	2 Pequena	3 Significante	4 Grande	5 Severa
5 Quase certa	5 Média	10 Alta	15 Muito alta	20 Extrema	25 Extrema
4 Provável	4 Média	8 Média	12 Alta	16 Muito alta	20 Extrema
3 Moderada	3 Baixa	6 Média	9 Média	12 Alta	15 Muito alta
2 Improvável	2 Muito baixa	4 Baixa	6 Média	8 Média	10 Alta
1 Rara	1 Muito baixa	2 Muito baixa	3 Baixa	4 Média	5 Média

© John Wiley & Sons, Inc.

LEMBRE-SE

Os líderes sênior estão mais preocupados com os riscos severos, se tais riscos estão sendo controlados e os relatórios, passados para a diretoria.

Ajudar um líder a examinar criticamente as próprias ideias usando uma matriz de risco o ajuda a ver a ideia de forma mais objetiva antes de agir. Usando a matriz, ele vê quanto risco seu pensamento "fiz do meu jeito" pode criar e se a empresa pode realmente tolerá-lo. Pegue qualquer matriz que seu cliente tenha ou trabalhe com a matriz da Figura 6-1. Se ele acredita que é o único cuja opinião conta, ajude-o a ver a contribuição dos outros. Use o simples panorama da matriz de riscos e peça que veja todos os riscos nas áreas mais escuras. Então, peça que transfira essas áreas para a folha de visão geral e mostre quem está liderando o quê. Ajude-o a imaginar como ele poderia lidar com essas áreas de risco sozinho se a pessoa que tem a visão de liderança ou a responsabilidade operacional não existisse. Ele saberia o que fazer? Saberia quais são os processos em sua organização que apoiam o tratamento do risco e como lidar com a situação que apresenta?

Um exemplo extremo na Tabela 6-1 ilustra esse ponto. Você quer que o líder tome um choque de realidade sobre seu poder relativo e veja o valor da contribuição das outras pessoas.

Peça-lhe para considerar como ele pode reconhecer o papel de seus subordinados diretos e equipes para gerenciar os riscos das áreas escuras. Você quer ajudá-lo a ter perspectiva sobre o papel que ele tem ao liderar com outras pessoas. Ajude-o a ver que as organizações adaptáveis e ágeis precisam que a liderança sênior assuma a visão geral, em vez de tomar decisões baseadas em detalhes.

TABELA 6-1   Diagnóstico Simples de Riscos

Risco Identificado (descreva-o)	Probabilidade de o Risco Ocorrer (definido, provável, 50/50, improvável)	Consequência Se o Risco Ocorrer (crítica, moderada, insignificante)	Estratégia de Tratamento (mitigar, gerenciar, ignorar)	Quem Mantém a Visão Geral? (iniciais)	Quem Cuida da Operação? (iniciais)	Relatório do Período de Execução (atualização e revisão de datas)
Possível guerra civil no mercado xxx	Provável	Crítica	Mitigar; repatriar equipe nos próximos dois meses, mudar escritório para a Índia, fechar operação, reter agentes locais	PB: líder em planejamento e finanças ST: líder em repatriação AY: líder em mudança de escritório	IW: finanças AS: questões de pessoal TY: questões de agentes ER/TD: mudanças de escritório	Semanal: plano geral Diário: situação local

126   PARTE 2 **Construindo a Mentalidade do Líder Empresarial**

Disposição para Pedir Ajuda Quando Estiver Fora de Sua Alçada

Todo mundo atinge um ponto de incompetência consciente na vida, aquele momento em que percebemos que não sabemos algo que precisamos ou não somos tão competentes quanto pensávamos. Mentores com mais experiência empresarial ou em uma área de especialização específica podem realmente ajudar aqui. Um bom mentor é capaz de ajudar um coach a identificar o que ele não sabe sobre desenvolver sua prática e o levar a preencher as lacunas. Um mentor é capaz de identificar um plano de aprendizado e estabelecer uma lista de responsabilidades para manter o coach nos trilhos. É aconselhável ter um quadro e fazer o coach/dono de empresa registrar seu progresso e desafios, pois esse quadro ajuda o mentorado a reconhecer padrões e consolidar o aprendizado.

O plano de aprendizado deve lembrar a Figura 6-2.

Plano de Mentoria

Mentor	Mathew Green	Mentorado	Robbie Burns
Data	Julho de 2015 – Dezembro de 2015		

Objetivo de Aprendizado do Mentorado

Aprender como desenvolver uma estratégia de treinamento para a equipe de liderança

Como será feita a mentoria?

4 sessões pessoais de mentoria de 1 hora durante os próximos 6 meses, com checagens e suporte do mentor por e-mail.

Resumo Proposto da Mentoria

Miniobjetivos de Aprendizado	Recursos ex.: livros, podcasts, indivíduos, reuniões, treinamento	Data-alvo
RB entenderá os elementos envolvidos no desenvolvimento de um plano de treinamento compressível para a equipe sênior.	MG compartilha a experiência de desenvolver planos na OT Inc. e na Chocolate Factory. Destaca o processo de desenvolver uma análise de necessidades de treinamento e os elementos exigidos. RB estabelece o plano e prepara uma apresentação para a equipe sobre a forma proposta daí para frente.	Julho-Setembro
Considerar as principais partes interessadas e estratégias para ter suporte dos indivíduos-chave.	Identificar as partes interessadas internas e anticipar objeções e apoiadores. Discutir estratégias adequadas para conseguir apoio suficiente e manter CEO e VP ou RH informados.	Agosto-Dezembro
Direcionar aprendizado e leitura à análise de necessidades e ao projeto de treinamento.	MG recomenda livros, podcasts e cursos sobre a análise de necessidades de treinamenro e projeto de treinamento.	Julho-Novembro

FIGURA 6-2: Uma amostra de um plano de mentoria.

© John Wiley & Sons, Inc.

DICA

Para manter um mentorado nos trilhos e a dinâmica, você pode realizar uma autoavaliação semanal. Pode usar um documento do tipo "lista de responsabilidades", como este. Marie usa este documento quando faz a mentoria de coaches em sua própria prática. Está adaptado, com permissão, de um formato usado por Steve Chandler, escritor e coach. Para usá-lo, basta utilizar os parágrafos numerados; os parágrafos Mentorado/Mentor ilustram como as perguntas devem ser respondidas.

Responsabilidade da Mentoria: Nadine Shaw, Shaw Coaching

Data: 22 de fevereiro de 2016

1. **Ações inspiradas que tomei/experimentei em meu coaching e empresa desde a última discussão. (*Ações* inspiradas são ações que me enchem de energia ou me fazem sentir vivo.)**

Mentorado: Chamei seis pessoas no meu canal de coaching, tive quatro conversas e converti uma em um cliente pagante.

Mentor: Uhuuul! Como irá comemorar essa conquista? Como reconhecerá isso?

Mentorado: FR cobrado e correr atrás de feedback e depoimentos.

Mentor: Sim, e note quanto tempo esses processos levam da cobrança ao pagamento, pois é uma boa coisa a considerar em termos de equilíbrio do seu fluxo de caixa e trabalho que você faz. (Estou sugerindo que pense sobre isso um pouco, em vez de transformar em um grande foco. Significa trabalhar na estrutura de sua empresa.)

Mentorado: Estive elaborando meu valor agregado. Acho que o propósito é que eu esteja confortável com minha oferta e capaz de dizê-la com confiança.

Mentor: *Sim!* Poderemos praticar isso quando nos encontrarmos da próxima vez, se você quiser.

2. **Progressos ou aprendizados: O que percebi sobre mim mesmo, os outros e minha situação que é importante deixar para trás?**

Mentorado: Me sinto um pouco desiludido com minha oferta de treinamento para advogados nos primeiros 30 dias e quero rever isso. Eu simplesmente não gosto de fazer isso.

Mentor: É uma ótima constatação. O que a tornaria uma oferta mais atraente para você e para eles? Como esse material pode ser usado de uma forma diferente ou adaptado para um grupo diferente?

3. **Verificação: O que é irritante, está em desacordo e o que vai bem?**

Mentorado: Agendei para ver Matthew Jones essa semana, também vou ver o MD do Aprendizado Ágil, e estou empolgado com ambos.

Mentor: Olhe como está indo bem conversando com pessoas para falar sobre possíveis trabalhos. Você está indo muito bem.

4. **Exploração: O que está acontecendo na minha empresa e o que está funcionando? Onde estou com as metas de resultado e as de processo que defini para mim mesmo?**

Resultado	Tradução
1. Uma rede maior para aumentar minhas oportunidades de trabalhos de coaching e consultoria	**Mentorado:** Sem progresso essa semana. **Mentor:** Note que está organizando reuniões e este é o primeiro passo muito importante em direção a esse resultado.
2. Três novos clientes de coaching pagantes dentro dos próximos dois meses.	**Mentorado:** O flyer está no design, vou usá-lo na página web e organizar sua entrega em localidades. **Mentor:** Brilhante, e você já assegurou um!
3. Três clientes de consultoria dentro dos próximos quatro meses.	**Mentorado:** Trabalho planejado assegurado com a Every Work e a Consultancy Inc. Vou pedir o feedback das duas quando terminar. **Mentor:** Ótimo! Vá em frente e, como disse, fortaleça essas duas relações ainda mais, como discutimos, para assegurar futuros contratos.
4. Aumentar a competência em ganhar e oferecer contratos e consultoria a clientes de coaching.	**Mentorado:** Não tenho certeza se fiz progresso aqui. **Mentor:** Você está fazendo isso. Tudo o que discutimos corrobora isso.

5. **Desafio: O que vem depois e onde está a dificuldade? Como empresa/vida estão agora?**

Mentorado: Preparar o flyer para conseguir clientes de coaching. Continuar buscando clientes de coaching pagantes.

Mentor: O que aconteceria se você parasse de procurar clientes e simplesmente deixasse os flyers por aí e tivesse mais conversas?

6. **Articulando a intenção desejada: O que tornaria a próxima semana maravilhosa para mim e para minha prática/empresa é...**

Mentorado: A WA vai assinar um programa de coaching. Recebi algumas ligações com a entrega de flyers.

Mentor: Tente manter suas intenções mais específicas; por exemplo, no fim da semana, quero um contrato de coaching de, no mínimo, seis meses com a WA e sete ligações com a entrega de flyers.

Implementando o Pensamento Certo para o Problema Certo

Ocupado, ocupado, ocupado. Às vezes, estamos ocupados demais nos negócios para pensar em linha reta ou pensar de formas criativas quando a necessidade surge. Saímos dos trilhos e, fazendo isso, podemos esquecer que outras pessoas têm pensamentos e ideias para contribuir também. A maioria dos nossos pensamentos tem propósito e, ainda assim, pode não estar focada da maneira certa.

Pensando com propósito

Pensamento com propósito significa criar consciência de pensamento. É entender a qualidade de nosso pensamento e do que chama a nossa atenção. Fazer perguntas como: Onde precisamos focar nosso pensamento nessa situação? O que estamos presumindo? Como podemos ver isso de forma diferente? Quais crenças temos nessa equipe em relação a essa questão? Quais valores trazemos no coração? O que não estamos nos perguntando? O que não está presente aqui? Como podemos ver essa ideia sem julgá-la nesse momento?

As pessoas fazem julgamentos todos os dias com base em pressupostos assumidos. Elas fazem isso porque trabalhar com falsas suposições pesa nos negócios. Conhecemos empresas (mais de uma ou duas) que discutiram sobre desenvolvimento de fusões ou uniões e tiveram várias reuniões exploratórias antes de poderem entender que estavam tendo conversas diferentes. Uma pensa que está propondo uma aquisição; a outra, que está buscando uma parceria. De forma alternativa, talvez os números na discussão estivessem em moedas diferentes. Muito foi escrito sobre o pensamento nos últimos anos, e pode ser útil no coaching ao ajudar clientes a entenderem a diferença entre pensamento rápido e lento, o que é descrito na Tabela 6-2. Essa tabela o ajuda a convidar um cliente a abordar um problema específico usando uma estratégia de pensamento diferente.

TABELA 6-2   Pensamento Rápido versus Pensamento Lento

Pensamento Rápido	Pensamento Lento
Baixo nível de consciência	Alto nível de consciência
Instintivo e intuitivo	Deliberado e racional
Automático e imediato	Planejado e exige atribuição de tempo
Processamento mental menos consciente	Pensamento mental consciente
Sem sensação de controle	Sensação de controle

Pensamento Rápido	Pensamento Lento
Memória e percepção mais recuperação de padrão familiar	Memória e ideias produtivas mais identificação de uma nova sequência
Sem esforço	Exige esforço
Às vezes responde a uma pergunta mais fácil do que a pergunta feita	Em geral, conhece o processo lógico pelo qual a pergunta foi respondida
As sensações corporais respondem rapidamente e não são notadas pelo indivíduo	Sensações corporais muitas vezes notadas pelo indivíduo
Nem sempre vê quais erros estão prestes a ser cometidos	Pode detectar erros potenciais mais prontamente
Pode parecer no controle quando o corpo ou a mente não estão	Pode parecer no controle quando o corpo ou a mente não estão
Não pode ser desligado, está sempre pronto para entrar em ação	É ligado pelo pensador segundo sua vontade para o pensamento deliberado
Está em suspenso esperando em caso de precisar responder a uma pergunta rápida, resolver um problema rápido ou reagir a uma situação	Está em suspenso tendo pensamentos e conexões aparentemente aleatórios na maior parte do tempo
Reponde a gatilhos que provocam uma resposta de pensamentos e comportamentos	Monitora e controla pensamentos e comportamentos
Pode acabar criando generalizações e responder apenas a estímulos externos para gerar pensamentos	Pode criar foco intenso e ficar alheio a estímulos que normalmente atraem a atenção

Fonte: Marie Taylor (2012), com base no trabalho de Daniel Kahneman e Mihály Csíkszentmihályi

Veja a Tabela 6-2 e note onde você está na maior parte do tempo. No coaching, você está, em geral, encorajando as pessoas a se engajarem no pensamento lento, permitindo espaço para que seus próprios pensamentos e sabedoria apareçam. Os líderes são pagos para pensar e, ainda assim, se você olhar a agenda de um executivo típico, haverá espaço para os pensamentos lento e rápido? Você dá espaço ao seu pessoal e a si para o pensamento deliberado e tempo para criar? Ousamos sugerir que um pensamento rápido demais nas organizações cria um pensamento "fiz do meu jeito", no qual as pessoas simplesmente concordam porque não têm tempo de fazer mais nada? Você precisa de ambos.

Exercitando o pensamento

Você pode começar a notar como experimenta seu pensamento praticando o seguinte individualmente e em equipe. É possível compartilhar com facilidade todos estes exercícios com um cliente se trabalhar com ele em relação à flexibilidade do pensamento.

Pensamento rápido, nível individual: Não julgue nada e perceba tudo

Adote uma abordagem não exploratória e não racional por um dia inteiro e perceba o que acontece. Decida não julgar nem analisar nada. Responda a tudo instintivamente. Seja sensível e reconheça que, embora você possa pensar ou sentir alguma coisa, pode não ser político ou valioso dizê-lo! Apenas observe o que percebe.

Pensamento rápido, nível de equipe: Revise e responda com o coração

Em qualquer reunião rotineira, pause a reunião depois de 15 a 20 minutos e peça a todos que peguem um pedaço de papel. Peça aos presentes para escreverem rapidamente três avaliações do que acabou de acontecer na reunião. Por exemplo: "As coisas estão indo bem?", "Você entendeu o que precisamos considerar aqui?", "Qual é sua reação instintiva ao que foi apresentado nos últimos 15 a 20 minutos?" Registre as respostas positivas e negativas, e os adjetivos usados para descrever as reações instintivas. Decida como levar a reunião adiante a partir daí, fazendo os ajustes necessários.

Pensamento lento, nível individual: Reflexão de três minutos

Desacelerar o pensamento para refletir e absorver pode ser muito útil. Ajuste um alarme bonito e agradável para três minutos. Sente-se de maneira confortável com os pés no chão, para não ficar disperso. Deixe as mãos permanecerem livremente no colo, feche os olhos. Gentilmente, leve a atenção para sua respiração. Perceba a inspiração, levando energia para o corpo inteiro. Observe como seu diafragma se enche e expande. Perceba a expiração e sinta aquela sensação de liberar tudo o que não precisa mais. Faça a si mesmo a seguinte pergunta internamente. Em vez de forçar a resposta, apenas perceba o que vem à mente.

O que aprendi hoje?

Lentamente, abra os olhos e volte para a sala quando o alarme tocar.

DICA

Se precisa aprender a respiração diafragmática, olhe para um bebê ou ponha a mão em seu próprio abdômen. Conforme inspira, ele se expande, conforme expira, ele se contrai. É o oposto de respirar no tórax.

Pensamento lento, nível de equipe: Reduzindo o pingue-pongue mental

Marque uma reunião de compartilhamento de ideias. O propósito é ouvir as ideias e responder a perguntas sobre elas, em vez de julgar ou avaliar os detalhes nesse ponto.

A pessoa com uma ideia fala sem ser interrompida de cinco a dez minutos. O responsável pela reunião pergunta de quais ideias ou contribuições a pessoa gostaria do grupo. Quando a contribuição está clara, cada pessoa fala, na sua vez, para analisar a questão por três ou quatro minutos. Ninguém critica nem interrompe. No final do diálogo, a pessoa que deu as ideias faz um pedido ou sugere se e como gostaria de levar a ideia adiante. Supondo que o responsável pela reunião determine os resultados e a alocação de recursos, ele concorda ou discorda, explicando suas razões.

Buscando certeza quando a ambiguidade pode criar algo maravilhoso

Às vezes, "Não sei" se traduz em "Sou incompetente e não estou nem aí". Nosso anseio por certeza resulta em um ridículo hábito humano, ou seja, buscamos certeza onde não existe nenhuma. Os líderes darão uma resposta automática, em vez de parecerem inseguros ou sem uma opinião clara. Passear pela ambiguidade, no entanto, pode ser criativo para os clientes ao ajudá-los a pensar de forma diferente e criar novas soluções.

DICA

Encorajar seu cliente a ser ambíguo com uma ideia, sair para passear com ela, dormir com ela ou deixá-la para lá por 24 horas e não pensar nela ativamente de forma alguma pode criar novas formas de pensamento e adaptação. Encoraje os clientes a brincarem com essas estratégias simples.

Desenvolvendo Perspectivas Alternativas

Com frequência, o coaching objetiva ajudar os clientes a testar sua realidade, explorar a perspectiva e ver se aquela lente é útil para eles e suas organizações. Abrir o pensamento de um líder pode tirá-lo da ilusão de que todo mundo realmente compartilha sua visão. O eneagrama é um ótimo mapa para ajudar você a considerar sua *orientação* (como se mostra).

O que se segue é um convite para considerar o próprio paradigma de liderança usando o eneagrama como sua lente. Cada tipo de eneagrama nesse contexto é apenas uma orientação predominante. Considere cada uma das descrições na visão de mundo. Então, observe a orientação com comportamentos do tipo "buscar e evitar". Veja a grande contribuição que cada um dos nove tipos gera para uma empresa. Por fim, considere as perguntas no final da seção.

Considerando estilos de liderança

O eneagrama realmente auxilia os líderes a saírem da rotina do próprio pensamento. Trabalhar com os nove tipos no eneagrama ajuda a entender os outros oito tipos e a interação entre eles.

A visão de mundo de cada tipo de eneagrama (adaptada com a permissão do trabalho de Ginger Lapid Bogda):

» **Tipo 1:** O trabalho de um líder é estabelecer metas e direções claras. Dizer aos outros o que está certo ou errado e inspirar a equipe a atingir altos padrões.

» **Tipo 2:** O trabalho de um líder é avaliar os pontos fortes e fracos dos membros da equipe. Aproveitá-los nos outros. Motivar a equipe a entregar metas organizacionais enquanto se desenvolve.

» **Tipo 3:** O trabalho de um líder é criar um ambiente orientado a resultados. Ser parte de uma equipe vencedora na qual as pessoas entendem as metas e a estrutura da organização, e onde se encaixam.

» **Tipo 4:** O trabalho de um líder é criar organizações que se alinhem ao sentimento de significado e propósito do indivíduo. Criar equipes que sejam inspiradas a criar um trabalho excelente e significativo.

» **Tipo 5:** O trabalho de um líder é desenvolver uma organização eficiente com pesquisa, deliberação e planejamento. Ajudar a equipe a experimentar a organização como um sistema com uma missão em comum.

» **Tipo 6:** O trabalho de um líder é resolver problemas organizacionais e trabalhar com sua equipe e outros para lhes permitir fazer sua parte ao criar a solução.

» **Tipo 7:** O trabalho de um líder é empolgar as pessoas a criarem empreendimentos inovadores. Ajudar a equipe a trabalhar alinhada com a visão e dar suporte ao todo para identificar as várias oportunidades e trabalhar com elas.

» **Tipo 8:** O trabalho de um líder é levar a organização para frente sendo direto, decisivo e claro sobre as expectativas. Criar uma equipe de sucesso, empoderando pessoas capazes e confiáveis, e direcionando-as às funções certas para que as coisas sejam feitas.

» **Tipo 9:** O trabalho de um líder é ajudar a atingir a missão coletiva criando um ambiente de trabalho harmonioso. Permitir à equipe trabalhar junta, atuar com os pontos fortes, atingir e comemorar os resultados coletivos regularmente.

LEMBRE-SE

Pode ser útil no coaching ajudar os clientes a explorar como sua visão de mundo informa o que eles tendem a buscar e evitar de forma inata na liderança. Isso pode dar aos líderes valiosas percepções do próprio comportamento e identificar áreas nas quais precisam desenvolver flexibilidade de comportamento para se tornarem líderes ainda melhores ou lidar com situações específicas. A Tabela 6-3 mostra o que cada tipo de líder busca e evita.

TABELA 6-3   O que o Líder Busca e Evita por Tipo de Eneagrama

Tipo de Eneagrama	Busca	Evita
1	Perfeição, precisão, responsabilidade clara	Cometer erros em áreas sob responsabilidade sua ou de sua equipe
2	Apreço pelo esforço e ser necessário para as outras pessoas	Sentir-se indigno ou que sua equipe não é reconhecida
3	Admiração e respeito por seus esforços	Fracasso pessoal ou ter uma equipe fracassada
4	Criar conexão com os outros e ter sentimentos mais profundos reconhecidos	Sensação de rejeição pessoal ou ter uma equipe cujas contribuições são desconsideradas
5	Conhecimento, amplitude de informação e sabedoria	Invasão pessoal ou perda de energia
6	Significado, um nível de certeza e confiança nos outros	Cenários negativos e agir para impedi-los
7	Estímulo através de novas ideias e experiências agradáveis	Perda da liberdade para agir ou desconforto na equipe
8	Controle de si, dos outros, das situações e justiça na deslealdade	Sentir-se vulnerável ou fraco, ou que a equipe é vista como inadequada
9	Harmonia e conforto com os outros e o ambiente	Conflito com os outros, conflito ou competição dentro da equipe

Cortesia de Ginger Lapid Bogda

Aplicando contribuições da liderança na empresa

Cada um dos nove tipos de eneagrama gera contribuições em particular de fácil acesso. Ajudar um cliente a identificar seu tipo e perceber o que ele tem a oferecer quase sem esforço é útil. Às vezes, um cliente acha um aspecto de liderança tão natural que nem percebe a contribuição que acarreta para a empresa e aqueles ao seu redor. Um ótimo coach segura o espelho e mostra a contribuição e como potencializá-la.

1. **Rei/Rainha da Qualidade:** Esperar e empenhar-se pela excelência em todas as áreas

2. **Mobilizador Mágico:** Capacitar os outros alinhando o serviço ao seu pessoal para gerar resultados na organização

3. **Contador de Resultados:** Atingir resultados cada vez maiores e melhores a cada ano

4. **Conector de Paixões:** Alinhar a busca por metas significativas e o desejo de engajar outros de formas interessantes

5. **Sábio Buscador:** Usar a abordagem de evidências para criar sucesso e medir resultados

6. **Aromatologista Confiável:** Encorajar a percepção para encontrar soluções aceitáveis para problemas empresariais e aumentar os seguidores leais

7. **Ginasta de Ideias:** Visualizar novos produtos e maneiras de entrega para criar um negócio ágil

8. **Pastor Determinado:** Aproveitar talentos e determinar expectativas claras para orientar a entrega

9. **Guerreiro Paciente:** Engajar toda a empresa para desenvolver resultados viáveis e acordados com o mínimo de divergências

Se pegar várias descrições de cada um dos nove tipos, qual estará mais próxima de descrever seu paradigma de liderança? Você orientará com predominância a partir de um tipo em todas as quatro dimensões, embora provavelmente reconheça aspectos de sua orientação nos outros tipos. Não se preocupe se achar difícil identificar seu tipo; pode levar tempo. Se fosse identificar o próprio tipo de eneagrama originário e desenhar o próprio paradigma, como seria?

A Tabela 6-3 mostra como é possível usar as descrições dos eneagramas conforme se relacionam ao estilo de liderança e comportamento. (A Figura 6-3 mostra o paradigma de liderança de Marie como alguém orientado ao tipo 7.) É possível criar um paradigma de liderança pessoal com base na identificação pessoal do seu tipo de indivíduo. Você poderia trabalhar com um grupo e orientá-lo a identificar o próprio paradigma com base no eneagrama. Ajude-o a considerar seu potencial impacto individual e como equipe, dado o equilíbrio de seus tipos autoidentificados no grupo.

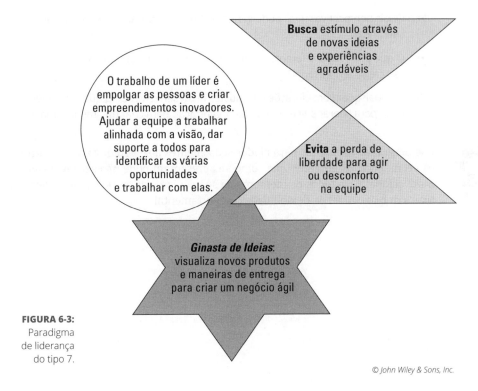

FIGURA 6-3: Paradigma de liderança do tipo 7.

© John Wiley & Sons, Inc.

Algumas perguntas a considerar quando descrever o próprio paradigma de liderança incluem:

» O que seu paradigma indica sobre como é sua liderança? Como isso se traduz na prática?

» Pense sobre os líderes em sua própria equipe. Qual paradigma descreve mais de perto a visão de mundo deles, em sua opinião? (**Lembre-se:** É apenas sua opinião e pode não ser precisa.)

» Quando você junta toda essa informação, o que percebe sobre a equipe?

» Como acha que as pessoas veem você, como grupo? Elas o veriam como você se vê ou de forma diferente?

» Se fosse se imaginar saindo do mapa de um dos possíveis tipos em sua equipe, como seria?

» O que se pode aprender como líder a partir desse mapa mais amplo de liderança?

» Quais perspectivas você pode ganhar sobre o potencial de sua equipe de liderança?

» O que pode fazer diferente (se algo) para alinhar sua equipe à sua visão e à estratégia empresarial?

» Há quaisquer considerações ou ajustes de desenvolvimento que você pode fazer para liderar sua empresa ou organização para criar um impacto maior?

DICA

Use perguntas profundas para ajudar seus clientes a se verem como os outros os veem. Faça-os entender que como se apresentam pode não ser favorável e motivacional para todos os membros de sua equipe, em particular se o cliente tiver um baixo nível de flexibilidade comportamental.

NESTE CAPÍTULO

» **Pré-planejando o coaching**

» **Derrubando barreiras de aprendizado**

» **Explorando ego, excentricidade e empatia**

» **Superando drama para ver com clareza**

» **Considerando incongruências**

Capítulo **7**

Orientando Clientes em Seus Pontos Cegos

Uma vez, alguém perguntou ao Dr. Richard Bandler, cocriador da programação neurolinguística (PNL): "Você trabalha com pessoas surdas, estúpidas e cegas?" Sua reposta exasperada foi: "Todo santo dia."

Ninguém tem a mente tão fechada quanto aqueles que não *querem* ver. Você já teve um estalo sobre um problema e depois percebeu que a solução estava na sua cara há eras? Ou recebeu algum conselho que não ouviu, apenas para descobrir depois que ele estava correto? Temos certeza que sim, todos já passamos por isso.

Estar cego para o óbvio ou novas ideias é um dos maiores bloqueios para o coaching efetivo, e é melhor lidar com isso logo no início de qualquer relação de coaching. Sócrates disse "Não posso ensinar nada a ninguém. Posso apenas fazê-lo pensar." Um coach não pode fazer ninguém mudar; ele pode apenas guiar um cliente com conversas reflexivas, metáforas, pesquisa, investigação e percepções conseguidas por meio de ferramentas, técnicas e processos. O coach pode ser desafiador, censurador, provocador, cuidadoso e motivador, qualquer que seja a necessidade do cliente de ver com clareza.

Este capítulo explora como criar o ambiente e atitudes para os clientes que permitam que o coaching seja eficiente. Veremos o que impede as pessoas de aprenderem e verem o óbvio, e o que o coach pode fazer para acender uma luz na escuridão da ignorância e da incompreensão.

Como coach, você deve estar atento aos seus pontos cegos, então, neste capítulo, considere como as informações se aplicam a você e também ao seu cliente. Estar atento aos próprios pontos cegos e trabalhar neles ajuda a se tornar um coach melhor.

Pré-estruturando a Conversa de Coaching

Antes de começar qualquer conversa de coaching com um cliente, é necessário *pré-estruturá-la* antes, ou seja, estabelecer diretrizes, regras, acordos e condições do coaching que permitam que uma mudança positiva ocorra. No Capítulo 3, destacamos as questões práticas das regras para a pré-estruturação (desligar o celular, por exemplo, e ser pontual).

DICA

Aqui, damos os princípios gerais que recomendamos que você estabeleça com o cliente na pré-estruturação para ajudar a criar as condições certas para lidar com aqueles pontos cegos. Oriente seu cliente a:

» Estar totalmente presente na sala e focado no coaching.

» Estar completamente engajado no processo de coaching, não apenas explorando.

» Ter a mente aberta e estar disposto a ouvir e aprender.

» Estar pronto para aprender com a experiência (em outras palavras, cumprir as tarefas).

» Estar disposto a cometer erros e aprender com eles.

» Ser honesto sobre limitações e obstáculos. Se estiver travado ou inseguro, é preciso falar.

» Ser egoísta. Esse é um tempo especial para o cliente; ele precisa aproveitar ao máximo.

» Ser respeitoso.

» Buscar diversão.

VALORIZANDO A QE MAIS QUE O QI

Daniel Goleman, psicólogo internacionalmente renomado e jornalista científico que estuda e dá palestras sobre neurociência e comportamento, foi pioneiro no conceito de que inteligência emocional, ou QE, importa mais que o QI em termos de aprendizados social e emocional. A QE é altamente relevante para o aprendizado através do coaching. A maioria dos bloqueios que impedem o coaching efetivo é resultado de estados de estresse ou medos do cliente que afetam adversamente sua QE.

Dois exemplos de como os baixos níveis de QE podem ter um impacto negativo em como a mente opera são as provas e apresentações. A maioria das pessoas já teve que estudar para uma prova ou preparar uma apresentação. Você fez seu trabalho, praticou e conhece bem o assunto, porém, assim que entra na sala de prova ou fica em pé diante de uma plateia, sua mente dá branco. O estado de baixa QE relacionado ao estresse libera substâncias neuroquímicas chamadas de inibidores neurais, que efetivamente desligam grandes partes do sistema operacional do cérebro. Eles inibem a atividade neural, tirando do ar informações valiosas e tornando-as indisponíveis.

Assim que o aluno sai da sala de prova ou o apresentador, do palco, suspira aliviado, relaxa e muda seu estado. Fora do estado de estresse, os inibidores neurais são substituídos por substâncias diferentes, chamadas de *neurotransmissores*, e elas religam o cérebro, então, todas as informações voltam ao ar. Esse religamento ocorre em frações de segundo. O aluno agora sabe as respostas e o apresentador se lembra de todas as falas.

Estados de baixa QE relacionados ao estresse bloqueiam a lembrança (saída de dados) e também bloqueiam o aprendizado (entrada de dados), criando pontos cegos. No Capítulo 5, vimos as técnicas que permitem ao cliente mudar seus estados e elevar a QE para que possa acessar condições otimizadas de aprendizado.

As diretrizes anteriores destinam-se a seu cliente e são flexíveis, o que é muito diferente das regras, que são fixas. Desligar o celular enquanto estiver em coaching é uma regra. Mas uma diretriz prévia para "se divertir" é opcional; afinal, alguns assuntos são sérios e têm uma carga emocional, e não são naturalmente propícios para a diversão.

Converse sobre a pré-estruturação com o cliente e busque sua concordância, em voz alta, para cada ponto. Se ele discordar de alguma coisa, será possível discutir e concordar com o que funciona melhor para ambas as partes.

DICA

Defina a pré-estruturação com seus clientes *antes* de começar qualquer coaching. Será bem mais difícil *reestruturar*: incluir regras e condições depois que já tiver começado; os clientes são resistentes à reestruturação. Imagine ter um cliente em potencial que olha pela janela durante a reunião inicial, em vez de se envolver em uma conversa significativa; a hora de lidar com o problema é antes que isso ocorra. "Uma pitada de pré-estruturação vale um quilo de reestruturação" é o mantra a se usar!

Superando Barreiras Comuns

Com experiência, um coach começará a ver padrões comuns de comportamento. Estando atento aos padrões que dificultam o coaching, você consegue lidar com eles antes que ocorram. Nas seções a seguir, veremos alguns padrões comuns que são barreiras para que o cliente esteja completamente engajado na experiência de coaching e como melhor lidar com eles antes que surjam.

Tornar os clientes conscientes de como estão impedindo a si mesmos de aprender e mudar é uma pré-estruturação essencial do coaching. *Autoconsciência*, também conhecida como *inteligência emocional* (QE), é estar atento a emoções e pensamentos, e aos comportamentos resultantes. Pesquisas mostram que a QE tem um efeito muito positivo na consciência gerencial e no desempenho.

Trabalhando na disposição para aprender

Um coach pode abrir a porta, mas o cliente deve entrar sozinho. Para que isso aconteça, ele precisa estar disposto. Se não estiver, o que o coach deve fazer? Sua habilidade para lidar com a indisposição tem um efeito profundo em sua eficiência.

Primeiro, explique ao cliente a importância de estar disposto a ouvir para aprender e o impacto positivo que isso terá em sua experiência de coaching. Então, depois de tratar diretamente dessas condições básicas, indiretamente reforce-as com metáforas.

Metáforas são poderosos dispositivos de coaching. As mensagens que elas contêm ultrapassam o exame consciente e a avaliação crítica, e permitem transmitir, de forma elegante, informações valiosas que são aceitas e não questionadas pelo ouvinte.

Às vezes, será necessário usar várias metáforas e analogias integradas. A união das metáforas chama-se *aninhamento* e é uma forma poderosa de transmitir ideias.

O tempo investido em fazer o cliente estar disposto desde o início vale cada segundo.

EXEMPLO

ABORDANDO A DISPOSIÇÃO PARA APRENDER ANTES DE ENSINAR

Em 2011, Steve foi convidado a apresentar um workshop único de Introdução à PNL, em Nova York. O público: 250 dos melhores terapeutas cognitivo-comportamentais. (Essa situação é equivalente a colocar um humorista do A Praça É Nossa no melhor programa de humor da TV; teria potencial para ser um evento memorável!) Steve começou com uma analogia que foi uma pequena prévia para iniciar o dia.

> Imagine um grande ventilador girando. O ventilador representa seu pensamento. Do outro lado dele, estão seu corpo e sua mente. Na minha mão, imagine que eu tenha cartas. Escritas nelas estão metáforas, questões, ferramentas e técnicas para transformar sua prática; elas representam tudo o que vocês podem aprender se abrirem sua mente. Meu papel é fazer as cartas e informações ultrapassarem o ventilador e entrarem em suas mentes, para que se incorporem aos seus pensamentos e comportamentos. Como faço isso?

Depois de algumas sugestões, por exemplo, jogar as cartas mais rapidamente, enrolá-las em um elástico, sincronizar as jogadas para que passassem entre as lâminas, em algum momento alguém gritou: "Desligar o ventilador." Steve disse:

> Excelente resposta. Agora, tenho uma pergunta: vocês estão dispostos a desligar o ventilador do pensamento excessivo? Estão dispostos a ser inteligentes o suficiente para ser estúpidos, deixar de lado tudo o que sabem e permitir que novas informações entrem? Se não estiverem dispostos, então, a saída é por ali, e vocês podem ir para casa.

Ninguém saiu, para o alívio do organizador do evento. Depois, Steve contou a história de um monge noviço que foi ver um mestre para se tornar seu protegido e atingir a iluminação. O mestre ouviu o noviço explicar o quão inteligente era. Ele falou sobre suas ideias, teorias, o que tinha feito, o que sabia e como estava entusiasmado para aprender com o mestre. Enquanto o noviço falava, o mestre serviu-lhe uma xícara de chá. Quando a xícara estava cheia, ele continuou enchendo. O noviço estava chocado enquanto o chá derramava da beira da mesa. O mestre explicou que a xícara de conhecimento do noviço já estava cheia e, enquanto ele acreditasse que era inteligente, ele era, na verdade, burro, pois bloqueava a si mesmo de conhecer novas ideias. Apenas estando disposto a aprender ele atingiria a iluminação.

Como a sala estava cheia de profissionais treinados em uma disciplina que tinha diferentes abordagens do assunto sendo ensinado, Steve sabia que as pessoas poderiam não concordar com o que ele apresentou. Seu conhecimento e experiência podem ter criado pontos cegos, impossibilitando que aprendessem. Assim, ele se pré-estruturou para analisar a questão da disposição para aprender.

DICA

Quando você trabalhar para superar a má vontade do cliente, aposte em criar um espaço seguro no qual não haja perguntas nem repostas inteligentes, perguntas nem respostas idiotas, no qual seja possível cometer erros.

Indo além da zona de conforto

Coaching significa mudança, e mudar muitas vezes significa desistir do que já se sabe e entrar no desconhecido: sair da zona de conforto. Você precisa fazer os clientes entenderem que, embora amem o que é familiar e confortável, eles aprendem com o que é diferente e novo. E conforme praticam o que é diferente e novo, em algum momento isso se torna familiar e confortável.

Veja um exercício simples que você pode usar para demonstrar como as pessoas aprendem com a repetição focada e podem ser inconscientemente resistentes a novos aprendizados. Chamamos isso de Polegares da Sabedoria. Os passos em negrito são as instruções que você dá diretamente aos clientes.

1. **Estenda as mãos à sua frente e entrelace os dedos para que eles fiquem alternados.**

2. **Identifique qual polegar está por cima, perceba qual é a sensação no seu corpo e a descreva.**

    A maioria das pessoas, independentemente de ser o polegar esquerdo ou direito por cima, descreve seu corpo como se sentindo "bem", "normal", "natural" ou "confortável".

3. **Agora separe as mãos (ainda estendidas) e entrelace-as novamente, dedos alternados, mas, dessa vez, com o *outro* polegar por cima.**

    Depois de alguns momentos de confusão, a maioria das pessoas consegue cumprir essa tarefa aparentemente simples. Verifique para saber se realmente seguiram a instrução. Algumas trocaram os polegares, mas não os dedos; outras trocaram os polegares e alguns dedos, mas não todas; algumas dizem: "Não consigo."

4. **Como se sente em comparação com a primeira posição?**

    A maioria das pessoas diz "esquisito", "forçado" e "desconfortável". Já ouvimos até algumas pessoas dizerem "terrível"!

5. **Volte as mãos para a primeira posição (Passo 1).**

    Enquanto fazem isso, você ouve suspiros de alívio. A primeira posição é natural e confortável; mesmo quando diz respeito a entrelaçar as mãos, as pessoas têm um padrão inconsciente que preferem.

6. **Lentamente, alterne as duas maneiras de entrelaçar os dedos.**

Faça-as continuar por alguns minutos e, conforme percebe as pessoas achando a tarefa fácil, peça que acelerem.

7. **Pare. Agora, pela última vez, tente as duas posições. Observe como se sente com cada uma.**

Agora, com um pouco de prática, a maioria das pessoas percebe que a segunda posição está quase tão confortável e fácil quanto a primeira.

Identificando os inimigos do aprendizado

Ao descobrir coisas novas, muitas pessoas experimentam o que chamamos de *inimigos do aprendizado*. Esses comportamentos inconscientes impedem que as pessoas tentem coisas novas por questões de conforto e familiaridade. Como coach, você precisa ter consciência dos próprios inimigos do aprendizado e identificá-los nos outros.

Aqui estão os inimigos do aprendizado mais comuns a observar:

» **Isso é a mesma coisa que aquilo?** As pessoas são máquinas de combinação de padrões. Buscamos sequências e familiaridade em tudo como meio de aprender sobre o mundo. Isso é como aquilo? Aquilo é como isso? Se alguém age imaginando que o coaching é igual a tudo que já conhece, fecha a mente para novas ideias. Se você identificar que um cliente faz determinadas combinações de padrões, primeiro conscientize-o do que ele está fazendo. Então, explique o impacto negativo que isso pode ter e convide-o a parar.

» **Já ouvi isso antes.** Se um cliente supõe que já ouviu algo antes, a mente aberta se fecha. Steve se recorda de estar em uma sessão com treinadores PNL, ouvindo Dr. Richard Bandler contar uma história. Embora já tivesse ouvido a história umas 30 vezes em sessões de treinamento anteriores, de repente, ele ouviu uma *nova* mensagem. Você sempre pode encontrar algo novo para aprender, então, encoraje os clientes a se imaginarem como novatos e deixarem a informação entrar.

» **Você sabe quem eu sou?** Especialistas profissionais, executivos sênior, que ganham bem e têm alto desempenho podem, muitas vezes, deixar seu status percebido os impedir de aprender em uma conversa de coaching. A pessoa que pensa que é um produto acabado, que atingiu seu potencial por causa de um título ou qualificação, tem uma xícara derramando. Contar--lhe a história do mestre e do noviço (veja o box anterior, "Abordando a disposição para aprender antes de ensinar") pode deixar o cliente atento a esse bloqueio.

» **Não tenho tempo para isso.** Todo mundo é ocupado. A menos que alguém valorize o tempo e esforço envolvidos no coaching, pode ser resistente no começo. Ser capaz de demonstrar o retorno sobre investimento (ROI) e oferecer metáforas e exemplos dos benefícios de se engajar, e os custos do não engajamento são ótimas maneiras de fazer alguém ver o valor do processo de coaching. Volte ao Capítulo 2 para ver detalhes sobre como fazer um plano de negócios atraente para o coaching.

» **Isso tudo é muito divertido.** A diversão faz parte de qualquer programa de coaching. É um ótimo estado de aprendizado. Mas existe uma distinção entre se divertir e tornar o trabalho leve. Bancar o piadista muitas vezes é uma maneira de camuflar insegurança. Quando alguém tenta se desvencilhar usando humor por medo de não ser bom o suficiente, de não ser capaz de aprender ou medo das mudanças que vão surgir como resultado do processo de coaching, o humor se torna um problema. Nessa situação, diga ao cliente que não há problemas em se divertir e que humor é algo bom, mas não deve ser usado como uma tática de desvio para evitar se engajar totalmente na experiência de coaching.

LEMBRE-SE

Conscientizar os clientes sobre os inimigos do aprendizado como parte de uma conversa inicial permite reconhecê-los e se adequar. Se eles não reconhecem quando um inimigo surge ou não se adéquam, você pode retomar a conversa inicial para relembrá-los. Se o cliente ainda fracassar em se ajustar depois do feedback, agora você tem um tópico digno de coaching.

DONOS DE EMPRESAS

Para tirar o máximo do programa de coaching, se for dono de empresa, reserve um momento antes de cada sessão para definir algumas intenções para si mesmo e seu comportamento ao longo do coaching. Se estiver em situação de poder e autoridade, muitas vezes seus pares e colegas não estarão dispostos a falar, criticar ou dar um feedback construtivo e valioso por medo de passar dos limites. Com muita frequência, a alta gerência está cercada de "sim, senhor". Ter um coach que fica apenas no "sim, senhor" não extrairá seu melhor.

Pessoas inteligentes estão abertas a críticas construtivas e feedback. Isso exige honestidade e uma relação profissional de confiança e colaboração com o coach. Defina as intenções a seguir a respeito de seu comportamento durante o programa e as condições ideais para conversas de coaching construtivas e honestas. Esteja disposto a:

» Ser desafiado.

» Estar errado.

» Reservar um tempo para refletir sobre qualquer feedback recebido.

» Se observar no espelho simbólico e ver o que os outros veem, que você pode não conseguir reconhecer.

» Considerar todo feedback como profissional e evitar levá-lo para o lado pessoal.

Lidando com Funções e Percepções que Contribuem para a Cegueira

O estado emocional de um cliente afeta a maneira como percebe o mundo a seu redor e o sentido de autoidentidade. Esta seção o ajudará a reconhecer quando os clientes possuem uma mentalidade improdutiva, que os pode cegar ou estagnar, e como guiá-los de volta aos estados ideais de coaching.

CUIDADO

Esta seção não é um guia passo a passo para identificar e lidar com pessoas que têm questões mentais e emocionais extremas. Focamos apenas o coaching empresarial. No entanto, é possível encontrar alguém que tenha uma questão que exija ajuda terapêutica. Você deve ser capaz de reconhecer os clientes que têm esses desafios e saber como ajudá-los a ter o auxílio certo.

Controlando o ego

O *ego* não é real. Não é concreto; não se pode segurá-lo para analisar. O ego é um conjunto de regras inconscientes não escritas que o ajudam a organizar seus pensamentos e comportamentos, e compreender o mundo. Sigmund Freud definiu ego como uma noção de si. É como andar por aí com um livro de regras que nem sabemos que possuímos. O livro contém todas as instruções sobre como julgar, planejar, descobrir, funcionar, controlar e testar a realidade do mundo.

No coaching, o ego afeta a disposição do indivíduo de participar das conversas de coaching e bloquear sua habilidade de desenvolver mais autoconsciência por meio de uma:

» Noção inflada de autovalorização

» Noção subestimada de autovalorização ou falta de autoestima

Tanto o ego inflado quanto o subestimado impedem que as pessoas mudem. Essa área de coaching é muito complexa, e uma exploração completa do assunto está fora do escopo deste livro. Mas as informações a seguir e o exercício ajudam a deixar seus clientes mais atentos a quando o ego está bloqueando a mudança e dá as ferramentas para mudar.

Eric Barne, fundador da análise transacional, acredita que as pessoas têm três estados de ego: pai/mãe, adulto e criança. Ele desenvolveu a teoria de que quando as pessoas se comunicam com as outras, elas o fazem a partir de um desses estados. Os três estados diferentes se dividem como a seguir:

» **Pai/mãe:**

- **Estado de ego de pai/mãe acolhedor(a):** Representa características positivas e agradáveis, relacionadas ao que pais e educadores fazem por uma pessoa.

- **Estado de ego de pai/mãe crítico(a):** Representa os comportamentos corretivos relacionados a autoridade paterna/materna e as mensagens proibitivas da sociedade.

» **Estado de ego adulto:** Um estado único que aproveita os recursos tanto do(a) pai/mãe como da criança e que negocia entre os dois.

» **Criança:**

- **Estado de ego infantil adaptado:** Representa a resposta humana contendo negatividade, ou seja, certa resistência, reação e hostilidade.

- **Estado de ego infantil livre/natural:** Representa a parte lúdica e espontânea do comportamento humano, da infância à velhice.

DICA

Essas classificações ajudam a identificar se um cliente está no estado de ego do(a) pai/mãe acolhedor(a), do adulto ou da criança livre/natural, todos ideais para o coaching. De maneira alternativa, as classificações ajudam a visualizar se a pessoa está no estado de ego do(a) pai/mãe crítico(a) ou da criança adaptado, estados que podem restringir ou limar a habilidade de um cliente em ouvir, aprender e agir de maneira mais equilibrada e eficiente.

A Tabela 7-1 mostra os sinais físicos e verbais que alertam a respeito de qual estado de ego seu cliente está nesse momento em particular. Preste muita atenção aos sinais que apontam o estado de ego do(a) pai/mãe crítico(a) ou da criança adaptado. Eles apontam as áreas nas quais um bom trabalho de coaching deve ser realizado. (Depois da tabela, vemos um exercício para ajudar seus clientes a sair dos estados negativos.)

TABELA 7-1   Sinais de Ego a Buscar

	Pai/Mãe	Adulto	Criança
Sinais físicos	**Crítico:** Linguagem corporal, expressões irritadas ou impacientes **Acolhedor(a):** Sorrisos sinceros, acenos, postura relaxada	Atento, interessado; linguagem corporal ou expressões nem ameaçadoras nem ameaçadas	**Adaptado:** Tristeza, birras, lamentações, ombros encolhidos, revirando os olhos **Natural:** Risonho, contorcendo-se de deleite, risinhos divertidos

	Pai/Mãe	Adulto	Criança
Sinais verbais	**Crítico:** Linguagem julgadora, condescendente e crítica: *sempre, nunca, de uma vez por todas* **Acolhedor(a):** Tons acolhedores e suaves, linguagem agradável e encorajadora	Linguagem questionadora e investigativa: *por quê, o quê, quando, como, onde, eu acho, eu acredito*	**Adaptado:** Linguagem exigente: *eu quero, eu preciso, eu não me importo, eu não sei, não é culpa minha* **Natural:** Linguagem lúdica, aberta à experimentação e passível de cometer erros: *eu entendo, vamos fazer de novo, posso tentar?, é minha vez agora*

Use este exercício caso as atitudes e ações do cliente sugiram o estado de ego do(a) pai/mãe crítico(a) ou da criança adaptado ao lidar com alguma questão em particular. Primeiro, explique as definições dos estados de ego do(a) pai/mãe, do adulto e da criança, usando a Tabela 7-1, se precisar. Então, escolha uma questão particular com a qual o cliente esteja lidando, por exemplo, problemas para se entender com um membro da equipe, e conduza-o da seguinte forma:

1. **Instrua o cliente a se levantar e se imaginar em cada um dos estados de ego. Cada vez que mudar de estado, ele deve se mover para um ponto diferente para diferenciar. Faça-o falar sobre o assunto da perspectiva de cada um, descrevendo o que fala, pensa e sente em cada um dos estados de ego.**

2. **Pergunte qual estado de ego é o mais ativo quando ele está lidando com essa questão em particular.**

3. **Instrua o cliente a encenar mais uma vez sua experiência do estado de ego adulto do Passo 1 no contexto do problema para perceber a diferença.**

4. **Diga-lhe que, de agora em diante, deve sempre ficar atento a qual estado de ego ele está ao lidar com a questão e mudar para o estado de ego do adulto.**

Depois de fazer o exercício, os clientes percebem como seus estados afetam a maneira como veem a situação e se comportam. Eles também têm uma opção mais criativa como resultado do exercício.

Disciplinando a excentricidade

Por *excentricidade*, nos referimos àquelas personagens coloridas que, muitas vezes, são extravagantes, extraordinárias e sempre erráticas. São previsivelmente imprevisíveis e fazer seu coaching pode ser tão desafiador quanto ensinar um gato a buscar um graveto.

CAPÍTULO 7 **Orientando Clientes em Seus Pontos Cegos** 149

LEMBRE-SE

Quando você fizer o coaching de alguém excêntrico, faça um acordo de regras claras de uma pré-estruturação (veja a seção anterior, "Pré-estruturando a Conversa de Coaching"). Faça com que se comprometa verbalmente e diga "Eu concordo" em voz alta para cada aspecto. Verifique se são regras, não diretrizes, pois o excêntrico vai tirar vantagem de qualquer brecha. Se pular a pré-estruturação, que os céus ajudem o coach que tentar disciplinaá-lo com uma reestruturação.

Os excêntricos veem sua excentricidade como um ponto forte (o que é), e seu maior ponto cego é não ver que sua excentricidade também pode ser um ponto cego. Às vezes, nos negócios, um pouco de normalidade chata e disciplinada é exatamente o necessário.

Os excêntricos muitas vezes precisam de coaching para combater os seguintes pontos cegos:

» **Eu sou o melhor.** Excêntricos podem não perceber que não são as melhores pessoas para gerir certos aspectos da empresa. Você também pode mostrar-lhes que delegar funções a outras pessoas permite que tenham liberdade para seguir suas próprias ideias.

» **É tudo um jogo.** *Ludificação (gamification)* é uma abordagem relativamente nova, que usa design e tecnologia de jogos em outros contextos empresariais, como para criar uma competição saudável entre as equipes e encorajar a fidelidade dos consumidores. Muitos excêntricos da ciência e da tecnologia são os primeiros a adotarem essa abordagem. Por mais que isso leve à criatividade, a atitude de tratar a empresa como um jogo é arriscada. Por exemplo, muitos excêntricos da tecnologia estão acostumados a lidar com o dinheiro de outras pessoas, como grandes financiamentos, e não precisam pensar em dinheiro como uma commodity que precisa ser negociada. Orientá-los a ver quando suas atitudes excêntricas podem pôr o negócio em risco é essencial.

» **O mundo vê o que eu vejo.** Trabalhar com criativos excêntricos que acreditam do fundo de seu coração que todo mundo vai querer o que eles querem pode ser difícil. A maioria dos excêntricos é apaixonada por suas ideias, mas se não conseguem desenvolver a postura profissional para transformar seus sonhos em realidade eles ficam assim — apenas sonhos. Os excêntricos, muitas vezes, precisam de orientação para firmar suas ideias na realidade, ou seja, as realidades do mercado e financeira, além do orçamento inicial que eles têm, e levar o conceito ao estágio de prova de conceito. O desafio para o coach é fazê-los ouvir e aprender.

Veja alguns indicadores para trabalhar com excêntricos:

> » **Aceitar seu comportamento excêntrico.** O comportamento excêntrico pode ser um ativo valioso; muitas empresas bem-sucedidas surgiram a partir de ideias doidas. Não assuma como seu papel dizer a um cliente o que é possível e o que não é, quem é você para julgar?
>
> » **Se acha que o excêntrico está realmente fora dos trilhos e pode prejudicar a empresa, tenha coragem e integridade profissional para desafiá-lo.**
>
> » **Dedique bastante tempo para que o cliente fale sobre as ideias dele e desafie as suas.** Dessa forma, ele confiará em você e começará a ouvir.
>
> » **Tenha em mente que experimentos e jogos de coaching atraem os excêntricos.** Como as coisas estão sendo apresentadas como um jogo, é mais provável que eles se envolvam com essa abordagem.

Distanciando a empatia

Podemos definir *empatia* como a habilidade em entender e, mesmo indiretamente, experimentar o estado emocional e a situação de outra pessoa. Claro, empatia é uma coisa boa? Sim, com certeza, mas empatia excessiva exerce um efeito negativo sobre a capacidade de agir e tomar boas decisões.

A razão está nessa parte da definição: *experimentar indiretamente o estado emocional e a situação de outra pessoa*. Se compartilhamos alguma experiência perturbadora ou traumática e você foi empático, repetirá a experiência como se fosse sua e acabará sentindo angústia. A mente não sabe diferenciar uma experiência claramente imaginada de um evento real; basta perguntar a alguém com fobia, que pode ficar aterrorizado só de *pensar a respeito* do que tem medo. Seja empático por muito tempo e o estresse sofrido poderá levar à exaustão e a distúrbios físicos.

Recomendamos que encoraje todos os clientes a ter *solidariedade sincera e compaixão* pelas pessoas, mas evitar a empatia.

> » **Solidariedade** foca a consciência; significa ter cuidado e preocupação pela situação da pessoa: "Eu sinto por você".
>
> » **Compaixão** foca a ação; significa ter solidariedade pela situação da pessoa e ter o desejo de ajudá-la: "Eu sinto por você. Como posso ajudar?"
>
> » **Empatia** foca a experiência; significa se juntar à pessoa na preocupação: "Eu sinto com você."

No Capítulo 5, exploramos ferramentas e técnicas para ser solidário e compassivo, e não deixar que a empatia seja um ponto cego para o coach ou cliente.

O coach ou o cliente que é excessivamente empático também sofre por estar perto demais de uma situação para poder ajudar de verdade. Falta-lhe distância para ver em perspectiva. O Capítulo 2 fala sobre o valor de tomar distância de uma situação.

Neutralizando Dramas que Turvam a Visão

Você já teve um daqueles dias em que uma coisa atrás da outra deu errado? O despertador não tocou, o papel higiênico acabou, o trem atrasou, a reunião da tarde foi adiada, e daí por diante.

Duas pessoas podem experimentar as mesmas situações e percebê-las de maneira completamente diferente. Uma pessoa é estoica e aparece no trabalho calma, relaxada e criativa; outra é afetada e aparece estressada e em péssimo estado, comportando-se e agindo de maneira menos habilidosa. Ambas as reações às situações são escolhas. As situações não importam; como se escolhe interpretá-las é o que conta e, essa interpretação, como explicamos, é determinada predominantemente pelo estado em que está. (O box "Criando um drama desnecessário" explica como uma interpretação negativa pode ocorrer.)

Os *estados de habilidades ruins* são caracterizados e identificados por estresse, preocupação, medo e tomada de decisão ruim. Os *estados de habilidades positivos* ou *ideais* são caracterizados e identificados por alguém que está calmo, relaxado e equilibrado, pensando com clareza e capaz de tomar decisões informadas.

DICA

Independentemente das situações do dia, um coach possui a responsabilidade de sacudir a poeira, deixar as situações mais leves e orientar profissionalmente. A prática do que chamamos de *autocuidado* permite escolher um estado ideal, haja o que houver, e orientar seus clientes a fazer o mesmo. Consulte o Capítulo 5 para ver exercícios que visam atingir esses estados.

Nesta seção, mostramos como orientar os clientes para que eles fiquem em um estado de habilidade positivo, independentemente das situações do dia, e evitem prender-se ao que chamamos de *estado de drama*, no qual criam todo tipo de drama que impossibilita sua capacidade de pensar com clareza. (Veja o próximo box, "Criando um drama desnecessário").

CRIANDO UM DRAMA DESNECESSÁRIO

Aqui estão três fatos a respeito dos estados emocionais:

- O que você foca afeta seu estado e o funcionamento do cérebro.
- Seu estado afeta o que você foca, o que vê e o que não vê.
- Seu estado afeta como o cérebro interpreta acontecimentos e situações.

O que você foca é determinado por uma parte do cérebro (localizada no tronco encefálico) chamada *sistema de ativação reticular* (SAR). O SAR opera como um míssil de calor, buscando tudo aquilo no mundo externo que têm importância para você. A maneira como o SAR opera não é fixa; é influenciada por suas experiências, pensamentos conscientes e estado no qual está quando ocorre.

Você já comprou um carro e percebeu que a marca e modelo estão em todo lugar? Não é porque, de repente, os outros correram para comprar o mesmo carro; você os vê porque o SAR determinou que seu carro agora se tornou significativo. Aponta agora para todos os outros carros que sempre estiveram lá, desde o começo. Antes, esses carros não eram importantes, ele os filtrava em sua atenção (eram um ponto cego).

Qualquer coisa que você foca, o SAR busca. Se estiver procurando oportunidades, ele as encontrará, o que é ótimo! Porém, se estiver procurando problemas, ele os encontrará também. O resultado: mais problemas; mais espaço para o drama.

Além disso, o cérebro usa também um processo chamado *distorção* para deturpar e exagerar a informação que o SAR encontrou. O exagero atribui mais significado à informação para que você preste atenção. Ele exagera uma crise apenas para assegurar que você percebeu.

Esse exagero é a razão pela qual a pessoa que experimenta eventos muito estressantes, muitas vezes, interpreta essa situação como "O mundo está contra mim!" Então, vê e experimenta outras situações ao longo do dia que, aparentemente, apoiam essa visão. No final do dia, ouve violinos fúnebres soando como a trilha sonora de sua vida.

Indo além do pensamento reativo

Reconhecer que um cliente está sob o estado de drama é importante, pois afeta sua habilidade de processar informações. Em termos técnicos, a química do estresse no estado de drama muda a maneira como o sistema de ativação reticular (SAR) funciona (veja o box "Criando um drama desnecessário"). O SAR busca mais problemas em potencial, e o cérebro se torna sensível e reativo a potenciais estresses. É como se um país entrasse em estado de alerta vermelho por causa de um ataque terrorista.

Para muitos, um dos maiores desafios quando estão sob o estado de drama é experimentar o chamado *pensamento reativo*, que acontece quando reagem inconscientemente ao mundo exterior. As reações inconscientes ocorrem em milissegundos. O pensamento reativo impede que as pessoas sejam capazes de avaliar situações de maneira calma e decidida, e tomar decisões bem fundamentadas; ele as impede de enxergar outras opções.

LEMBRE-SE

Orientar os clientes a desacelerar e reservar um tempo para refletir é essencial. A maioria das pessoas já sentiu o valor disso. Por exemplo, apenas quando relaxam, descansam ou simplesmente esquecem um problema é que conseguem ter uma ideia ou enxergar a solução. Ao fazer boas perguntas e buscar soluções, o SAR funciona nos bastidores, ajudando-as. Por estarem em um bom estado de habilidade, a neuroquímica do cérebro muda (inundada de neurotransmissores; veja o box anterior, "Valorizando a QE mais que o QI") e todos os recursos ficam disponíveis, pois sua mente está quieta. (Vá ao Capítulo 5 para ver técnicas que acalmam a mente e usam o SAR com um propósito.)

O pensamento reativo é resultado de uma relação entre causa e efeito. O SAR processa o mundo externo (causa) e reage à informação (efeito). O interessante para o coach é quando alguém se conscientiza de que está reagindo de determinada maneira e que existem outras alternativas. Então, surge uma lacuna entre a causa e o efeito na qual pode-se explorar outras alternativas disponíveis. É possível orientar o cliente a reagir de uma nova maneira.

LEMBRE-SE

Conscientizar as pessoas a respeito das escolhas e orientá-las a reagir de maneira diferente é transformador. Possibilitar que um cliente faça escolhas melhores é empoderador para ele e a organização na qual trabalha. Quando alguém entende esse conceito, deixa de sofrer os efeitos (ser passivo) e passa a se responsabilizar pela própria experiência (ser responsável). Você pode dizer que alguém está *vivendo no comando*, ou seja, que *produz* sua experiência, quando *desenvolve a habilidade* de responder de maneira diferente. Essa nova *postura* surge quando se descobre a *capacidade de responder* de maneiras mais criativas, e, dessa forma, é sua responsabilidade exercitar essa prática.

Desistindo dos papéis dramáticos

Quando o cliente enxerga o mundo exterior (pessoas, lugares, situações) como responsável por suas experiências (feliz, irritado, triste, estressado), ele se torna impotente. Em resumo, um relatório mensal ruim ou vendas insatisfatórias fazem com que ele se sinta mal, e uma boa reunião ou um sorriso do CEO resultam em bem-estar. Ele é como uma bolinha de pinball, sendo jogado de um lado para o outro no mundo exterior, o que determina como se sente. Assim, suas impressões afetam seu comportamento, ações e resultados que atinge. Para ele, o mundo é de fora para dentro.

No entanto, o cliente pode ver o mundo de um jeito diferente, empoderado: seu ambiente interior de pensamentos e sentimentos não é automaticamente determinado pelo mundo exterior. Ele pode optar, e, na verdade, o mundo é de dentro para fora.

DICA

Uma maneira prática de descrever esse processo de maneira que os clientes entendam que criam suas próprias experiências através do pensamento é usar a metáfora da *representação dramática*. As pessoas que veem o mundo de fora para dentro adotam um desses três papéis, às vezes, alternando-os em minutos. Esses papéis as impedem de ver que podem analisar a situação de outras maneiras. Eles são não empoderadores e criam todo tipo de ponto cego.

> » **Papel de vítima:** Quando o cliente escolhe culpar o mundo exterior por sua experiência. Ele sente pena de si mesmo e cria uma história para explicar por que o mundo é a causa de como ele pensa, sente e se comporta.
>
> » **Papel de vilão:** Quando o cliente escolhe culpar o mundo exterior e aponta o dedo para os outros. Sua história é a evidência de que, se não fosse pelos outros, sua vida seria diferente.
>
> » **Papel de herói:** Quando o cliente escolhe culpar o mundo exterior porque não confia nele. Ele agirá sozinho. Comprará um livro de autoajuda e, caso não o encontre, não pedirá auxílio para ninguém.

Existe um quarto papel, experimentar o mundo de dentro para fora. Esse papel é empoderador, cheio de percepções e envolve muito menos drama: o **papel de protagonista**. Com a consciência de que a reação é uma escolha (veja a seção anterior), o indivíduo pode optar por reagir de qualquer maneira que considere adequada, em qualquer situação. E, se algumas vezes ele entender de modo errado e reagir de forma exacerbada, não será um problema também, porque isso é inerente ao ser humano (apenas uma vítima entenderia como problema). Ele desacelera seu pensamento, é mais resignado, reserva um tempo para refletir em vez de reagir e faz escolhas fundamentadas.

O papel de protagonista parece, para muitos, bom demais para ser verdade, uma utopia que os outros atingem, mas está a quilômetros de onde estão. Essa é uma perspectiva que vale a pena rever, pois quando alguém consegue perceber que tem escolha sobre suas reações, o impacto em sua vida pessoal e profissional é notável. Por se encontrar em um estado de habilidade positivo, independentemente das circunstâncias, a pessoa fica menos estressada, mais criativa e aprende melhor.

CONDUZINDO UM CLIENTE PARA O MOMENTO DE PERCEPÇÃO

Você pode precisar rever os assuntos desta seção em algumas sessões de coaching antes que alguém realmente os entenda por completo. Muitas pessoas dizem "Entendi", mas ainda não têm a compreensão intelectual de como, por exemplo, o pensamento reativo cria pontos cegos e prejudica as habilidades das pessoas. Você quer que o cliente realmente pegue os conceitos e faça ajustes assumindo a responsabilidade pessoal e mudando como pensa e sente. *Lembre-se:* Não é o que ele diz, mas o que faz que testa se ele entendeu os conceitos.

Às vezes, leva tempo para que os clientes tenham percepções profundamente transformadoras. Dizemos aos clientes para "continuar conversando", "acreditar" e "refletir silenciosamente sobre os conceitos até reconhecer quando se aplicam a eles mesmos". Também usamos a analogia das imagens (autoestereogramas) do Olho Mágico (Magic Eye), que eram populares no fim da década de 1980. As pessoas que não viam a figura escondida muitas vezes se esforçavam para observar melhor. Mas a técnica consiste em relaxar o foco e olhar além da superfície da página. Quanto mais você tenta ver a figura, mais indefinida ela fica. O truque é relaxar e acreditar, e de repente a figura em 3D fica clara. Esse é o momento de percepção. Com perseverança, o cliente chegará a ele.

Lidando com a incapacidade aprendida

Os pontos cegos de alguns clientes estão tão arraigados que eles acham que não vale a pena mudar ou que não mudarão. A palavra importante aqui é *achar*. Eles podem mudar; mas acham que não podem e desistem. O nome para essa atitude é *incapacidade aprendida*. Aqui estão algumas causas comuns:

» Por ter tentado mudar várias vezes, o cliente desiste porque aprendeu (acha) que não pode mudar.

» Por medo de falhar, o cliente não está nem disposto a tentar mudar.

» Pode haver um ganho secundário (benefício) em continuar parado ou fazendo algo que limita o cliente e evita que tente algo novo.

» Ele pode ter crenças sobre o que pode ou não fazer que o impedem até de tentar mudar.

Aqui estão algumas opções que você pode explorar ao trabalhar com um cliente que tem uma atitude de incapacidade aprendida:

» **Cobrir completamente os inimigos do aprendizado (veja a seção anterior sobre o assunto).** Verifique se o cliente reconhece o que o impede de mudar.

» **Evitar a atitude de incapacidade aprendida.** Se puder prever um problema ou objeção de antemão, o melhor momento para lidar com isso é antes que ocorra; essa situação é chamada de *inoculação*. Uma inoculação é preventiva, não curativa. Uma inoculação poderosa destaca as possíveis consequências e custos de permanecer estagnado e não tentar mudar.

» **Considerar o ganho que ele pode ter por permanecer no estado de incapacidade aprendida.** O que a incapacidade faz por ele? Dá a ele? Gera para ele?

» **Tratar a incapacidade aprendida como uma cebola.** Tire as camadas com seu trabalho até que toda essa incapacidade tenha ido embora.

» **Confrontar as histórias que o limitam.** Use as perguntas do Metamodelo (veja o Capítulo 8) para descobrir o significado mais profundo por trás das histórias que o cliente construiu e acredita serem reais. Essas poderosas perguntas permitem aos clientes confrontar e questionar o que pensam e falam.

Lidar com a incapacidade aprendida de um cliente é uma ótima maneira de flexionar os músculos do coaching e ficar realmente bom no que faz. Quando se consegue "cortar o mal pela raiz", o resto parece muito mais fácil. Apenas tenha em mente que é preciso ser mais flexível e criativo que o cliente. Se ele tem cinco maneiras de resistir ao aprendizado, você precisa de seis para superá-lo.

Ocasionalmente, no entanto, a incapacidade aprendida é inabalável e, como coach, você desperdiça seu fôlego. Se um coach alega ter um histórico de 100% de sucesso, ele provavelmente não tem clientes suficientes. Qualquer um que tenha sido orientado por um período de tempo reconhece essa afirmativa como verdadeira. Não se pode fazer com que os clientes sigam instruções ou usem ferramentas e técnicas; tampouco se pode forçar a percepção.

Não considere um cliente fugindo da rede como um reflexo pessoal de sua habilidade como coach. Tenha como meta ter uma "indiferença compassiva": entre em cada conversa de coaching com total compromisso de ser útil, mas sem expectativa ou fixação pelo resultado (porque não é possível garanti-lo). Tudo o que pode fazer é aparecer e fazer seu melhor. Os resultados surgem por si só quando se tem essa atitude.

Encontrando significado no medo

Talvez a maior causa do drama seja o medo, do conhecido e, sobretudo, do desconhecido. Em estudos sobre do que as pessoas têm mais medo, depois do medo número um, falar em público, estão o medo da morte e do desconhecido. A mente tem medo do desconhecido porque pode ser qualquer coisa!

O medo é criado na mente através do pensamento para proteger você: evita que faça coisas potencialmente perigosas ou estúpidas. Ele rapidamente cria uma reação corporal destinada a salvá-lo da coisa assustadora e, ao mesmo tempo, libera substâncias que afetam o pensamento.

Reagindo ao medo

Há três tipos de reações ao medo comumente reconhecidas:

> » **Congelar:** Ficar paralisado e esperar que a coisa assustadora vá embora.
> » **Fugir:** É autoexplicativa.
> » **Lutar:** Virar e encarar o medo. (Essa opção tem mais potencial de resultar em danos do que congelar e fugir.)

Nos negócios, são encontradas algumas situações nas quais as reações de congelar, fugir e lutar são necessárias e úteis. É provado que medo excessivo canalizado em preocupação afeta os processos de tomada de decisão e cria, por sua natureza, pontos cegos que prejudicam a empresa. Estudos mostram que, ao tomar uma decisão no âmbito financeiro sob condições de estresse agudo, as pessoas escolhem as opções mais arriscadas.

DICA

Considere apresentar aos clientes a ideia de "estado de desfalecimento" como opção. Nesse estado, você se acalma e toma decisões boas e rápidas. Entrar nesse estado sempre que reconhecer potencial para estresse ou medo é uma habilidade útil a ser desenvolvida. O Capítulo 5 tem detalhes sobre isso.

Encontrando a mensagem no medo

Os praticantes de PNL fazem esta pressuposição: todo comportamento serve a um propósito em algum contexto e nível. O medo pode ter um propósito útil:

> » Em um momento de ameaça à vida (raro nos negócios).
> » Como um sinal de que você está prestes a fazer, ou já está fazendo, algo errado ou estúpido.
> » Como um sinal de que está saindo de uma zona de conforto e experimentando resistência ao novo paradigma.

SUPERANDO O MEDO COM IMAGINAÇÃO

EXEMPLO

Quando Steve tinha 7 anos, foi para o trabalho com seu pai, que tinha uma empresa de demolição e engenharia civil. O destino era a central de energia de Greenwich, no sul de Londres, que estava sendo demolida. A maioria dos andares tinha sido removida, exceto uma grande parte no nível do solo, que só poderia ser acessada caminhando por vigas de poucos centímetros de largura.

O pai de Steve andou até a plataforma no meio e virou, vendo Steve congelado naquele ponto. Ele estava com medo. Seu pai disse-lhe para imaginar que os andares ainda estavam ali e caminhar, ficando no meio. Assim Steve fez. "Muito bem", disse o pai, "e não conte para sua mãe que você fez isso!"

Daquele dia em diante, Steve não teve mais medo de altura, apenas um respeito saudável. Pondo de lado a conversa sobre saúde e segurança, a lição que Steve aprendeu aquele dia, ou seja, não ter medo simplesmente por causa de sua imaginação, não teve preço.

DICA

Orientar as pessoas a reconhecer o sinal de medo e distinguir entre os três contextos reduz muito os níveis de estresse e as ajuda a estar em um estado melhor para tomar decisões fundamentadas. Aconselhamos os clientes a simplesmente sentar em silêncio com o sentimento e fazer uma pergunta reflexiva: "Qual é a mensagem oculta por trás desse medo?"

» Se a situação for de ameaça à vida, preste atenção no medo e aja.

» Se estiver prestes a fazer algo que, vislumbra, se arrependerá, pare e reconsidere todas as consequências e quaisquer outras opções.

» Se estiver saindo de sua zona de conforto, a resistência será uma mensagem para avisar que você está crescendo e melhorando. Use o exercício de Metas Bem Formadas e Resultados do Capítulo 4 para planejar uma jornada mais fácil.

Distinguindo entre medos imaginados e medos válidos

"Não há nada bom ou nada mau, mas o pensamento o faz assim", como disse Hamlet, na peça de William Shakespeare. Esse conselho de coaching é um dos melhores que alguém pode dar. O medo é perpetrado através da encenação de dramas mentais, criando cenários visuais do que aconteceu, poderia ou pode acontecer.

APONTANDO O ÓBVIO INDEFINIDO

EXEMPLO

James era o principal vendedor de uma empresa de marketing digital. Superava substancialmente suas metas mensais e tinha uma maneira fácil e natural de construir relações com clientes e os fazer dizer sim. Por causa de seu sucesso, James foi promovido a gerente de treinamento. Seu trabalho era ensinar o restante da equipe de vendas a atingir o mesmo sucesso que ele. Foi aí que tudo deu errado para James, seus colegas e a empresa. Não apenas ele teve problemas para ensinar suas habilidades, seus colegas passaram a ter desempenhos piores. Steve foi recrutado para ver o programa de vendas e trabalhar com James e a equipe para pôr todos de volta nos trilhos.

Um dos ativos valiosos que um coach leva para qualquer contrato de coaching é a visão imparcial (consulte o Capítulo 2 para ver a teoria no nível da interpretação). Depois de ouvir algumas ligações telefônicas de vendas de James e assistir a algumas de suas sessões de treinamento, o problema ficou claramente óbvio e menos indefinido.

James tinha uma curiosidade natural. Ele amava a empresa na qual estava, conhecia-a de trás para frente e realmente via seu valor da perspectiva do consumidor. James não vendia, ele criava relações fazendo perguntas inteligentes e descobrindo o que poderia servir aos clientes. Uma atitude de serviço voltada ao consumidor assim gera resultados. Quando promovido a gerente de treinamento, James estudou alguns dos livros e programas mais reconhecidos sobre vendas e incluiu algumas técnicas de fechamento e tratamento de objeções em seu programa de treinamento. Essas técnicas faziam sentido no papel e na teoria, mas na prática estavam bem longe do que James realmente *fazia*. Seu problema como treinador era que ele realmente não sabia como fazia as coisas, portanto, não sabia como passar sua tática para outras pessoas.

James incluiu algumas técnicas em suas ligações e se tornou incoerente. Durante as ligações, isso acabou parecendo falso e até agressivo, afetando seus resultados. Fazer James voltar aos trilhos foi simples. Quando percebeu e viu que tudo o que tinha que fazer era voltar ao seu jeito natural de construir relações e remover todos os truques e técnicas que davam má fama às vendas, ele ficou pronto. E quando James entendeu sua estratégia, que era conversar, construir relações e identificar necessidades, foi capaz de repassá-la para os outros. Ele se tornou um ótimo treinador, e o restante dos membros da equipe conseguiu melhorar drasticamente seus resultados.

A mente não consegue distinguir entre um cenário claramente imaginado e um evento real. Pessoas com fobias imaginam a coisa da qual têm medo e ficam aterrorizadas, mesmo que não esteja presente na realidade. Um cenário claramente imaginado supera qualquer lógica quando se trata de medo.

Elucidando a Incoerência

Talvez o ponto cego mais sutil que limite a habilidade de mudança dos clientes seja a incoerência.

Você já esteve em uma situação na qual sabia que agir seria bom para você, tinha habilidades e condições para tal, porém, por alguma razão, não o fez ou teve problemas para prosseguir? Esse tipo de batalha interna ocorre quando há desejos conscientes que entram em conflito com os inconscientes. Essa batalha é a *incoerência*.

A incoerência é um ponto cego para a maioria das pessoas e, muitas vezes, é difícil revelá-la sem uma autorreflexão honesta ou a ajuda de um coach para elucidar o que realmente esta acontecendo.

Você identifica que um cliente é incoerente quando ele:

> » Está claramente no papel errado ou fora de sua esfera, mas não consegue ver.
>
> » Sente que algo não está certo, mas não consegue explicar o quê ou por quê.
>
> » Luta, procrastina ou foge.
>
> » Mostra sinais conflitantes; por exemplo, verbalmente dizendo sim, mas inconscientemente sacudindo a cabeça.

O oposto de incoerência é *coerência*. Quando os desejos conscientes e inconscientes se alinham, fazer o que precisa ser feito se torna fácil.

O Capítulo 13 traz exercícios que o ajudarão a descobrir se um cliente é coerente ou incoerente. As percepções obtidas nesse tipo de investigação com frequência terminam em grandes mudanças para ele. Muitas pessoas veem que têm problemas ou sentem que algo está errado, e buscam mudar papéis e responsabilidades. Podem até mesmo decidir sair de uma função.

O segredo para orientar os clientes a serem coerentes é desenvolver neles honestidade e coragem. Honestidade exige vulnerabilidade. Quando os clientes são honestos, têm que se abrir e admitir medos e fraquezas, tudo em nome do aperfeiçoamento. Ser vulnerável requer coragem.

DICA

Encoraje os clientes a serem honestos e vulneráveis sendo você mesmo honesto e vulnerável. Criar o ambiente para honestidade e coragem na pré-estruturação produz um ambiente de confiança entre você e seus clientes, e permite-lhes experimentar mudanças mais profundas. Seu coaching terá muito mais impacto.

162   PARTE 2 **Construindo a Mentalidade do Líder Empresarial**

3

Coaching e Mentoria para uma Empresa nos Trilhos

NESTA PARTE...

Descubra o poder da narrativa e da metáfora no coaching e como os clientes podem criar histórias magníficas que inspirarão colegas e clientes.

Leve um novo ponto de vista para a empresa e permita aos clientes verem outras opções.

Crie visões fascinantes que inspirem e levem líderes empresariais a se destacarem.

Oriente clientes a transformar ideias em planos concretos.

Analise as definições de sucesso e liderança em empresas e oriente clientes a serem mais empoderados pessoal e profissionalmente.

NESTE CAPÍTULO

» **Por que a história da empresa importa**

» **Vendo os pormenores da história**

» **Separando fatos e opiniões**

» **Dando feedback sobre a história da empresa**

Capítulo **8**

Contando uma História Convincente nos Negócios

oda empresa tem uma história. No minuto em que alguém tem uma ideia de negócio, a história começa, e todos os dias em que a empresa existe, a história cresce. Pense em todos os empresários conversando com a equipe, acionistas, sócios de capital, fornecedores e consumidores sobre mudança, visão, direção, vendas, novos produtos, mudanças de processos, aquisições, fusões e afins. Pessoas ao redor de todo o mundo contam histórias para chamar a atenção sobre o passado, o presente e o futuro da empresa.

Seus clientes precisam contar histórias bem. Uma história atraente faz muita diferença para um futuro fundador, cliente ou recrutador, e para um jornalista que cria uma publicidade positiva. Assim, seu trabalho, no papel de coach ou mentor, é ajudar os clientes a contar uma história poderosa e genuína.

Neste capítulo, ajudaremos na compreensão do que é uma história da empresa e seu poder. Traremos indicações para coescrever a história de um cliente.

Veremos como estruturar histórias e transformar contos, fazendo o cliente reconhecer o que é fato e o que é opinião (potencialmente inadequada). Por fim, mostraremos algumas técnicas práticas para ajudar os clientes a planejar, desenvolver e desafiar suas histórias.

Entendendo o Valor da História da Empresa

Histórias nas empresas servem para chamar atenção ou informar. Muitas vezes, as organizações querem que as pessoas ajam como resultado da informação da história. Por exemplo, como resultado de uma história, elas podem:

- Vestir a camisa e ajudar a construir a empresa.
- Investir financeiramente na empresa ou oferecer conexões que a apoiem.
- Vender produtos e promover a empresa.
- Oferecer maneiras novas e inovadoras de fazer negócios.
- Mudar sua visão de um mercado agonizante e ver novas oportunidades de negócios ou associar-se a novos produtos.

As seções a seguir mostrarão o básico da narrativa de negócios; ou seja, como as empresas contam histórias e para quem.

Reconhecendo como uma empresa transmite sua história

Contar uma história fascinante possibilita uma empresa ser bem-sucedida, e o coaching ajuda os clientes a criarem ou anteciparem suas histórias de sucesso atual para vender uma ideia, produto ou maneira de oferecer negócios no futuro.

CASOS QUE IMPULSIONARAM EMPRESAS

EXEMPLO

Histórias são o núcleo da trajetória a respeito da natureza de uma empresa, e fazem a diferença entre sua sobrevivência e fracasso. Veja alguns exemplos de nossa experiência sobre o impacto que uma história fascinante exerce no desenvolvimento de uma empresa:

- Mike, fundador e CEO de uma startup do ramo de biotecnologia, precisava de um diretor de vendas e não podia pagar seu valor de mercado. A paixão de Mike por sua empresa e desenvolvimento projetado persuadiram o diretor a vestir a camisa, aceitando um salário reduzido e muitas opções de participação nos primeiros 18 meses.

- Deborah era diretora de vários negócios de estilo de vida e bem conhecida no setor. Gostava do novo serviço de concierge e home spa de Simon para pais atarefados. Tendo começado sua primeira empresa com US$20, se interessava particularmente pela história dele sobre tê-la construído com US$100, vários anos atrás. Ela o apresentou a um contato que reconhecia sua perspicácia para identificar potenciais investimentos. Sua habilidade em recontar a história de Simon ajudou Deborah a indicar o investidor certo e conseguir o apoio que ele precisava.

- A LAB, Inc. compra equipamentos de laboratório no atacado e oferece-os com desconto a empresas do setor científico nos EUA. As vendas da empresa aumentaram quando seus vendedores começaram a contar para os clientes que a companhia doa 5% das vendas para escolas visando melhorar seu currículo científico. A história da empresa sobre encorajamento da próxima geração de cientistas ajudou a promover seus valores de negócio e aumentar as vendas.

- A House Chocs, Inc., uma empresa britânica de chocolates sofisticados, possui dez lojas e um amplo volume de negócios. Suas vendas aumentaram no período de festas e a empresa identificou um crescimento gradual nas vendas para clientes corporativos, acompanhada por pedidos de personalização de produtos: "Podemos ter o logo da companhia na etiqueta de presente ou em um ovo?" A House Chocs adaptou seu modelo de negócio para oferecer pedidos autopersonalizáveis online a clientes corporativos. Desenvolveu uma trajetória de adaptação, demonstrando que ouvia os clientes e trabalhava para dar a eles o produto que queriam.

- Custos crescentes das instalações estavam encolhendo as margens de lucro de dois pequenos varejistas: uma lavanderia e um adorado café. Ambos eram empresas familiares que atendiam a população local. Eles combinaram suas trajetórias em função de uma nova, alugando instalações maiores para criar o Soapy Way Café. Ajustaram muitos custos operacionais e criaram um novo centro de socialização, atraindo mais consumidores.

- Quando a fabricação de sapatos baratos em larga escala entrou em decadência nos anos 1990, Gepetti perdeu seu emprego de 30 anos. Com suas ferramentas manuais, alguns equipamentos e couro, criou uma empresa inglesa de sapatos feitos à mão em seu quintal. Sua trajetória em comercializar sapatos artesanais para consumidores no mundo do entretenimento viralizou ao perguntarem a uma apresentadora esportiva sobre seus sapatos exclusivos. Em um mês, ele tinha uma lista de espera e investimentos para um espaço maior, pois mudou sua abordagem e elaborou uma nova trajetória para oferecer qualidade a um grupo particular de consumidores.

Qualquer história organizacional precisa refletir sua marca, produtos e serviços. Ela precisa de uma origem, a história de seus fundadores e a jornada que a empresa enfrentou desde sua origem até os dias atuais. Quando a empresa deixa de informar e passa a vender e promover ideias, produtos ou novas direções, a história precisa incorporar mais coisas. Ela precisa formar um panorama para o ouvinte ou leitor, uma imagem de um futuro atraente e da jornada necessária para chegar lá.

Uma história deve ser contada de maneira cuidadosa. Uma narrativa eficiente mantém o público envolvido e retransmite a trajetória de maneira compreensível. A repetição é o segredo. Onde uma história impacta o receptor (equipe, investidores, consumidores, imprensa), suprimimos, distorcemos e generalizamos (veja as explicações desses conceitos posteriormente no capítulo), e precisamos dar conta disso transmitindo a história de várias maneiras. Ouvir uma história várias vezes reduz as supressões, distorções e generalizações, ou pelo menos permite que os receptores da mensagem desafiem suas suposições e a verifiquem.

Em termos de método, é proveitoso ajudar os clientes a dividir seus focos de público nas partes interessadas que desejam atingir com sua história.

Ao fazer isso, encoraje o cliente a se perguntar: "Se eu fosse esse interessado ou grupo de interessados em particular, como acessaria essa informação?"

Então, faça com que o cliente se pergunte: "Como posso transmitir essa informação de forma que eles possam ouvir a mensagem? Que história eles querem?"

Sabendo que histórias um negócio conta

Seu cliente pode estar desenvolvendo um, alguns ou todos esses tipos de histórias:

» **História originária:** Como a empresa começou ou como uma questão empresarial em particular surgiu.

» **História atual:** O que acontece ou impacta a empresa hoje e por quê.

» **História futura:** Em que direção a empresa está indo, por que, com quais interessados e como pode chegar lá.

» **História direcionada de chamada para ação:** O que a empresa precisa de seus interessados e o que promete a eles.

Analisando quem responde às histórias

Clientes, fornecedores e equipe precisam compreender a história de uma empresa antes de decidirem se alinhar com ela. Essa história é refletida em sua marca, produtos e serviços, nos fundadores e suas origens. As seções a seguir explicam como todo tipo de pessoa na empresa é afetado por uma história forte e bem contada.

Clientes

Os clientes precisam entender a história de uma empresa antes de decidirem se acreditam nela. Tanto nas relações entre empresas quanto nas relações entre empresa e consumidor, muitas vezes eles tomam decisões de compra com base em como se sentem em relação à empresa. Fazem várias perguntas antes das decisões de compra: a empresa é autêntica? Os produtos atendem às minhas necessidades? Ela trata bem seus empregados e clientes?

Fornecedores

Os fornecedores querem atender às necessidades dos clientes agora e no futuro. Eles precisam das histórias atual e futura para fazer isso de maneira eficaz e assegurar que seus produtos atendam ou possam ser adaptados para atender às necessidades atuais e futuras de seus clientes.

Entender o cliente é tão importante para os coaches e mentores profissionais quanto é para qualquer empresa (veja o Capítulo 2). Não é possível criar uma discussão para coaching e uma abordagem para a empresa se não entender o que o cliente deseja. Parece simples, não é? Você ficaria surpreso com quantos coaches não conseguem fazer isso.

Equipe

De modo geral, as pessoas ingressam nas organizações porque gostam de sua origem ou do que faz. Permanecem nas organizações por serem parte de algo que lhes oferece um trabalho do qual gostam e lhes promete recompensas apropriadas. A equipe desenvolve um contrato psicológico com seu empregador com base em como se sentem a respeito da empresa, dos clientes, do direcionamento futuro e dos benefícios antecipados de permanecer.

Pesquisas indicam que uma equipe não fica apenas pelo dinheiro, logo, as histórias que ouvem precisam ser uma mistura dos quatro: história originária, história atual, história futura e, muitas vezes, a chamada para ação. Se as organizações querem que a equipe realize algo diferente ou tome um rumo diferente com o empregador, isso precisa ser solicitado explicitamente.

Concorrentes

Os concorrentes adorariam conhecer os pormenores da história futura, mas nenhuma empresa em sã consciência divulgaria isso, não é? Os concorrentes querem a visão geral da empresa e de seus principais atores. Querem ouvir a história do que faz diferença no negócio daquele concorrente, sejam uma pessoa, fórmulas secretas, patentes, propriedade intelectual, localização etc. Querem saber o suficiente para avaliar se podem superar seus concorrentes para ampliar os negócios.

DICA

Ao orientar líderes, esta é uma área na qual você pode ajudar a empresa a verificar se a história que estão prestes a recontar para a equipe e os fornecedores pode prejudicar as atividades ao entregar informação demais. Transparência é uma coisa, entregar a receita detalhada do sucesso da empresa é outra.

O que torna o negócio singular, o diferencial e o valor que a marca possui são histórias que seus clientes querem que os concorrentes ouçam. Geralmente, essas são as histórias originária e atual, com uma visão geral do direcionamento futuro sem um plano de rota detalhado.

Jornalistas

Os membros da mídia querem qualquer coisa que chame a atenção do público. Desenvolver um bom relacionamento com a imprensa é de bom senso para proteger e promover a marca de uma empresa com reputação. Agir de forma proativa para assegurar que a história originária seja contada com frequência pode alavancar a relação de uma marca com a imprensa por muitos anos. (Pense na Ben & Jerry's. Embora seja atualmente da Unilever, a história da origem da companhia nos anos 1970 — dois caras que amam sorvete — ainda é a história contada e recontada para manter a marca.)

O mesmo vale para as companhias cotadas na Bolsa: a relação com a "cidade" é crucial, e jornalistas da cidade querem saber as histórias atual e futura, pois isso impacta no valor das ações. O desejo (ou não) de contar uma história futura de maneira mais pública pode ser um fator determinante quando um fundador, CEO ou diretor decide colocar ações a venda. Essa é outra área para coaching e mentoria.

CONTOS EMPRESARIAIS DE SUCESSO E INFORTÚNIO

EXEMPLO

O empreendedor britânico Gerald Ratner desvalorizou em US$625 milhões a joalheria da família com uma única frase. Quando foi questionado como a Ratner's era capaz de vender algo por um preço tão baixo, respondeu: "Porque é tudo porcaria." A frase mudou a história da Ratner's de uma bem-sucedida cadeia mundial de mais de mil joalherias para a realidade de um CEO desacreditado e demitido, sem nenhum retorno sobre venda de ações. Ele perdeu bilhões, seus filhos foram apelidados de "os porcarias" e o preço foi tão alto para ele, em termos pessoais, que passou sete anos na cama assistindo à TV o dia inteiro. Isso mudou seu destino e o de todos aqueles que estavam envolvidos com a empresa.

Por outro lado, em uma galáxia muito, muito distante, George Lucas teve uma história ousada de aventura e sucesso com um resultado diferente, pelo menos para ele. Em 1977, Lucas negociou apenas US$150 mil para a direção, e manteve os direitos de merchandising e licenciamento de seu filme, *Star Wars*. Os executivos da 20th Century Fox acharam que haviam feito um bom acordo. Eles não acreditavam no sucesso do filme como Lucas, e sua última experiência com merchandising havia sido um fracasso, logo, ficaram muito felizes em economizar US$350 mil no salário do diretor. Em 2012, a Disney comprou os direitos da franquia inteira de Lucas por US$4 bilhões, e o valor de merchandising para a franquia, desde o primeiro filme, é estimado em US$25 bilhões. Se há uma narrativa que demonstra o valor de uma história bem contada, é essa.

Conclusão: Se uma empresa alcança o sucesso ou fracassa, ela possui uma história, e essa história inevitavelmente segue o dono da empresa ou a liderança, seja aonde for.

Ajudando o Cliente a Criar o Roteiro

Apoiar o cliente a recontar sua história é uma forma de arte. Felizmente, empresários não precisam ser Stephen King ou J. K. Rowling para expressar sua arte. Tudo o que precisam é de um pouco de orientação sobre como expressar suas histórias de maneira autêntica e relevante. É aí que você, coach ou mentor, entra.

DICA

Ao lidar com histórias, dê aos clientes a oportunidade de praticar em um lugar seguro, no qual não haja problemas em errar. Direcione-os a transmitir a mensagem corretamente e entregar a história com confiança.

Guiando o cliente por um exercício exploratório

Esta é uma atividade simples para despertar a curiosidade dos clientes sobre sua organização, equipe, percepção da organização e o que tem a oferecer. Você pode usá-la para ajudar os clientes a criarem uma história de chamada para ação específica. Serão necessários papéis e canetas suficientes para oferecer às pessoas ou ao grupo. Siga estes passos:

1. Limpe o espaço.

Verifique se não há nada na frente do cliente: papéis, canetas ou telefone. Se acha que irá melhorar sua concentração, peça-lhe para fechar os olhos.

2. Diga o seguinte: "Considere uma questão ou problema em sua empresa. Pense em quem está envolvido nessa situação e por quê".

Dê-lhe alguns instantes para pensar.

3. Pergunte: "O que você quer fazer pela empresa nessa situação?"

Ajude o cliente a considerar quais ações são necessárias para ajudar a empresa a atingir seus objetivos em curto e longo prazos.

4. Brinque com algumas ideias.

Brinque com o cliente para descontrair por alguns instantes.

5. Ajude o cliente a criar uma metáfora que represente a situação.

Use estas perguntas como guia:

- Se você estivesse em uma história infantil, qual seria?
- Se fosse um personagem, qual seria?
- Quais personagens os outros estão interpretando internamente?
- Quais personagens estão presentes no resto da história?
- Onde está o conflito ou potencial para tal; entre quem e por que motivo?

Se ajudar, convide o cliente a escrever ou desenhar a metáfora.

6. Peça que o cliente reconte a história atual.

Pedir ao cliente para fazer isso como personagem pode ser exigir muito, mas você pode improvisar. Se funcionar para ele, faça isso.

7. Pergunte: "Que chamada para ação seria ainda melhor e maior? O que seria uma ação realmente ousada?"

Você pode continuar jogando com essas perguntas até que se esgotem as possibilidades ou sinta que é hora de parar.

8. **Peça ao cliente que conte a história para você como se estivesse falando com o público para o qual precisa transmiti-la.**

    Faça-o imaginar o público e as principais pessoas; ele deve perceber as reações e considerar o que os ouvintes precisam de dele.

9. **Explore junto ao cliente as possíveis respostas à história.**

    Ajude-o a considerar quais questões ou objeções deve ouvir. Oriente-o a desenvolver ou incorporar repostas prévias à história.

10. **Encoraje-o a encontrar o equilíbrio entre opinião e sentimento, em termos de entusiasmo geral, através dessa mensagem.**

    Aconselhe o cliente a fazer quaisquer ajustes necessários.

11. **Banque o advogado do diabo por um instante e ajude-o a ver quaisquer objeções ou equívocos que podem surgir. Oriente-o a antecipar fatores que podem ser suprimidos, distorcidos ou generalizados.**

12. **Faça os ajustes finais e lhe peça para contar a história pela última vez, imaginando o público.**

Essa atividade pode ajudar um indivíduo a testar sua mensagem e esclarecer tanto a história quanto a chamada para ação. Encorajamos você a praticar esse processo. Adapte-o, observe o que agrega para o cliente e modifique-o. Também é possível usá-lo em coaching de grupos com equipes responsáveis por transmitir uma visão, ou história compartilhada.

O importante é "como você conta"

O conteúdo de uma história não é tudo o que importa; a maneira como o cliente a conta é realmente importante para influenciar o público.

LEMBRE-SE

Nunca subestime o poder de um bom contador de histórias em hipnotizar clientes para acreditarem que a narrativa é real. Se você já ficou totalmente absorto em um romance, filme ou peça, sabe como é fácil suspender a realidade e acreditar em uma história convincente.

Um *discurso de elevador* (uma descrição curta e rápida do que um empresário e uma empresa oferecem) pode ser previsível e chato. Ouvimos centenas deles, e podem parecer estereotipados e monótonos. Uma conversa sobre negócios que valha a pena demanda mais atenção do que um breve discurso. Ela precisa conduzir o ouvinte por uma jornada, deixá-lo curioso a respeito da empresa e do que ela deseja alcançar.

Dessa maneira, o narrador precisa realmente entender o público e como ele a deseja ouvir. Ele prefere ouvir a informação de maneira linear, mais contextualizada ou com descrições visuais?

DICA

Ao contar uma história sobre mudança projetada, é possível que os clientes precisem de ajuda para fazer com que essa mensagem chegue aos outros, particularmente quando uns são vencedores e outros, perdedores. Você pode ajudá-lo a conferir a adequação do seu entusiasmo e paixão. Por exemplo, ele pode estar entusiasmado em relação ao futuro, mas ainda precisa lidar com a mensagem de maneira apropriada para públicos específicos. Isso é muito importante ao passar por mudanças. Não importa a resiliência de uma pessoa, ninguém quer ouvir: "Estamos adquirindo um escritório central nas Ilhas Cayman e movendo todas as funções para lá. Ah, com exceção da sua, quer dizer, estamos contratando um fornecedor de serviços compartilhados para o RH; então, comece a trabalhar em um plano de recolocação, David." Grande notícia, não é?

Contar a história é um processo

Você pode contar qualquer história de maneira linear, com começo, meio e fim, desse jeito:

- » **Começo:** Era uma vez um doutorando em Engenharia que teve uma ideia maravilhosa. Ele se associou a um estudante de Administração e compartilhou sua ideia. Eles projetaram um futuro no qual as substituições de articulações de quadril pesariam menos do que uma bola de pingue-pongue.

- » **Meio:** Conseguiram financiamento com um investidor-anjo. Formaram-se e abriram a Quadris S.A. O estudante de Administração era um líder brilhante. Recrutou uma excelente equipe e começaram os testes com as articulações de quadril leves. Uma grande empresa de suprimentos médicos ficou interessada em comprar o produto e a empresa. O criador da articulação de quadril não quis vender a empresa, mas a assegurou como fornecedora terceirizada.

- » **Fim:** A Quadris S.A. tornou-se lucrativa no quarto ano e ampliou sua fatia de mercado ano após ano, atraindo novos investidores. Toda a equipe original ficou muito rica. A empresa tornou-se a fornecedora líder internacional de articulações de quadril leves. Sua visão ainda é "produzir as articulações de quadril mais leves do mundo".

É uma história linear: aconteceu isso, depois aquilo, então aquilo etc. Certas pessoas gostam de ouvir histórias dessa maneira e outras, de contar. Algumas podem contar mais de uma, com descrições e ligações entre suas histórias que criam uma imagem clara de começo, meio e fim de uma narrativa livre.

Ao orientar líderes, é importante observar suas preferências de comunicação. Ajudá-los a perceber as *próprias* preferências e se elas comunicam-se com um estilo que combine com o público é inestimável; depende apenas de com quem estão se comunicando. Às vezes, os clientes precisam de ajuda para entender como fazer com que a mesma mensagem chegue de maneiras diferentes a públicos diferentes.

Se estiver fazendo coaching ou mentoria de algum cientista ou empreendedor de tecnologia, provavelmente ele preferirá descrever sua jornada empresarial como um processo. Se estiver orientando um curador de galeria de arte, será mais provável que ele descreva sua jornada através de termos visualmente descritivos.

Injetando paixão e poder

Um investidor que não tem o hábito de pensar nem falar em termos de processo pode achar a história na seção anterior difícil de acompanhar. Simplesmente não há profundidade suficiente para ele. Às vezes, você pode precisar ajudar um cliente a descrever sua história empresarial de maneira menos linear e mais enfeitada. O público quer ouvir uma *razão* convincente. Ele quer sentir o poder por trás da história.

Veja o exemplo da Quadris S.A., da seção anterior, com uma injeção de poder e paixão:

> Criamos as melhores articulações de quadris do mundo. Nosso objetivo é sempre inovar para tornar a substituição de quadril uma experiência simples e o mínimo dolorosa possível. Nosso fundador desenvolveu a primeira articulação ainda na universidade. Seu interesse surgiu na infância, quando observou cinco membros de sua família sofrerem com artrite nas articulações dos quadris ainda jovens, devido a uma condição hereditária. Ele fez disso sua paixão para criar uma empresa longeva, atraindo os melhores empresários, cientistas e desenvolvedores.
>
> Nossa estratégia de financiamento é simples: vendemos em larga escala através de uma fornecedora terceirizada. Damos cotas a todos na empresa, do CEO ao zelador; somos todos investidores. Amamos nosso produto, e amamos ser os melhores no que fazemos. Queremos estar sempre à frente. Quer se juntar a nós?

> ## CONDENSANDO UMA HISTÓRIA EM FRASES CURTAS
>
> No século XXI, as pessoas contam histórias de modo rápido, em frases resumidas ou bem curtas. Por que não ajudar seu cliente a contar sua história de forma sucinta e metafórica? Ajude-o a brincar com sua história e contá-la com termos que todos possam se identificar. Aqui estão alguns exemplos:
>
> - Um camponês pobre e esforçado constrói um castelo no céu juntando alguns feijões: como o esforçado João criou a Pé de Feijão & Co. O fabuloso empreendedor busca investimento para desenvolver um incrível negócio. CV disponível mediante solicitação.
> - A empresa Branca de Neve revoluciona a vida de trabalhadores braçais com suas roupas de cama feitas à mão e refeições completas para viagem. Ela diversifica suas atividades com produtos especializados para trabalhadores que, após a recessão, têm uma renda disponível crescente e exigem mais de seus almoços e descanso. Junte-se hoje a esta incrível equipe.
>
> Se você riu lendo essas histórias, ótimo. Reformular histórias para incorporar metáforas é um exercício divertido para fazer com seus clientes, em coaching individual ou em grupo. A criatividade muitas vezes começa com uma brincadeira nas organizações, e encorajamos muito isso.

Essa história é mais atraente. A linguagem é apaixonada, incisiva e ativa: "meta", "paixão", "atrair os melhores", "amamos nosso produto", "ser os melhores no que fazemos".

O que chamaria sua atenção: essa história ou aquela na seção anterior? A descrição é para a mesma empresa; o que é diferente é a maneira como a história é contada.

LEMBRE-SE

Descrever uma empresa de modos diferentes, como a Quadris S.A., por exemplo, aumenta a possibilidade de que a história atrairá a todos. Para ter o máximo de impacto em um grande público, as duas abordagens precisam ser incorporadas na história.

Distinguindo Fatos de Opiniões

Saindo das histórias organizacionais, voltemos nossa atenção para as narrativas e histórias que são compartilhadas conosco. É muito fácil comprar a história em que o cliente acredita e conta para você; é importante dedicar tempo para explorar a verdade por trás do que o cliente realmente diz.

As pessoas veem o mundo de maneiras diferentes. Às vezes, essas visões de mundo se chocam e se sobrepõem, e ainda assim há concordância. Outras vezes, você pode achar que entendeu o que alguém quis dizer, e descobrir que estava errado. É como se duas conversas diferentes estivessem ocorrendo ao mesmo tempo.

LEMBRE-SE

Em cada conversa sobre coaching ou mentoria, encontre a verdade por trás do discurso e diferencie fatos de opiniões.

» **Fatos** podem ser verificados através de evidências. Você *tem certeza* de que existem, são verdade ou aconteceram.

» **Opiniões** são interpretações baseadas em crenças e perspectiva. Você *acredita* que existem, são verdadeiras ou aconteceram.

Além de orientar pessoas a criar histórias atraentes, é necessário ajudá-las a analisar além das opiniões para enxergar os fatos. Por exemplo, você ouve histórias a respeito de ser vitimizado pela pobreza, luta, carência e limitações. Você procura opiniões disfarçadas de fatos para poder reescrever a história como um conto épico com um final feliz.

DICA

Para prestar um bom serviço, não apenas compre a história do cliente, seja ela a história da empresa ou do indivíduo. Grandes coaches se dispõem a questionar e contestar as suposições. Comece esse processo no início de qualquer conversa sobre coaching ou mentoria, perguntando ao seu cliente: "O que você quer?"

Ajudar o cliente a distinguir fatos de ficção torna ambos:

» Melhores ouvintes.

» Comunicadores mais persuasivos.

» Mais abertos a novas ideias.

» Capazes de evitar confusões e mal-entendidos.

» Menos limitados por crenças a respeito do que é possível.

As seções a seguir estimulam a reflexão a respeito de fatos e opiniões, sob vários aspectos:

RECORRENDO À PROGRAMAÇÃO NEUROLINGUÍSTICA

Existe um pressuposto na programação neurolinguística (PNL): "O significado da comunicação é a resposta que você recebe". Essa frase é usada para explicar que se você não está atingindo o resultado desejado através da comunicação, pode ser que o ouvinte tenha escutado uma história diferente daquela que foi contada. Assim, a resposta que recebe é determinada pela perspectiva e interpretação do ouvinte. Portanto, um melhor entendimento sobre como as pessoas criam suas perspectivas e interpretam é essencial para a comunicação efetiva.

Refletindo sobre os mapas da realidade

Todo mundo possui uma maneira individualizada e inconsciente de avaliar fatos e formular opiniões. Você entende a vida através dos cinco sentidos: visão, audição, tato, olfato e paladar. Avalia as experiências e as compreende. Umas são consideradas boas; algumas, ruins e outras, simplesmente neutras. Você organiza o mundo à sua volta a partir do que aprende com ele, não apenas com suas experiências, mas também a partir das vivências dos outros. Com o acúmulo dessas experiências, cria mapas inconscientes da realidade, que são armazenados na mente e usados para guiar sua caminhada pelo mundo.

Alfred Korzybski, que estudou o potencial humano a partir da compreensão da linguagem e do sistema nervoso, disse a famosa frase: "O mapa não é o território." Os mapas da realidade são modelos inconscientes de como a mente percebe o mundo. Como todos os modelos, são simplificações da realidade. Da mesma maneira, o território não é o mapa. Os mapas que todos criamos são nossas interpretações de experiências, não são as experiências em si.

Imagine que você tenha recebido um mapa mostrando como ir de Nova York a Miami. O mapa é uma folha de papel branco com dois pontos. Não é um mapa útil, falta informação. Se desenharmos uma linha entre os dois pontos, haverá mais informação mas, provavelmente, ainda não será suficiente. Conforme acrescentamos mais informações, chegamos a um estágio no qual a informação é suficiente para torná-lo um guia útil. O mapa foi ampliado.

LEMBRE-SE

Quando os clientes expressam ideias, exploram conceitos e desenvolvem opiniões, acessam seu mapa da realidade com base na interpretação da informação que têm em um momento. Mas e se seu mapa da realidade nunca, ou raramente, for confrontado? Geralmente, é isso o que um coach faz. Você confronta o mapa da realidade do cliente para ajudá-lo a enxergar, averiguar ou interpretar de maneira alternativa a realidade que criou. Ele deve entender que as lentes através das quais observa podem não ter sido fundamentadas nas mesmas bases que as de outras pessoas. Esse é o segredo para uma narrativa efetiva.

Imagine que você esteja em uma reunião orientando uma equipe de projetos. Uma integrante, Jane, diz: "Analisamos todas as alternativas possíveis, e a pesquisa mostra que as metas para o próximo ano serão difíceis de atingir." Superficialmente, parece razoável. No entanto, Jane expressa uma opinião com base em um conjunto de informações tácitas. O que Jane diz é a *expressão de estrutura de superfície*. O que não diz e ainda não está disponível para a equipe, por estar em um nível mais profundo de seu mapa, é a *estrutura mais profunda*.

Para entender o que Jane diz, você precisa investigar seu mapa para encontrar a realidade e a história que ela está contando para si. Isso é possível ao questionar Jane com perguntas adequadas, o que apresentamos na próxima seção.

EXTRAINDO DETALHES PARA INVESTIGAR OS FATOS

EXEMPLO

Ao fazer o coaching de uma empresa que queria expandir e crescer, com a visão de vendas projetada para os próximos cinco anos, fizemos uma auditoria organizacional para descobrir o que estava funcionando e o que não estava. Desejávamos entender precisamente o que a empresa queria dizer com "expandir e crescer". Durante uma entrevista com o diretor de vendas, Steve fez uma pergunta cotidiana e vaga:

"Então, como vão as coisas?"

"Ah, ótimas. Tudo vai bem", ele disse.

"O que você quer dizer?"

"Que tudo está indo muito bem."

"Estou curioso: o que você quer dizer exatamente com 'indo muito bem'?"

Conforme o diretor de vendas explicou sua versão de "indo muito bem", ficou claro que era diferente da versão que os outros diretores da empresa descreveram antes. Aceitar como fato a história de que "tudo está indo muito bem" havia sido um erro, pois o departamento de vendas possuía falhas de habilidades e processos que precisavam ser ajustadas antes de considerar qualquer chance de crescimento. Ao implementar qualquer plano, estaríamos construindo um castelo de areia: os problemas aumentariam e causariam enormes escoamentos de recursos para a empresa.

Não que o diretor de vendas estivesse mentindo, sendo desonesto ou negligente; apenas tinha a própria visão de mundo, sua opinião sobre os fatos, que expressava em termos vagos. Fazer perguntas adequadas nos permitiu distinguir fatos de opiniões.

CAPÍTULO 8 **Contando uma História Convincente nos Negócios** 179

Fazendo perguntas adequadas

Na seção anterior, apresentamos o exemplo de Jane, que diz à sua equipe: "Analisamos todas as alternativas possíveis, e a pesquisa mostra que as metas para o próximo ano serão difíceis de atingir". Veja algumas perguntas adequadas para fazer a Jane ou a qualquer um que apresente uma opinião como fato:

- » Você analisou todas as alternativas possíveis?
- » Como você analisou?
- » Há outras maneiras de analisar as alternativas?
- » Como você avaliou a pesquisa?
- » Como chegou à conclusão de que as metas seriam difíceis de atingir?
- » O que quer dizer com "difíceis"?

Tais perguntas simples e adequadas ajudam a separar fatos de opiniões e revelar supressões, distorções e generalizações (veja a próxima seção, "Eliminando supressões, distorções e generalizações").

DICA

Aqui estão algumas dicas para questionar os clientes:

- » **Não exagere.** Seja sensato ao fazer perguntas a partir das palavras ditas por um cliente. Nem toda afirmação precisa ser questionada; de outra maneira, pode parecer um interrogatório em vez de uma conversa. Quando um coach percebe que as pessoas querem dizer mais do que expressam, pode exagerar nos questionamentos e confrontar tudo o que foi declarado. Essa atitude pode levar à perda de amigos, discussões com pessoas queridas, clientes frustrados e reuniões desagradáveis. Quando começar a se aprofundar no mapa, lembre-se de que só vale a pena cavar onde acha que pode encontrar um tesouro.

- » **Observe sua conduta.** Ao questionar, lembre-se de que sua conduta afeta a maneira como o cliente interpreta a mensagem. Evite interrogar seus clientes. Fique atento ao tom usado, mantenha o brilho no olhar e utilize frases mais suaves, como:

    - "*Estou curioso*, o que você quer dizer com...?"
    - "*Entendo o que quer dizer,* e eu estava pensando...?"
    - "Certo, acho que entendi, mas..."

    Uma conduta serena, curiosa e cuidadosa transmite a ideia de que você está apenas buscando informação, e não querendo intimidar ou desacreditar um cliente. No Capítulo 5, exploramos o gerenciamento do seu mundo interior e como você pode deixar a curiosidade de lado e ajudar o cliente.

> **Disponha-se a perguntar.** Seja esperto o suficiente para parecer tolo e/ou ingênuo. Esteja disposto a questionar caso realmente não esteja seguro do que a outra pessoa quis dizer.

> **Faça a "pergunta de ouro".** Uma pergunta simples e abrangente chega aos fatos e ajuda você a recuperar informações suprimidas e destacar qual informação foi distorcida ou generalizada na história: "O que você quer dizer?" Quando faz essa pergunta, vê os clientes refletirem. Seus olhos geralmente se movem como se estivessem buscando uma resposta em seu mapa da realidade (no jargão técnico, eles estão fazendo uma *pesquisa transderivacional*). Eles buscam informações na estrutura mais profunda e explicam com mais detalhes específicos.

Eliminando supressões, distorções e generalizações

Toda comunicação passa por três sistemas de filtragem inconscientes no cérebro:

> **Supressões:** A informação é filtrada. Ela simplesmente não é ouvida.

> **Distorções:** A informação é ouvida, mas rapidamente transformada pelo inconsciente em algo que muda o sentido original.

> **Generalizações:** A informação é reinterpretada como afirmação de um fato generalizado pelo inconsciente, com base na visão pessoal de mundo.

Peça que duas pessoas relatem uma reunião empresarial, e os processos de filtragem de supressões, distorções e generalizações de uma experiência compartilhada ficarão aparentes: os relatos serão diferentes.

Esses filtros determinam:

> Como você internaliza e armazena a informação.
> Como você chega a conclusões sobre a informação.
> Como a informação afeta seu comportamento.
> Como você compartilha e expressa a informação.

DICA

Para encontrar supressões, distorções e generalizações em seus clientes, é necessário agir como um detetive (pense como Sherlock Holmes em vez de CSI):

> Faça perguntas.
> Ouça a comunicação por trás da comunicação.

> » Atente-se para o que não foi dito ou está ausente.

> » Seja menos influenciado pelo que é dito e mais pelo real significado.

Os três processos de filtragem de distorções, supressões e generalizações deixam rastros na linguagem. Assim como pegadas na areia, são pistas de como o mapa está sendo explorado. À medida que se familiarizar com o reconhecimento dos padrões e a maneira como aparecem na comunicação, perceberá quais perguntas fazer. O óbvio elusivo torna-se realmente óbvio.

Esses padrões de linguagem e questionamento constituem um metamodelo. O *metamodelo* é apenas uma descrição de como você pode fazer perguntas para ajudar alguém a entender sua experiência; na prática, é confrontar o pensamento e as suposições de um cliente para ajudá-lo a perceber suas supressões, distorções e generalizações.

As seções a seguir apresentam os detalhes das supressões, distorções e generalizações, mostrando os padrões a notar e as perguntas a fazer.

Supressões

Seu cérebro nunca será capaz de processar toda informação que recebe; ficaria sobrecarregado. Logo, você suprime e filtra as informações que inconscientemente julga não serem importantes. Ao se comunicar, também descarta dados e, mesmo assim, a informação ainda faz sentido, pois as pessoas são boas em antecipar o que é necessário para que algo faça sentido.

A Tabela 8-1 explica os padrões da supressão e inclui exemplos e perguntas que você pode usar para cada um.

TABELA 8-1   **Padrões de Metamodelo: Supressão**

Padrão	Exemplos	Perguntas que podem ser feitas
Simples: O cliente deixa de fora um elemento, objeto, pessoa ou evento importante.	Estamos certos dessa decisão.	Como, exatamente, vocês estão certos? De qual decisão, exatamente, vocês estão certos?
Comparativo: Quando o cliente faz uma comparação. Se a comparação está implícita, pode ser útil estabelecer o fato a partir da opinião.	Esse produto é melhor/mais rápido/mais fácil/pior. As coisas estavam melhores antes.	Como esse produto é melhor/mais rápido/mais fácil/pior? Como, exatamente, as coisas estavam melhores antes?
Falta de índice referencial: Quando o cliente não especifica um substantivo, objeto, pessoa ou evento.	As pessoas não estão comprando essa nova variedade de produtos.	Quais pessoas, exatamente, não estão comprando?

182   PARTE 3 **Coaching e Mentoria para uma Empresa nos Trilhos**

Padrão	Exemplos	Perguntas que podem ser feitas
Verbo não especificado: Quando o cliente não define claramente um verbo.	As coisas estão indo devagar.	Como, exatamente, as coisas estão indo devagar?

Distorções

O processo de supressão e simplificação pode levar a distorções. As pessoas alteram e deturpam informações de maneira criativa, muitas vezes usando analogias e metáforas para explicar ou descrever alguma coisa. Distorções são o filtro da criatividade, permitindo que você crie novas ideias, conceitos e per-cepções, e permitem que elabore sistemas de crenças que o podem limitar ou empoderar. Portanto, identificar e questionar as distorções é muito proveitoso.

A Tabela 8-2 explica os padrões da distorção.

TABELA 8-2   **Padrões de Metamodelo: Distorções**

Padrão	Exemplos	Perguntas que podem ser feitas
Causa e efeito: Quando um cliente sugere uma relação causal.	As ações dele me fazem surtar.	Como, exatamente, as ações dele o fazem surtar? Quais são exatamente as ações dele que o fazem surtar?
Leitura mental: Quando alguém alega saber o que outra pessoa está pensando.	Eu sei que ele vai concordar com isso. Ela acha que eu não estou à altura da função.	Como você sabe que ele vai concordar com isso? Como sabe que ela acha que você não está à altura da função?
Equivalência complexa: Quando um cliente diz que duas experiências diferentes são a mesma coisa.	Ele não ficou feliz com o relatório; eu sou um fracasso. Essa pesquisa de mercado foi um sucesso. O projeto será um sucesso.	Como não estar feliz com um relatório significa que você é um fracasso? Como o sucesso da pesquisa de mercado significa que o projeto será um sucesso?
Performance perdida: Um cliente não menciona a pessoa que expressa uma opinião como um fato.	Não é certo mandar um garoto fazer um trabalho de homem.	Não é certo de acordo com quem? Quem disse que não é certo mandar um garoto fazer um trabalho de homem?
Nominalizações: O cliente transforma um verbo em substantivo.	Não há motivação suficiente na equipe.	Por que a equipe não está motivada?

CAPÍTULO 8 **Contando uma História Convincente nos Negócios**   183

Generalizações

As pessoas, inconscientemente, combinam padrões; sempre julgando, avaliando e buscando similaridades e comparações: "Isso é como isso?", "Isso é como aquilo?" Fazemos isso porque nos sentimos confortáveis com o que é igual e também porque as generalizações ajudam as pessoas no aprendizado. Você descobre como amarrar um cadarço e generaliza que todos os cadarços funcionam da mesma forma. Você é bem-sucedido em alguma coisa e generaliza que será bem-sucedido em situações parecidas. Padrões de generalização são, muitas vezes, exemplos extremos de pensamentos preto no branco, tudo ou nada, causados pela experiência.

A Tabela 8-3 destaca os padrões da generalização.

TABELA 8-3 **Padrões de Metamodelo: Generalizações**

Padrão	Exemplos	Perguntas que podem ser feitas
Quantificadores universais: Palavras que mostram uma generalização ampla; por exemplo, *tudo*, *todos*, *nunca*, *sempre*.	Ele nunca entrega seus relatórios no prazo.	Nunca? Nenhuma vez?
Operador condicional: Afirmações e palavras que definem a crença das pessoas sobre a possibilidade de comportamento (por exemplo, *como*, *poderia*, *deve*).	Devo prosseguir com isso. Tenho que ir em frente com isso.	Se você deve, o que o está impedindo? O que torna isso uma obrigação?
Pressuposições: O cliente sugere uma relação entre duas coisas, e é exigido por uma que a outra seja verdadeira para ser aceita.	Se a empresa realmente se importasse, eles fariam as coisas de maneira diferente.	Como você sabe que eles não se importam com você? O que, exatamente, eles fariam de maneira diferente?

Bancando o detetive mestre para separar opinião e realidade

Às vezes, coaches precisam bancar o detetive, aplicando uma abordagem investigativa a um problema. Podemos fracassar em ver o óbvio, mas o papel do coach é ajudar os clientes a enxergar suposições que eles e outras pessoas podem estar criando para estimulá-los a se comunicar claramente.

Sherlock Holmes e Dr. Watson estavam investigando um mistério em um pântano, na calada da noite. Assentaram acampamento e, na alta madrugada, Holmes sacudiu Watson e disse: "Watson, você está acordado?"

"Sim, Holmes. Por que pergunta?"

"Quando olha para cima, Watson, o que vê?"

"Holmes, eu vejo o céu noturno, a Ursa Maior, a Estrela do Norte e toda a Via Láctea. Vejo o Universo e toda a criação. O que você vê, Holmes?"

"Elementar, meu caro Watson, vejo que alguém roubou nossa barraca."

Ser um detetive mestre significa identificar o elementar. Significa perceber supressões, distorções e generalizações, e fazer perguntas adequadas (veja as seções anteriores), o que leva a uma comunicação melhor com seus clientes e os ajuda a criar histórias atraentes, sem a limitação de seu pensamento atual.

Agora, é possível transformar os padrões de metamodelo da seção anterior em uma ferramenta útil que ajuda a ver a história por trás da história. Imagine que você seja um Robô Sherlock Holmes Empresarial. Usar o chapéu e o cachimbo é opcional, mas ter curiosidade aguçada é obrigatório. Lembre-se de ter uma conduta serena, cuidadosa e curiosa. O mundo ao seu redor é um laboratório cheio de clientes, consumidores, CEOs, fornecedores e assistentes de vendas de cafeterias que são inocentes ratos de laboratório para você fazer experimentos.

Escolha um padrão de linguagem para o dia nas Tabelas 8-1, 8-2 e 8-3, e procure ouvi-lo em conversas cotidianas com as pessoas. Perceba a frequência com a qual as pessoas o usam e a facilidade com que você supõe ter entendido o que as pessoas quiseram dizer sem maior análise. Experimente e aprenderá muito.

Em seguida, experimente separar fato de opinião e ver no que resulta. Ouça a história do cliente e descubra os fatos: o que existe, o que é verificável, o que você pode ver, ouvir, sentir, cheirar ou provar.

Todo o resto é opinião ou suposição que pode ser sinalizada como história para analisar e questionar. Use as Tabelas 8-1, 8-2 e 8-3 para ajudar a identificar os padrões que estão mascarando os fatos na linguagem do cliente.

Dando Feedback sobre a História Empresarial

As empresas nunca estiveram tão publicamente expostas quanto estão hoje. A oportunidade de dar feedback em tempo real diretamente ao cliente é instantânea e sempre possível. Às vezes, líderes precisam de suporte com o processo de coaching e mentoria para responder (ou não) ao feedback rápido, adaptar sua história ou permanecer com ela.

VENDO A HISTÓRIA POR TRÁS DA HISTÓRIA

EXEMPLO

Veja um exemplo do experimento em ação. Marie fez uma pergunta simples a uma cliente de coaching: "Jean, qual é o seu maior problema atualmente que, se resolvido, tornaria sua vida mais fácil?"

"É o Graham, o CEO", respondeu Jean. "*Ele não gosta de mim* (leitura mental)."

"O que você quer dizer?" Marie perguntou.

"Bem, *sempre* (quantificador universal) que ele me vê, está com uma expressão irritada. *Ele resmunga um olá rápido e vai embora, e eu fico me sentindo péssima* (causa e efeito). *Não acho que ele esteja feliz com o trabalho que estou fazendo* (leitura mental). *Perdi toda a minha confiança* (nominalização), e *já estou esperando ele começar a procurar alguém melhor* (supressão comparativa) que eu para fazer o meu trabalho."

Da perspectiva do Robô Sherlock Holmes Empresarial, Jean afirmou quatro fatos:

- O diretor executivo se chama Graham.
- Ele possuía uma expressão no rosto.
- Ele disse olá.
- Ele foi embora.

Todo o resto que Jean falou é suposição, opinião e história, mesmo que pareça convincente para ela.

Algumas das supressões, distorções e generalizações na declaração de Jean estão marcadas para ajudar você a ver o que realmente ocorre por trás da história e distinguir fatos de opinião. Aqui estão algumas perguntas que Marie fez a Jean:

- **Quantificador universal:** "Fiquei curiosa com você dizendo que sempre que ele te vê, está com uma expressão irritada. Ele nunca te viu sem estar irritado?"
- **Causa e efeito:** "Como o olá resmusgado dele faz você se sentir péssima?"
- **Leitura mental:** "Como você sabe exatamente que ele não está feliz com o trabalho que você está fazendo?"
- **Nominalização:** "Eu me pergunto como parecer irritado e resmungando implicam que você perdeu sua confiança?"
- **Supressão comparativa:** "*Melhor*? O que você quer dizer com *melhor*?"

Depois de responder a essas perguntas, Jean duvidou do que, até então, acreditava ser verdade. Essa história tem final feliz. Não demorou muito para ficar evidente que Graham não estava irritado; na verdade, estava feliz com o desempenho de Jean e tinha total confiança nela. Por algumas semanas, ele teve sérios problemas gástricos e estava sentindo muita dor e preocupação. Jean interpretava os fatos, fazia suposições e formava opiniões. Como acontece muitas vezes, o mapa não é o território e a história não é o melodrama que parece ser.

O que a empresa de Jean percebeu com essa experiência foi o poder de:

- **Comunicar-se de maneira aberta e honesta.**
- **Fazer perguntas adequadas.**
- **Confrontar suposições.**
- **Discernir fatos de opiniões.**

A maneira como os líderes decidem ouvir o feedback e o que fazem com ele é crucial. A liderança de histórias públicas pode consolidar ou destruir uma marca. A resposta da empresa pode sumir com os pontos percentuais no valor das ações da noite para o dia. Os líderes que desconsideram as críticas e veem o feedback como crítica pessoal o fazem por sua própria conta e risco.

O envolvimento das pessoas com uma organização alimenta a história que será contada amanhã. Isso impacta como as várias partes testam a organização e seus líderes. Ajudá-los a prestar atenção na história que contam e em sua visão e histórias anteriores, em vez de apenas reagir sem pensar, é um papel importante de coaching e mentoria. Às vezes, um coach é o único observador objetivo que pode ajudar um líder empresarial a manter os pés no chão e a perspectiva. É indispensável apoiar um cliente para que considere como quer que sua resposta impacte os outros, e guardar seu lugar naquele espaço até que consiga fazer.

Um exemplo do mercado de artigos de luxo ilustra bem o caso. Marcas têm gerado relevância considerável no século XXI. Quem teria imaginado 100 anos atrás que uma das principais marcas entre as 20 maiores do mundo, com um valor de estimado em um pouco menos de US$37 bilhões, seria varejista de bolsas e relógios de luxo? A Louis Vuitton vende artigos de luxo e, embora seja uma das marcas mais falsificadas no mundo, sua história de exclusividade e qualidade a mantém entre as 20 maiores.

A história da LV nos últimos 15 anos poderia ser: "Marca diluída pela crescente produção de produtos falsificados na Ásia." Mas, embora o trabalho da LV para combater a falsificação através de mudanças legislativas seja bem-sucedido e contínuo, ele é discreto. A notícia realmente importante para a marca é sua maestria em vender sua habilidade e capacidade de personalizar bens como resultado. Em um mundo no qual a marca LV é potencialmente ameaçada, ela desenvolveu um nicho dentro de um nicho.

Dependendo de sua visão dos fatos e da própria boa opinião sobre, seu feedback para a LV há dez anos poderia ser de miséria e desolação. "Seu logo e bens de couro estão disponíveis em qualquer mercado de rua na Tailândia e na China", "Você está acabada — o logo está se tornando lugar-comum" ou "Você foi afetada por produtos falsificados, como vai se diversificar para manter seus consumidores de nicho de luxo felizes?"

A maneira como você idealiza o que observa diz muito sobre sua orientação. É apropriado para os coaches lembrar que, nos negócios, o feedback muitas vezes é apenas uma opinião baseada em um conjunto de filtros. Os consultores da LV com certeza ganharam alguns cabelos brancos pensando sobre a questão da falsificação e os riscos associados para a marca; no entanto, a estratégia-chave parece ter sido dominar o mercado de alto luxo. É bizarro e brilhante perceber que, em um mundo onde a venda de malas leves com rodas está em crescimento, a LV está vendendo um luxuoso baú de couro por US$250 mil.

O papel do coach em ajudar os líderes empresariais a desenvolver e refazer suas histórias exige dar um passo à frente e esticar um pouco o pescoço. Como coach, você deve fazer perguntas difíceis para ajudar os clientes a visualizar estratégias alternativas para suas empresas e, às vezes, ajudá-los a mudar a história. Esta pode ser uma das coisas mais poderosas em que os coaches ajudam os clientes: atualizar sua história, ser coerente e criar uma base criadora de narrativas.

NESTE CAPÍTULO

» Vendo a empresa como é

» Definindo os elementos da empresa

» Entendendo complexidade e estratégia

» Criando confiança na relação de mentoria

» Mantendo o limite entre mentoria e aconselhamento

Capítulo **9**

Ajudando Clientes a Avaliar Objetivamente Suas Empresas

Ginni Rometty, a primeira mulher CEO e presidente da IBM, conta uma história de sucesso e associa seu êxito a aprender e assumir riscos. Ela os descreve como um grande aprendizado; fora da zona de conforto, isso a manteve atualizada e em forma. Ela diz: "Certa vez, disseram-me que crescimento e conforto não coexistem. E eu acho que esse é um lembrete excelente."

Nós também achamos isso, pois líderes bem-sucedidos não se criam a distância, observando os outros. Criam-se ao lidar com a complexidade e a incerteza, e, de certa maneira, sabem que ser capaz de trabalhar com ambiguidade é o verdadeiro desafio de um estrategista.

Sem um alto nível de ambiguidade e um elemento de risco, poucas estratégias e táticas são necessárias. A necessidade de coordenação de recursos para o gerenciamento de tarefas e resultados é clara, mas isso pode ser feito no nível operacional. Crescimento e desenvolvimento empresarial acontecem quando os líderes sabem que os alicerces da companhia são sólidos o suficiente para suportar riscos. Então, enquanto os líderes estão passando por ambiguidades, os mais espertos já sabem que seus tapetes não serão puxados. Eles têm um alto nível de confiança na sua base.

Neste capítulo, vemos como ajudar clientes a ter uma visão objetiva de suas empresas e destacamos algumas técnicas que os mentores usam para ajudar os líderes a criar empresas bem-sucedidas.

Testando os Alicerces da Empresa

Faça a mentoria do cliente para que ele descubra como "observar" a empresa, tão imparcial e friamente quanto possível. Ao fazer isso, você o ajuda a desenvolver a perspectiva estratégica e trabalhar *a* empresa, em vez de *na* empresa, observando a imagem que apresenta em toda a sua complexidade.

Assim como uma casa, se o alicerce de uma corporação não é sólido, um dia — geralmente, sem aviso-prévio —, o lugar pode desabar. Em vez de um tornado ou furacão derrubando sua empresa, é mais provável que sejam bancos, destruidores de ativos ou credores apontados pelo tribunal, e eles não terão problemas em analisar a empresa com frieza. Se você é dono de um negócio ou líder executivo responsável por ajudar a manter o lugar de pé, é preciso saber como realizar essa tarefa por conta própria.

Aplicando o Pensamento Estratégico

Você deve saber que existe uma diferença significativa entre pensamento no nível de tarefa e pensamento estratégico. Infelizmente, segundo nossa experiência, muitos líderes que acreditam ser altamente estratégicos não o são. Na verdade, são muito bons no *pensamento no nível de tarefa*, ou seja, em lidar e delegar tarefas. São ótimos, e até brilhantes, em gerenciar tarefas complicadas ou conduzir um grande volume de atividades na empresa.

Pensamento estratégico e liderança estratégica significam lidar com a complexidade que perpassa a empresa horizontal e verticalmente. O pensamento estratégico é multidimensional: é mais como Neo e Morpheus enfrentando Matrix do que Frodo e Gandalf procurando um anel na Terra Média.

De maneira resumida, *estratégia* é a direção da viagem que uma organização planeja em longo prazo. Está relacionada a como a organização cria vantagem no mercado em que opera e organiza seus recursos. Algumas questões que um mentor deve trabalhar com um líder estão no nível estratégico, que um investidor em potencial pondera ao considerar investir.

Os executivos possuem:

» A distribuição adequada de competências para oferecer a missão e a visão?

» A confiança de investidores e diretores não executivos do conselho?

» O foco estratégico no panorama?

» A habilidade de liderar proativamente, gerir recursos e conquistar seguidores que farão o mesmo?

» A ambição de atingir resultados?

Os executivos entendem:

» O mercado?

» O setor e a oferta do produto?

» As normas culturais em sua área de negócios nos mercados em que operam?

Os executivos conseguem:

» Antecipar tendências econômicas e a maneira como impactam o setor e, especificamente, a empresa?

» Traduzir a intenção estratégica em resultados e objetivos realizáveis no nível organizacional?

» Pensar e agir estrategicamente?

» Identificar tendências e entender sua importância (conseguem ver acima e além)?

» Lidar com consequências não esperadas e assumir riscos?

» Tomar decisões em conformidade com as tendências antecipadas e a estratégia identificada?

» Definir visão, missão e valores claros e coerentes?

EXEMPLO

AVALIANDO A SITUAÇÃO ANTES DE DESENVOLVER UM PLANO

Escalas são usadas para ajudar clientes a ver a lacuna entre a realidade da situação atual e as ações necessárias para buscar o resultado desejado. Este exemplo mostra o primeiro passo. Após atingi-lo, continue trabalhando no processo até que todos os passos tenham sido explorados e o cliente tenha definido um conjunto de ações sequenciais.

Mentor: Então, em uma escala de um a dez, onde você acha que está em relação à compreensão do seu setor e produtos?

Cliente: Bem, eu entendo muito bem o setor de produtos biotecnológicos. Estou nele há 25 anos, mas não entendo bem todos os produtos que vendemos, apenas aqueles que minha empresa trouxe conosco na fusão.

Mentor: Então, em uma escala de um a dez, onde você está em relação a isso?

Cliente: Sete.

Mentor: Deixe que eu compartilhe minha experiência em compreender os produtos de uma empresa que adquiri e a maneira como lidei com isso durante o primeiro ano...

Cliente: Consigo ver que alguns desses elementos se aplicariam aqui. Preciso falar com os gerentes operacionais da empresa incorporada.

Mentor: Que posição da escala você gostaria de alcançar durante os próximos seis meses?

Cliente: Gostaria de estar totalmente familiarizado com os produtos, conhecer suas funcionalidades e para quais segmentos de consumidores os vendemos. Gostaria de saber que receitas são criadas e como obtemos alinhamento de produtos pós-fusão; como aumentamos a receita, oferecendo mais ao mercado; como vendemos adicionais com combinações específicas de produtos. Gostaria de conhecer detalhadamente a estratégia de Ashley a respeito disso. Quero chegar a nove.

Mentor: Você enumerou uma excelente lista do que gostaria de entender e de quem gostaria de receber instruções. Como exatamente pode atingir isso, em sua opinião? O que está entre o sete e o nove para você?

> **Cliente:** Preciso me acertar com a equipe de produtos e armazenagem, em particular. Devo passar um dia com cada uma delas no próximo mês e trabalhar junto com Geoff. Gostaria de ver os fluxos de trabalho em operação, e quero falar com Jacqui para analisar todos os dados de clientes desses produtos e, talvez, ver algumas reuniões do grupo de foco. Na verdade, devo ligar para alguns clientes de alto valor para ouvir o que eles têm a dizer. Acho que devo ir à conferência de fornecimento também, para melhorar minha imagem com os especialistas em produtos do setor. Sou mais conhecido nos setores de design de produto e marketing.
>
> **Mentor:** Mais algum detalhe? Devo reiterar que falei sobre engajar a equipe na geração de ideias para as sinergias de produtos e inovação em relação a novos produtos ou adaptação?
>
> **Cliente:** Sim. Acho que farei isso depois dessa preparação. Essa seria a diferença para mim entre nove e dez. Vou pedir a Geoff que crie um processo para compartilhar e testar ideias, como você mencionou.
>
> **Mentor:** Certo, vamos recapitular o que você vai fazer, em geral, e depois me diga qual será seu primeiro passo.

DICA

Peça que seus clientes se classifiquem, usando uma escala de um a dez, em cada um desses fatores. Então, divida com eles sua experiência e conhecimento em cada área. Compartilhe o que fez para se desenvolver em cada setor, onde obteve sucesso e onde fracassou.

Ajude o cliente a desenvolver a própria atividade planejada para aprimorar suas habilidades, conhecimentos e experiência nessas dimensões. Você encontra uma síntese para um plano de aprendizado de mentoria no Capítulo 6 (ou fique à vontade para criar o seu). Trabalhe com seus clientes para ajudá-los a enxergar a lacuna entre onde estão na escala, onde gostariam de estar e o que é necessário para que cheguem lá.

Então, peça para que identifiquem e resumam o primeiro passo. Faça o mesmo para cada área em que os clientes sintam que há necessidade de desenvolvimento e trace um panorama para identificar como lidar com o plano de desenvolvimento completo e verificar se é realista.

DICA

Faça o cliente desenhar uma escala para cada elemento. Do lado esquerdo de uma folha de papel, coloque as áreas a desenvolver. Numere o lado oposto de um até dez. Ao prosseguir, peça que avaliem sua posição na escala. Marque o ponto atual e o desejado para cada elemento e escreva as ações necessárias entre os dois. O cliente criará um registro visual das ações, visualizará os elementos em seu programa de desenvolvimento e rapidamente identificará quaisquer sobreposições, fazendo ajustes antes de determinar os primeiros passos.

Simplificando o Complicado

Como mentor, você deve ajudar o líder a enxergar sua empresa de maneira objetiva; observá-la como se estivesse fora, não nela. Nesta seção, mostraremos como.

Usando um quadro para passear pela empresa

Há muitos quadros empresariais disponíveis. Os formatos de níveis lógicos no Capítulo 10 funcionam bem aqui. No nível mais simples, você pode trabalhar com um plano empresarial para avaliar se tudo foi bem pensado e claramente articulado.

LEMBRE-SE

Seu objetivo como mentor é ajudar o cliente a refletir sobre a empresa e descrevê-la, falando sobre ela em voz alta. Então, explore seu conhecimento acerca de liderança para saber o que precisa ser revisto, ajustado ou radicalmente mudado. Encoraje o cliente a usar e desenvolver uma estratégia de pensamento "focado", de maneira que evite tarefas dispersivas que o façam demorar a identificar uma série apropriada de ações, acarretando em ações fragmentadas.

Se trabalhar no local e considerar interessante caminhar pela empresa com o cliente, tente isso também. Certa vez, Maria fez com que um CEO andasse pelo prédio com ela para uma "inspeção" e, na entrada de cada departamento, perguntava-lhe: "O que oferecem aqui, e como é o relacionamento entre as pessoas deste andar? O que você percebe, e como é estar aqui?" Você ficaria surpreso com o quanto ele sabia em relação a seis andares, e mais surpreso ainda com o que não sabia.

Ele conhecia bem o trabalho artístico, as renovações e os ajustes que foram feitos na estrutura do prédio. Sabia onde os departamentos estavam e os nomes de algumas equipes, mas não sabia quais funções estavam relacionadas ou quem as liderava. Sentia que era um bom ambiente para trabalhar e que a equipe parecia se dedicar. O que não via era que, conforme entrava em cada área do prédio, todos os funcionários olhavam para suas mesas e ninguém fazia contato visual ou o cumprimentava. Quando foram feitas algumas perguntas para ajudá-lo a enxergar além das impressões superficiais, ele percebeu que havia falhas em sua compreensão das funções multidisciplinares exercidas pelos funcionários e onde tinha dificuldade em se conectar com os mais jovens. Isso se tornou parte de seus objetivos de coaching.

DICA

Caminhar e idealizar a perspectiva das pessoas trabalhando, o clima do prédio, as paredes com detalhes e artefatos, enriquece o diálogo com o cliente. É mais fácil que ele perceba o que precisa mudar ao caminhar pelo lugar, principalmente se o líder não aparece muito.

Trabalhando com uma lupa

Use a matriz de fatores organizacionais na Figura 9-1 para, metaforicamente, passear pela organização e ajudar seu cliente a analisar a empresa. Você pode usar as questões de exemplo ou desenvolver as próprias, dependendo da empresa. Trate este exercício como uma descoberta e tenha cuidado para não questionar demais; caso contrário, parecerá um interrogatório.

Fatores organizacionais

Governança	Qualidade e monitoramento	Cultura	Estratégia
Finanças	Receita	Despesas	Gerenciamento de caixa
Pessoal	Consumidores	Equipe	Interessados
Marketing	Produto	Preço	Vendas e distribuição
Análise	Consumidor	Mercado	Concorrência

© John Wiley & Sons, Inc.

FIGURA 9-1: Matriz de fatores organizacionais.

DICA

Você pode caminhar pela empresa no sentido literal. Coloque cartões no chão com as palavras-chave do quadro que estiver usando. Ao lidar com cada elemento, peça ao cliente que fique sobre o cartão enquanto responde. Ajude-o a relaxar e desenvolver uma visão panorâmica, pois assim é possível pensar de maneira mais ampla e fica mais fácil lidar com questões mais complexas.

Neste exercício, você verifica se o cliente consegue usar uma informação objetiva para enxergar a realidade de sua empresa com clareza.

DICA

1. **Peça ao cliente para se sentar, em silêncio, por dois ou três minutos, respirar pelo diafragma, apenas focar a respiração e desacelerá-la.**

   Fechar os olhos pode ajudar.

2. **Peça que ele imagine ser a lente de uma lupa, observando a empresa com uma visão panorâmica dos diferentes aspectos sob uma nova perspectiva, para avaliar o que está funcionando bem e o que precisa de atenção.**

3. **Peça que ele entre (física ou mentalmente) no espaço de análise empresarial e marketing de produto, e responda as seguintes questões:**

- **O que você está vendendo?** Essa pergunta refere-se não apenas ao produto (por exemplo, um creme facial para homens), mas à proposta de valor. A resposta deve conter o problema que pretende resolver (hidrata a pele, reduzindo a barba recém-crescida e a irritação) e o que significa para o consumidor (pele lisa como de neném, tornando-a tão irresistível que toda mulher que encontrar pelo caminho vai querer beijar seu rosto).

- **Como comercializa?** Você vende sob uma marca, ou várias? Como impulsiona o produto? Publicidade, feiras promocionais; onde e para quem?

- **Como o vende e distribui?** Como o produto chega ao consumidor, e isso é eficiente? Você vende para outra empresa ou diretamente ao consumidor? Como é vendido? Online, venda avulsa ou ambos? Como encontra os consumidores — através de uma equipe de vendas, publicidade, via parceira de produtos? O produto é vendido sozinho ou com outro item? Como é distribuído? Quais métodos de transporte são usados? Direto ou através de um distribuidor terceirizado? Onde você mantém o estoque, ou o produto é feito sob demanda?

- **Como o precifica?** Qual é sua estratégia de preço? Com qual margem trabalha? Quais custos precisam ser incluídos no preço? Qual volume de produto você precisa vender? Você dá descontos? Prefere destruir produtos, em vez de dar descontos, para manter o preço? Vende com preços diferentes para diferentes grupos de consumidores? Em qual moeda negocia? Quais fatores impactam o preço e, daí, influenciam onde o produto é produzido, armazenado e distribuído?

- **Onde está sua pesquisa e desenvolvimento?** Fez o dever de casa? Esse é um problema identificado? (Quantos homens no mercado em que você está estão preocupados com a pele, barba crescida e irritação ao se barbearem?) Há uma brecha no mercado para seu produto ou espaço para capturar os compradores existentes da concorrência? O que a concorrência faz no mercado? Você pode fazer melhor ou mais barato para um grupo consumidor existente, ou há potencial não explorado no mercado para um segmento diferente? Consegue criar um produto com valor mais alto ou o mesmo valor, mas com melhor embalagem e canais de distribuição, visando consumidores de valor mais alto no mercado de produtos de luxo, por exemplo? Pode assegurar uma margem decente dados seus custos? É um produto que as pessoas querem comprar?

4. **Peça-lhe para entrar (física ou mentalmente) no espaço onde as pessoas impactam e contribuem com a empresa, e responder às seguintes perguntas:**

- **Quem está envolvido na empresa?** Quem são os interessados? Quais funções ocupam? Como você gerencia as relações com seus investidores e os mantém a bordo? Se tiver diretores não executivos, como utiliza sua expertise e conhecimento? Como se relaciona com seu banco, seguradora, contadores, consultores jurídicos e daí em diante? Há um ciclo natural de comunicação com eles?

- **Como você lidera seu pessoal?** Qual equipe você emprega ou com quais terceiros trabalha? Qual é a mistura de habilidades e conhecimento na empresa? Qual é a estrutura? Como atrai, desenvolve e retém talentos? Quais políticas e procedimentos existem para gerir pessoas e assegurar que elas tenham condições de trabalho seguras, e que suas obrigações como empregador sejam cumpridas? Qual cultura está criando com seu pessoal?

- **Como você se relaciona com os consumidores?** Quem são seus principais consumidores e quem consome o produto? Como você se comunica com eles? Você usa ofertas em mídias sociais, telefone ou online? Como envolve os consumidores no feedback sobre seus produtos e desenvolvimento de produto? Usa grupos de foco ou painéis de produtos?

5. **Direcione-o a entrar (física ou mentalmente) em um espaço onde possa imaginar cifrões e voltar sua atenção aos aspectos financeiros da empresa, e responder às seguintes perguntas:**

- **Quais fluxos de receita há na empresa?** Há vários produtos? Quais produtos geram mais receita? Quais produtos geram mais receita quando combinados ou partilhados com outro vendedor? Quais produtos geram receita estável e uniforme, e como você cuida desses fluxos?

- **Do que são feitos seus custos?** Quais são os custos centrais e quais são os variáveis? Como você controla os custos da empresa? Quais controles são adotados para assegurar que o desperdício seja minimizado? Quais controles existem em termos de número de detentores do orçamento e autoridades de aprovação?

- **Qual é a estrutura financeira e legal da empresa?** Quais acordos de empréstimos, ativos de capital e participação existem? Qual forma a empresa adota e onde estão os riscos na empresa que podem precisar de acordos legais, ou outros, para proteger seus ativos, como acordos de propriedade intelectual ou confidencialidade?

- **Como você assegura que não ficará sem caixa?** Quem monitora os números diariamente na empresa? Quais processos você adota para o faturamento, cobrança e recuperação de débitos? Com que rapidez suas vendas geram receita versus fluxo de despesas da empresa? Que tipo de juros você paga em saques a descoberto, e quais lucros recebe em dinheiro em sua conta bancária? Se estiver lidando com moedas estrangeiras, como gerencia esses fluxos de receita e despesas conforme as moedas flutuam? Como mantém a reserva de caixa? Se a empresa está crescendo, como você gerencia a entrada de caixa em uma taxa que suporte o aumento de vendas de produtos e as despesas para financiá-los?

CAPÍTULO 9 **Ajudando Clientes a Avaliar Objetivamente Suas Empresas** 197

6. **Direcione-o a entrar (física ou mentalmente) em um espaço onde possa imaginar e voltar sua atenção para os aspectos de governança da empresa, e responder às seguintes perguntas:**

- **Como a responsabilidade funciona?** Como a diretoria responsabiliza a equipe executiva? Quais medidas de qualidade (indicadores-chave de desempenho [KPIs], registros de risco, medidas de governança, tais como, regulação e auditoria externa) são adotadas para sua diretoria? Como a equipe executiva responsabiliza a gestão operacional pelos objetivos e por avaliar a qualidade do trabalho, dos produtos e da liderança? Quais práticas éticas são adotadas? Quais padrões são caros para você? Como as expectativas são comunicadas e passadas na organização?

- **Que tipo de cultura você cria?** Quais histórias as pessoas contam na organização? Seu ambiente de trabalho e os espaços onde recebe seus interessados combinam com a imagem de marca que você quer criar? Há clareza para o pessoal sobre "como fazemos as coisas aqui" e eles sabem como se locomover na organização para conseguir o que precisam? Os sistemas e controles que existem combinam os valores articulados e a visão da organização? Está óbvio onde ficam o poder e a tomada de decisões, e as pessoas os usam adequadamente?

- **As estratégias e táticas são projetadas para conseguir os resultados que você quer?** Há acordo sobre as principais estratégias entre a diretoria e a equipe executiva? As táticas acordadas (miniestratégias) se alinham? Há um senso de coerência organizacional? Isso agrega?

7. **Peça ao cliente para resumir o que percebeu: "O que funciona na organização, horizontal e verticalmente? Destaque o que precisa de sua atenção. O que precisa da atenção dos outros interessados?"**

Você pode compartilhar um pouco de sua experiência em lidar com questões-chave que precisam de atenção. Ajude seu cliente a pensar em como ele pode utilizar sua experiência compartilhada para gerar ideias e melhorar a própria imagem estratégica. Descubra o que ele precisa fazer mais ou menos, como pode traduzir um pouco do que você compartilhou e adaptar à própria situação empresarial. Ajude-o a desenvolver seu plano de ação.

Nesse processo, como mentor, você se pergunta: meu cliente fez a análise a fim de verificar se tem algo que as pessoas querem comprar e se há espaço para isso no mercado atual, ou se ele pode criar um? As relações estão sendo bem geridas e a empresa pensa sobre isso proativamente? As finanças parecem saudáveis e há um monitoramento para assegurar que o fluxo de dinheiro cubra os custos de comandar a empresa, deixar caixa suficiente e criar o retorno exigido? Os riscos são gerenciados e há espaço para inovar e aproveitar a oportunidade, caso surjam? Há arranjos adotados e suficientes para assegurar que a empresa seja bem gerenciada? No geral, a empresa se apresenta de forma coerente?

DONOS DE EMPRESA

Se for dono de empresa, tenha em mente que o coach ou mentor não está lá para comandar a empresa para você, fazer as ligações difíceis, resgatá-lo ou mesmo dar uma solução milagrosa. Esteja disposto a ouvir, aprender, experimentar, ser desafiado. Uma boa orientação vai extrair de você percepções e opções que talvez estivessem ocultas. Mas ainda é responsabilidade sua avaliar, decidir e agir.

Determinando Onde o Melhor Trabalho de Mentoria Começa e Termina

Há um risco aparente para a mentoria de estratégia e avaliação de empresas, em particular para aqueles que já lideraram, com ou sem sucesso, como dono ou executivo. O problema da opinião se infiltra disfarçado de feedback. Cuidado com essa situação, pois os mentores podem transferir involuntariamente suas frustrações empresariais não resolvidas ou orientação anteriormente dominada pelo risco identificando-se exageradamente com a empresa do cliente. Você sabe que atingiu esse ponto quando se ouve dizer: "Se eu fosse você...", ou, "Você deveria..." Reconheça que parou de usar suas ferramentas de coaching para ajudar o cliente a tomar o próprio caminho e involuntariamente caiu no consultor empresarial. Perceba isso e se corrija.

DICA

Se não entende a distinção entre consultor empresarial e mentor, pode ler sobre ela no Capítulo 1. Caso esteja aconselhando mais do que orientando, deve considerar desenvolver mais suas ferramentas de coaching.

Desenvolvendo Confiança e Avaliação Honesta com o Feedback

As empresas nunca estiveram tão publicamente expostas quanto hoje. A oportunidade de dar feedback em tempo real ao consumidor nas mídias sociais está sempre presente. Às vezes, os líderes precisam de suporte através do processo de coaching e mentoria para se adaptar a essa realidade, pois fracassar nisso compromete seriamente o sucesso tanto da empresa quanto pessoal.

CUIDADO

Tome cuidado com as palavras. Não é adequado dar um feedback muito enfático a um cliente do que observou sobre ele e sua organização na primeira sessão. Fazer isso cria certa atitude defensiva em um período no qual se busca construir confiança. **Lembre-se:** Os negócios são altamente pessoais; fundador, CEO, líderes, membros da diretoria e funcionários leais, todos estão financeira e emocionalmente envolvidos nisso. Assim, dê o feedback em um estilo de coaching para ajudá-lo a ter uma visão alternativa.

A diferença está entre

> Esse plano empresarial é péssimo. Não admira que ninguém além de sua equipe imediata entenda o que deve fazer.

e

> Me pergunto se você tem alguma ideia sobre por que sua equipe de operações, grupo financeiro e equipe de vendas têm tido dificuldade para articular como suas atividades mensais se relacionam ao plano empresarial.

Se seguir insistindo e ele ainda não entender, tente dar um exemplo de algo similar da própria experiência e pergunte ao cliente como a história se relaciona com sua situação atual. De forma alternativa, você pode lhe dar um feedback cuidadoso depois de perguntar: "Posso oferecer feedback?"

Encorajando clientes a se tornar receptivos ao feedback regular

A liderança de questões-chave é uma trama organizacional que faz ou desfaz um negócio. Sua resposta ao feedback negativo pode sumir com os pontos percentuais do valor das ações do dia para a noite. Os líderes que negligenciam as críticas e enxergam o feedback como crítica pessoal precisam se perguntar se estão sentados no lugar certo.

Ajudar os líderes empresariais a receber feedback, agradecer com sinceridade aos interessados por seus comentários e agir de acordo com aqueles que apontam os erros é um diferencial real na empresa. Exige uma habilidade legítima em ajudar seu cliente a superar suposições, distorções e generalizações; despersonalizar-se e considerar qual mensagem ou história ele deseja oferecer em resposta.

Usando feedback para avançar

Há muita diferença entre um líder que foca basicamente a informação em tempo real da companhia e aquele que foca a análise histórica.

Em alguns setores, tais como a indústria de lazer e entretenimento, os bônus das pessoas se ligam a quantas curtidas positivas no Twitter e no Facebook recebem por seus negócios. Departamentos inteiros são dedicados a oferecer resposta ao consumidor sobre questões levantadas em tempo real nas mídias sociais. Esses dados oferecem um rico potencial para histórias. Pode ser útil para os líderes perguntar o que está chegando em tempo real e experimentar a jornada do consumidor conforme ela se desenrola, em vez de fazer um retrospecto. Com um tratamento cuidadoso, uma empresa promove uma ação corretiva e mitiga o risco de publicidade adversa rapidamente.

LEMBRE-SE

Em geral, um foco na experiência em tempo real dos interessados indica um desejo de encontrar soluções rápidas e mitigar os riscos atuais, e um olhar em retrospectiva sugere o foco ao identificar como evitar situações parecidas no futuro. Os grandes líderes prestam atenção nos dois.

Ajudar um líder a desenvolver a história futura que ele conta, prestando atenção em sua visão e nas sequências de histórias anteriores, em vez de somente reagir ao feedback atual, é um papel importante em coaching e mentoria. Às vezes, um coach ou mentor é o único observador objetivo que pode ajudar um líder empresarial a manter os pés no chão e a perspectiva. Pode ser válido dar suporte a um cliente para considerar como ele quer que sua resposta seja entendida pelos outros e reservar espaço para ele nesse lugar até que consiga agir.

Aprendendo com o Espetacular Sucesso dos Outros

Nunca subestime o poder do *modelo*, ou seja, identificar o que a pessoa faz, por que faz aquilo e como. Em coaching e mentoria, você ajuda seus clientes mostrando como imitar qualidades, comportamentos, postura e estratégias de pensamento de um empreendedor bem-sucedido com os quais querem se identificar. Por não poderem fazer perguntas diretamente para a pessoa que desejam imitar, essa atividade é um tipo de minimodelo, no qual realmente precisam usar sua imaginação.

Quando as crianças são pequenas, seus pais jogam as sementes dessa técnica ao encorajarem elas a brincar com a imaginação. Se seu cliente já imaginou que era outra pessoa quando criança, ele também pode descobrir como "ser um sucesso" facilmente agora. Ele não precisa reinventar o sucesso com tentativa e erro, pode se identificar com uma pessoa ou duas bem-sucedidas e descobrir como fazer o que fazem, agir como agem e pensar como pensam. Se seu cliente já brincou assim antes quando criança, é meio caminho andado.

Mentoria em uma Pequena Organização

Nem todo mundo recebe mentoria dentro de uma grande organização ou tem consultores de peso a quem recorrer. Se estiver fazendo mentoria em uma pequena organização, use uma técnica chamada de "criando sua equipe virtual de gênios". (Você também pode usar essa atividade em uma organização maior.)

Como mentor, você trabalha com seu cliente no processo. Verifique se há caneta e papel por perto.

1. **Considere quais qualidades você gostaria de ter e não tem nesse momento, e crie uma lista ou mapa mental delas.**

Um *mapa mental* é apenas um desenho de imagens ou círculos nomeando qualidades-chave com uma série de subelementos que fluem a partir deles.

2. **Quando tiver sua lista, relaxe, volte-se para dentro e faça a si mesmo uma pergunta simples: "Quem você conhece ou admira nos negócios que já tem essas qualidades? Escolha alguém cujo trabalho você conheça e entenda, alguém que admire e veja como modelo. Diga seu nome."**

3. **Seja claro sobre o que deseja imitar nessa pessoa.**

Seja muito específico.

4. **Imagine que a pessoa esteja em sua diretoria ou faz parte de sua equipe de consultores dos sonhos, seja específico sobre o papel que você gostaria que ela tivesse e com o que gostaria que colaborasse.**

Você a pode imaginar como um potencial investidor em sua empresa, por exemplo.

5. **Imagine que você *é* essa pessoa.**

Imagine que está dentro do corpo dela e tem o potencial de toda a experiência e pensamentos dela à sua disposição. Use a imaginação para ver o mundo através dos olhos dela. Imagine que você tem a compleição da pessoa e é ela de verdade (como fazia com seus personagens favoritos quando era criança).

6. **Faça sua pergunta. Seja qual for a ajuda que deseja, pergunte.**

Você pode dizer algo do tipo: "Como estou no corpo do Roberto Justus, quero saber como criar uma empresa nos próximos cinco a dez anos na qual ele gostaria de investir. O que eu buscaria se fosse o Roberto Justus? O que eu buscaria na história da empresa nos primeiros cinco a dez anos?"

Perceba o que surge na resposta que você recebe.

7. **Continue explorando mais a fundo.**

Pergunte o que, especificamente, ele faria para monitorar a empresa. O que buscaria nos resultados que você atingiu, talvez na forma como o preço das ações variou? O que ele buscaria na equipe de gerência? Nos produtos? O que o faria dizer sim para investir?

Você não necessariamente procura ligar para Justus amanhã. Procura replicar o que ele veria na empresa. Você tem uma imagem elaborada e algumas ideias.

8. **Siga com a exploração enquanto estiver conseguindo dados e percepções.**

    Quem mais você gostaria de ter em sua diretoria virtual? Se quiser criar uma marca de sucesso, poderia ligar para Jo Malone.

9. **Faça o processo de novo, seguindo os passos.**

    Seu mapa mental sobre ser Jo Malone e criatividade no desenvolvimento de marca deve ser parecido com o da Figura 9-2.

10. **Quando trouxer à tona todas as qualidades que busca, considere como pode aplicá-las em seu contexto.**

    Divirta-se!

LEMBRE-SE

As pessoas usam suas qualidades para que todos as vejam e demonstrem através de valores, comportamentos e do que observam. Avaliar uma empresa é observar se ela é sólida, coerente e faz o que diz. Um pouco parecido com um líder organizacional que é firme e coerente. Os líderes bem-sucedidos criam organizações bem-sucedidas. É um fato. Não subestime o valor de trabalhar a si mesmo e sua imagem enquanto atua na empresa.

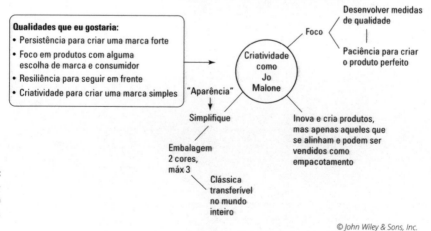

FIGURA 9-2: Um exemplo de mapa mental.

SEJA VERDADEIRO COM AS QUALIDADES PELAS QUAIS QUER SER CONHECIDO

Shirley Chisholm fez história tornando-se a primeira parlamentar afro-americana, nos anos 1960. Ela foi indicada ao Departamento Florestal e pediu para ser transferida (incomum para alguém recém-indicada ao Congresso questionar o cargo que lhe foi oferecido). Ela recebeu uma pasta muito mais interessante no Departamento de Assuntos de Veteranos. Chisholm foi a primeira candidata afro-americana de um grande partido a concorrer à nomeação do Partido Democrata para a presidência, em 1972. Ela serviu à Câmara dos Representantes norte-americana por sete mandatos, o que foi um recorde na época.

Ela escreveu um livro intitulado *Unbought and Unbossed* (sem publicação no Brasil). Uma surpresa? Não.

NESTE CAPÍTULO

» Desenvolvendo consonância e confiança em você e na empresa

» Sendo claro sobre o que você quer

» Usando ferramentas para definir e refinar sua proposta de negócios

Capítulo **10**

Desenvolvendo Visão, Missão e Valores

S eria ótimo se palavras como *missão* e *visão* pudessem ser substituídas por frases inteiras, como: "Por que você está aqui?" e "Para onde sua ambição quer nos levar depois?" Esse tipo de linguagem cotidiana torna toda a parte de planejamento e estratégia muito mais convidativa. Significaria que poderíamos o fazer sem precisar de explicações, definições e reinvenção dessa terminologia em particular. Os clientes estariam menos propensos a confundir e misturar missão com visão.

Coaching significa ajudar os clientes a encontrar clareza. Desenvolver e descrever uma proposta de negócios que faça sentido e se alinhe com o que a empresa deseja oferecer é uma área na qual um bom coach pode usar suas ferramentas e agregar valor real.

Alinhando Quem Você É com a Empresa em que Está

Negócios são pessoais. Donos de empresas, líderes e coaches fazem o que fazem porque atendem a uma necessidade. Quando essa necessidade não é atendida, eles ficam desmotivados, seu desempenho sofre e a empresa é afetada. O alinhamento de suas necessidades e desejos com a maneira como os negócios são feitos às vezes é negligenciado. Quando isso acontece, essas pessoas criam e comandam as empresas como se fossem algo exterior a elas, algo "fora" e dissociado.

As pessoas ficam confusas com a noção de equilíbrio entre trabalho e vida pessoal, como se fosse algo que exige separar suas identidades pessoal e profissional. Na verdade, isso não corresponde à realidade.

Encorajamos você a colocar toda a sua pessoa no trabalho. Se for o dono, fazer isso provavelmente será fácil; você criou a empresa, e ela reflete seus valores e propósitos. Para os líderes empregados na empresa e coaches, significa uma escolha. Escolher onde trabalhar e com quem é mais proveitoso quando se escolhe estar em organizações que se alinham a seus valores e desejos.

Revelando o que É Realmente Importante

As pessoas muitas vezes confundem os termos *declaração de missão*, *declaração de visão* e *valores*. Verifique se entende a diferença para ajudar seus clientes a entender a diferença e ver o valor que você agrega como coach.

- » **Declaração de missão:** Define o propósito da organização e, às vezes, a abordagem usada para atingi-lo.
- » **Declaração de visão:** É uma aspiração, uma articulação do futuro desejado da companhia.
- » **Valores:** São as qualidades comportamentais que a organização preconiza. Definem padrões de conduta para os envolvidos na empresa.

É possível enxergar a articulação de visão, missão e valores como uma ferramenta gerencial exigida para o relatório anual ou como ferramentas-chave de liderança que arregimentam seguidores. São um indicador de propósito e paixão, uma explicação que inspira as pessoas a aparecer para trabalhar todos os dias e seus consumidores a comprar.

Definindo o como e o porquê de sua empresa

Ter uma visão e uma missão não é opcional. Será difícil vender os benefícios do que faz sem os declarar explicitamente e com paixão. Você precisa se vender para os interessados atuais e futuros; em particular, os investidores e a equipe. Se as pessoas não puderem ver os benefícios, será difícil investir seu dinheiro ou dedicar seu tempo.

É difícil confiar na liderança de alguém que não tem convicção sobre seu propósito, ou só mostra foco e entusiasmo às vezes.

— SEBASTIAN COE, PRESIDENTE, ASSOCIAÇÃO INTERNACIONAL DAS FEDERAÇÕES DE ATLETISMO

Em geral, as declarações de missão e visão são combinadas e, às vezes, usadas de forma alternada. Isso não importa muito, contanto que você articule o porquê e o como de sua empresa com clareza.

» **A missão descreve o propósito central por trás da companhia, que não muda muito com o tempo.** Articula por que a empresa existe; aplica-se a toda a organização; é clara, atraente e fácil de reter e repetir para os outros; e alinha-se com os valores da organização.

» **A visão trata do porquê e como da empresa.** Trata da entrega da missão. Define o que a empresa busca oferecer em uma pequena declaração.

» **Os valores são um "como" da entrega da visão.** Eles fornecem uma direção de viagem e fundamentam a geração e o planejamento da estratégia.

Os interessados olham a missão e visão; os potenciais investidores olham para elas para decidir se investem ou não; e as pessoas decidem se candidatar ou não nas organizações com base em como se sentem sobre as declarações que são feitas. Você está convencendo pessoas a acreditar em você e na empresa, e é importante que elas entendam certo.

Evitando que a história o pare

Muitos donos de empresa se saem bem nos negócios porque querem provar algo para os outros e para si mesmos. Estão escapando de algo que têm medo, ou cometeram erros, viraram a página e querem fazer a diferença. Algumas pessoas cresceram em empresas familiares e escolheram fazer algo diferente, ou querem comandar a empresa da família de forma distinta. Algumas pessoas entram no mundo empresarial com uma longa história familiar corporativa e outras são pioneiras no negócio.

IGNORE SUA DECLARAÇÃO DE MISSÃO E VALORES POR SUA CONTA E RISCO

A Lehman Brothers era uma companhia de 158 anos quando declarou falência, em 2008. A companhia foi fundada antes da Guerra Civil. Sobreviveu à Grande Depressão e a duas guerras mundiais; resistiu a condições econômicas que teriam acabado com a maioria das empresas, então, veio a crise imobiliária e de hipotecas de 2008. O que deu errado?

As pessoas no topo perderam de vista sua declaração de missão e valores. As decisões e ações comerciais que tomaram não estavam alinhadas com seus valores e eles perderam a direção. As declarações só são válidas se todas as ações tomadas estiverem alinhadas com elas; caso contrário, acabam sendo apenas frases bonitas em catálogos corporativos ou placas nas paredes da diretoria.

De onde quer que comece, o coaching muitas vezes se destina a ajudar donos e líderes a deixar as limitações de seu pensamento nada útil para trás. O coaching muitas vezes lida com crenças limitadoras sobre o que os clientes acham que não são capazes ou os ajuda a ver que para expandir ou mudar uma empresa precisam desafiar o próprio pensamento. Ajude-os a questionar o que as outras pessoas esperam deles e o que querem e esperam de si mesmos.

Verificando seu *locus* de controle

Todos temos um *locus de controle*, ou seja, um conjunto de crenças sobre onde se encontra o controle em relação a nós mesmos. Acreditamos que o que acontece conosco é basicamente investido e determinado pelos outros (*locus* de controle externo) ou acreditamos que estamos onde estamos principalmente por nossos próprios esforços (*locus* de controle interno).

Se as pessoas têm um *locus* de controle externo, ficam frustradas ao receber trabalhos que precisam de ação independente ou que exijam que pensem e decidam sem consultar os outros. Essa frustração, às vezes, surge em pessoas que resistem a encarar novos desafios no trabalho ou a situações que envolvam autonomia na tomada de decisão, por exemplo.

A maioria dos donos de empresa e muitos líderes empresariais operam a partir de um *locus* de controle interno. Têm uma grande necessidade de independência e um desejo de participar das decisões que os afetam. Há também uma sugestão de que a satisfação no trabalho, resiliência e tomada de riscos são aprimorados naqueles com um *locus* de controle interno.

EXEMPLO

O DESEJO CONDUZ O *LOCUS* DO SEU FOCO COMO LÍDER

A internet é o produto gratuito mais lucrativo já distribuído na humanidade. Sir Tim Berners-Lee, que inventou a World Wide Web, não a criou porque queria um meio de invadir os dados confidenciais de outras pessoas. Ele a inventou porque é isso que ele é: um criador de soluções, um cientista. No nível da identidade, os cientistas normalmente querem criar soluções que nos ajudem a entender como as coisas funcionam e como podem fazer diferença no nosso mundo. Ele a inventou porque viu como criar um meio de conectar as pessoas.

Berners-Lee é rico para os padrões da maioria das pessoas, mas não foi conduzido pela criação de riqueza. Ele foi conduzido pelo desejo de usar seu talento matemático para criar algo útil para a sociedade. Sua riqueza é uma minúscula fração comparada à de Mark Zuckerberg, Larry Page ou Sergey Brin. Ele provavelmente poderia ter criado a plataforma e os códigos para o Facebook e o Google. Em vez disso, usou seu tempo para fundar a World Wide Web Foundation, cuja missão é assegurar que a internet sirva à humanidade "estabelecendo-se como um bem público global e direito básico". Ele é membro fundador do World Wide Web Consortium (W3C), cuja visão da internet envolve "participação, compartilhamento de conhecimento e, assim, construção de confiança em uma escala global".

O que você acha que conduz seu desejo? É mais profundo que o dinheiro e os louros. Em uma entrevista ao *Guardian*, ele falou sobre o início de sua carreira e como sua mentalidade não era focada nisso; focava "o que era importante para a internet". Se ele a quisesse criar para seu benefício, se seus valores fossem conduzidos apenas por deixar uma marca pessoal e criar uma plataforma para lucro e geração de riqueza econômica, em vez de altruísmo e reconhecimento de sua genialidade científica, ele a teria chamado de FDW (Fazer Dinheiro na Web), não teria?

LEMBRE-SE

Entender o *locus* de controle ajuda uma equipe de gerenciamento a ser realista e ambiciosa sobre seu poder de influência. Isso a faz determinar o quanto influencia através de suas ações e o compromisso para agir de certas maneiras acordadas.

DICA

Veja algumas perguntas que valem a pena fazer:

» **Onde está seu *locus* de controle?** Essa pergunta se liga ao desejo e a quanto controle você sente que tem sobre o que deseja. O que você quer impacta o que valoriza na vida e nos negócios. Se estiver desenvolvendo uma empresa ou reavaliando a empresa em que está, explorar o que deseja é fundamental. Se não coloca nenhum foco de atenção aqui, acaba

CAPÍTULO 10 **Desenvolvendo Visão, Missão e Valores**   209

simplesmente vivendo a vida de outra pessoa e estando em uma empresa que não tem a ver com você.

> **Onde você coloca seu controle?** Você acredita que tem poder para controlar a maior parte de sua vida ou a vida é geralmente determinada por outras pessoas, outras fontes de poder e influências externas?

Às vezes, quando um cliente de coaching começa a explorar o que acredita que pode controlar, crenças limitantes surgem. Você pode ouvir um cliente dizer: "Não consigo fazer/ter/ser isso." É possível abordar as crenças limitantes com um cliente de várias formas. Uma maneira simples e estruturada é questionar e explorar se essas crenças são verdadeiras (veja Capítulo 12).

Esclarecendo o que você valoriza e o que quer

"O que você quer?" é uma pergunta desafiadora. O único especialista nesse enigma é você. Ninguém mais pode responder a essa pergunta. Quando Marie a fez nos retiros que organizava para líderes bem-sucedidos, as respostas eram invariavelmente baseadas na mente. Elas caíam em uma lista: "Quero fazer um bom trabalho", "Quero ganhar dinheiro suficiente para ter uma boa casa", "Quero ser bem-sucedido", "Quero ter dinheiro suficiente para alimentar minha família e cuidar das crianças", e por aí vai.

A verdade é que esses desejos são, muitas vezes, baseados no medo e têm uma orientação "afastada", são gerados a partir do que *não* queremos; medo de não ser vistos como competentes no trabalho, de passar necessidade, ser diminuído, passar fome, perder a casa ou os filhos. Esses medos geralmente estão enraizados em algum lugar de nossa história e nem nos pertencem.

Simplificando, se em algum lugar de seu passado você teve parentes que eram pobres, perderam tudo e acabaram em abrigos, essa história contada por sua avó está em algum lugar do seu DNA de criação de histórias. Seus pensamentos criadores de histórias influenciam e restringem o que você acha que quer. Isso leva à pergunta: O que *acha* que quer e o que *realmente* quer são a mesma coisa?

Encontrando seu desejo do coração

As perguntas "O que você quer?" ou "O que você valoriza?" são respondidas em diferentes níveis. É uma área que as pessoas raramente exploram e, quando o fazem, têm resultados surpreendentes.

Quando as pessoas têm referências externas, às vezes colocam o desejo em termos do que acham que os outros esperam delas. Essa atitude normalmente surge como "deve" ou "deveria", ou tem um tom moral por trás. Esse tipo de referenciação não se origina de uma profunda noção de si ou de autoconhecimento real.

Vimos esse problema em empresas familiares estabelecidas nas quais alguém herda uma empresa e a lidera com medo de perdê-la, estragar tudo e arruinar a reputação e relevância da família.

Então, para ir além dessa resposta baseada na mente, a pergunta torna-se: "O que você realmente quer?" Essa pergunta busca um sentimento, uma resposta sentida para o que parece uma pergunta baseada na mente. A resposta vem do coração, em vez da cabeça.

DICA

Se perguntar a um líder "O que você realmente quer?" e deixar muito — muito *mesmo* — espaço para ele responder, saberá que atingiu o desejo quando palavras baseadas em sentimento vierem à tona. Você sabe que está chegando lá quando ouve coisas como: "Quero sentir que importo, que fiz a diferença no mundo", "Quero criar uma empresa que vende produtos de jogos que amo e que as outras pessoas querem comprar", "Quero criar uma comunidade onde vivo, fornecendo comida integral em uma apresentação bonita por um preço baixo onde todos se juntem e conversem", "Quero ser reconhecido pelos meus colegas por criar o melhor salão de cabeleireiro da Irlanda". (Essas declarações são de líderes empresariais reais.)

Qualquer que seja a resposta, perceba que é dinâmica e focada no futuro. Há uma ação por trás dela e um senso de orientação em direção a um sentimento experienciado de algo.

Indo mais fundo para descobrir a fonte de todos os desejos

Você já teve a sensação de saber instintivamente que algo está certo, errado ou que não é para agora? Os coaches têm vários nomes para isso: sabedoria da alma, discernimento, desejo profundo. Embora seja estruturada, a resposta vem do instinto profundo, do âmago, e nem sempre faz sentido para o indivíduo quando surge. Como quer que a chame, é verdadeira.

No contexto empresarial, essa resposta está onde a essência está, aquilo que leva indivíduos a criar produtos e oferecer serviços que tornam o mundo um lugar melhor. Quaisquer que sejam os catalisadores, são pessoais para cada um. Duas pessoas podem chegar ao mesmo resultado ou estar no mesmo tipo de negócio, embora valorizem e acreditem em coisas diferentes. Não podemos ver esses catalisadores simplesmente observando o que os líderes empresariais criam, mas essas criações são carregadas de valor.

Então, como atingir esse desejo profundo? Vá para uma sala escura e silenciosa, e pergunte a si mesmo: "O que realmente quero?" Não faça essa pergunta de forma rápida e agitada; faça-a mais como uma meditação zen, sentado em um tapetinho. Marie viu Deepak Chopra fazendo uma versão desse processo pela primeira vez em 2007, com 1.200 pessoas. Passo a passo, o processo de três estágios funciona assim:

1. **Sente-se confortavelmente em silêncio, sem distrações, e programe um alarme para tocar em dois minutos. Respire profunda e lentamente. Então, pergunte a si mesmo: "O que eu quero?" Quando o alarme soar, pare.**

   Responda internamente ou em voz alta com afirmativas que comecem com "Eu quero..." Se quiser, faça algumas notas.

   Assegure-se de que o alarme seja suave para combinar com o estado reflexivo.

2. **Programe o alarme de novo, para três minutos, e recrie o ambiente do Passo 1. Então, pergunte a si mesmo: "O que eu *realmente* quero?"**

   Se tiver um bloqueio, repita a pergunta e espere pelas respostas. De novo, tome algumas notas quando o alarme tocar, se quiser.

3. **Programe o alarme para quatro minutos. Relaxe, respire profundamente no abdome e pergunte a si mesmo: "O que eu realmente quero, *de verdade*?"**

   Espere as respostas surgirem e repita a pergunta quando precisar. Tome algumas notas quando o alarme disparar e perceba a diferença em suas respostas para as perguntas.

Perceba o que surge quando apenas ouve as respostas. Você provavelmente pensará em coisas como "liberdade", "autodeterminação", "conexão", "reconhecimento", "felicidade".

Ao examinar os valores pessoais e corporativos, o significado que dá às suas nominalizações é importante; muito, muito importante. O que quer que surja nesse exercício vale a pena explorar, pois ajuda a determinar como sua versão de "liberdade", "autodeterminação", e daí por diante, se desenvolve. Trabalhe com essas nominalizações para definir seus valores. Esse estágio é onde o coach realmente ajuda.

Se usar esse processo para orientar um cliente, você deve lhe pedir para considerar uma de suas nominalizações, como a liberdade. Pode perguntar: "Então, o que você valoriza na liberdade? Como é a liberdade para você em sua empresa? Na vida? Como seria a empresa se a liberdade fosse um princípio orientador?", e assim por diante. Essas questões são profundas. Elas precisam ajudar o cliente a criar sua imagem e plano, e a desenvolver a empresa ou contribuição em uma organização criando um papel que atenda a seu desejo profundo.

Verificando se cabeça, coração e intuição estão de acordo

É útil para você (e seu cliente) verificar se seus valores pessoais, corporativos e organizacionais estão alinhados. Isso é feito checando como você os experimenta quando fala em voz alta. O que pensa, sente e experimenta em seu corpo?

Se estiver trabalhando com um cliente, faça-o se levantar. Peça-lhe para imaginar um fio saindo do topo de sua cabeça até sua barriga com palavras e frases que ele gerou, escritas ao longo do fio. Peça-lhe para refletir silenciosamente e considerar como as respostas se alinham nas três áreas seguintes:

» **Cabeça:** Diga para o cliente: "Quando eu lhe disser as palavras, perceba como as ouve e o que pensa sobre elas." Reproduza os desejos articulados de seu cliente em um ritmo de narrativa para que ele os ouça e absorva. Escute as respostas positivas do cliente. Elas parecem alinhadas com o que ele diz querer? Se sua resposta ao que ouve não for positiva, há algo para explorar aqui.

» **Coração:** Diga para o cliente: "Foque sua atenção no coração. Quando eu repetir suas palavras, sinta-as no coração e perceba como se sente." Deixe o cliente em silêncio, refletindo internamente enquanto repete suas palavras. Encoraje-o a deixar as palavras se acomodarem para que ele perceba como é ouvi-las. Se sua resposta for qualquer coisa diferente de totalmente positiva, explore por que isso ocorreu.

» **Intuição:** Diga para o cliente: "Foque sua atenção na barriga e na pele. Quando eu repetir suas palavras pela última vez, perceba suas respostas e como as experimenta no fundo de sua intuição. Perceba se as palavras o encorajam a agir, se parecem certas. Há uma reposta positiva ou negativa no fundo de sua intuição?" Se sua resposta for qualquer coisa diferente de afirmativa ou se surgir uma expressão confusa, explore isso.

Você busca um alto grau de alinhamento entre cabeça, coração e intuição. Se isso não existe, há trabalho para o cliente fazer (com sua ajuda). Se cabeça, coração e intuição concordam, ótimo. Se não, peça ao cliente para ver se há algo a adicionar ou mudar para aumentar o alinhamento. Continue verificando até que o cliente sinta que sua cabeça, coração e intuição estão alinhados internamente e parecem verdadeiros para ele.

Ajudando uma Empresa a Criar Valores Operacionais

Valores se referem ao comportamento dos indivíduos em uma empresa, individual e coletivamente. São um componente-chave em termos de ética empresarial, responsabilidade social, governança corporativa e reputação. Embora sejam mais que atitudes, precisam ser coerentes com as atitudes que a empresa toma.

As atitudes surgem a partir dos valores e um desalinhamento pode criar problemas empresariais reais. Quando os consumidores, equipe, investidores e público em geral experimentam uma disparidade, reclamam, se queixam e responsabilizam a organização.

Se tiver dúvidas, basta abrir um jornal e ver os pedidos de indenizações de funcionários que processaram seus empregadores e ganharam alegando abusos; depois, veja suas declarações de valores organizacionais. Podemos garantir que você encontrará disparidades e que a incoerência não sai barata.

Ao trabalhar nos valores com empresas, seja claro sobre o que assinam. Verifique se estão preparados para ser responsabilizados por comportamentos que surgem de suas declarações de valores.

Orientando líderes empresariais a identificar valores

Veja um processo para orientar um grupo de líderes empresariais a identificar valores:

1. **Identifique o *locus* de controle (veja a seção anterior, "Verificando seu *locus* de controle").**

Pergunte ao grupo: "Onde vocês põem seu controle? Vocês acreditam que têm poder de controlar a maior parte do negócio ou ele é majoritariamente determinado por outras pessoas, outras fontes de poder e influências fora dessa sala?"

Se os membros do grupo não acreditam que têm controle sobre a maior parte do que fazem e como o negócio é conduzido, você está com o grupo de líderes errado ou os líderes com quem está se veem como seguidores, não líderes.

Supondo que eles reconheçam que têm controle sobre como a empresa se relaciona com o mundo, você precisa ajudá-los a articular os limites de seu controle e entender quem se responsabiliza e como. Você pode usar um exercício de mapeamento de interessados para ajudar (veja o Capítulo 14).

Você deve explorar o *locus* de controle para ajudar o cliente a determinar quais são seus limites e sobre o que ele sente que tem controle.

2. **Veja com o grupo as três partes da descoberta sobre "o que você quer", que foca a empresa.**

Faça-o lentamente, fazendo as três perguntas a seguir repetidamente, deixando muito espaço para o grupo responder:

- **"O que você quer para esta empresa?"** Repita essa pergunta regularmente durante um período de 10 a 15 minutos.

Registre as respostas do grupo em um quadro branco, cartolina ou notebook ligado a um projetor, algum lugar que todos vejam. Então, faça a segunda pergunta.

- **"O que você realmente quer para esta empresa?"** Repita a pergunta regularmente por um período de 20 minutos, dependendo do tamanho do grupo e do tempo que você tem.

Novamente, registre as respostas conforme elas surgem. Por fim, faça a terceira pergunta.

- **"O que você realmente quer, de verdade, para esta empresa?"** Repita a pergunta regularmente por um período de 20 minutos.

Continue registrando as respostas. Se precisar, estimule o grupo com perguntas específicas complementares, como: "O que você quer para as pessoas nessa empresa? Para sua equipe? Seus consumidores? Seus interessados? Os usuários finais de seus bens e serviços?"

Pegue as respostas nessa descoberta sem comentá-las ou sem que o grupo as discuta, apenas compartilhe. É importante ter as respostas na mesa antes de orientar o grupo a respeito delas.

3. **Depois de obter o máximo possível de respostas do grupo, trabalhe para consolidar o conteúdo. Oriente-o com o conjunto de respostas, faça-o falar sobre suas respostas e peça-lhe para chegar a um acordo sobre cinco a dez nominalizações.**

Você trabalhará com essas nominalizações para criar um conjunto de valores.

Por exemplo, estas podem ser as respostas para um cliente:

- Nós queremos:

  Ser o melhor cine-café em Devon

  Ter os melhores filmes atuais para que os clientes queiram ficar mais, comprar bebidas e uma refeição

  Trazer de volta visitantes que são leais

- Nós realmente queremos:

  Que as pessoas amem nossas noites temáticas

  Criar uma experiência linda que seja acessível para todos

  Ser reconhecido no setor como um local importante

  Criar mais cines-café na região sudoeste

- Nós realmente queremos de verdade:

  Reconhecimento

  Coração

  Criatividade

CAPÍTULO 10 **Desenvolvendo Visão, Missão e Valores**   215

4. **Pegue as nominalizações, uma a uma, e explore-as com perguntas para o grupo.**

A ideia é dar consistência a algumas declarações de valor. (Veja a próxima seção para descobrir como fazer isso.)

5. **Continue vendo todas as nominalizações; então, reduza-as entre cinco a sete declarações de valor.**

Você poderá adaptar esse processo de descoberta se quiser passar por diferentes aspectos da empresa ou focar uma área ou grupo de interessados. Por exemplo, pode-se perguntar:

- O que você quer para seus consumidores?

- O que você quer para seus produtos?

- O que você quer para essa equipe de marketing?

- O que você quer para esse novo ambiente de trabalho?

Dando consistência às declarações de valores

Você quer dar consistência a declarações de valores que articulem como os clientes farão negócios e atender aos aspectos do que eles realmente querem de verdade. Por exemplo, você pode perguntar sobre o reconhecimento:

» **Pelo que você quer ser reconhecido?** A qualidade da experiência do consumidor, a criatividade do prédio e a retenção de nossos consumidores.

» **Como é o reconhecimento para os outros?** Para os consumidores e a equipe, recompensas internas; para a empresa, o pequeno prêmio de cinema, o prêmio de lazer na região da Flórida, a avaliação de quatro estrelas do restaurante de Miami.

» **Como você saberia que a empresa foi reconhecida? Especificamente, o que você perceberia?** Fotos da equipe na recepção, histórias de RP locais apresentando recompensas da equipe e dos consumidores, troféu de prestígio, certificado estadual e RP local.

» **Quem e o que seria reconhecido?** A experiência completa que os consumidores têm, o chefe e o restaurante pela qualidade de nossa comida.

» **Como você reconheceria a equipe e os consumidores?** Criar um esquema de funcionário do mês e dar reconhecimento público (foto na recepção e desconto de funcionário adicional durante o mês); dar aos consumidores leais desconto antecipado (compre cinco ingressos, leve seis); criar noites temáticas e oferecer uma refeição gratuita para o vencedor.

ARTICULANDO VALORES NA MARCA E NA EXPERIÊNCIA DO FUNCIONÁRIO

Uma consultora altamente bem-sucedida de Idaho dá suporte a companhias guiadas pelo propósito para desenvolver e construir sua marca. A Oliver Russel (`www.oliverrussell.com`) é uma corporação B, uma companhia que trabalha muito para atender a exigências éticas, ambientais e de transparência nos negócios da certificação B Corp (`www.bcorporation.net`).

Russ Stoddard, presidente e fundador, descreve a companhia como "criativa, colaborativa, progressiva e socialmente responsável".

Ele assegura que os valores da companhia se alinham com a maneira como se engaja e trata a equipe. Ele fundou a empresa porque gosta de ajudar os outros e descobriu que, se fosse para passar muito tempo no trabalho, ele queria fazer algo de que gostasse. Ele e seu pessoal gostam de trabalhar com os outros para criar marcas que deem suporte a empresas com propósito. Se olhar no site, verá sua criatividade, mesmo na maneira como se descrevem como equipe. Parecem estar se divertindo.

A colaboração brilha através do trabalho voluntário no qual se engajam e nas relações de "criadores de mudança" que destacam. É apenas uma das 1.500 corporações que atendem aos padrões das B corps. Dentro da companhia, a equipe dispõe de plano de saúde gratuito, têm generosas licenças maternidade e paternidade, e recebem US$50 por mês para gastar no próprio desenvolvimento, seja em uma academia, seja em uma massagem. Chamaríamos isso de progressista, você não?

Para o registro da responsabilidade social, a empresa apoia regularmente boas causas por meio de seus subsídios de impacto social, uso de comércio justo e produtos locais sempre que possível, e redução de sua emissão de carbono, educando a equipe para ser consciente de seu ambiente. Pode ser tão simples quanto apagar as luzes regularmente!

As organizações transparentes preparadas para se responsabilizar cada vez mais serão as empregadoras de escolha para o talento da Geração Y (nascida no início dos anos 1980 até o início dos anos 2000), que tendem a buscar um alinhamento mais claro com valores e propósito do que as gerações anteriores. Permitir que a liderança organizacional crie esses ambientes e orientar líderes para engajar talentos é uma área em crescimento.

CAPÍTULO 10 **Desenvolvendo Visão, Missão e Valores**

Você pode gerar alguns valores para apoiar esses resultados. Por exemplo:

» Criamos uma experiência de ótima qualidade para nossos consumidores, desde quando chegam até depois que saem.

» Nossos consumidores são nossa comunidade, e existimos para servi-los.

» Criamos um lugar divertido para trabalhar, onde a equipe é publicamente reconhecida por criar um serviço que as pessoas amam.

As organizações não criam um conjunto de valores e uma filosofia em uma reunião de uma hora. Passam por um processo para pôr tudo em pratos limpos. Certa vez, Marie passou três dias inteiros com uma equipe de gestão trabalhando em duas perguntas: "Quem somos?" e "O que queremos criar indo em frente?"

DICA

Familiarize-se com a questão de desenvolvimento de valores/princípios/filosofia a partir de nominalizações observando as empresas que você considera bem-sucedidas. Veja como se descrevem e trabalhe na direção oposta para ver se consegue adivinhar as palavras que levantariam se fizessem o exercício anterior.

Analise quais valores uma empresa que você gosta diz que são seus. Se for um consumidor, você pode verificar se sua experiência se alinha com o que ela prega.

Criando uma Visão Inspiradora com o Modelo de Níveis Lógicos

O modelo de Níveis Lógicos (veja a Figura 10-1) foi criado por Robert Dilts, com base no trabalho de Gregory Bateson. Esse modelo é amplamente usado no coaching empresarial e de desenvolvimento pessoal. Você pode usá-lo tanto como um diagnóstico para ajudar clientes a considerar onde a empresa está atualmente quanto como uma ferramenta de planejamento para levantar dados valiosos e dar apoio ao desenvolvimento da missão e visão. Também pode ser útil na orientação de líderes que planejam uma mudança.

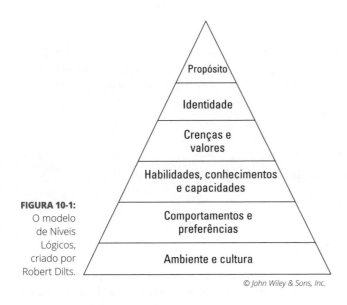

FIGURA 10-1: O modelo de Níveis Lógicos, criado por Robert Dilts.

© John Wiley & Sons, Inc.

Identificando os seis níveis

As descrições a seguir são adaptadas do modelo original que você pode usar ao ajudar um líder ou equipe a diagnosticar sua empresa e identificar as lacunas. Dilts reconhecia a importância de ajudar os indivíduos e a equipe a entender os vários níveis nos quais operam. Adaptamos o modelo para ser usado no contexto empresarial.

A interação entre os seis níveis no modelo é importante. Podemos criar empresas mais sustentáveis prestando atenção a todos os níveis e como se relacionam. Você pode notar que quanto mais se aproxima do topo da pirâmide, mais invisíveis os fatores ficam. É mais difícil mudar e avaliar eles, mas é nesse nível que o trabalho realmente poderoso se encontra. Muitas organizações desperdiçam muito tempo nos níveis mais baixos do modelo, mexendo no ambiente. Esse foco pode tomar a forma de alteração do organograma, reorganização do escritório ou reestruturação das funções.

LEMBRE-SE

O lugar onde líderes e coaches podem ter mais impacto é trabalhando no topo do modelo de Níveis Lógicos: no propósito, identidade, valores e crenças. Se eles forem sólidos, todo o resto será relativamente fácil. É nesse nível que missão, visão e valores são desenvolvidos. No entanto, você precisa trabalhar em todos os seis níveis com uma nova empresa, e veremos isso a seguir.

CAPÍTULO 10 **Desenvolvendo Visão, Missão e Valores** 219

Ambiente

O nível do ambiente descreve a composição física da empresa, seus escritórios, área de produção, unidade de varejo, armazém, ou seja, onde a empresa opera. Relaciona-se com sua gama de interessados e relações, é o ambiente operacional.

As perguntas que podem ser feitas incluem:

» Onde você faz negócios?

» Quando você faz negócios?

» Com quem faz negócios?

Comportamento

O nível do comportamento está relacionado a ações específicas na empresa: quais comportamentos são explicitamente evidentes e quais a liderança estabelece.

As perguntas que podem ser feitas incluem:

» Como você espera que as pessoas se comportem entre si?

» Quais comportamentos específicos você quer ver nessa empresa ou cenário empresarial específico (por exemplo, mudança, fusão, aquisição)?

Capacidades ou competências

O nível de capacidades ou competências inclui as habilidades e conhecimentos necessários que impactam a maneira como as pessoas se comportam no ambiente em que trabalham.

As perguntas que podem ser feitas incluem:

» Como o trabalho é feito?

» Como a equipe de operações se relaciona com a de entregas?

» Como você treina e desenvolve as pessoas para assegurar que tenham habilidades e conhecimentos certos?

» Como você avalia sua competência de tempos em tempos?

Crenças e valores

O nível de crenças e valores engloba o que as empresas e pessoas consideram importantes, ou seja, os condutores emocionais, do coração, que explicam por que a equipe trabalha aqui, e não na empresa ao lado.

As perguntas que podem ser feitas incluem:

» Por que você faz o que faz?

» Por que é importante para você estar aqui?

» Por que o trabalho em equipe/compromisso/equilíbrio é importante aqui?

Identidade

O nível de identidade trata de como a organização se imagina: como se descreve, seu propósito e como as equipes se descrevem e descrevem suas funções coletivamente; em outras palavras, quem ela é.

As perguntas que podem ser feitas incluem:

» Qual é a identidade daqueles que trabalham na empresa? (Descreva as funções.)

» Quem é você? (Descreva seu propósito no mundo em que atua.)

Propósito

O nível de propósito trata da conexão mais ampla além da empresa: como a empresa se conecta com algo fora de si, sua razão de existir e relação com algo maior.

As perguntas que podem ser feitas incluem:

» Para que servem seus serviços e produtos?

» A quem eles servem?

» Além disso, qual é o impacto desses produtos e serviços?

» O que mais eles podem atingir, além disso?

Usando o modelo dos Níveis Lógicos

Os níveis se influenciam em ambas as direções, mas uma mudança em um nível mais alto no modelo sempre tem um impacto maior nos níveis mais baixos.

Para percorrer o modelo de Níveis Lógicos com um cliente, faça-o relaxar em uma cadeira e fazer essa atividade como um processo de olhos fechados, use o diagrama de Níveis Lógicos (consulte a Figura 10-1) no chão ou faça o cliente o colorir conforme passa pelos níveis. Encoraje-o bastante enquanto passa pelos níveis. Você deseja encorajar um pouco de pensamento lúdico e fantasioso. Se estiver trabalhando com uma equipe, engaje-a criando uma imagem ou infográfico para cada nível. Em cada estágio do processo, você se baseia no que o cliente gera. Use sua linguagem e descrições, e continue construindo uma imagem ampla de seu novo mundo.

DICA

Usar o modelo funciona bem com clientes que gostam de uma maneira estruturada de pensar nas situações e exige encorajamento para que sejam criativos e deem consistência às suas ideias, de modo que os outros entendam sua proposta de negócios.

Você pode começar em qualquer ponto do modelo, dependendo do que o cliente for trabalhar no coaching. Se suas preocupações referem-se à competência da equipe, explore esse nível. Se identificar uma necessidade de observar os comportamentos fundamentais para um projeto específico, vá para comportamentos. Então, faça uma verificação. O que quer que levante e o que quer que o cliente decida, tenha o modelo como base, verifique o impacto dessas decisões e se elas são coerentes com outros aspectos em cada nível do modelo.

Por exemplo, aprender uma nova habilidade (nível de capacidade), como fazer negócios na China, amplia a receptividade tanto para a importância de outras culturas (nível de valores) quanto para sua identidade: "Estou no mundo e sou parte dele" (nível de identidade). Isso muda seu comportamento porque é possível se relacionar potencialmente com pessoas sem nenhuma relação anterior (nível de comportamento). Pode até mesmo haver uma mudança drástica no ambiente; é possível se mudar para a China por um período (nível de ambiente).

Se o nível de crença for mudado primeiro, o poder dessa mudança será enorme, pois ela impacta todos os níveis. Por exemplo, se seu cliente tiver uma crença limitante do tipo "Não consigo aprender a fazer negócios na China" e você conseguir mudá-la para "Posso aprender a fazer negócios na China ou em qualquer outro país, se quiser", a mudança afetará todos os outros níveis do modelo de Níveis Lógicos.

ORIENTANDO UM NOVO EMPREENDEDOR A DESENVOLVER UMA IDENTIDADE EMPRESARIAL

EXEMPLO

Marie trabalhava com uma nova empreendedora, buscando desenvolver sua companhia de testes com células-tronco. Elas usaram o modelo de Níveis Lógicos, pois ele pode realmente ajudar um dono de empresa a começar do zero e criar um hábito de planejamento. As duas apenas trabalharam com os níveis em uma ordem lógica:

- **Ambiente:** *Onde você está ou qual estrutura é necessária?* Comece com o ambiente futuro, o lugar onde você quer fazer negócio. Desenvolva uma imagem bastante ampla dos escritórios e laboratório. Imagine um ambiente em que você gostaria de trabalhar e o descreva em detalhes.

- **Comportamento:** *O que as pessoas na empresa e relacionadas a ela precisam fazer?* Imagine-se filmando os escritórios e laboratório que descreveu. O que vê as pessoas fazendo lá? Como se comporta no trabalho e em relação às outras? Quais interessados estão envolvidos? O que fazem?

- **Capacidades:** *O que você precisa oferecer por meio de habilidades e competências?* Se estivesse no ambiente que descreveu, percebendo o que percebeu sobre o que as pessoas fazem, de quais novas capacidades e habilidades você precisaria para estabelecer a Scientific Testing Labs, Inc.? Quais habilidades técnicas, de gestão e de equipe de suporte?

- **Valores e crenças:** *No que você acredita e o que o move?* Agora, imagine que você criou um ótimo ambiente para trabalhar. Você tem as habilidades e capacidades de que precisa e as pessoas fazem o que você precisa que façam. De quais valores precisaria nessa empresa? Em que você precisa acreditar como líder para estar motivada e criar essa ótima empresa? Qual é seu objetivo? Quais valores tem como ser humano?

- **Identidade:** *Quem vocês são e como descrevem sua identidade no futuro?* Vocês têm todos os artefatos da empresa organizados, exceto a grande história. Mas quem são vocês e como se descrevem? Qual é a posição da Scientific Testing Labs, Inc.? Se olhassem para dentro de si e conseguissem encontrar uma metáfora ou imagem que descreve sua identidade, qual seria? Com o que se comparariam? Se fossem sentir e respirar a identidade de sua futura empresa, como a descreveriam? O que define como vocês se mostram como empresa?

- **Propósito:** *O que mais há no seu universo? Como e onde vocês teriam uma contribuição mais ampla?* Para o que mais vocês existem? Para quem a Scientific Testing Labs, Inc. existe? A quem e a que vocês servem? No mundo mais amplo, o que vocês agregam?

CAPÍTULO 10 **Desenvolvendo Visão, Missão e Valores**

Engenharia reversa do futuro

Depois de explorar todos os níveis, volte e verifique se eles parecem alinhados para o cliente. Pergunte: "O que você acha do que gerou? Como se sente sobre isso? Se fosse checar com sua sabedoria interior, com sua intuição, tudo parece certo para você?" (Ajude seu cliente a fazer ajustes, se necessário.) Você provavelmente fez anotações, e é uma boa ideia, nesse estágio, dar tempo ao cliente para escrever essa história/estratégia com as próprias palavras.

Agora, peça ao cliente para trabalhar de trás para frente. Você pode lhe pedir para imaginar que está aposentado e olhando para trás, imaginando que viveu segundo seu propósito definido. Pergunte: "Como você chegou aqui?" Comece com o propósito e termine com o ambiente, fazendo com que a última frase seja: "Tive uma ideia para um negócio."

Quando você trabalha dessa maneira com os clientes, ajuda-os a checar duplamente seu plano amplo, fazendo-os vê-lo como se já o tivessem entregado e trabalhando de trás para frente para identificar as lacunas.

Perceba como é para o cliente começar com o propósito atingido. Se isso não lhe der uma luz, haverá mais trabalho para fazer na definição do propósito.

Comunicando a Visão

Quando uma visão clara é formulada, é preciso compartilhá-la com os interessados atuais e futuros para torná-la realidade. Você pode usar o mapa do interessado (veja o Capítulo 14) para determinar com quem deseja compartilhar a visão.

A visão precisa ser claramente articulada para engajar os interessados e promover as ações que a empresa precisa de cada grupo de interessados. Ela deve se alinhar com a missão.

Simon Sinek, autor de *Por Quê? Como Motivar Pessoas e Equipes a Agir* (Editora Saraiva), tem uma ótima forma de explicar como comunicar a visão. Ele desafia as empresas a pensar no *porquê* como ponto de partida, em vez de no *quê*. As pessoas não compram o que fazemos, compram o porquê o fazemos; elas se alinham ao nosso propósito e crenças para tomar decisões de compra. Ele começa com *por quê*, então, passa para *como* e *o quê*. Uma afirmação baseada em *porquês* pode ser mais ou menos assim:

> Gostamos do burburinho das empresas bem-sucedidas e existimos para criar vencedores no jogo da liderança. Fazemos isso através de programas individualmente criados que usam métodos ninja bem guardados. Criamos vencedores C-suite (conjunto de executivos, tais como CEO, CFO, COO etc.) com o coaching executivo e suporte de estilo de vida. Se quiser jogar o jogo, e não apenas ficar nele...

DICA

Depois de ter a declaração, considere *para quem*, *por quê*, *como* e *onde* comunicá-la. Quem precisa saber? Por que precisa saber? Como você vai comunicar (por escrito ou verbalmente) e onde (mídias sociais, imprensa, site, reuniões de equipe, reunião geral de acionistas)? Faça a declaração muitas vezes e com a paixão que ela merece. Paixão cria seguidores, e empresas precisam de seguidores para fazer negócios.

Exemplos de Declarações de Visão e Valores

Nesta seção, oferecemos alguns exemplos de missão e visão. Perceba onde a paixão está e onde a história da visão apoia essa paixão.

Federação Internacional da Cruz Vermelha

Missão: "A Federação Internacional da Cruz Vermelha e das Sociedades do Crescente Vermelho (FICV) é a maior organização humanitária do mundo, oferecendo assistência sem discriminação de nacionalidade, raça, crenças religiosas, classe ou opiniões políticas."

Visão: "Inspirar, encorajar, facilitar e promover sempre todas as formas de atividades humanitárias pelas Sociedades Nacionais, com a visão de prevenir e aliviar o sofrimento humano, e, assim, contribuir com a manutenção e promoção da dignidade humana e paz no mundo."

Fusion Optix

Missão: "Oferecer o raio de luz perfeito."

Visão: "A Fusion Optix é uma das empresas líderes em tecnologia ótica e LED. Nosso foco é resolver problemas na iluminação LED que impedem a adoção em massa dessa importante fonte de luz. Nossos equipamentos e dispositivos ópticos LED são projetados para funcionar juntos para economizar energia, melhorar o desempenho e diminuir os custos da próxima geração de produtos com iluminação LED."

JPMorgan Chase & Co.

Missão: "Empresa de excelência... em estilo de primeira classe. Em tudo o que fazemos, excelência e integridade são os princípios fundamentais. Excelência significa mais de 170 anos de experiência e conhecimento que vêm do foco nas complexidades de riquezas significativas, dia após dia. Aumentamos esse conhecimento com alguns dos pensamentos mais ousados e inovadores de hoje. Integridade significa manter seus interesses sempre à frente e centrais, e fazer nosso trabalho com absoluta discrição."

Visão: "Você pode esperar orientação dedicada em cada área-chave da gestão de riquezas: investimentos, liquidez e gestão de crédito, planejamento de riqueza e bancos. Igualmente importante, temos a experiência, a estrutura organizacional e o compromisso de integrar esses elementos separados em um plano unificado e compreensível, alinhado à sua visão particular."

NESTE CAPÍTULO

» **Produzindo uma mentalidade criativa para o planejamento de projetos**

» **Percorrendo os estágios de um plano com clientes**

» **Avançando e ajustando o plano conforme ele se desenvolve**

Capítulo 11

Transformando Visões em Planos Viáveis

Em 12 de novembro de 2014, a Agência Espacial Europeia (ESA) pousou com sucesso uma sonda do veículo espacial Rosetta na superfície do Cometa 67P/Chryumov-Gerasimenko. A expedição épica de dez anos da Rosetta iniciou-se em março de 2004 e envolveu três breves encontros com a Terra e um com Marte. O veículo espacial entrou em hibernação no espaço profundo por mais de dois anos e viajou mais de 6,4 trilhões de quilômetros antes de culminar na aterrissagem em um cometa em movimento a 403,9 bilhões de quilômetros da Terra.

Tudo estava indo de acordo com o plano até os últimos minutos, quando os arpões projetados para ancorar a sonda Philae na superfície não dispararam adequadamente e o módulo ricocheteou antes de, enfim, pousar a quase 1,6km do lugar escolhido. Um projeto de US$1,5 bilhão, com as equipes de cientistas espaciais mais inteligentes do planeta, não foi planejado para encontrar uma superfície mais dura do que era esperado.

Poucos coaches estão envolvidos em tais projetos de escalas épicas, na ESA ou na NASA, mas se você está fazendo o coaching do lançamento de uma startup, do desenvolvimento de um novo produto, de uma campanha de vendas ou de um projeto espacial, trabalha com clientes para criar planos sólidos nos quais as adversidades são desfavoráveis para o sucesso, sabendo que mesmo os planos mais bem feitos não conseguem se abarcar todas as eventualidades.

A máxima "um planejamento prévio adequado previne o mau desempenho" muitas vezes é uma realidade nos negócios. Planos e projetos são muitas vezes realizados sem uma boa pesquisa ou diligência.

Este capítulo apresentará ideias, ferramentas e técnicas que você pode usar para permitir aos clientes avaliar as visões, assegurando que as opções foram cuidadosamente exploradas para que possam criar planos viáveis. Você pode usar essas ferramentas e técnicas com indivíduos, equipes (projetos) e organizações.

Criando um Plano Adequado ao Propósito

Emma, amiga de Steve, é uma pessoa pioneira e visionária. Embora consiga ser detalhista, muitas vezes se vê sufocada só de pensar nisso. Emma aprendeu a terceirizar ou delegar os detalhes para alguém que ama fazer esse tipo de trabalho. Trabalhando com uma equipe, Emma tem resultados incríveis. (Veja o Capítulo 4 para obter detalhes sobre como trabalhar em nossa zona de fluxo.)

Você precisa fazer duas perguntas importantes para seus clientes de coaching antes de entrar em qualquer orientação sobre o planejamento de projetos:

» Você se sente mais confortável e prefere trabalhar com conceitos gerais ou está confortável em trabalhar com detalhes?

» De quanto detalhe você precisa nesse estágio?

Ao planejar, há um ponto ideal de conforto entre trabalho despreocupado (evitando detalhes) e trabalho excessivamente analítico (entrando nos mínimos detalhes). Esse ponto ideal é onde a profundidade e o detalhamento do planejamento estão equilibrados para o cliente. O problema está nos detalhes de todo plano, mas se o trabalho detalhado está fora da zona de conforto do cliente, ele deve reconhecer essa limitação desde o início e recrutar ou terceirizar esse trabalho para alguém que ame trabalhar com detalhes e seja bom nisso.

DICA

Tanto o trabalho despreocupado quanto o excessivamente analítico são, muitas vezes, conduzidos pelo medo. Um trabalho despreocupado vem do desespero para que um projeto funcione e da relutância em examinar muitos detalhes, no caso de a visão ser inatingível. Isso aparece como sobrecarga e procrastinação. Um trabalho excessivamente detalhado origina-se do medo de errar e desejo de perfeição. Planejar a perfeição paralisa os indivíduos ou a equipe e até impede que uma visão válida se inicie. Se seu cliente demonstra algum desses traços, o Capítulo 5 tem ferramentas e técnicas que lhe permitem o orientar para lidar com isso.

Você não orienta para jogar água fria em um plano de projeto ou dar carta branca, confirmando que o plano é adequado ao propósito. Seu papel como coach também não é ter uma bola de cristal para prever o futuro, mas trabalhar com o cliente para que ele tenha pesquisado o suficiente e esteja confortável de ter feito um trabalho bom e sólido ao criar um plano, com base nas informações disponíveis no momento. Não é sua visão nem seu negócio, e a decisão final de executar um plano deve ser do cliente.

Regras de mentalidade do planejamento

A sombria realidade dos negócios é que grandes visões muitas vezes acabam em fracasso, novos produtos são malsucedidos e novas empreitadas falham em atender às expectativas. Nos Estados Unidos, 33% das empresas fracassam no primeiro ano de funcionamento, e no terceiro ano o número sobe para 50%. Você provavelmente consegue pensar em várias histórias nas quais um entusiasmo e perseverança cegos levaram ao sucesso, mas essas histórias são exceções à regra.

É mais provável ter sucesso em um empreendimento seguindo os processos certos; entusiasmo e perseverança sozinhos não são suficientes. O que você precisa são estratégias que movam a empresa na direção geral do sucesso. O cenário econômico que muda rapidamente também significa que as empresas são mais pressionadas a ter que inovar, planejar e executar planos mais rápido do que nunca.

As companhias agora percebem os benefícios de ter um plano que é "bom o suficiente por enquanto", para lançar um projeto, reunir feedback e se ajustar ao feedback conforme o plano evolui. Um novo paradigma de mudança é evidente no desenvolvimento de produtos e serviços, e em como as visões são transformadas em realidades bem-sucedidas.

Esse paradigma de mudança funciona da seguinte maneira:

1. Ter uma visão (ter clareza).
2. Ter um plano estratégico (bom o suficiente por enquanto).
3. Executar um plano (sem ser perfeito).
4. Medir os resultados e receber feedback (de consumidores, equipe, fornecedores).

5. **Ajustar o plano de acordo com o feedback recebido** (assegurando que todos vistam a camisa e estejam cientes de suas responsabilidades).

6. **Testar se o plano está progredindo na direção certa.**

Antes de orientar sobre as opções de planejamento, você precisa ajustar algumas atitudes e regras, trabalhando individualmente, com uma equipe ou organização. Estas são as *Regras de Mentalidade do Planejamento*.

Os clientes devem:

> » **Estar em um estado calmo e relaxado antes de qualquer planejamento ou avaliação:** Evite estar excessivamente entusiasmado, pois isso distorce as percepções, levando ao entusiasmo cego. Evite a negatividade, pois ela leva a ideias sendo descartadas antes de serem adequadamente avaliadas. (Veja o Capítulo 5 para a gestão de estado.)
>
> » **Estar com a mente aberta para todas as opções e dispostos a explorar e brincar:** Muitas ótimas ideias vêm do "pensamento visionário".
>
> » **Ser honestos e vulneráveis, com disposição para ouvir, contribuir e acolher todo feedback:** Ser preciosista com uma ideia ou maneira de alcançar algo pode impedir os clientes de ver uma maneira mais rápida, fácil ou melhor. O medo de fazer um comentário ou uma pergunta significa a perda de uma percepção valiosa.
>
> » **Estar imparcialmente desprendidos dos resultados do plano:** Separar qualquer vínculo dos resultados de um projeto significa que o plano pode ser avaliado de uma perspectiva neutra, sem qualquer necessidade ou desespero para que funcione.
>
> » **Estar comprometidos para se engajar e contribuir com o processo de planejamento:** Às vezes, os clientes se desprendem do processo de planejamento por razões que eles nem sempre conseguem expressar. Esteja disposto a se engajar, deixando de lado reservas pessoais sobre a visão.

DICA

As Regras de Mentalidade do Planejamento definem as condições para sessões de coaching bem-sucedidas, criativas e úteis. Sempre estabeleça essas condições e tenha a disposição e a concordância verbal do cliente para seguir essas regras antes de começar. Se houver relutância em se envolver, ela deverá ser imediatamente avaliada (essa situação é tratada posteriormente na seção "Conseguindo comprometimento e adesão honestos"). Neutralizar quaisquer objeções ou resistência antecipadamente prepara a sessão para o sucesso. Anote as regras e ponha-as na parede como lembretes.

Explorando opções

Com as Regras de Mentalidade do Planejamento preparadas (veja a seção anterior), você precisa explorar e avaliar as opções.

Sempre comece uma sessão de planejamento com os dois exercícios a seguir. O tempo que levam depende do tamanho e do detalhe do projeto. É melhor fazê-los em uma sessão ou workshop; dedicar um tempo focado possibilita dinamismo e oportunidade de parar, fazer pausas e deixar o cliente ter momentos de reflexão sobre suas descobertas.

Exercício 1: Metas e resultados bem formados

No Capítulo 4, tratamos do processo da programação neurolinguística (PNL) para definir metas e resultados bem formados. Esse processo consiste de uma série de perguntas que revelam se é provável que uma meta ou visão ocorra. Revela obstáculos potenciais desde o início de qualquer projeto. Completando a averiguação sobre metas e resultados bem formados e supondo que as conclusões ainda são de que a visão é ótima e parece possível, você precisa explorar, experimentar e ser criativo.

Se a conclusão ao fim do exercício for de que é improvável que o projeto tenha sucesso, então, muito tempo, dinheiro e esforços valiosos foram economizados. Embora as pessoas possam ficar desapontadas com essa conclusão, precisam focar o que economizaram não seguindo a visão.

Exercício 2: Perspectivas imparciais

Em 1956, George Miller publicou o livro *The Magical Number Seven, Plus or Minus Two: Some Limits on Our Capacity for Processing Information* (sem publicação no Brasil). Miller demonstrou os limites de nossa habilidade mental de reter e processar pedacinhos de informação além de 7 +/− 2. Demonstre esse fenômeno pedindo aos clientes para ouvirem sua voz, tomarem consciência da cadeira na qual estão sentados, perceberem a temperatura da sala, ouvirem o próprio diálogo interno, tomarem consciência da luz na sala, lembrarem-se do que comeram no café da manhã, analisarem seu corpo sentindo qual parte está mais confortável e perceberem quantas daquelas sete tarefas esqueceram ou não conseguiram monitorar ao mesmo tempo.

Essa tarefa é o equivalente mental a um malabarista rodando pratos em uma vareta. Estamos mentalmente limitados a quantas coisas podemos nos concentrar de uma vez só, incluindo aqueles que acreditam ser multitarefas.

A relevância desse conceito ao planejar é importante. Você irá testemunhar um cliente, em um momento, entusiasmado e animado sobre a visão; então, ele mudará seu pensamento para o planejamento, talvez o criticando e duvidando dele conforme entra em detalhes, ponto no qual ele esquece sua visão entusiasmada. Então, volta à visão, esquece os detalhes que precisam acontecer para tornar o plano real. Mentalmente rodando os pratos, ele muda de entusiasmado a incerto, e muda de novo. As pessoas não conseguem processar mentalmente toda a informação necessária para transformar uma visão em um plano de uma vez. Esse processo comum de mudar as percepções da visão para o plano é mentalmente cansativo e, muitas vezes, acaba em paralisia, com visões que valeriam tempo, dinheiro e esforço sendo postas de lado ou proteladas.

O exercício a seguir ajuda o cliente a formar um plano para a visão sem se sentir sufocado ou procrastinar.

Você precisará do seguinte:

> Folhas de cartolina ou um grande quadro branco e marcadores.
> Muitas notas adesivas e fichas catalográficas.
> Algum espaço. (Se estiver trabalhando com uma equipe, o ideal será usar três salas diferentes. Se estiver trabalhando individualmente, você precisará de três espaços distintos para a pessoa ficar em pé.)

Durante o exercício, falamos sobre trabalhar com uma equipe, mas ele funciona igualmente com um indivíduo. Use a Figura 11-1 para guiá-lo nas várias perspectivas.

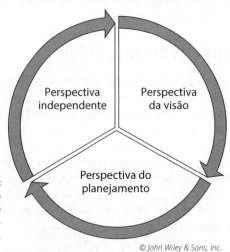

FIGURA 11-1: Visualizando um plano de várias perspectivas.

© John Wiley & Sons, Inc.

Lembre a equipe sobre as Regras de Mentalidade do Planejamento e faça-a se comprometer abertamente a segui-las. Se as violar, você terá permissão para apontar isso e fazê-la "PARAR".

1. **Faça a equipe entrar na Perspectiva da Visão.**

Selecione uma parte da sala ou uma sala separada e, nesse espaço, peça à equipe para pensar *apenas* na visão. As pessoas não devem se preocupar com nada quando estiverem nesse espaço; por exemplo, como a visão será atingida ou se ela é realista ou viável. Faça-as adotar a postura de um visionário, olhando para cima e para frente, talvez com braços estendidos e gestos ousados, em uma mentalidade ampla e visionária.

A importância da fisiologia e como influencia nosso pensamento e comportamentos é tema do Capítulo 5. Tocar uma boa música instrumental inspiradora como som ambiente ajuda a adotar a perspectiva correta, assim como ter uma visão inspiradora ou estar em um lugar inspirador.

Convide-as a descrever a visão:

- O que vocês conseguem ver? O que conseguem ouvir? O que sentem?
- Se a visão fosse melhor, como seria?
- Se vocês pudessem criar qualquer coisa, descrevam o que criariam.
- Essa visão é realmente a melhor? Não sonhem baixo etc.

Da Perspectiva da Visão, não existem limites. Use essa perspectiva e encoraje a equipe a ir além das fronteiras e limites que podem ter sobre o que é possível. Conforme descrevem a visão, use fichas para escrever palavras-chave. Você está buscando tirar a visão de sua cabeça e superar a limitação do número mágico 7 +/– 2. Haverá mais de sete aspectos da visão para as pessoas descreverem. Mantenha as descrições fluindo, encoraje-as a continuar falando e descreva a visão em termos positivos. Não permita que parem e reflitam sobre o que escreveram, pois isso impede o processo criativo.

DICA

Durante o processo, observe como as pessoas participam. Você pode notar membros da equipe que não "vestiram a camisa" da visão; estarão afastados ou retraídos, ou apenas entrarão no jogo por gentileza. Essa informação é valiosa. É melhor ter alguma relutância e reservas sobre um projeto reveladas no início. Desengajamento leva a sabotagem ou não cumprimento de prazos.

Quando a resposta para a pergunta "Essa visão é realmente a melhor?" for "sim", chegou o momento de parar o exercício e fazer uma pausa.

Questione o grupo. Lembre-se de manter a conversa longe de como essa visão será alcançada. Engaje aqueles que pareciam afastados na atividade. Mantenha a mente aberta sobre o que é revelado nessa etapa.

2. **Passe à Perspectiva do Planejamento.**

    De novo, selecione um espaço ou sala diferente; o ideal é que tenha quadros brancos ou espaços para cartolinas. Esse será o departamento de planejamento. Faça a equipe entrar na fisiologia de planejadores (agindo como se fossem planejadores), faça-a adotar uma expressão engraçada e curiosa, talvez com a mão no queixo. Instrua-a a imaginar onde se senta para fazer sua contabilidade pessoal ou atualizar sua agenda, e adote a mesma postura.

Nesse espaço, há planejadores, consultores externos que têm uma única missão: explorar as opções e criar planos para atingir a visão.

Conforme as ideias fluem, deixe as pessoas escreverem palavras-chave nas fichas e coloque-as no chão. Nesse estágio de planejamento, elas estão interessadas *apenas* em conceitos de alto nível. Você quer criar o esqueleto de um plano, não necessariamente seus mínimos detalhes. Se sentir que alguns planejadores estão entrando em mais detalhes com processos ou sistemas do que os outros se sentem confortáveis nesse momento, peça-os para tomar nota de que mais detalhes são necessários para aquela parte do plano; os mínimos detalhes serão tratados depois.

Motive os planejadores continuando a fazer boas perguntas (sem interromper o fluxo). Na próxima seção deste capítulo, você encontra a Tabela de Informações. Use essa tabela para assegurar que eles revisem e avaliem as áreas-chave que compõem um plano sólido. Continue motivando e fazendo perguntas até sentir que eles esgotaram todas as ideias de alto nível; então, faça uma pausa.

Volte à área de Perspectiva de Planejamento (faça os clientes adotarem a postura) e instrua-os a organizar a pilha de fichas com palavras-chave e agrupá-las. Eles começarão a ver padrões surgirem com passos e sequências lógicas. Quando estiverem felizes com as fichas dispostas em padrões e passos lógicos, transfira o que foi produzido para as cartolinas ou quadros brancos.

Um plano começará a se revelar. Dê aos planejadores tempo para reorganizar o plano. Busque e faça marcações para considerações posteriores:

- Otimização (em que as sequências podem ser melhoradas)

- Sobreposição (evitar repetição)

- Redundância (alguns passos podem parecer desnecessários após a revisão)

- Marcos (pontos nos quais os planos podem ser mensurados para checar o progresso e comemorados quando estão nos trilhos)

- Pontos de estrangulamento (lacunas de informação ou nos quais as falhas em entregar podem frear o progresso do restante do plano)

Chega-se a um ponto no qual os planejadores querem detalhar demais nesse estágio ou sentem que fizeram um bom trabalho. Nesse momento, pare e faça uma pausa.

3. **Agora, instrua-os a entrar em uma Perspectiva Independente sobre o trabalho que os planejadores fizeram.**

   Passem para o terceiro espaço e peça para a equipe imaginar que são auditores externos cujo papel não é questionar a visão, mas avaliar se os planejadores fizeram um bom trabalho. Se recebessem uma fatura deles, pagariam?

   Algo fascinante acontece nesse estágio do exercício: as mesmas pessoas que criaram o plano agora apontam falhas ou lacunas que, quando estavam na perspectiva de planejamento, não foram capazes de ver. Essa mudança é o fenômeno do número 7 mágico em ação e enfatiza o valor de uma perspectiva externa, analisada no Capítulo 2, mesmo quando ela vem das mesmas pessoas. Quando todo o feedback construtivo for esgotado, faça uma pausa.

4. **Volte ao Passo 2 e, da Perspectiva de Planejamento, considere todo o feedback construtivo da Perspectiva Independente e ajuste o plano de acordo.**

   Quando os planejadores sentirem, de novo, que fizeram um bom trabalho, vá para o Passo 5.

5. **Volte à Perspectiva Independente e faça as mesmas perguntas do Passo 3. Devolva essas informações aos planejadores.**

   Continue passando da Perspectiva Independente à Perspectiva de Planejamento e de volta à Perspectiva Independente até que os consultores independentes fiquem satisfeitos com o bom trabalho feito no momento e estejam dispostos a pagar a fatura dos planejadores. Faça uma pausa.

6. **Com um plano de alto nível preparado, volte à Perspectiva de Visão e a revise, agora com um plano criado para torná-la realidade, e veja o que acontece.**

   A pergunta a fazer à equipe é: "Como está a visão agora, em comparação com a visão anterior ao plano?"

LEMBRE-SE

   O Passo 6 é um momento empolgante e nervoso tanto para os coaches quanto para os clientes. A maioria dos clientes, quando volta à visão com um plano sólido, de alto nível, preparado, comenta que a visão mudou. Para alguns, ela parece mais clara e viável. Para outros, não parece mais a mesma: muitas vezes, descrevem-na como distante, menos clara ou até pouco inspirada. A primeira vez que Steve teve essa experiência com um cliente, seu primeiro pensamento foi "Opa, o que fizemos de errado?", mas o cliente virou-se para ele e disse: "Agora percebo que se esse é o plano que me trará a visão, e é ótimo, não vale o tempo e esforço trabalhar nesse projeto. Prefiro não fazer isso."

UMA PERSPECTIVA VISIONÁRIA

EXEMPLO

Marie fez esse exercício com um cliente corporativo que adaptava dispositivos de monitoramento em frotas de carros para que os clientes pudessem monitorar e gerenciar seus recursos móveis. Eles tinham reservado uma sala de conferências na cobertura de um hotel em Londres para os exercícios de planejamento. Os diretores contemplavam a vista enquanto falavam sobre a visão que tinham para a companhia quando um deles parou e olhou para os milhares de carros passando lá embaixo. Ele virou para os outros e disse: "Olhem aqueles carros. Mal tocamos na superfície com o nosso negócio. Não acredito que pensamos tão pequeno."
Foi uma mudança de paradigma na perspectiva, que resultou no ampliamento da visão e na dedicação dos quatro anos seguintes a um empreendimento visionário valioso.

Com que frequência as empresas assumem projetos que, em retrospectiva, desejariam nunca ter começado? Esse experimento ajuda os clientes a ter a vantagem da retrospectiva antecipadamente.

Assumindo que a visão ainda é inspiradora, e o plano, sólido, você observa algumas causas comuns que levam um ótimo plano a falhar.

Revelando o que pode parar ou descarrilar o plano

O exercício na seção anterior estimula os clientes a fazer boas perguntas, que revelam o que precisa existir para que um plano funcione. Para isso, use a Tabela de Informações, mostrada na Figura 11-2. Os planos falham por razões comuns; assim como os padrões de sucesso são aparentes, os padrões de falha também. Destacando os problemas em potencial antes que surjam, você permite que um plano transcorra tranquilamente.

Tempo	Dinheiro	Esforço	Pessoal
Crenças e valores	Habilidades	Capacidades	Ambiente (PEST)
Ecologia	Jurídico	Feedback (KPIs)	Reagir a desvios (adaptabilidade)
Forças	Oportunidades	Fraquezas	Ameaças

FIGURA 11-2: Tabela de Informações.

© John Wiley & Sons, Inc.

236   PARTE 3 **Coaching e Mentoria para uma Empresa nos Trilhos**

DONOS DE EMPRESAS

Se for dono de empresa e participar ou fizer esse exercício com uma equipe, verifique se todos se sentem confortáveis em contribuir, apesar de sua presença. O que pode acontecer é algumas pessoas falarem para impressioná-lo e outras se absterem por medo de errar na sua frente. Esse exercício terá real valor quando todos os participantes se sentirem livres para participar e falar; toda contribuição deve ser vista como valiosa e passível de consideração.

A Tabela de Informações tem 16 categorias, cada uma com uma série de perguntas feitas ao cliente. As perguntas destacam quaisquer problemas em potencial, assim como direcionam o pensamento para uma solução.

Use essas perguntas para fazer seus clientes realmente pensarem em quais informações e recursos são necessários para criar um plano sólido e torná-lo realidade. Considere o que existe e o que falta. Durante o exercício, lembre-se de que não há perguntas idiotas; portanto, se algo passar pela cabeça, pergunte e encoraje os clientes a falar e fazer o mesmo. Se as pessoas sentirem que uma pergunta é estúpida ou sua resposta é óbvia, ficarão relutantes em perguntar. O que você descobre é que, se uma pessoa tem dúvida, outra também pode ter. Perguntas aparentemente óbvias muitas vezes revelam informações valiosas que podem ser negligenciadas se não forem perguntadas.

Você pode trabalhar metodicamente com a tabela, uma categoria por vez, ou ver para onde as conversas o levam, e abordar as categorias *ad hoc*. Seja qual for sua escolha de trabalho, aborde todas as categorias.

» **Tempo:** Quais são os prazos para o projeto? Você tem recursos para alocar o tempo necessário? Quando são os principais marcos do projeto? Como você lidará com deslizes no projeto ou prazos perdidos?

» **Dinheiro:** Quanto custará? Você tem recursos/fluxo de caixa? Como financiará isso?

» **Esforço:** Você levou em conta corretamente a quantidade de trabalho necessária para cumprir o plano? Isso removerá recursos de outras partes da empresa? Como lidará com isso?

» **Pessoal:** Quem fará as tarefas específicas? Como saberá que são as melhores pessoas para as tarefas? Você considerou terceirizar pessoas mais bem adequadas para realizar as tarefas específicas do projeto?

» **Crenças e valores:** O que você acredita ser empoderador e motivador nesse projeto? O que acredita que o limita ou afeta negativamente? O que acredita que o impede de se comprometer completamente com o projeto? No que você precisa acreditar para se comprometer completamente? Por que o projeto é importante para você? Como assegura que todas as ações tomadas atenderão a seus valores?

» **Habilidades (o que fazemos):** Você tem as habilidades para assumir o projeto? Há lacunas nas habilidades? Em caso afirmativo, quando e como podem ser resolvidas?

» **Capacidades (como fazemos):** Você tem capacidade pessoal e organizacional para executar as tarefas do projeto? Se lacunas de capacidade forem aparentes, quem, quando e como serão transpostas?

» **Ambiente:** Onde isso vai ocorrer? Você tem a configuração ambiental correta para concluir as tarefas?

» **PEST (Política, Economia, Social, Tecnologia):** O modelo PEST é uma avaliação de fatores macroeconômicos que afetam um plano de projeto. Faça estas perguntas para cada categoria PEST:

- Qual é a situação atual?

- O que você consegue antever que pode mudar durante o projeto e como isso afetaria seu plano?

- Quais ações você pode tomar sabendo disso?

As categorias são:

- **Política:** Política fiscal, estabilidade política, leis trabalhistas, regras e restrições comerciais, tarifas e embargos aduaneiros, leis ambientais.

- **Economia:** Clima econômico, taxas de juros, taxas de câmbio, taxas de inflação, financiamento e subsídios.

- **Social:** Idiossincrasias culturais, estatísticas populacionais, educacionais e tendências de carreira.

- **Tecnologia:** Limites tecnológicos (capacidade limitada), novas formas de automatizar (o efeito nos custos, preços e demanda), opções de terceirização e entrega (novos fornecedores ou plataformas emergentes).

» **Ecologia:** Implementando esse plano, o que também é afetado por ele?

» **Jurídico:** Como você sabe que entende as implicações legais desse plano de projeto? Você tem o conhecimento para cumprir a legislação?

» **Feedback (indicadores-chave de desempenho):** O que você vai mensurar para assegurar que está nos trilhos? Como sabe que está mensurando os indicadores de desempenho corretos? Como, quando e para quem apresentará suas descobertas?

» **Reagir a desvios (adaptabilidade):** Quais são as ações, caso descubra que está fora dos trilhos? Quem é responsável por tomar as decisões e assegurar que serão seguidas?

» **FOFA (SWOT):** O exame das forças, oportunidades, fraquezas e ameaças que uma empresa encara é conhecido como análise FOFA (SWOT, na sigla em inglês). Tornou-se uma seção padrão em qualquer plano empresarial apresentado para investidores e também é um quadro de diagnóstico útil ao criar um plano de processo. Cada um dos componentes tem o próprio box na última linha da Tabela de Informações na Figura 11-2:

- **Forças:** Qual é o argumento-chave de venda do projeto? Quais vantagens a empresa tem sobre seus concorrentes? O que você faz melhor do que qualquer outro? O que seus consumidores e concorrentes veem como seus pontos fortes? Como esse projeto fortalece a empresa?

- **Oportunidades:** Quais são as oportunidades fáceis (a parte fácil)? Quais são as oportunidades que você não considerou ainda? Quais são as oportunidades que você pode ter considerado no passado e agora podem ser relevantes? Quais tendências levam a novas oportunidades?

- **Fraquezas:** Em que melhorar? O que evitar? Em que o desempenho é baixo? O que perde negócios? O que drena tempo, dinheiro e esforços?

- **Ameaças:** Quais obstáculos óbvios você enfrenta? Quais são seus planos para enfrentá-los? O que os concorrentes estão fazendo que pode ser uma ameaça? Quais são as ameaças críticas à missão que podem prejudicar seriamente a empresa, e como você lidará com isso? Quais são as condições externas que afetam o plano do projeto (PEST)?

Ao considerar oportunidades e ameaças, volte e faça as perguntas nas categorias PEST. Muitas vezes, mudanças macroeconômicas levam a problemas e potenciais ameaças. Se os clientes puderem antever uma ameaça, não só poderão se planejar, mas, se puderem oferecer uma solução para um problema, haverá a possibilidade de uma nova oportunidade de negócios.

A profundidade das perguntas de coaching que você faz para um cliente depende da escala de visão e da complexidade do plano de projeto que a concretiza. A Tabela de Informações fornece uma averiguação sólida; mas, é claro, você não está limitado às perguntas listadas aqui.

A única constante é a mudança. O que pareceu um ótimo plano em um momento, pode precisar de revisão ou ser abandonado. Agendar uma auditoria de coaching regular e rever o plano com a Tabela de Informações como guia permite aos clientes avaliar onde estão, para onde vão e como chegarão.

Conseguindo comprometimento e adesão honestos

Você já esteve em uma reunião na qual etapas foram estipuladas para um projeto e na reunião seguinte pouco havia mudado? É claro, poderia haver razões genuínas para os objetivos não terem sido atingidos, mas há deslizes de projeto que têm um efeito considerável e fazem um plano se estagnar ou perder os principais eventos. Para muitas empresas e projetos, esse tema é bastante comum. Muitas vezes, a causa é a falha das pessoas em revelar preocupações antes do início do projeto.

Ao final de cada reunião de planejamento, verifique com os clientes se:

» Todos os indivíduos envolvidos estão cientes de suas tarefas alocadas e quando devem ser entregues.

» Todos expressaram comprometimento e apoio positivos para com o plano.

» Todos expressaram quaisquer preocupações ou resistências ao plano.

As perguntas na Tabela de Informações (veja a seção anterior) que revelam fatores que afetam o comprometimento de um indivíduo para se engajar honesta e completamente em um projeto são: "O que você acredita que pode impedi-lo de se comprometer completamente com o projeto?" e "No que você precisa acreditar para se comprometer completamente?"

A empresa precisa criar um ambiente seguro no qual os indivíduos se sintam livres para falar e se expressar, para perceberem que não há perguntas inteligentes nem idiotas, e darem razões genuínas se tiverem quaisquer crenças que os impeça de se comprometer honestamente com o projeto.

Apontando quando é a hora certa

Com um plano sólido de alto nível preparado e o comprometimento honesto de todos os envolvidos, a pergunta é: quando os executivos fazem o que seu título implica, ou seja, executam decisões e agem? Quando é a hora certa de puxar o gatilho em um projeto?

Trate esse estágio como faria ao entrar em qualquer jornada. Faça uma última verificação com seu cliente para assegurar de que tudo está no lugar e preste atenção em particular aos recursos necessários para a jornada.

Um indicador de que *agora* é a hora certa é quando o cliente demonstra uma sensação de frustração, um desejo de progredir. O papel do coach é dar um passo para o lado e deixar a empresa prosseguir.

Supondo que o cliente está inspirado com a visão e tem um bom plano preparado, sugerimos incluir uma pequena dinâmica antes de começar. Faça perguntas: "Você está realmente pronto para isso? Tem certeza de que isso está certo? Não seria melhor deixar para lá?" Um pouco de censura, provocação e pressão (apenas verbais) darão impulso, e essa é a hora de sair do caminho.

É razoável para o cliente ficar apreensivo antes de começar esse grande empreendimento, mas você precisa verificar se a apreensão é empolgação ou um sinal genuíno de que algo está faltando ou foi negligenciado. Se ele verificou minuciosamente e tudo está no lugar, então *agora* é a hora certa.

Atribuindo Recursos ao Plano

Depois que seu cliente tiver um plano sólido para atingir sua visão, você poderá ajudar ele a determinar os detalhes específicos do plano e quais suportes precisam estar preparados para executá-lo. Nesta seção, exploramos técnicas para passar e conversar sobre as simulações de um plano, buscando onde e quando os recursos serão necessários e o que fazer quando nem tudo estiver de acordo com o plano.

DICA

Quando os planos mais bem complementados dão errado (e eles darão), pare, respire e calmamente veja o lado bom da situação. Às vezes, é bom não entender todos os efeitos de uma crise e, em vez disso, ter uma perspectiva diferente de todos aqueles a seu redor.

EXEMPLO

TRANSFORMANDO UMA OMISSÃO EM ALGO BOM

Apesar da melhor vontade do mundo e da melhor equipe no trabalho, mesmo os planos considerados melhores sempre mostrarão falhas, considerações e erros que não foram vistos antes, quando ele foi transformado em ação. Em vez de procurar culpados, como muitas empresas fazem, considere os benefícios de criar uma cultura na qual a abordagem à procura de falhas seja um aprimoramento constante e contínuo, não acusação e humilhação.

Um bom exemplo disso é o Sistema de Produção Toyota, uma abordagem que constrói aprendizado contínuo a partir de minúsculas falhas na cultura. A Toyota estabeleceu um sistema de procura de falhas para melhorar o desempenho e a produção, não para castigar ou punir quem descobriu ou causou a falha. Tal abordagem se origina da perspectiva de servir ao bem maior em longo prazo.

Se um membro de uma equipe em uma montadora Toyota identifica um problema, ou mesmo se suspeita de um problema em potencial, é encorajado a puxar uma corda chamada andon. Essa ação imediatamente inicia um processo de diagnóstico e resolução de problemas.

Se o problema pode ser remediado em menos de um minuto, a produção continua; do contrário, a produção é interrompida. A Toyota está disposta a assumir perda de receita no curto prazo para melhorar e otimizar o desempenho no longo prazo.

Fazendo as malas para a viagem

A expressão *linha temporal* refere-se à nossa habilidade mental de codificar o tempo para que possamos distinguir entre eventos passados, presentes e futuros. Há padrões aparentes sobre como as pessoas codificam e representam o tempo em seu pensamento. Este exercício é uma ótima ferramenta de coaching, que permite aos clientes explorar esse fenômeno e usá-lo para planejar e complementar um plano.

Use o exercício de Percorrer o Plano para repassar o plano com seu cliente para ter uma visão final. Você pode dividir o plano em pequenas porções e repassá-lo em pequenas seções. Embora esse exercício possa ser feito sentado e imaginando, é melhor fazê-lo de pé e com muito espaço.

Use a linguagem específica escrita nas instruções a seguir. Algumas frases podem parecer gramaticalmente incorretas à primeira vista, mas foram escritas para criar mudanças temporais e espaciais na perspectiva do ouvinte. Elas vêm de padrões de linguagem hipnótica e, embora esse experimento não signifique que você vá hipnotizar seus clientes, as palavras específicas os fazem experimentar uma mudança alterada em suas percepções de tempo. Muitos sentirão que viajaram no tempo, e, para outros, suas experiências com os marcadores de tempo, quando refazem os passos do exercício, parecerão surpreendentemente reais.

1. **Instrua seu cliente a ficar de pé, encarar o espaço aberto e imaginar que o ponto onde ele está representa o momento presente, o agora; aponte para atrás dele e instrua-o a imaginar que o passado é uma linha no chão correndo para o passado, então, aponte para sua frente e peça-lhe para imaginar que o futuro se entende à frente.**

   Algumas pessoas imaginam uma linha; outras, uma estrada. Permita ao cliente representar essas linhas temporais como ele julgar adequado.

2. **Fique de pé alguns passos à sua frente e exatamente ao lado da linha dele temporal futura e peça-lhe para imaginar um *evento agradável* no futuro (digamos, uma semana).**

   Não precisa ser relacionado ao plano. Pode ser, por exemplo, sair com os amigos. Sempre comece essa instrução com "um evento agradável". Você não quer que os clientes imaginem algo desafiador ou desagradável no começo de um exercício de planejamento; fazer isso pode colocá-los em um estado pouco criativo e afetar o exercício.

3. **Gesticule com suas mãos e pergunte-lhe: "Onde você percebe que está uma semana no futuro?"**

   Ele vai fazê-lo se mover para mais longe ou mais perto. Você ficará surpreso, quando fizer isso pela primeira vez, com como algumas pessoas são exatas quando instruem você a se ajustar porque está perto ou longe demais. Faça uma nota mental da distância ao longo da linha temporal imaginária (ou, se houver um tapete no chão, marque-o com seu sapato como referência).

4. **Repita o exercício para os outros marcadores temporais relevantes na duração do projeto.**

   Por exemplo, um mês, três meses, um ano e daí em diante. Não escolha mais que cinco marcadores temporais.

5. **Instrua-o a fechar os olhos e relaxar. Deixe-o saber que em algum momento você o tocará no ombro ou braço, e gentilmente o levará com seus olhos fechados para o futuro, até o primeiro marcador temporal.**

CUIDADO

   Quando fizer algum exercício que envolva pedir para alguém fechar os olhos e tocar nele, peça-lhe permissão primeiro.

6. **Gentilmente, ponha a mão em seu ombro e braço, e leve-o até o primeiro marcador.**

   Diga-lhe para imaginar que agora ele está uma semana no futuro (ou qualquer que seja o primeiro marcador temporal), e o projeto está em curso. Peça-lhe para descrever o que está acontecendo.

7. **Instrua-o para perceber onde está e o que está acontecendo, e descrever em voz alta como o projeto está progredindo: "Diga o que vê, descreva o que ouve e sinta a sensação."**

   Instruí-lo a ver, ouvir e sentir envolve três dos cinco sentidos (visão, audição e tato). Esse estímulo sensorial desencadeará uma experiência imaginária rica e, muitas vezes, real para o cliente. Permita-lhe falar e tome nota das palavras-chave para analisar depois do exercício.

8. **Estimule-o com outras perguntas e instruções, como:**

   - Perceba o que está funcionando para o plano.
   - O que não está funcionando e por quê?
   - Quais recursos você está usando?
   - O que você poderia fazer se tivesse mais recursos?

   Depois de descrever esse primeiro marcador temporal em detalhes, os clientes muitas vezes ficam quietos, então, estimule-os com uma última pergunta: "Há alguma outra coisa de valor que consegue notar agora?" Use a palavra *agora* porque você quer que eles representem e imaginem o "futuro-presente".

DICA

   Mentalmente, ponha-se no mesmo marcador temporal que o cliente e use a linguagem temporal que usaria se fosse uma semana no futuro, ou seja, mantenha o tempo verbal no presente.

CAPÍTULO 11 **Transformando Visões em Planos Viáveis** 243

9. Repita os Passos 6, 7 e 8 para cada marcador temporal até que ele atinja a visão ou o fim da parte do projeto selecionada para o exercício.

10. Informe o cliente que, em algum momento, você o guiará para dar mais um passo em direção a um mês depois do último marcador temporal. Então, você vai virá-lo, e, com os olhos ainda fechados, ele poderá imaginar-se olhando para trás, para o resultado final e a visão, e irá descrevê-los.

11. Ande com o cliente até um mês depois do fim do projeto, vire-o e peça-lhe para descrever como foi.

Deixe-o falar e tome notas. Então, estimule-o perguntando:

- O que funcionou?

- O que não funcionou?

- Quais outros recursos você teria alocado para o projeto e quando?

- Em retrospectiva, o que você faria de forma diferente se tivesse a chance de voltar e fazer de novo?

12. Diga ao cliente que, em um algum momento, você o fará voltar no tempo, trazendo todas as novas percepções e compreensões que ele conseguiu com a retrospectiva.

13. Volte-o lentamente pela linha temporal, parando em cada marcador temporal e pedindo-lhe para fazer quaisquer ajustes com base em sua retrospectiva e acenar com a cabeça quando estiver pronto para seguir.

Repita o processo até voltar ao ponto de partida original, o presente, o agora. Vire-o de frente para a linha temporal do futuro mais uma vez e peça-lhe para abrir os olhos.

14. Peça-lhe para "olhar para o futuro agora, tendo feito esses ajustes, e perceber o que está diferente".

Fique em silêncio e deixe-o falar.

Depois de fazer esse exercício, as pessoas geralmente dizem: "Isso foi esquisito." Muitas pessoas sentem que realmente viveram e passaram pelo projeto. Aqui estão algumas coisas para prestar atenção em relação a tais respostas quando tomar notas para o cliente:

- » **Mudanças de prazos para o projeto:** Poderíamos ter feito mais rápido, mais cedo. Precisamos de mais tempo e dar mais tempo para nós mesmos.

- » **Obstáculos e entraves:** Ficamos empacados, foi assim que lidamos com isso, isso não estava resolvido.

» **Lacunas de informações:** Não tínhamos habilidades, capacidades ou recursos; teria sido melhor terceirizar para especialistas ou pessoas com mais experiência.

» **Mudanças na motivação:** A visão parece mais atraente agora ou menos tentadora. No caso de menos, explore o motivo.

Conhecendo a rota e indo na direção certa

Durante o exercício da Perspectiva Independent, na seção anterior, "Exercício 2: Perspectivas imparciais", normalmente são descobertas as áreas nas quais mais planejamento detalhado é necessário e existem eventos importantes ou pontos de verificação. Sugerimos que você faça o exercício da Perspectiva antes de entrar em qualquer planejamento detalhado. Pôr as notas geradas a partir do exercício em uma parede ou um quadro branco é uma maneira simples e eficiente de criar um plano de projeto detalhado, destacando opções, escolhas e eventos importantes para o projeto.

Dividir qualquer jornada (percorrendo ou explorando um projeto) em pequenas partes com pontos de verificação faz uma tarefa, que poderia ser intransponível, parecer possível. Esse método é essencial para garantir que você continue na rota. Mesmo se sair um pouco do caminho, sempre irá na direção correta, em geral. Pequenas correções de rota ao longo da jornada do projeto são mais fáceis de fazer do que grandes ajustes.

Empresas inteligentes também levam em conta os indicadores-chave de desempenho (KPIs) em seus planos, mensurando e avaliando o que funciona, assim como tendo uma estratégia para se ajustar de acordo com o feedback recebido. Infinitos KPIs existem para as empresas mesurarem; portanto, selecionar quais são mais úteis é importante. A seleção será exclusiva da empresa que você está orientando.

DICA

Os KPIs comuns úteis a considerar são:

» Receita gerada a partir de um marketing específico

» Satisfação do consumidor

» Ciclo de vida do consumidor (prestar atenção a quando e por que um consumidor vai embora)

» Mensurar fornecimento e aquisição

» Mensurar os resultados da empresa e do projeto

Programando quando parar e reabastecer

Até um carro de Fórmula 1 de alto desempenho correndo na velocidade máxima precisa parar em pit stops regulares para ser reabastecido e reparado. Durante o ciclo de vida de qualquer projeto, as pessoas envolvidas podem sentir fadiga, a menos que tenham a chance de se afastar dele. Leve em conta o tempo para descansar e renovar os planos de projeto dos clientes. A maioria das pessoas relata que percepções e inovações ocorrem na ideia quando elas param de pensar ou quando estão mais relaxadas, de férias ou tomando banho.

Recomende aos clientes que programem workshops (muitas vezes não diretamente relacionados ao projeto) ou façam pausas no projeto para que seu pessoal desacelere, passe para um ambiente diferente e tenha uma nova perspectiva sobre o projeto. No Capítulo 2, abordamos o valor de uma perspectiva externa e ser capaz de ver o todo pela parte.

Um ótimo momento para parar, descansar e reabastecer é quando algo dá errado.

Você já foi passageiro em um carro no qual o motorista perdeu um retorno? O que a maioria dos motoristas faz? Eles tendem a acelerar, indo agora ainda mais rápido na direção errada. Nos negócios, se um projeto pega um retorno errado, em vez de entrar em pânico e reagir, você tem a oportunidade de desacelerar, descansar, renovar, esclarecer as ideais e reavaliar a situação.

Use o acrônimo PPADAV como um estímulo para:

>> **Parar:** Reserve algum tempo para esclarecer as ideias.

>> **Pensar:** Aproveite a clareza de ter a mente calma (volte ao Capítulo 5 para ver algumas técnicas de coaching eficientes para atingir isso).

>> **Avaliar:** Analise as escolhas disponíveis.

>> **Decidir:** Faça a melhor escolha para aquele momento.

>> **Agir:** Aja e tenha o comprometimento de todos os envolvidos.

>> **Verificar:** Verifique se tem os resultados que deseja.

Agindo e Revisando o Plano

Prestamos atenção ao que percebemos. Programar reuniões de projeto regulares, verificar o desempenho de acordo com os planos do projeto e analisar os KPIs deve ocorrer de uma maneira estruturada e habitual para que esse feedback seja útil.

Reunindo e repassando feedback

Evite que as reuniões de projeto sejam apenas um momento legal para se inteirar. Você precisa assegurar que elas sejam produtivas e orientar seus clientes a usar esse momento para abrir espaço para agir e analisar um plano ao longo de seu ciclo de vida.

Estruture suas reuniões de projeto para abordar o seguinte (veja a Figura 11-3):

- » **Clareza:** Lembre a equipe sobre visão e valores; por que eles estão lá.
- » **Atitude:** Crie espaço para um diálogo aberto, honesto, verdadeiro e comprometido.
- » **Realismo:** Veja os fatos primeiro, depois as opiniões.
- » **Ações:** Verifique se todos são completamente responsáveis e se responsabilizam por sua parte do projeto e ações tomadas depois da reunião.

LEMBRE-SE

Comprometer-se com as ações é o segredo para transformar o feedback em ajustes que mantêm o plano nos trilhos.

FIGURA 11-3: Construa reuniões eficientes em uma base sólida.

© John Wiley & Sons, Inc.

Verificando se o plano está nos trilhos

Além de usar o momento da reunião como uma oportunidade para orientar seus clientes para testar e verificar o status de um projeto, faça as perguntas do Capítulo 19 para testar e desafiar um indivíduo ou equipe e ver se estão nos trilhos. Verificações regulares permitem que ajustes mínimos sejam feitos conforme o plano se desdobra e evolui. Três indicadores-chave para se atentar são: tempo, dinheiro e esforço.

Todo mundo que já contratou um empreiteiro para reformar uma casa provavelmente percebeu que as pessoas são muito ruins em estimar o tempo que levam para concluir as tarefas, os custos e a quantidade de trabalho envolvidos. Conceder contingências para tempo, dinheiro e esforços geralmente permite tais deslizes, mas saber como os excessos prejudicam seriamente uma empresa é essencial.

Sabendo quando é bom parar

Nick Jenkins, fundador da Moonpig, uma empresa online de cartões comemorativos, era dono de uma companhia que teve prejuízos nos cinco primeiros anos de funcionamento. Por fim, ele vendeu a empresa em 2011 para a Photobox por US$180 milhões. Todos os donos de empresa e empreendedores reconhecem a importância da resiliência, embora em muitos casos empregar mais tempo, dinheiro e esforços em um plano não tenha um final feliz.

Use a Figura 11-4 e a seguinte metáfora náutica para orientar indivíduos, equipes e organizações para avaliarem quando é a hora certa de mudar a direção ou encerrar o assunto. Ao velejar, você tem um destino em mente (visão), tem uma rota calculada (plano A), que leva em conta as condições em constante mudança, como vento, clima, marés e correntes (representadas pela Tabela de Informações).

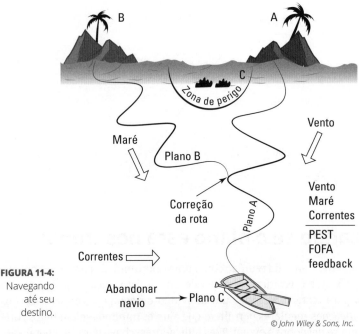

FIGURA 11-4: Navegando até seu destino.

© John Wiley & Sons, Inc.

Um marinheiro navega e faz correções de rota constantemente com o destino em mente. Às vezes, apesar da melhor intenção do mundo, as condições mudam ou são tão contrárias que uma mudança de rota é necessária (uma nova visão, plano B). Se um marinheiro não ouve o feedback, arrisca entrar em águas de uma zona de perigo, quando é tarde demais para mudar a rota, e pode chegar a um ponto em que a única opção restante é o bote salva-vidas (plano C).

Quando uma decisão empresarial é tomada para alterar a rota, faça do plano B o novo plano A e use todas as técnicas deste capítulo para assegurar que o plano seja sólido e adequado ao propósito.

LEMBRE-SE

O papel do coach não é tomar essas decisões difíceis para um cliente. No entanto, como coach, você tem responsabilidade moral e profissional de apontar para ele se sua perseverança ferrenha pode acabar batendo nas pedras e afundando o negócio.

Reconhecendo um trabalho bem-feito

Alguém já disse que você está fazendo um bom trabalho de coaching? Você ficou animado e ganhou novo fôlego para trabalhar? Já fez um ótimo trabalho de coaching e passou despercebido, afinal, você está apenas fazendo seu trabalho, não é?

Todos fazemos referências internas às vezes, e verificamos por conta própria se estamos fazendo um bom trabalho, tomando uma boa decisão ou sendo insuficientes. Outras vezes, fazemos referências externas também, e checamos com os outros se estamos fazendo um bom trabalho ou tomando uma boa decisão.

De vez em quando, até as pessoas autodidatas precisam de uma verificação externa de que estão fazendo um bom trabalho e estão nos trilhos. De outra forma, correm o risco de fazer tantas referências internas que ignoram o feedback externo.

Oriente seus clientes a valorizar o reconhecimento externo sobre seu desempenho, reconhecer e aceitar o trabalho feito por seus colegas. Mantenha a equipe a bordo. Mesmo se forem referenciados internamente na maioria, deixe-os saber que são valorizados.

250   PARTE 3 **Coaching e Mentoria para uma Empresa nos Trilhos**

> **NESTE CAPÍTULO**
>
> » Esclarecendo o sucesso
>
> » Aprimorando a flexibilidade de liderança
>
> » Entendendo o papel de mentores na oferta de expansão da liderança

Capítulo **12**

Mentoria para Sucesso Pessoal e Empoderamento

Liderar uma organização em uma área funcional pode ser recompensador e pessoalmente gratificante. Também pode ser difícil. A orientação e sabedoria de um mentor são valiosas. A sabedoria transmitida por alguém que já "esteve lá e fez isso" economiza uma grande quantidade de tempo para um líder. O suporte da mentoria oferece garantia e evita erros ou riscos desnecessários para um líder. Por fim, essa intervenção beneficia a empresa.

Este capítulo analisa a mentoria em um contexto de sucesso e liderança. Examinamos como ajudar um cliente a definir sucesso e a lidar com pensamentos limitantes quando surgem. Muitas das ferramentas podem ser usadas em outras áreas de liderança. Convidamos você a considerar os exercícios a partir de sua perspectiva como mentor de liderança e como você mesmo, em qualquer circunstância que lidere, como líder organizacional ou líder na vida.

CAPÍTULO 12 **Mentoria para Sucesso Pessoal e Empoderamento**   251

Sendo um Ótimo Mentor de Liderança

O Capítulo 1 tem um quadro explicativo que define as disciplinas de auxílio. Pense em coaching como o uso de um conjunto de habilidades profissionais no qual o coach bem treinado não precisa ter experiência em um tipo particular de empresa, em um papel de liderança específico ou na mesma área da pessoa orientada.

» O coach usa um conjunto de habilidades e experiências para ajudar o cliente a encontrar soluções e entender coisas a partir dos próprios recursos.

» O mentor, às vezes chamado de consultor de confiança, usa habilidades de coaching para ajudar o mentorado a explorar situações. O mentor aproveita sua experiência, prática e sabedoria para ajudar alguém a planejar ou lidar com situações parecidas.

» Tanto o coach como o mentor capacitam seus clientes.

Você deve estar se perguntando se é possível ser ambos. A resposta é sim. Nós fazemos coaching de executivos nos aspectos empresariais e mentoria de coaches buscando estabelecer sua prática de coaching e treinamento.

DICA

Se você é mentor, e passou a fazer mentoria porque sua experiência, habilidades e conhecimentos têm sido requisitados, adquira algumas habilidades de coaching. De nossa experiência, esse treinamento é o que faz a diferença.

Alguns líderes têm vários mentores ou uma combinação de mentor e coach. Essa situação é útil em circunstâncias específicas em curto prazo. Vimos poucos líderes ao longo dos anos exagerarem no suporte de coaching e mentoria. Esse excesso tem o efeito oposto. Acarreta clientes indecisos, que ficam perdidos em uma confusão de consultorias. A responsabilidade de evitar essa situação é de todos: líder, mentores e coaches.

CUIDADO

Para evitar qualquer confusão sobre quem aconselha seu futuro cliente, verifique se seu contrato inclui uma verificação de qual mentoria e coaching formal e informal a pessoa já recebe. Os limites dessas relações devem ser discutidos previamente no estágio de contratação. Isso assegura que você está ciente de quem mais aconselha e orienta a pessoa; a pessoa pode ter uma visão ou abordagem diferentes da sua. Saber disso o ajuda a decidir se quer trabalhar com o cliente; também ajuda a gerenciar os próprios limites se e quando o cliente diz: "Ah, bem, meu mentor, Jim, discorda de sua abordagem porque..." **Lembre-se:** Permitir que outras pessoas sejam autênticas e melhorar sua capacidade de liderar não é uma competição.

Desafiando as Ilusões do Sucesso

O que ser bem-sucedido significa para você?

> » **São coisas?** Coisas são as propriedades que você tem, o carro que dirige, a marca das roupas que veste, o relógio em seu pulso, os cartões de crédito que tem na carteira.
>
> » **São símbolos?** Símbolos incluem a escola em que seus filhos estudam, a universidade em que você estudou, o local onde mora e os clubes em que entra.
>
> » **São experiências?** Experiências incluem onde você tira férias, o tipo de esporte que pratica, os restaurantes que frequenta, a quantidade de cuidados pessoais que pode bancar.

Qual é *sua* medida de sucesso pessoal?

Nós dois fizemos essa pergunta centenas de vezes. Nada que você diga pode nos chocar. Um cara orientado por Marie em serviços financeiros, vamos chamá-lo de Ben, descreveu sua medida de sucesso como sempre ficar à frente de Joe, um colega que também era excepcionalmente bom em conseguir clientes de alto valor e, assim, ganhava bônus. Ben estava orgulhoso do fato de que tinha acabado de ser convidado por um dos sócios sênior para se juntar a um pessoal nas tardes de sexta-feira uma vez por mês em um "clube de cavalheiros" VIP. Ele considerava isso um sinal de aceitação e um indicador de que estava no caminho de ser promovido e ainda mais bem-sucedido. No mundo de Ben, esse sinal o tornou mais bem-sucedido que Joe.

CUIDADO

Antes de nos dar lição de moral, é um fato na vida que, em algumas áreas empresariais, homens e mulheres fazem coisas que seus pais poderiam não gostar para promover suas carreiras. Como coach ou mentor, você precisa encontrar formas de ir além disso. Seu trabalho como coach é ajudar os clientes a observar sua experiência e mudar, caso escolham, não os julgar. Você pode desafiar alguém a considerar suas definições de sucesso e felicidade ou o que algum comportamento de risco significa para a pessoa. Julgar seu estilo de vida, no entanto, não é seu papel. Essa questão trata de limites. Se a medida de sucesso de alguém não coincidir com a sua, o que você vai fazer? Trabalhar apenas com clientes que compartilhem seus valores, medidas de sucesso e visão de mundo? Boa sorte nisso.

Qual é sua definição pessoal de sucesso? Escreva-a em duas ou três frases.

Sucesso e cultura

O que as pessoas valorizam como medida de sucesso em uma cultura muitas vezes se torna parte da medida de sucesso dos indivíduos nela. Essa afirmação é particularmente verdadeira quando indivíduos trabalham dentro do mesmo contexto cultural. Existem sobreposições culturais na definição de sucesso, e, se você fizer mentoria internacional, entender os condutores de sucesso em uma cultura em particular será importante. A definição do seu cliente pode não refletir esses condutores, mas pode ser útil ter uma noção do que determina sucesso no país de origem ou onde alguém desenvolveu seu patrimônio.

Se pedíssemos para você dizer três palavras-chave para descrever sucesso em diferentes culturas, algumas ou todas seriam diferentes. Escreva três palavras para: Cingapura, Nova York, Suécia e Sidney. Vê o que queremos dizer?

Definições culturais de sucesso podem ser uma área interessante para mentoria e coaching, particularmente no trabalho com cidadãos estrangeiros que estão muito tempo fora de seu país de origem ou aqueles que lideram em várias culturas. Pode ser importante para algumas pessoas trabalhar com um mentor que tenha uma bagagem cultural específica. Se você é responsável por identificar mentores, essa consideração de seleção é importante, também.

DICA

Se estiver trabalhando com um cliente que tem uma cultura diferente da sua, dedique tempo para entender seu mundo e o que formou sua visão cultural de mundo. Fazer isso será muito importante se for esperado que seu cliente lidere em diferentes culturas ou se ele estiver liderando dentro de uma organização que tem suas raízes firmemente fixadas em uma cultura alternativa.

Perguntas de mentoria nessas linhas podem ser úteis:

> » O que é mais valorizado no seu país de origem e como os profissionais definem o sucesso?
> » O que você aprendeu com isso?
> » Como seus pais definiram sucesso para você?
> » Como você entende (a organização) e os valores gerais do país onde está trabalhando agora?
> » Como você pensa que a definição do que sucesso significa nessa empresa e nessa cultura difere de sua experiência anterior? O que é igual?
> » E os outros territórios pelos quais é responsável? Como você pensa que os colegas lá definem o sucesso em geral?
> » Qual é sua definição pessoal de sucesso?
> » Qual é a definição para aqueles que são importantes em sua vida?

Sucesso não é um destino

Vivemos em um mundo cada vez mais acelerado. Somos as gerações VICA, vivendo e liderando em tempos voláteis, incertos, complexos e ambíguos. O fluxo de informação, a globalização crescente e nossa habilidade de viajar com relativa facilidade em função dos negócios criam um vício pelo destino. Se você ficar em uma organização por tempo suficiente, ouvirá pessoas competindo umas com as outras por estarem ocupadas, como se essa fosse uma medida de empresa eficiente. A maioria dos líderes que conhecemos sempre está ocupada "indo" para algum lugar.

Robert Holden, coach, escritor e palestrante internacional, escreve sobre vício no destino em seu brilhante livro, *Success Intelligence* (sem publicação no Brasil). Ele diz: "Estar ocupado parece muito impressionante e necessário. Parece gerar propósito, foco, impulso e alta produtividade [...] Estar ocupado muitas vezes é apenas ruído. Não há uma real substância nisso."

Concordamos. A sociedade inventou uma relação de causa e efeito entre ocupação e eficiência, entre eficiência e sucesso. Essa percepção está em nosso DNA de trabalho e na globalização crescente; a cultura de trabalhar 24 horas agrava isso. A suposição é: "Se pareço ocupado, devo ser eficiente e, se sou eficiente, devo ser bem-sucedido."

O risco é que a sociedade, com muita frequência, associa sucesso com estar ocupado. Raramente questionamos por que estamos nisso e não conseguimos ver o rápido elevador em que estamos porque todo mundo está subindo na mesma velocidade, em geral. Coaching e mentoria são poderosos. Ter um suporte treinado para ajudar as pessoas a ver o que ainda não conseguem ver as ajuda a fazer escolhas ativas com base na própria exploração do sucesso e do que isso significa para elas. Muitas pessoas nem mesmo se questionam, estão muito ocupadas correndo na esteira da vida de outra pessoa.

Explorando a Verdadeira Natureza do Sucesso

Se este livro tratasse de coaching pessoal, exploraríamos a natureza do sucesso pessoal completa. Os mentores geralmente deixam isso para os coaches transformacionais. Os mentores trabalham sozinhos para ajudar os líderes a criar ou sustentar o sucesso em áreas particulares dos negócios. Mais recentemente, os mentores que lideraram organizações durante os períodos de recessão e crescimento têm alta demanda. Eles ajudam os líderes a verem como gerenciar questões de risco, volatilidade e novas entradas no mercado; como lidar com medidas de eficiência que resultam em fusões, joint ventures e similares. Se um líder ganhou a maior parte de sua experiência em uma organização durante o crescimento, a mentoria o ajudará a ter uma perspectiva alternativa.

CAPÍTULO 12 **Mentoria para Sucesso Pessoal e Empoderamento**

Um mentor pode compartilhar sua experiência na sessão assim:

Mentor: Então, hoje você queria focar como lidar com o pessoal e os aspectos orçamentários em torno da aquisição da Companhia A em dois meses, dado que você vai herdar duas novas equipes na Suécia e Alemanha. Mais alguma coisa?

Mentorado: Sim, é isso que preciso focar. Estou particularmente preocupado porque lidei com uma fusão antes, mas foi muito harmônica, foi a união de duas companhias com diferentes linhas de produtos e conjuntos de habilidades que eram complementares. Sua percepção sobre lidar com os aspectos pessoais após a redução seria valiosa. Acho que as pessoas estão muito assustadas e preciso que vistam a camisa e avaliem as oportunidades rápidamente.

Mentor: O que você espera que seja diferente nessa situação?

Mentorado: Bem, a Companhia A está sendo adquirida por nós. Como nós, eles também passaram por mudanças e reduções significativas durante a recessão. Eles ainda estão se recuperando da venda e das mudanças internas. Há quatro ou cinco gestores-chave que não posso perder e quero ajustar a equipe para um começo bom e produtivo. Precisarei começar a olhar dois novos mercados. Recebi a tarefa de liderar nossa entrada no mercado indiano com um dos nossos microprocessadores. Preciso de um plano preparado dentro de quatro semanas depois da fusão e de alguém em Mumbai para recrutar uma nova equipe na sexta semana pós-fusão.

Mentor: Então, em um minuto vou lhe contar sobre minha experiência de fazer algo similar na Eskimo S. A., quando adquirimos a Ice Ice Baby, e quero que você preste atenção ao processo que eu estava seguindo e como fiz as pessoas vestirem a camisa. Depois, veremos os riscos e oportunidades que você tem enfrentado e como deve mitigar e gerir alguns deles. Também precisamos ver o que pode distraí-lo, ou seja, as coisas que não são realmente importantes nesse período de três meses e meio. Veremos como você pode desenvolver um plano para a entrada no novo mercado e como irá motivar pessoas específicas a vestir a camisa e ficar. Discutiremos como ficar de olho em potenciais oportunidades e no nível de apetite para o risco na empresa ao entrar no mercado indiano. A ideia é que você saia daqui hoje com algumas ideias para as estratégias e táticas que precisa implementar para alcançar essa meta. É isso que você quer?

O processo de mentoria aqui é o seguinte:

1. **Identifique a questão geral para a qual o mentorado gostaria de suporte e o motivo de ele o ter procurado.**

2. **Identifique especificamente em que ele gostaria de sua ajuda (de preferência, apenas duas ou três questões).**

3. Identifique o que o mentorado considera estar fora de sua experiência atual e as preocupações/necessidades de aprendizado que tem a respeito da questão.

4. Destaque o que você propõe e o processo proposto para a sessão.

5. Diga-lhe o que escutar e tenha sua concordância de que esse processo é o que ele acharia útil.

6. Conduza a sessão compartilhando sua experiência e ajude o mentorado a aplicá-la às próprias circunstâncias. Ajude o mentorado a determinar quais serão suas próximas ações, com quem discutirá seu plano e se ele precisa de mais alguma coisa de você.

Seu cliente não pode sempre atingir o sucesso se não o explorou completamente, então, ajude-o a fazer isso. Faça-lhe a pergunta de sucesso para algumas áreas, como:

» Como você saberá que essa transferência de pessoal foi bem?

» Como será o sucesso para você em três meses? Em seis meses?

» Como seu CEO vai mensurar seu sucesso?

» Como você saberá que o CEO percebeu que você foi bem-sucedido?

» Como você irá assegurar que foi bem-sucedido em atingir essa meta?

Você fará essas perguntas dentro dos limites de um acordo e processo de mentoria (veja o Capítulo 1).

Lidando com as Armadilhas do Sucesso do Tipo "Eu Deveria"

A maioria das pessoas tem dúvidas sobre si. A verdade é que, na liderança, essas dúvidas criam restrições e limitações em uma empresa. Se pedíssemos para você imaginar uma biblioteca cheia de livros, na qual os títulos descrevessem sua vida até agora, quais seriam? Algum deles diria coisas como:

» Eu já deveria ter amadurecido?

» Eu deveria trabalhar mais?

» Eu deveria ter um bônus maior e um carro melhor?

» Eu deveria ver mais meus amigos?

CAPÍTULO 12 **Mentoria para Sucesso Pessoal e Empoderamento** 257

> Eu deveria ser mais feliz?

> Eu deveria expandir essa empresa?

Você entendeu. Quando fazemos essas perguntas às pessoas, elas invariavelmente surgem com uma mistura de títulos positivos e melancólicos. Experimente com seus clientes.

Quando a lista estiver completa, faça seu cliente pegar cada um dos "deverias" e remetê-los a uma nova biblioteca. Você pode ajudá-lo a fazer essa atividade pegando todas as frases e, para cada uma, fazer as seguintes perguntas:

> O que o impede de fazer isso agora?

> Isso é algo que você quer na sua vida agora?

Trabalhe a lista de frases, e, se a resposta para qualquer uma delas for "Na verdade, não quero mais fazer isso", vai para a biblioteca do deveria. Faça seus clientes imaginarem a frase flutuando para outra biblioteca empoeirada com uma placa na porta "Depósitos apenas — sem resgates". Então, peça-lhes para pegar o pedaço papel no qual escreveram o título, rasgar e jogar na lixeira. Dessa forma, eles o remetem metaforicamente à história.

EXEMPLO

SUPERANDO A PRÓPRIA EXPECTATIVA

Em um treinamento sobre liderança empoderada, Steve pediu aos membros do grupo para ficar em pé, levantar seu braço direito à frente e apontar. Depois, pediu-lhes que virassem seus corpos e braços para a direita, girando o quanto conseguissem sem mover os pés para visualizar um ponto atrás deles e poder registrar o quanto conseguiam se virar. Então, pediu-lhes que voltassem para frente, abaixassem o braço e fechassem os olhos.

Depois, Steve instruiu o grupo a se imaginar levantando o mesmo braço e se visualizar girando, como fez antes; mas, dessa vez, se imaginar indo bem além do ponto alcançado antes, então, se imaginar voltando para frente e abaixando o braço mais uma vez.

Pela terceira vez, Steve instruiu o grupo a virar novamente e ver o quão longe iria dessa vez. Todo o grupo foi capaz de ir bem além do ponto que atingiu no começo.

Essa é uma boa demonstração empírica de limitações percebidas. Todos nós temos crenças e limitações, que muitas vezes acreditamos ser o melhor que podemos fazer, e geralmente estamos errados. Uma das alegrias do coaching é ser capaz de trabalhar com clientes para superar as próprias expectativas e limitações, e mostrar-lhes que as crenças limitantes estão apenas em sua imaginação, não são reais.

Quando chegar a um título que é algo que o cliente quer, mas não tem ainda, pergunte: "O que está atrapalhando?", ou, "No que você acredita ao conseguir isso?" Invariavelmente, surge uma crença limitante. Uma *crença limitante* é algo que você pensa que não pode ter ou atingir, uma barreira ou limitação que o impede até de questionar se consegue fazer ou alcançar algo. As crenças limitantes nem sempre se referem a conseguir ou alcançar mais. Podem se relacionar a ter, alcançar ou fazer menos também. Às vezes, os clientes têm uma visão clara sobre limitações, como: "Não sou confiante o suficiente", ou, "Não tenho tempo". Muitas vezes, os clientes não sabem o que os limita. Você pode precisar ajudá-los a trazer à tona a crença limitante e a desafiar. As próximas seções explicarão como fazer isso.

LEMBRE-SE

Remover crenças limitantes antes de implementar processos de mudanças é crucial; de outra forma, o cliente tenderá a fazer do seu modo.

Por que considerar crenças limitantes na mentoria?

Se pensar no que está fazendo na mentoria, você está transmitindo sua sabedoria para ajudar os clientes a examinar o que podem fazer do mesmo jeito, adaptar ou descartar. Às vezes, a resposta deles pode estar no nível da mente, como: "Sim, entendo como você fez isso e por que lidou com a questão dessa forma." Então vem o "mas". É assim: "Mas não tenho certeza se conseguiria fazer algo parecido nesse contexto. Posso ver que funcionaria. Só não acho que eu conseguiria fazer isso." Como alternativa, você ouvirá na linguagem do cliente que ele continua falando de forma abstrata ou em terceira pessoa, como se a situação que busca resolver pertencesse a você ou a outra pessoa: "Consigo ver como você faria isso..."

Como mentor, você precisa confrontar essa questão porque quer ajudar o cliente a agir. Um desafio poderia ser: "Agora que já viu como fiz isso, me conte como aplicaria esse aprendizado em seu contexto particular."

Esse é o ponto no qual as crenças limitantes emergem. As crenças nascem do medo ou de limites ocultos, muitas vezes inconscientes, que estão lá para mantê-lo seguro, em uma zona de conforto. Esse medo normalmente é de não ser bem-sucedido; não ser bom, confiante ou capaz o suficiente; parecer estúpido, arrogante, de uma forma que o cliente não quer ser percebido. Todos nós fazemos isso. Seu trabalho é ajudar o cliente a se lembrar de que estamos todos nos inventando. Tais pensamentos são apenas crenças, não são reais. Os limites não são reais, são apenas pensamentos.

DICA

Seja gentil ao ajudar um cliente a ter consciência desse conceito, pois ainda não percebeu que ele mesmo criou parte desse muro de autolimitação. Ele pode não ter feito isso intencional ou conscientemente, pode ter herdado da história de outra pessoa, mas o criou mesmo assim. Essa consciência dá ao cliente

CAPÍTULO 12 **Mentoria para Sucesso Pessoal e Empoderamento** 259

muito poder, porque ele também tem a habilidade de superar e mudar quaisquer limitações.

A próxima seção mostrará um processo para ajudar o cliente a lidar com os medos que o impedem de conseguir o que quer, de onde quer que venham esses medos.

Seu cliente pode ter acreditado em uma crença limitante por tanto tempo que não consegue se lembrar de onde e como ficou receoso. Ele, e você, como mentor, não precisam entender isso. Vocês precisam apenas questionar e se livrar disso para que o cliente possa seguir em frente.

LEMBRE-SE

A boa notícia é que as pessoas têm controle desse sistema complexo de pensamento e, com um pouco de diálogo mágico, você empodera os clientes para que examinem as limitações percebidas e verifiquem se são verdadeiras. Para fazer isso, você precisa ajudar o cliente a desacelerar seu pensamento rápido agora.

Encontrando uma estratégia para analisar e eliminar crenças limitantes

Esta opção de diálogo foi tirada do livro de Mandy Evans, *Emotional Options* (sem tradução no Brasil). Ele produz mudanças incríveis encorajando o pensamento lento com perguntas simples e poderosas. Experimente essa atividade você mesmo com algo que acredita que não consegue fazer ou ter, algo que queira. Esse processo não é um festival de desejos, não o transforme em "Queria ganhar na loteria e não acho que consigo". Escolha algo que seja real para você.

Trabalhe com as perguntas e escreva suas respostas. Identifique o sentimento que está tendo, por exemplo, infelicidade, raiva, culpa ou preocupação, e trabalhe o diálogo passo a passo na ordem das perguntas. Sem pular nenhuma!

» Com o que você está infeliz/com raiva/culpado/preocupado?

» Por que está infeliz/com raiva/culpado/preocupado com isso?

» O que você acha que aconteceria se não estivesse infeliz/com raiva/culpado/preocupado com isso?

» Você acredita nisso?

» Por que acredita nisso?

» O que você acha que aconteceria se não acreditasse nisso?

» Quais são suas preocupações?

» Elas parecem reais para você?

Quando você praticar a estrutura desse diálogo, obviamente poderá fazer perguntas diferentes e relacioná-las com a questão específica de maneira mais elegante. Primeiro trabalhe e sinta-se confortável com o processo.

A situação seguinte foi uma situação real que Marie teve com um cliente, mas o nome foi trocado para proteger o convicto emergente.

Marie: Então, como posso ajudar você em seu projeto hoje?

Cliente: Parece que não vou conseguir tirar esse projeto do papel. Sei que discutimos sobre o que torna uma apresentação de projeto bem-sucedida, mas não vou conseguir a adesão do conselho executivo. Eles não vão autorizar US$750 mil, e não consigo trabalhar com menos que isso. Não vou atingir meus objetivos do quarto trimestre nesse projeto.

Marie: O que você gostaria que acontecesse?

Cliente: Bem, obviamente, gostaria que eles concordassem com minha proposta e autorizassem todas as despesas no segundo e terceiro trimestres.

Marie: Quando falou com a equipe executiva, qual resposta obteve?

Cliente: Bem, não perguntei ainda; eles vão dizer não.

Marie: Dizer não para quê? Para a proposta ou o financiamento?

Cliente: Acho que vão gostar da proposta, trabalhei muito para engajar os interessados externos, mas os executivos vão querer economizar. Se fizermos isso, não vamos oferecer o melhor serviço aos clientes. A equipe ficará desanimada e acho que alguns poderão sair.

Marie: O que faz você pensar que eles vão dizer não ao financiamento, mesmo que pareçam gostar da proposta, e isso seja algo que eles vão querer?

Cliente: Porque eles reduziram o orçamento dos três últimos projetos que Bill e Sally apresentaram.

Marie: Por quê?

Cliente: Não sei com certeza, mas sei que não é bom para sua reputação com a equipe executiva ter uma proposta de projeto reduzida. Acho que eles rejeitarem alguma coisa pode significar um nível de desconfiança e fiscalização. Tenho medo de não concordarem com a proposta.

Marie: Do que você realmente tem medo?

Pausa longa.

Cliente: Acho que ter minha proposta rejeitada e considerada deficiente. Se isso acontecer, eu me sentirei rejeitado. Minha reputação não será boa se essa proposta for rejeitada.

Marie: E quando diz isso, o que sente?

Cliente: Raiva.

Marie: Por que sente raiva?

Cliente: Porque eles podem descartar minhas ideias, me fazer sentir pequeno, esperar muito de mim e eu vou me sentir como uma criança que entendeu errado, foi mandada refazer o dever de casa e propor uma resposta diferente.

Marie: O que acha que aconteceria se não estivesse com raiva por isso?

Cliente: Bem, eu seria permissivo. Se eu não estivesse com raiva por eles rejeitarem minhas ideias e esperarem demais de mim, então, poderia concordar com algo inviável. Eu poderia sair e encontrar outra maneira de fazer isso, e os clientes não receberiam o que os grupos de foco nos dizem que querem.

Marie: E o que acha que aconteceria se não estivesse com raiva por isso?

Cliente: Bem, dizemos que somos focados no consumidor. Como posso vender isso para meu pessoal se saio dessa reunião executiva com um orçamento que não nos permite entregar o que os consumidores querem?

Marie: Você acredita nisso? Que a equipe executiva vai pensar que você é permissivo, que tudo bem para você não atender ao valor da companhia de ser focada no consumidor e que você se renderia e concordaria com algo que sua pesquisa diz que seus consumidores não gostariam?

Cliente: Não tenho certeza. Acho que a equipe executiva quer oferecer aos consumidores um ótimo serviço e ser focada no consumidor, e que gosta de ver a pesquisa e apoia esse nível de gasto.

Pausa (porque o cliente está pensando).

Marie: Quais são suas preocupações?

Cliente: Não tenho certeza, porque, quando penso nisso, minha ideia de que eles rejeitarão a mim e a proposta no processo não parece real. Posso ver como eles podem aceitar apenas.

Marie: Suas preocupações sobre o que pode acontecer ainda parecem reais para você?

Cliente: Não. Acho que tenho um plano de projeto bem pensado e viável, e posso ver como influenciá-los a dizer sim. Só preciso realmente saber usar minhas armas.

Marie: E como se sente sobre isso agora?

Cliente: Acho que eles aprovarão. Tenho confiança. Acho que a equipe executiva sabe que sou muito preciso com os custos, não coloco muita margem e relaciono isso bem ao cliente.

Marie: E como se sente agora?

Cliente: Muito determinado, na verdade. Não consigo ver uma razão pela qual eles gostariam de questionar os custos que estou propondo. Estão certos e razoáveis em relação ao que estamos fazendo. Não acredito que fiz tanta tempestade em um copo d'água...

Você identificou em que momento e por que Marie começou a lidar com a crença limitante?

Foi na pergunta: "Do que você tem medo?" Usando esse diálogo, você espera pacientemente a oportunidade de permitir ao medo vir à tona. Fazer isso é como esperar um peixe passar nadando antes de fisgá-lo, evitando que seja pego em uma linha de pesca retorcida. Então, seja paciente, espere e dê ao cliente tempo para pensar.

Esse processo funciona por causa da maneira como as perguntas são feitas. Você está encorajando o cliente a desacelerar seu pensamento o bastante para reconhecer que alguns pensamentos poderosos precisam de questionamento.

No caso do exemplo, a próxima pergunta de Marie foi: "Então, o que vai tornar essa apresentação realmente bem-sucedida? Visualize-a; o que verá, ouvirá e sentirá quando estiver indo realmente bem?" Ela fez o cliente repassar a apresentação vendo-se atingir seu resultado bem-sucedido, e ele praticamente saltou para fora da sala. Ele parecia 30 centímetros mais alto. Mais importante para o cliente é que a equipe executiva simplesmente concordou com tudo em 15 minutos.

Identificando as Qualidades Comuns dos Grandes Líderes

O que faz um grande líder? Trabalhamos com líderes há 30 anos e a resposta é mais complexa do que uma simples lista de atributos. Algumas coisas fazem líderes de destaque, e isso ainda depende de para onde você olha e da perspectiva adotada. Considerar um líder da perspectiva de um investidor é diferente da de um membro da equipe, diretoria, dono da empresa ou de um fornecedor. Esse fato explica em parte por que continuamos estudando isso. Buscamos a fórmula mágica como se pudéssemos engarrafá-la e borrifar nos outros, caso seja possível identificá-la. A liderança não é uma ciência. Não podemos isolar as variáveis tempo suficiente para observar o que acontece. Os líderes utilizam um complexo conjunto de ferramentas para criar uma visão e explorar várias estratégias e recursos. Os líderes precisam de conhecimento institucional e/ou específico do setor, e da habilidade de gerir complexidade e mudança.

Ao fazer mentoria sobre liderança, é tentador pensar que um mentorado busca jogar o jogo da liderança como você. Ele pode não estar, principalmente se tiver menos de 30 anos e você, mais. Ele está interessado em algumas de suas qualidades, além da oportunidade de discutir sobre algumas novas qualidades de liderança que sente ser cada vez mais importantes. O que ele valoriza é a sua sabedoria e suporte sobre como você é ou foi líder para poder decidir como fará isso ele mesmo. Ajudá-lo a descobrir quais qualidades são importantes para ele pessoalmente e em sua área de trabalho é função de um mentor que trabalha com liderança.

Parecendo e se comportando como líder

Como é um líder? Winston Churchill, Steve Jobs, Karan Bilimoria, Tom Singh, J. K. Rowling, Oprah Winfrey, Mark Zuckerberg, Tony Hsieh? Marque todas as anteriores.

Até os anos 1990, grande parte dos líderes vestia ternos e carregava pastas. Desde então, a maioria das organizações adotou o visual informal no cotidiano. Mesmo o *Institute of Directors*, instituição britânica fundada em 1903, recentemente criou um ambiente casual em uma de suas instalações em Londres.

Então, como é a aparência de um líder? A resposta mais simples é que ele se parece com a imagem que sua indústria espera que tenha, se comporta e veste o que o reflete. Ele se apresenta com o que se sente confortável para fazer negócios, em geral.

DICA

Se está fazendo mentoria de um líder ou futuro líder, considere sua própria imagem e como seu cliente pode precisar pensar sobre aparência e comportamentos, dependendo da empresa na qual ambos trabalhem, da cultura dessa empresa e de quaisquer normas transculturais. Para os mentores, esse tópico é complicado porque suas suposições sobre como um cliente deve se apresentar em um papel de liderança e quais comportamentos você acredita que deve mostrar são, muitas vezes, distorcidas pela própria experiência como líder. Os mentores podem ter várias suposições sobre o que é preciso para ser levado a sério nos negócios, porque, quando seu mentor empresarial típico foi líder com seus 20, 30, 40, 50 e 60 anos, o terno era uma parte importante para ser levado a sério. Ainda o é em algumas áreas. Você pode querer examinar as próprias suposições sobre como um cliente deve se vestir ou precisa ser percebido como líder.

Uma conversa de mentoria sobre aparência e comportamento pode focar a marca pessoal e como seus clientes querem aparecer e ser percebidos pelos interessados com os quais interage. Você lerá sobre marca pessoal no Capítulo 13. Como alternativa, pode ajudá-lo a olhar mais fundo.

É possível encontrar centenas de maneiras de descrever uma liderança efetiva. Na mentoria, você quer ajudar os clientes a aprenderem com sua experiência de liderar e encorajar um nível de foco nos aspectos de liderança: autoconhecimento, uso apropriado de recursos, habilidades de gestão de mudanças, autoapresentação, conhecimento do setor, desenvolvimento de redes de contato, entendimento de governança, responsabilidade social, visão geral da gestão de marketing, finanças e pessoal. A lista continua. Para ajudá-lo a focar, criamos a Tabela 12-1, que é nossa própria matriz de qualidades de liderança, aproveitando um conjunto de modelos de liderança e nossa própria experiência.

TABELA 12-1   **Matriz de Qualidades de Liderança: CEO e Líderes no Nível Executivo**

Desejos/Necessidades das Partes Interessadas	Liderando a Empresa	Autodomínio
O que as pessoas querem experimentar para sentir confiança na empresa	Visão clara e "domínio" estratégico da empresa através de estratégia e expectativa de alinhamento com metas e planos táticos operacionais	Autodesenvolvimento e foco de aprendizado contínuo
	Valores articulados e demonstrados	Habilidades de comunicação amplas e profundas
	Conhecimento do setor/área profissional	Impulsionado por valores
	Ética e governança claras, incluindo medidas sustentáveis	Eticamente responsável
		Mentalidade global
	Compreensão dos principais aspectos estratégicos de finanças, RH, vendas e vários produtos	Inteligência cultural
		Inteligências emocional e social
	Espera resultados e motiva entregas	Desejo de impacto, além do lucro
	Monitora de forma proativa as principais atividades	
	Toma ações decisivas mesmo se impopulares	
	Lidera a mudança proativamente	
	Rede de contatos estratégica no setor e com colegas	
O que as pessoas querem sentir e ver para sentir confiança no líder como pessoa	Confiança	Inspiração
	Honestidade	Intuição
	Comprometimento	Confiança em si e nos outros
	Criatividade	

Adaptando seu estilo para criar seguidores

Não importa quão sênior os líderes são, prestar atenção em como você facilita que as pessoas o sigam é um exercício útil. Não será possível esperar que as pessoas o sigam se não considerar o que elas querem de você ao tomar essa decisão.

Você precisará da matriz, pelo menos três folhas de papel de rascunho ou uma cartolina, canetas coloridas ou uma única caneta, dependendo de estar construindo um mapa mental ou narrativa. Quando fizer o exercício, resista à tentação de ler antecipadamente. Dessa forma, terá uma experiência mais próxima daquela que seu cliente terá se usar esse exercício com ele.

Use a matriz mostrada na Tabela 12-1 em relação a si mesmo.

1. **Escolha quatro elementos: dois da seção "O que as pessoas querem experimentar para sentir confiança na empresa" (uma de "Liderando a Empresa" e outra de "Autodomínio") e dois da seção "O que as pessoas querem sentir e ver para sentir confiança no líder como pessoa".**

2. **Pegue uma folha de papel e desenhe um mapa mental ou escreva uma narrativa sobre "Quando eu (elemento de "Liderando a Empresa"), como implemento (elemento de "Autodomínio")?"**

3. **Pergunte a si mesmo o que os outros veriam ou experimentariam a partir de você que lhes daria confiança de que você tem essas qualidades? Escreva.**

4. **Pense em dois interessados específicos com os quais se identifica.**

    Mude de lugar e faça a orientação da primeira pessoa. Imagine que é outra pessoa, vendo você da perspectiva dela. Olhe para sua resposta a partir dessa perspectiva de fora.

5. **Escreva qualquer feedback que ela possa oferecer e notas adicionais que possa escrever.**

6. **Quando tiver terminado na posição do primeiro interessado, mude para um terceiro lugar e faça o mesmo da perspectiva do segundo.**

    Novamente, entre em sua orientação. Ponha-se no lugar dele, imaginando ser ele, vendo você da perspectiva dele.

7. **Agora, veja sua resposta da perspectiva dessa pessoa e, novamente, anote qualquer feedback.**

8. **Fique nesse lugar e imagine que foi pedido que essas duas partes interessadas sugerissem atividades específicas de expansão ou**

aprendizado para você que ajudariam a desenvolver mais flexibilidade na forma como lidera a organização e se destaca.

9. **Volte ao lugar original (seu lugar) e analise o que tem.**

   O que você percebe? As atividades de expansão (pode haver apenas uma) parecem apropriadas? Consegue ter alguma ideia sobre como os outros devem ver você dessa vez?

10. **Combine uma atividade de expansão consigo mesmo e estipule um prazo para concluí-la.**

DICA

Quando fizer esse exercício com um cliente, a organização da sala será muito importante. Se puder, ponha três cadeiras em torno de uma mesa redonda e sente-se longe da mesa, sozinho. Se não tiver muito espaço, uma alternativa é pedir ao cliente para andar pelas três posições com marcadores no chão e fazer o diálogo do interessado um e do interessado dois em voz alta.

Você pode levar o exercício anterior um passo adiante. Se puder gravar a si mesmo interpretando o diálogo antes, faça isso e tenha a experiência que seu cliente terá.

1. **Escolha dois elementos de "Confiança no líder como pessoa".**

   Você terá apenas duas palavras.

2. **Fique de pé, com os pés ligeiramente separados, em uma posição relaxada, porém firme.**

   Realmente firme os pés no chão e relaxe os ombros e joelhos.

3. **Observe qualquer tensão, preste atenção e respire até sentir seu corpo firme e uma resistência entre o corpo e o chão sob seus pés.**

4. **Feche os olhos, ou olhe para um ponto à sua frente na parede, e mantenha seu olhar relaxado. Agora, permita que essas duas palavras apenas flutuem dentro de sua cabeça.**

5. **Faça a si mesmo as seguintes perguntas:**

   - Se eu demonstrasse isso mais vezes, o que as pessoas perceberiam?
   - Como eu me sentiria? Observe esses sentimentos.
   - Se estivesse capacitando outras pessoas em minha equipe para praticar mais esses dois elementos, o que perceberia nelas?
   - Como posso aumentar meus seguidores apenas prestando mais atenção?

6. **Abra os olhos, espere alguns segundos para se reorientar e escreva uma nota para si.**

7. Desenvolva uma atividade ou duas de expansão nessa área.

Se puder, integre a expansão identificada no exercício anterior e faça isso.

Você não precisa usar nossa matriz. Se trabalha em organizações com um conjunto de competências ou um modelo de liderança que elas usam, poderá sobrepor esses dois exercícios com essas ferramentas de estrutura de trabalho.

Permitindo que Outros Liderem

Quanto mais sênior um líder se torna, mais precisa delegar e viabilizar os próprios relatórios para liderar a organização em seu nome. Quanto mais velha uma pessoa fica, mais seu papel se torna o de um administrador, alguém que mantém a organização como garantia para as gerações futuras e lidera estando a serviço de seu pessoal.

Permitir aos outros liderar exige disposição para desistir do poder. Os líderes precisam ser confiantes e emocionalmente inteligentes para fazer isso, ser capazes de confiar nos outros para entregar e fazer a coisa certa, confiar em si para não interferir nos detalhes ou continuar retomando o poder uma vez delegado. Ajudar os líderes a sair dos detalhes e abrir mão do poder é uma ótima área para mentoria.

Se estiver trabalhando nisso com um cliente, poderá usar o exercício adaptando-o a seu estilo e focando as três qualidades da matriz de liderança (Tabela 12-1) a seguir: espera resultados e motiva para a entrega; desejo de impacto além do lucro e confia em si e nos outros.

Permitindo liderança através de gerações

Os líderes estão sempre impactando potenciais líderes no modo como modelam a liderança. No entanto, destacam-se algumas maneiras ativas que os líderes podem usar para desenvolver os da geração posterior nas empresas. Elas oferecem oportunidades para os mentores darem suporte ao líder sênior, delegando e entendendo a geração seguinte, e também fazendo a mentoria do líder sobre como ser um mentor.

Diferenças geracionais são uma questão-chave para a mentoria. Essa diferença ocorre particularmente em empresas familiares, nas quais os líderes mais velhos tendem a achar os membros mais jovens muito inexperientes para liderar o que construíram. Passar o bastão da liderança em uma empresa familiar é mais complexo do que na maioria das organizações, pois isso muda as relações pessoais, podendo impactar a família. Não existe tal separação nas empresas familiares. Qualquer briga de sexta-feira pode entrar no almoço de domingo da família. A mentoria pode se estender a considerações particulares de questões identitárias que confundem família e empresa. Essa situação exige um grau excepcionalmente alto de confiança no mentor.

Seja a empresa familiar ou não, uma transferência de liderança normalmente ocorrerá quando existirem metas e táticas estratégicas estabelecidas. Se você nasceu antes de 1981, provavelmente valoriza esse tipo de transferência, pois consegue ver uma direção estratégica acordada para realizar algo e o entregar. Para um líder mais jovem, millennial, o mundo move-se rápido, e essa noção pode parecer menos atraente.

A mentoria também precisa ser vendida para gerações diferentes de formas específicas. As necessidades da Geração X são diferentes daquelas da Geração Y (millennials). A última tende a valorizar menos sabedoria e experiência do que a Geração X. Seu senso de receber uma direção para seguir é menos atraente. Em sua visão de mundo, a informação está prontamente disponível, então, o valor de ganhar entendimento de alguém mais experiente e sábio precisa de explicação. Eles gostam de imediatismo também.

Fazendo mentoria de líderes millennials

Uma consideração de como os líderes emergentes o percebem como coach ou mentor contribui para seu sucesso. Muitas vezes, se um líder millennial não conseguir ver o valor da experiência que você leva, o engajamento inicial será difícil. Em geral, sua preferência, baseada em seus gestores, tende mais para um estilo de mentoria; uma experiência de aprendizado individualizada com menos hierarquia. Como você pesa a mentoria é importante. Em particular, deve criar mais formas para um millennial ter acesso mais rápido e específico a você. Eles cresceram com as mídias sociais como uma ferramenta-chave de comunicação. Gostam de perguntas curtas e respostas específicas. Cresceram tendo acesso imediato a informações digitais e recebendo muito feedback contínuo, e mais elogios que seus próprios líderes.

Questões para a mentoria de novos líderes surgem para qualquer um; mas, para os millennials, em particular, provavelmente estão nestas áreas:

- » "Como" entregar resultados
- » Fazer a transição de uma função júnior para uma de liderança
- » Gerenciar relações e ver o valor da contribuição e da qualidade, não da velocidade
- » Desacelerar o pensamento e encontrar maneiras de engajar vários interessados
- » Vender ideias e maneiras mais eficientes de atingir objetivos
- » Alinhar os valores da organização com contribuição social e princípios éticos enquanto gera lucros

As ferramentas neste livro permitem que você dê suporte a millennials em empresas. O fator mais importante a lembrar é que as expectativas deles nos negócios e nas carreiras podem ser bem diferentes das suas. Na mentoria, em particular, sua sabedoria é o principal ativo para ajudá-los a se desenvolver e ter êxito. Ajudá-los a receber essa sabedoria e usá-la pode exigir muita flexibilidade comportamental de sua parte.

DICA

Se ainda não o fez, considere a mentoria por telefone ou e-mail. Embora seja comum o debate sobre se esse tipo de atividade realmente é mentoria ou apenas aconselhamento, métodos rápidos ganham cada vez mais espaço, particularmente para os líderes emergentes, abaixo dos 30 anos. Em termos de estrutura, seu modelo de mentoria pode precisar de ajustes para oferecer uma combinação de sessões curtas (5 a 15 minutos) e mais longas (45 a 90 minutos). Se fizer mentoria em diferentes fusos horários, seja muito claro sobre sua disponibilidade na contratação.

4
Criando uma Identidade Bem-sucedida

NESTA PARTE...

Crie uma marca movida pelo valor que inspira os clientes a querer trabalhar com você.

Desenvolva relações, colaborações e redes de contatos bem-sucedidas que construirão uma empresa de sucesso.

Descubra como engajar, inspirar e influenciar clientes, consumidores e colegas para se unirem a você em sua própria aventura empresarial grandiosa.

NESTE CAPÍTULO

» Definindo uma marca de valor

» Fazendo coaching com autenticidade

» Percebendo seu real valor

Capítulo **13**

Desenvolvendo Sua Marca

Neste capítulo, exploramos as características e mentalidades que permitiram a pessoas como Victoria Beckham e seu igualmente bem-sucedido marido, David Beckham, construírem marcas próprias que valem milhões.

No Capítulo 10, exploramos como definir seus valores e propósito. Neste capítulo, veremos esses assuntos em um nível mais profundo.

CAPÍTULO 13 **Desenvolvendo Sua Marca** 273

Que Entre a Marca Pessoal

Uma *marca* é uma "promessa de resultado". É como uma promissória que restituirá o portador; só tem valor se a pessoa confia que ele será honrado.

As marcas corporativas geraram relevância e interesse consideráveis no século XXI. Quem imaginaria, 100 anos atrás, que uma das 20 maiores do mundo, em sétimo lugar, com um valor de marca estimado em um pouco menos de US$8 bilhões, seria uma varejista de roupas refinadas e artigos de couro? A Burberry vende artigos de luxo e, embora seja uma das marcas mais falsificadas do mundo, sua história de exclusividade e qualidade a mantém na lista das principais 20 marcas. No entanto, apesar de seu trabalho de confrontar a falsificação com mudanças legislativas ser bem-sucedido e contínuo, isso não adianta muito. O que realmente interessa é sua habilidade de vender seu trabalho artesanal e personalizar artigos como resultado. Em um mundo no qual a marca Burberry é comprometida, ela desenvolveu um nicho dentro de um nicho.

Os consultores da Burberry sem dúvida ganharam cabelos brancos pensando na falsificação e nos riscos associados à marca. Contudo, as estratégias-chave parecem focar o domínio da fatia mais alta do mercado de artigos de luxo e desenvolver um mercado online que ainda ofereça exclusividade, qualidade e serviços aos consumidores. É bizarro e brilhante que, em um mundo no qual a venda de falsificações de qualidade esteja em crescimento no mercado de massa, a Burberry venda uma bolsa de luxo por US$30 mil. É um exemplo claro de organização que mantém um panorama positivo de negócios em circunstâncias desafiadoras, tomando a decisão de manter os valores da marca para maximizar qualidade, trabalho artesanal e exclusividade.

Outro avanço empolgante do século XXI é a *marca pessoal*, o indivíduo que é capaz de explorar e exibir seus talentos e os conservar de várias formas. Victoria Beckham ascendeu à fama no grupo britânico Spice Girls, e foi apelidada de "Posh Spice". Quando anunciou que sua ambição era ser uma marca tão globalmente reconhecida quanto a Kellogg's, muitas pessoas torceram o nariz. Mas ela provou que eles estavam errados!

Na última década, Victoria se tornou estilista internacionalmente reconhecida, ícone da moda e mulher de negócios, nomeada principal empresária de 2014 pela revista de negócios britânica *Management Today*. A marca Victoria Beckham foi reconhecida como a marca de estilista do ano no Reino Unido em 2011. Ela foi construída com a ajuda do empresário da música Simon Fuller, famoso por descobrir as Spice Girls e criar a franquia de TV *American Idol*, que se tornou um dos programas mais bem-sucedidos da história da TV norte-americana. A *XIX Management*, de Fuller, detém um terço dos negócios de Victoria Beckham, que supostamente valem mais de US$450 milhões. Lançada em 2008, sua empresa agora inclui vestidos, bolsas de luxo, maquiagem e perfumes, com vendas anuais de quase US$75 milhões e uma loja exclusiva no elegante bairro

274   PARTE 4 **Criando uma Identidade Bem-sucedida**

de Mayfair, em Londres. Sua gama de produtos está disponível em varejistas de luxo ao redor do mundo.

LEMBRE-SE

A única diferença aparente entre marca corporativa e pessoal é que, em vez de fazer marketing de um produto ou serviço, uma pessoa é promovida. Os denominadores comuns que definem todas as marcas bem-sucedidas de destaque, corporativas ou pessoais, são qualidade, distinção, consistência e relevância.

Desenvolver sua marca pessoal assegura que, no cenário empresarial moderno, no qual poucos têm expectativa de manter o emprego e é mais importante ser empregável do que estar empregado, você ostente sua marca única de coaching e mentoria, à prova de falsificações, para uma prática de coaching próspera.

Definindo o que Funciona

Marca, *marketing* e *venda* não são sinônimos. Três distinções são notáveis:

- **Marca** é a promessa de entregar uma experiência.
- **Marketing** é a construção de uma relação com seu público-alvo, descobrindo suas necessidades e comunicando que você oferece uma solução para elas.
- **Venda** é ajudar potenciais consumidores a tomarem uma decisão.

Uma marca define:

- Quem você é
- Por que faz o que faz
- O que você faz
- A quem serve
- O que oferece
- O que recebe

Sua marca garante ao cliente uma experiência particular, que só tem valor se você a concretiza. Essa promessa tem muitas partes, incluindo seu nome, história, talentos, apresentação, logo, estilo de coaching e suporte pós-coaching. Além disso, quanto melhor você se conhecer, como opera e é percebido pelos clientes, melhor poderá definir sua marca e perceber seu real valor como coach.

LEMBRE-SE

Sua marca é sua reputação e promessa de resultado. Ela é valiosa, abre portas e as mantêm abertas quando é construída sobre bases sólidas de confiança.

CAPÍTULO 13 **Desenvolvendo Sua Marca** 275

PROTEGENDO A REPUTAÇÃO DA MARCA

A reputação da marca está entre os ativos mais valorizados que as principais corporações têm. Pesquisas mostram que as estimativas de valor da marca muitas vezes são tão altas que se comparam aos valores de mercado das empresas públicas que as possuem.

A Apple tornou-se tão conhecida como marca que seu nome e imagem valem quase US$100 bilhões. No momento em que escrevemos, ela é a maior empresa do mundo, com uma estimativa de valor no mercado acionário de quase US$750 bilhões. Seu valor de marca sozinho aumentou em 21% nos últimos 12 meses. Uma correlação particularmente forte existe entre marca e lucratividade; lucratividade é um indicador-chave de desempenho de que uma empresa entrega o que promete.

No entanto, as marcas podem cair com a mesma rapidez e intensidade que subiram. Em 1982, o DeLorean DMC-12 foi lançado depois de muita propaganda e expectativa de críticas negativas. Famoso por ser o carro da série de filmes *De Volta para o Futuro*, seu desempenho fora de cena não foi tão bem recebido. Ele rapidamente ficou conhecido por sua produção e qualidade ruins, e preço pouco competitivo. O ponto de equilíbrio da empresa foi estimado em 12 mil unidades, e suas vendas no primeiro ano não passaram de 6 mil.

A marca da companhia, já abalada pelo baixo desempenho, foi ainda mais prejudicada quando, em 1982, seu fundador, John DeLorean, foi preso por traficar cocaína no valor de US$24 milhões nos Estados Unidos. Ele alegou ser um esforço para salvar sua empresa em dificuldades e recuperar o *deficit* financeiro. John DeLorean, "o homem", estava intrinsecamente ligado à reputação do DeLorean, "o carro". Então, embora ele tenha sido absolvido, a DeLorean Motor Company não teve tanta sorte. A empresa faliu naquele ano.

Na versão britânica do programa de TV *O Aprendiz*, um infeliz competidor, que em seu CV alegava ser "ótimo líder de equipe" e "supervendedor", foi chamado à sala da diretoria depois que sua equipe fracassou em vender sob sua gestão de projeto e foi derrotada por outra. Ele recebeu muitas críticas de seus colegas por seu estilo de gestão e baixo desempenho em vendas. Depois de ouvir suas explicações, Lord Alan Sugar apontou para ele e disse: "Personalidade abre portas, caráter as mantém abertas, mas sua reputação o segue aonde quer que vá. Você está demitido."

A reputação da marca muda ao longo do tempo e é um reflexo de como a organização opera e é percebida. Até as maiores e melhores marcas às vezes ficam sob fogo por aparentemente fracassarem em dar o exemplo e falar para impressionar. A melhor maneira de proteger o valor da marca é entregar o prometido.

Construindo uma Marca com Propósito

Considere sua marca pessoal como um projeto que nunca termina. Ela evolui com o tempo, adaptando-se à medida que você define mais claramente quem é, o que faz, a quem serve, o que oferece e o que recebe em troca. As corporações estão sempre se redefinindo conforme as condições de mercado e as necessidades do cliente mudam; mas, por trás de toda a redefinição, seus valores e propósitos centrais para estar no negócio permanecem constantes e lhe dão senso de direção.

DICA

Vale a pena gastar um dia de trabalho em qualquer coisa que será excepcional. Alguns coaches passam mais tempo criando seus cartões de visita do que analisando quem são, o que fazem e a quem servem. Invista tempo para construir seu negócio nas bases sólidas de um propósito e colherá os louros.

Definindo seu propósito

Use esta visualização guiada para fazer uma pergunta poderosa. Faça este exercício quando tiver de cinco a dez minutos de tempo sem interrupções. Você pode tocar uma música instrumental relaxante ao fundo; *The Lark Ascending*, de Vaughn William, ou *The Missions*, de Ennio Morricone, são excelentes escolhas.

Como em todos os exercícios de visualização, faça-os apenas quando estiver com a mente limpa e relaxada. Consulte o Capítulo 5 para ver as técnicas que levam você a um estado calmo, relaxado e criativo.

1. **Reserve um momento para se sentar confortavelmente e feche os olhos, permitindo que sua respiração relaxe. Imagine-se respirando através do seu coração, inspirando conforto e facilidade, e expirando qualquer estresse ou tensão.**

    Com cada expiração, permita que sua mandíbula relaxe e sua mente se acalme um pouco mais.

2. **Depois de alguns minutos, imagine uma linda luz branca brilhando sobre sua cabeça e dê à luz uma textura líquida delicada e suave.**

    Imagine a luz líquida flutuando por sua mente conforme você continua a respirar com conforto e facilidade. Permita que a luz líquida e branca flutue através de sua cabeça, pescoço e coluna, uma vértebra por vez. Conforme inspira, veja a luz preencher a parte do corpo na qual está focando; sinta a textura se movendo por seus ossos, músculos, pele e corrente sanguínea. Conforme expira, libere quaisquer tensões daquela parte do corpo. Imagine a luz flutuando através de seus braços até as pontas dos dedos. Reserve alguns

CAPÍTULO 13 **Desenvolvendo Sua Marca**   277

minutos para imaginá-la flutuando através de seu corpo, passando por sua cintura até as solas dos pés e pontas dos dedos de forma gradual, relaxando cada parte.

3. **Quando estiver bem relaxado, do topo da cabeça até as pontas dos pés, imagine o futuro se estendendo à frente como um caminho cortando um grande campo aberto.**

Imagine-se flutuando sobre o caminho, olhando em frente para o futuro. Então, viaje sobre ele. Não é necessário prestar atenção aos detalhes; apenas imagine-o cheio de diversão, sucesso, boa saúde, felicidade e todas as qualidades que, para você, definem uma vida completa e bem-sucedida.

4. **Depois de alguns minutos de viagem sobre o futuro, imagine o caminho acabando. Não determine um tempo para isso, apenas tenha a sensação de que é um longo caminho para o futuro.**

Esse passo representa o fim de sua vida.

5. **Imagine que, abaixo de você, existe um grupo de pessoas de pé em torno de uma lápide. São todos os seus amigos e família, colegas de trabalho e clientes presentes em seu funeral.**

Mais à frente, você pode ver o final do campo, e, além dele, há um horizonte cheio de estrelas. Permita-se flutuar para o céu iluminado de estrelas. Reserve um momento para aproveitar o voo entre as estrelas e experimentar uma sensação de paz, alegria e tranquilidade.

6. **Então, nesse espaço, faça a pergunta: "Qual é o meu propósito?"**

Apenas faça essa pergunta e permita o que quer que venha à mente se apresentar sem questionar ou analisar. (Algumas pessoas ganham percepção; elas podem ouvir uma resposta ou ver uma imagem ou série de imagens definindo seu propósito; algumas recebem uma resposta imediatamente, outras podem demorar dias, semanas ou até meses, na forma de um pensamento inspirado.)

7. **Flutue de volta para o campo e o funeral, levando de volta com você a sensação de paz, alegria e tranquilidade, e quaisquer percepções que tiver a partir da pergunta "Qual é o meu propósito?"**

Ouça o grupo de pessoas falando sobre você; alguém está fazendo um elogio e falando sobre seu trabalho. Talvez você o conheça, talvez seja um estranho, alguém que ainda não conheceu. Ouça o que ele tem a dizer sobre a diferença que você fez em sua vida.

8. **Depois de ouvir o elogio, flutue de volta acima do tempo, retornando mais uma vez completamente para o presente, e desça até onde está sentado. Lentamente, traga sua atenção de volta ao aqui e agora.**

278 PARTE 4 **Criando uma Identidade Bem-sucedida**

9. Reserve alguns minutos para refletir sobre a reposta para a pergunta e as palavras gentis que foram ditas sobre você.

10. Escreva-as. Essa resposta é o seu propósito, o motivo de você fazer o que faz.

Esse poderoso exercício pode ter um enorme impacto na direção de vida de alguém. Testemunhamos pessoas tendo percepções repentinas sobre como suas vidas deveriam ser; algumas percebem como estão fora dos trilhos, o que significa que agora sabem o que mudar, e outras confirmam que já estão no caminho.

Tudo bem se surgir um propósito simples quando fizer esse exercício de "definição do propósito". Você não está comparando seu propósito ao dos outros para ver se é grandioso o suficiente. Se não tiver uma resposta imediata, poderá repetir esse exercício ou apenas fazer uma reflexão silenciosa, fazendo a pergunta "Qual é o meu propósito?", e ela irá até você. Um indicador de que a resposta está certa é que ela *parece* certa. Ela pode inspirar você e até parecer um pouco assustadora, o que é um bom sinal, pois todas as coisas excepcionais parecem desafiadoras no começo.

A qualidade das perguntas que você faz determina a qualidade das respostas que recebe. Essa é uma daquelas perguntas grandes e poderosas da vida, sobre a qual vale a pena refletir. Se não estiver seguro de que seu propósito é o certo, considere-o sendo o certo para você agora. Ele evoluirá conforme você evolui como pessoa.

Mantendo sua empresa intacta e seus valores nos trilhos

Com um propósito definido, reserve algum tempo para considerar seus valores: "O que é importante para você?" Mantenha uma lista de valores junto com seu propósito (veja o Capítulo 10).

Pense no propósito como a estrela-guia, que lhe dá noção de direção e valores. É a bússola interna que permite saber se você está no caminho ou saindo do curso.

Quando todas as decisões empresariais e suas ações se alinham aos propósitos e valores, você é considerado *coerente*. Um bom indicador de que você é coerente é que o que faz e sente parece certo e, muitas vezes, fácil. Quando é incoerente, parece errado e a sensação é de uma luta difícil.

Este exercício se chama "Fale para o poste" e consiste em dizer seu propósito e valores em voz alta até que pareçam naturais e coerentes. Siga estes passos:

1. **Pegue seu propósito e lista de valores por escrito e crie um parágrafo curto que os defina.**

    Quando tiver um parágrafo que resume o motivo de você fazer o que faz, fale para um poste. O poste não o vai questionar nem criticar.

2. Continue falando sua declaração de missão em voz alta até parecer natural e certa.

3. Escreva sua declaração de missão e ponha em vários lugares para lembrá-lo quem você é e o motivo de fazer o que faz.

Aqui está um exemplo de como propósito, valores e missão coerentes devem ser quando escritos. Quando ditos em voz alta, depois de alguma prática, parecerão autênticos e naturais:

» **Propósito:** Meu propósito é ser um professor inspirador e treinador para os outros, para que eles possam ter uma vida feliz e completa.

» **Valores:** Amor, diversão, honestidade e variedade.

» **Missão:** Minha missão é inspirar profissionais corporativos a aproveitarem suas vidas profissionais, aprenderem a amar o que fazem e fazerem o que amam, e desafiá-los a ser verdadeiros e autênticos com eles mesmos.

A Figura 13-1 mostra os níveis que se combinam para formar uma marca. O "Por que você faz o que faz" é formado primeiro definindo o propósito, valores e missão. "O que você faz" é formado a partir do marketing e das vendas, e da definição de seus produtos e serviços. Isso é representado primeiro definindo metas e objetivos, pondo planos em prática, então, alocando e cumprindo as tarefas para atingir metas e objetivos. ("O que você faz" é tratado no Capítulo 10, no qual exploramos como desenvolver as visões. No Capítulo 11, analisamos como transformar as visões em planos viáveis.)

FIGURA 13-1: Construindo visualmente a representação de uma marca.

EXEMPLO

CERTIFICANDO-SE DE SER ORIGINAL

Enquanto viajava pela Índia, Steve parou um vendedor ambulante no calor escaldante para comprar uma Coca-Cola gelada. A Coca-Cola foi fundada em 1886 e tem uma identidade de marca globalmente reconhecida. Em 2012, o nome da Coca-Cola Company deixou de ser a marca mais valiosa do mundo depois de 13 anos; foi rebaixada para o terceiro lugar pela Apple e Google. Em 2013, sua marca valia US$79,2 bilhões.

A missão da Coca-Cola Company é:

- Refrescar o mundo
- Inspirar momentos de otimismo e felicidade
- Criar valor e fazer a diferença

Depois de um gole, Steve cuspiu a bebida e jogou o resto fora. O que parecia ser Coca-Cola era, depois da devida inspeção, uma imitação ruim, uma falsificação. Por fora, parecia ser a mesma coisa, mas a experiência falhou em corresponder a um dos lemas mais famosos da Coca-Cola: "A original". A Coca-Cola tem uma receita característica que se alinha às quatro qualidades que definem uma marca: qualidade, distinção, coerência e relevância.

Alinhe todas as suas ações a seu propósito, valores e missão, e os consumidores saberão que você é o original pela forma como se apresenta e se conduz. Você pode realmente se destacar daqueles que não são verdadeiros consigo mesmos.

Todas as ações que você toma, o que faz, a quem serve, o que oferece e o que recebe em troca são definidas com propósito, valores e missão em mente. Com essa abordagem, você cria uma marca que pode inspirar todos os dias e distinguir daqueles que estão apenas cumprindo uma função.

DONOS DE EMPRESAS

Se for dono de empresa, fazer os principais membros em sua equipe completarem esses exercícios e compartilharem suas perspectivas destacará o que há de valor real e importância para seu pessoal. Pessoas que trabalham juntas com um propósito comum compartilhado e que têm valores parecidos criam relações fortes e de apoio.

Olhando no Espelho da Autocrítica

Nos últimos 33 anos, olhei no espelho todas as manhãs e me perguntei: "Se hoje fosse o último dia da minha vida, eu gostaria de fazer o que vou fazer hoje?" E quando a resposta era "Não" por muitos dias seguidos, eu sabia que precisava mudar alguma coisa. Quase tudo — todas as expectativas externas, todo o orgulho, todo o medo do constrangimento ou fracasso — desaparece diante da morte, deixando apenas o que é realmente importante. Lembrar que você vai morrer é a melhor maneira de evitar a armadilha de pensar que você tem algo a perder.

— STEVE JOBS

Aqui estão duas conclusões comuns às quais os clientes chegam quando fazem os exercícios da seção anterior:

» Já estamos cientes do propósito, visão e missão, e nossas ações estão alinhadas com eles. (Raramente é o caso.)

» O que fazemos não está alinhado com nosso propósito, visão e missão; então, temos que mudar o que fazemos. (Isso traz à tona a oportunidade de fazer um coaching valioso.)

As próximas duas seções contêm exercícios para praticar primeiro consigo mesmo e depois com os clientes. Podem ajudar você a definir e mudar "O que você faz" para ser a marca. Comece fazendo a pergunta: "Qual característica (ou características) eu precisaria cultivar para me conduzir (ou a corporação) se estivesse completamente alinhado com propósito, valores e missões?" O que você está buscando é o que falta, o que não existe, o que pode ser feito melhor. Ambas as técnicas foram criadas para dar mensagens claras para o seu inconsciente de que "este é o jeito como eu sou e este é o jeito como eu quero ser". São hipnóticas por natureza.

LEMBRE-SE

Quando fizer exercícios e comparações com os outros, não o faça para se criticar e sentir mal; isso se chama alimentar a autopiedade. Pelo contrário, o propósito é refletir honestamente sobre o que pode ser melhor e definir uma intenção de mudança. A única pessoa para se medir é você mesmo e como você evoluiu.

Cultivando as qualidades de excelência da marca

Os exercícios a seguir usam uma técnica conhecida como "esmagamento visual". Permita que o processo aconteça naturalmente.

1. Tendo avaliado as qualidades que precisam ser desenvolvidas, sente-se confortavelmente e segure as duas mãos à sua frente com as palmas para cima, verificando se os cotovelos não estão descansando nos apoios.

2. Na palma esquerda, imagine como você se apresenta agora, fazendo o que faz atualmente.

3. Reserve um momento para refletir sobre o que está funcionando e volte sua atenção para o que falta.

4. Olhe diretamente para a palma da mão direita e imagine-se tendo desenvolvido as qualidades que faltavam (use "tendo desenvolvido" como antes); veja-se fazendo o que precisa ser feito, com todas as suas ações e comportamentos sendo coerentes com seu propósito, missão e valores.

   Apresente-se agindo e comportando-se com coerência em relação à maneira como aspira a ser.

5. Com ambas as mãos para cima, olhe pelo espaço no meio. Conforme faz isso, permita que elas se aproximem naturalmente.

   Essa ação acontece por conta própria e os movimentos podem parecer bruscos. Para algumas pessoas, as mãos se aproximam bem rápido; para outras, pode levar um minuto ou dois. Continue olhando pelo espaço à distância e imagine as duas imagens se misturando, com aquela na mão esquerda sendo absorvida pela da mão direita.

6. Conforme as mãos começam a se aproximar, junte-as e foque o resultado desejado, a imagem que estava na mão direita, leve as mãos em direção ao coração e imagine-se empurrando a imagem para dentro de você. Depois, feche os olhos.

7. Fique sentado por um minuto e imagine ter absorvido as qualidades que faltam (ou as que precisam de desenvolvimento) e imagine-se tendo essas qualidades de excelência da marca como hábitos e comportamentos naturais.

DICA

A primeira vez que fizer o exercício, poderá parecer estranho. Ele até choca algumas pessoas que experimentam a técnica. Quando experimentar a técnica com clientes, tranquilize-os dizendo: "Tudo bem... permita que esse processo ocorra naturalmente."

Tornando-se um novo você

Este exercício funciona melhor quando feito imediatamente depois do exercício da seção anterior porque a intenção de se comportar de uma maneira particular já foi estabelecida. No entanto, você também pode fazê-lo depois.

1. **Levante-se e, em sua imaginação, veja-se de pé à sua frente, com as costas viradas para você. Passe mentalmente todos os comportamentos, qualidades e talentos que definem você e sua marca no presente.**

2. **Imagine a representação à sua frente tendo praticado todas as qualidades que você deseja cultivar e melhorar até que sejam hábitos naturais.**

   Se, por exemplo, essas qualidades são entusiasmo, profissionalismo, atitude calma sob pressão e perseverança persistente, adicione cada qualidade, uma de cada vez, à imagem. Veja-se como quer ser. Construa a representação da "melhor versão de você". Faça isso dando a cada qualidade uma cor e veja a cor se derramando na imagem.

   Conforme adicionam cada cor, algumas pessoas veem uma cor substituindo a anterior; outras as veem se combinando ou misturando. Seja qual for a forma como representa as cores, é o certo para você.

3. **Quando a representação ficar o melhor que puder, feche os olhos e dê um passo à frente até a imagem.**

   Entre na melhor versão de você. Fique de pé como ficaria; respire como respiraria. Adote a postura. (No Capítulo 5, vimos a importância da postura.) Reserve um momento para se imaginar no lugar desse você.

4. **Abra os olhos e imagine-se vendo através dos olhos da melhor versão de você, neste momento.**

   Dizemos "neste momento" porque sempre há espaço para melhoria. Perceba no que acredita, no que não acredita mais, o que é importante para você, o que não é mais importante. Veja o mundo da maneira como o veria através dos olhos dessa versão de você.

Usar essa técnica é definir uma intenção para você nos níveis consciente e inconsciente. Você se condiciona a se apresentar com todas essas qualidades melhoradas. Adquira a boa prática de repetir esse exercício algumas vezes, especialmente quando quiser demonstrar as qualidades que deseja cultivar.

Apresentando-se com Estilo e Conteúdo

O propósito de desenvolver sua marca pessoal ou a de seus clientes é que você seja notado e entre na lista restrita. Assim, quando os clientes tomarem uma decisão, escolherão você. É importante ser notado pelas razões certas, pois toda comunicação que você faz é processada; é possível passar facilmente a impressão errada e achar difícil mudar isso. No Capítulo 15, cobrimos como informar, engajar e influenciar pessoas a dizerem sim. Como você é percebido é um processo complexo, mas sua marca se destaca na multidão pelas razões certas se você se compromete a sempre fazer seu melhor, subir seus padrões e ser autêntico.

DICA

Lembra-se da frase "finja até conseguir"? Considere o que ela realmente significa. Trata de fingir ser o que ou quem você não é. Ninguém gosta de fingimento, então, em vez de fingir, use o exercício "entrando em um novo você" como lembrete para praticar como gostaria de ser até que a prática se torne um hábito.

Reconhecendo Quando a Incoerência Ataca

Há quatro mil anos, a nação Toltec, no sul do México, tinha um grupo em sua sociedade chamado Naguals. Eles eram mestres espirituais que desenvolveram um conjunto de princípios criados para ajudar as pessoas a serem "pessoas melhores". Esses princípios foram passados por milênios e oferecem uma maneira antiga de atingir resultados nos tempos modernos. Eles têm uma maneira eficiente de verificar se você está se apresentando da melhor forma em alinhamento com o propósito, valores e missão.

Veja as quatro afirmativas Toltec:

» **Seja impecável com suas palavras.** Uma grande marca entrega suas promessas.

» **Não leve nada para o lado pessoal.** Quando receber feedback, ouça-o, aprenda com ele e não o leve para o lado pessoal. É um presente da pessoa que te deu, então, use-o para melhorar.

» **Não faça suposições.** Pergunte às pessoas o que elas realmente pensam de você e o que precisaria melhorar. Esteja disposto a perguntar e ouvir as percepções dos outros, não fique cego com o próprio ponto de vista.

» **Sempre faça seu melhor.** Defina a intenção de ser excelente e, se falhar, veja a segunda afirmativa.

Quando uma marca não funciona, violou uma ou mais dessas afirmativas. Fracassou em entregar resultado, em ouvir feedback, fez suposições sobre as necessidades e desejos dos consumidores e fracassou em fazer seu melhor.

Esse exercício, "Praticando a antiga sabedoria diariamente para uma vida de excelência moderna", pode ajudá-lo a pôr em prática as afirmativas para criar sua marca. Escolha uma afirmativa para o dia. Comprometa-se a demonstrar e praticar essa afirmativa ao longo do dia e perceba como é útil para guiá-lo e se apresentar com estilo e conteúdo. Comprometa-se e faça uma promessa de fazer o exercício (veja a afirmativa 1). Se cometer um erro, não o leve para o lado pessoal (veja a afirmativa 2). Quando fizer o exercício, não suponha que sabe o que experimentará (veja a afirmativa 3) e faça seu melhor (veja a afirmativa 4).

Valorizando o que Tem para Oferecer

A rede de lojas de departamento britânica John Lewis tem um lema: "Nunca vender com preços reduzidos deliberadamente". Seu site (www.johnlewispartnership.co.uk — conteúdo em inglês) explica que esse lema significa o seguinte:

» **Qualidade:** "Temos os padrões mais altos quando se trata de qualidade de produto, além de compararmos regularmente os produtos da John Lewis com os da concorrência para assegurar que não lideramos o mercado apenas em qualidade, mas também em preço."

» **Preço:** "Definimos preços altamente competitivos para todos os nossos produtos, com uma equipe dedicada a verificá-los em relação a outros grandes concorrentes."

» **Serviço:** "A equipe da John Lewis é parceira na empresa e é altamente treinada para oferecer opiniões imparciais e úteis sobre todos os produtos. Nosso serviço não acaba com sua compra, oferecemos um excelente pós-venda e uma ótima escolha de serviços especializados para ajudá-lo, da entrega à instalação."

Eles oferecem um serviço valioso e o entregam segundo padrões de excelência, valorizam o que fazem e cobram devidamente por isso. Quando você opera sua empresa de coaching com padrões similares de excelência, pode, de modo coerente e correto, cobrar por isso, como a John Lewis faz.

Muitos coaches, especialmente os novos na profissão, têm problemas para valorizar o que fazem e cobrar por isso, muitas vezes cobrando menos ou dando descontos para conseguir trabalho. A força de sua marca e como ela é percebida afetam seu preço. Além disso, o preço que você cobra pode afetar sua marca de maneira negativa. Um preço baixo sugere que você não está em demanda e, assim, não é bom no que faz.

DICA

Valorize sua marca e cobre com base na diferença que você faz, não no tempo que gasta, e ganhará bem.

Percebendo seu valor

O valor percebido de sua marca é igual à soma da diferença que você faz para os clientes com a originalidade de seus produtos e serviços. Essa abordagem da apreciação e do reconhecimento do seu valor é mostrada na Figura 13-2.

COBRANDO PELO QUE VOCÊ VALE

EXEMPLO

Dizem por aí que por trás de todo homem bem-sucedido existe uma mulher virando os olhos de aflição. Aqui vai uma metáfora de coaching que demonstra a importância de valorizar o que você faz e nunca se vender barato demais.

John estava indo para sua primeira reunião com uma futura cliente de coaching quando sua esposa perguntou se ele iria cobrar. "Trezentos dólares pelo dia. É isso que Charlie cobra, e ele é coach há alguns anos."

Fechando a porta, ele ouviu sua esposa dizer: "Claro, você é muito melhor que Charlie. Você sabe disso, não sabe?"

"Sim, eu sou melhor que Charlie!", pensou consigo mesmo.

Quando chegou a seu carro, ele valia US$400 por dia. No caminho até a cliente, no trânsito, John pensou em seus preços e no quanto era melhor que Charlie, em quanto tempo viajaria para ver a cliente e, quando chegou, ele se convenceu a cobrar US$500 por dia. Quando entrou, a cliente estava presa em uma reunião e sua secretária pediu-lhe para esperar. Depois de meia hora de espera, John decidiu que seu tempo era valioso e ele teve que esperar muito tempo, então, poderia cobrar US$750 por dia.

A reunião foi muito bem e eles chegaram ao momento em que a cliente perguntou seu preço diário pelos três dias de coaching que haviam planejado. "São US$1 mil por dia", disse John com convicção.

A cliente olhou para ele e disse: "Nossa, que barato. Por que tão pouco?"

John respondeu: "Bem, esse é meu preço inicial. É um desconto para o primeiro trabalho. Eu normalmente cobro US$1.500 por dia."

"Ótimo, é o que normalmente pagamos aos nossos coaches. Obrigada pelo desconto", respondeu a cliente.

A metáfora de John demonstra duas lições sobre valorizar o preço de sua marca:

- Nunca cobre menos pelo que você faz.
- Nunca suponha que sabe o quanto alguém está disposto a pagar.

FIGURA 13-2: Valorizando a diferença que você faz.

© John Wiley & Sons, Inc.

Há três princípios a considerar quando decidir seu valor:

» O valor é determinado pela diferença que você faz para o consumidor e a exclusividade do que tem a oferecer, em comparação com a concorrência. Quanto mais diferença fizer e quanto mais exclusivo for, mais valioso será.

» As pessoas compram soluções para suas necessidades. Quanto mais desesperadas as necessidades, mais valor suas soluções terão. Torne seu negócio focado em solução.

» As pessoas valorizam especialistas e autoridades. Posicione você e sua marca como especialista no assunto e agregará valor.

Seguindo um modelo de seis passos

Aqui está um modelo de seis passos para uma prática de coaching de seis dígitos:

1. **Identifique as necessidades desesperadas dos seus clientes em potencial.**

    Pesquise o mercado, ouça fóruns e bate-papos para identificar problemas e pergunte a empresários quais são seus maiores problemas.

2. **Identifique suas necessidades.**

    Defina seu propósito, valores e missão para ficar claro qual tipo de trabalho é mais adequado para você.

3. **Crie uma solução de coaching para as necessidades desesperadas de seus clientes que satisfaça tanto suas necessidades quanto as deles.**

    Essa abordagem garante uma situação vantajosa para você e o cliente. Pense em quem é o cliente, quais problemas ele tem e como ajudá-lo.

4. **Posicione-se como um especialista de nicho oferecendo a solução.**

Use mídias sociais, artigos e livros para se posicionar como autoridade no setor.

5. **Comercialize e venda seus serviços.**

Encontre a maneira mais eficiente de informar às pessoas sobre o que você faz e descubra como fazê-las dizer sim quando você fizer o pedido. Veja o Capítulo 15 sobre como informar, engajar e influenciar.

6. **Cobre adequadamente por seus serviços.**

Se cobrar pouco, será vantajoso para o cliente, mas não para você. Não é uma boa receita para uma empresa sustentável.

Esse modelo de seis passos não é apenas para o coaching, mas para qualquer negócio. É possível ter dois ou três nichos para se especializar, ou mais se você ou seus clientes cuidarem de uma empresa. Porém, se for autônomo e estiver em muitos nichos, muitas vezes você será percebido como um "faz de tudo e não domina nada", o que dilui o valor de sua marca.

Posicionando sua marca

No negócio de restaurantes, dois extremos são evidentes, restaurantes com estrelas Michelin e hamburguerias, e muitas escolhas podem ser feitas no meio. Cada um supre um mercado diferente, com preços de acordo. Ambos saciam as necessidades desesperadas dos famintos e há espaço no mercado para ambos.

Ao decidir onde posicionar sua marca, faça a si mesmo as seguintes perguntas:

> » Quem são meus clientes ideais?
>
> » Eles buscam um coaching equivalente ao restaurante com estrela Michelin ou à experiência de hamburgueria?

Use a Figura 13-3 para determinar onde sua marca se encaixa melhor e verifique se seu preço está de acordo com o setor no qual você está.

Se escolher oferecer a experiência de hamburgueria, mire em oferecer a melhor experiência de hamburgueria possível. Existem vendedores de comida incríveis por aí, oferecendo comida e serviços excelentes, comandando empresas respeitáveis e com longas filas de clientes que continuam voltando.

FIGURA 13-3: Posicionando seus valiosos serviços.

Ajustando seu termostato financeiro

A principal razão pela qual os coaches fracassam em cobrar apropriadamente é que eles têm uma relação ruim com o dinheiro. Este exercício o ajuda a reajustar e superar quaisquer receios financeiros que tenha. Mesmo se suspeitar que não tem problemas com dinheiro, faça o exercício. Trabalhamos com clientes incrivelmente ricos que, depois de fazer este exercício, tiveram reviravoltas em ganhos e aumento de riqueza.

Este exercício é chamado de "cruzando o umbral financeiro". Todos temos umbrais financeiros, limites que não sabemos que existem conscientemente. Com dinheiro e riqueza, esses umbrais afetam o que acreditamos que valemos e afetam nossos potenciais de ganhos.

1. Sente-se confortavelmente e examine seu propósito, valores e missão.

Esse passo prepara sua mente para considerar seus ganhos com todas as ações sendo alinhadas com eles. (Se não tiver um propósito, valores ou missão, corra para o Capítulo 10!)

2. Pense em como o dinheiro chega até você e perceba como representa essa ideia em sua mente.

Pode ser em cheques, direto no banco, em espécie ou uma combinação de todos. Considere as quantidades e a frequência na qual o dinheiro entra. Você vê um extrato bancário, um gráfico, dinheiro vindo de cima ou do lado? Alguém uma vez relatou ter visto um visor digital que mudava conforme o dinheiro entrava. Você pode representar essa ideia de dinheiro de várias maneiras, então, use a que funcionar para você.

3. **Quando tiver sua representação de como o dinheiro entra, considere como você o representa saindo.**

Essa representação inclui dinheiro gasto em contas da casa, saídas da empresa, despesas gerais, férias, lazer etc. Algumas pessoas veem o extrato bancário diminuindo; outras realmente veem as notas e moedas diminuindo em uma pilha ou desaparecendo por baixo, por cima ou pelos lados. O cliente que imaginou o visor digital viu os dígitos diminuindo e ficando vermelhos quando em *deficit*.

4. **Quando você tiver a representação do dinheiro entrando e saindo, dobre os rendimentos.**

Isso mesmo. O que quer que gere, imagine que foi dobrado e perceba o que acontece. Reações comuns a essa ideia são: "Uau, isso seria bom" ou "Argh, é perturbador". Se experimentar um sentimento de desconforto, você atingiu um umbral inconsciente. Reduza ligeiramente a quantia até ficar confortável e fique com ela por um momento; então, aumente-a aos poucos até que a quantia dobre.

5. **Ao dobrar os rendimentos, a maioria das pessoas vê mais entrando e mais saindo, o que é compreensível, pois esse gasto aumentado é o que a maioria das pessoas faz.**

Conforme ganham mais, gastam mais.

6. **Dobre a quantia novamente.**

7. **Se estiver desconfortável com a quantia, repita as instruções do Passo 4.**

8. **Dobre-a novamente.**

Conforme vê mais dinheiro entrando e saindo, chega um ponto ao qual você se vê ganhando mais do que o suficiente para todos os custos e coisas da vida, então imagine qualquer dinheiro excedente indo para investimentos e projetos que se alinhem com seus propósitos e valores.

9. **Dobre-a novamente e continue dobrando até que as quantias pareçam absurdas, até irreais.**

Podem chegar aos milhões e até bilhões, e você se sentirá confortável com isso.

Depois de ter completado o exercício, sente-se, sentindo a experiência por alguns minutos, permitindo que sua mente reorganize as mensagens claras que recebeu. São mensagens para remover quaisquer limitações e umbrais que você possa ter em torno da geração de riqueza, e para alinhar tudo o que faz com propósito, valores e missão, deixando-o livre para aceitar seu real valor.

Promovendo-se com uma Humildade Desavergonhada

Nosso medo mais profundo não é de sermos inadequados. Nosso medo mais profundo é de sermos poderosos além da medida. É a nossa luz, não a nossa escuridão, que nos assusta mais. Perguntamos a nós mesmos: "Quem sou eu para ser brilhante, incrível, talentoso, fabuloso?" Na verdade, quem é você para não ser? Você é um filho de Deus. Diminuir-se não serve ao mundo.

— MARIANNE WILLIAMSON

Essa pequena citação do livro de Marianne Williamson, Um Retorno ao Amor, resume a abordagem de muitos grandes coaches. Eles se diminuem por medo. Subestimam o que fazem e a diferença que isso faz. Nos últimos anos de recessão, uma palavra comumente usada foi *austeridade*. O tema para o governo e as empresas era cortar e economizar. O dinheiro parou de circular e as empresas começaram a parar de produzir. Muita coisa pode ser cortada, mas o que pode ser criado e gerado pelos negócios é ilimitado. Como coach, você tem o privilégio de auxiliar empresas a criar e gerar riqueza, florescer e prosperar. Pense nisso como uma irresponsabilidade de sua parte, não promover deliberadamente seus serviços quando eles servem a um bem maior.

Quando uma empresa é orientada ao serviço, seu foco é: "Em que posso ser útil?" Ela oferece as soluções para as necessidades desesperadas dos outros e, quando não há medo em torno da cobrança, a empresa floresce financeiramente.

DICA

Siga estas regras simples, floresça e prospere:

» Seja orientado ao serviço e pergunte: "Em que posso ser útil?"

» Conheça sua missão de cor e aceite qualquer oportunidade de conversar sobre ela.

» Carregue seus cartões de visita e certifique-se de que é do seu que as pessoas vão lembrar por causa da maneira como se apresenta.

» Sempre atenda ao telefone quando tocar. É alguém esperando para você anotar um pedido.

» Quando as pessoas perguntam sobre seus serviços, não fale sobre o que faz; dê-lhes uma experiência que demonstre a diferença que seu coaching faz. Dê-lhes uma experiência que impressione.

» Nunca suponha que um cliente pode ou não pode pagar por você. Todos podem ou encontrarão uma maneira quando você demonstrar que tem a solução para suas necessidades.

» Pergunte pela empresa. Dizem que o "sim" vive na terra do "não". Mesmo se um cliente disser "não", transforme-o em um "então", perguntando o motivo e aprendendo a melhorar ao informar, engajar e influenciar clientes a tomar a boa decisão de trabalhar com você.

» Se a empresa não for certa para você ou o cliente deixar para lá, sempre trabalhe de uma perspectiva vantajosa para ambos. Há clientes suficientes por aí para manter todos os coaches ocupados. Quando você trabalha com clientes que se enquadram bem em sua empresa e inspiram você, está sendo verdadeiro com sua marca. Não está mais cumprindo uma função, está fazendo um trabalho inspirado.

Acendendo a Luz Quando Entrar na Sala, Não Quando Sair

Você já entrou em uma sala e sentiu a tensão no ar? Ninguém precisou dizer nada; você soube naturalmente que havia algo. Um princípio chamado *ressonância harmônica* entra em cena aqui. Ressonância harmônica é um fenômeno extraordinário observado na física, no qual dois sistemas aparentemente separados (nesse caso, duas pessoas em uma sala) interagem e trocam energia, e ambos adotam algumas qualidades um do outro. Eles ecoam em harmonia. As pessoas experimentam esse fenômeno a nível fisiológico. Imagine dois pianos em uma sala. Uma nota é tocada em um e a mesma nota vibra no segundo. Fisiologicamente, fazemos o mesmo. Se um estado extremo, como medo ou raiva, estiver evidente, a neurologia pega o sinal através de "neurônios espelho" e o ecoa.

Considere duas situações:

» Um coach chega a um evento de networking. Ele fez todo o trabalho de marca, é competente e capaz, mas está preocupado com como é percebido.

» O mesmo coach, com as mesmas competências, entra no *mesmo evento de networking*. Em vez de pensar em si, ele está pensando em como servir melhor a esse grupo de estranhos.

Aqui você tem dois estilos de pensamento, estados e ressonâncias harmônicas diferentes.

Antes de entrar em qualquer situação na qual apresenta sua marca, defina a intenção de ser "o melhor você". Seu estado mental afetará os outros de uma maneira positiva e, quando os cartões de visitas forem trocados, o seu será o que as pessoas lembrarão por fazê-las se sentirem bem. Como você está em um

CAPÍTULO 13 **Desenvolvendo Sua Marca** 293

bom estado mental (veja o Capítulo 5), tem uma boa atitude psicológica para ver e ouvir as oportunidades de conversas que podem levar a negócios.

Deixando um Legado

Especialistas estimam que uma pessoa comum passa 90 mil horas de sua vida no trabalho; é uma média de 11.250 dias úteis ou 2.250 semanas úteis. E o que isso mostra? Talvez ela tenha pagado o financiamento, colocado as crianças na escola, tirado férias e feito todas as outras coisas que dão a soma total da vida humana comum. Em termos de deixar um legado e causar um impacto no mundo, decidir como gastar seu valioso tempo é importante. Fazer o exercício na seção "Definindo seu propósito", anteriormente neste capítulo, no qual você ouviu seu epitáfio, ajudará a refletir sobre a diferença que fez em seu tempo na Terra. E se o epitáfio ouvido indica que você trabalhou muito? Talvez isso o faça reconsiderar como age atualmente e se faz diferença no mundo.

Em um seminário de coaching, o treinador perguntou ao grupo: "Quantas pessoas tiveram uma experiência de quase morte, e como essa experiência afetou como você lidou com o resto de sua vida?" O propósito da pergunta era fazer as pessoas "acordarem" e aproveitarem a vida. Talvez houvesse uma pergunta diferente a fazer: "Quantas pessoas tiveram uma experiência de quase morte? É quando você chega ao último dia no planeta Terra, olha para trás e pensa: 'Droga, queria ter feito as coisas de modo diferente.'"

Bronnie Ware é enfermeira e escritora, e passou muitos anos trabalhando nos cuidados paliativos de pessoas nas últimas 12 semanas de vida. Em seu livro, *Antes de Partir*, ela lista os arrependimentos comuns que as pessoas têm quando pensam em como passaram suas valiosas vidas. Na ordem do maior arrependimento, primeiro:

1. **Queria ter tido coragem de viver uma vida autêntica, não a que os outros esperavam de mim.**

2. **Queria não ter trabalhado tanto.**

3. **Queria ter tido coragem de expressar meus sentimentos.**

4. **Queria ter mantido contato com meus amigos.**

5. **Queria ter me permitido ser mais feliz.**

Quando definir sua marca pessoal baseada em um propósito, alinhada com seus valores, e escolher trabalhar com o que o inspira, passará esses preciosos momentos sendo verdadeiro consigo mesmo. Você estará no caminho certo para se tornar uma das poucas pessoas que podem riscar o primeiro arrependimento mais comum.

294   PARTE 4 **Criando uma Identidade Bem-sucedida**

Como coach, você faz diferença no universo e impacta as vidas das pessoas de maneiras poderosas, com as consequências muitas vezes aparecendo na hora e de maneiras que nunca poderiam ser previstas ou compartilhadas. Sua marca, levada pelo propósito, deixa para trás um legado de indivíduos empoderados, equipes e organizações que, à própria maneira, fazem uma diferença positiva.

Você não está no negócio de resgate de pessoas. Coaching significa fazer uma diferença positiva. Tenha essa ideia em mente e lembre-se do valor que você agrega pelo que faz.

FAZENDO UMA DIFERENÇA POR VEZ

Um homem está andando em uma praia depois de uma tempestade no mar. À sua frente, vê uma fila de estrelas-do-mar lavadas pela maré. Conforme se aproxima, ele vê uma senhorinha andando com uma bengala abaixando-se para pegar uma estrela-do-mar. Ela se vira e anda com dificuldade da areia até a beira da água e joga a estrela de volta ao mar. Vira-se e lentamente volta para a areia para pegar outra. A praia está repleta de milhares e milhares de estrelas-do-mar morrendo.

Quando se aproxima da senhora, ele pergunta o que ela está fazendo: "Estou salvando as estrelas-do-mar", responde ela, enquanto joga outra dentro da água.

"Mas há milhares. Isso não vai fazer diferença", diz ele.

Ela para e olha em direção à estrela-do-mar que acabou de jogar. "Bem, fez diferença para aquela", diz ela, enquanto se vira para pegar outra.

NESTE CAPÍTULO

» Desenvolvendo uma autorrelação saudável para ter mais flexibilidade pessoal

» Estabelecendo relações com pessoas que desenvolvem e sustentam a empresa

» Lidando com relações potencialmente nocivas

Capítulo **14**

Desenvolvendo Relações em Todos os Níveis

O coaching empresarial precisa ser orientado para empresa e líder. É impossível fazer um sem o outro. Este capítulo examina como os líderes empresariais escolhem se relacionar com eles mesmos e com os outros. Os coaches e os mentores têm o papel de apoiar os líderes para considerarem como se apresentam, como se relacionam e o que isso significa para sua reputação, sua empresa e para eles mesmos, a nível pessoal.

Relacionando-se Bem Consigo Mesmo

Liderança relacional é um estilo no qual os líderes encorajam relações positivas e um contexto de trabalho entre as pessoas que gerenciam. Muitas vezes, isso é sinônimo de flexibilidade comportamental e inteligência emocional. Os líderes empresariais precisam de ambos, e os coaches agregam valor ao ajudá-los a explorar a interpretação que fazem de si e dos outros em sua gestão diária.

A *inteligência emocional* (IE) se relaciona à interpessoal e à intrapessoal. A habilidade de conhecer, aceitar e gerir a si (autoconhecimento, autorregulação, empatia, motivação, habilidades sociais), e de trabalhar eficazmente com os outros. Autoconsciência significa entender seus pontos fortes e o impacto nos outros, seus pontos fracos, o que você valoriza e o que o guia.

Através do coaching, você conscientiza os clientes de seus pontos fortes e aqueles a desenvolver. É útil que o coach e o líder comecem de comum acordo. Você estabelece essa base de várias maneiras. Pode comprar um produto IE pronto e entregá-lo para uma amostragem da equipe de seu cliente, então dar um feedback, ou pode ajudá-lo a explorar a própria consciência com uma combinação de levantamento de dados pessoais, conhecendo o cliente, suas motivações, fracassos e "desejos" de desenvolvimento declarados.

Como líder ou coach, você precisa praticar os exercícios da próxima seção.

Estabelecendo a Base

Há várias maneiras de ajudar o cliente a se ver e ter consciência do impacto de sua experiência, e entender como isso se manifesta em comportamentos e hábitos. Veja a seguir um processo de apenas três etapas, para uma sessão de duas a três horas.

Passo 1: Formando o mapa pessoal

Peça ao cliente para levar todos os dados objetivos e subjetivos que tiver sobre si para a seção. Esses dados incluem psicometria — MBTI (Indicador de Tipo de Myers-Briggs), DISC (Dominância [D], Influência [I], Estabilidade [S] e Complacência [C]), OPQ (Questionários de Personalidade Ocupacional) e similares, testes de raciocínio, dados de avaliação de talento —, avaliações pessoais, documentos de avaliação de carreira, CV e registros de treinamentos anteriores.

Onde quer que seu cliente se sente, observe para onde ele olha. Use uma mesa à esquerda dele se puder ou o lado esquerdo de uma mesa grande. Peça-lhe para usar os dados para escrever de 20 a 30 notas que resumam as informações sobre ele indicadas naqueles dados. Peça-lhe para posicioná-las na mesa e organizar

298   PARTE 4 **Criando uma Identidade Bem-sucedida**

como quiser. Use perguntas rápidas para ajudar, mas deixe-o descrever seus dados com as próprias palavras.

Passo 2: Identificando altos e baixos

Fique de pé onde houver espaço suficiente para que ambos andem e crie uma linha temporal colocando pedaços de papel igualmente separados no chão, da esquerda para a direita, que representem cada década, do 0 até a atual, do cliente (0, 10, 20, 30, 40 etc.). Faça o cliente ficar de pé no 10, olhar para o 0 e considerar seus primeiros 10 anos de vida. Peça-lhe para explicar apenas as principais experiências, conforme se lembrar, ou seja, os pontos altos e baixos.

DICA

Deixe-o decidir o que incluir. Algumas pessoas vão querer destacar eventos significantes de cada década; outras, apenas aqueles da idade produtiva. Trabalhe com o que o cliente lhe der. Não há necessidade de esmiuçar sua infância. Isso não é terapia, você simplesmente o está encorajando a refletir e identificar os indicadores que formaram sua experiência até agora. Você pode anotá-los na medida em que avança.

Quando o cliente chegar ao 10 e tiver terminado, peça-lhe para andar até o 20, olhar para o 10 e considerar a década de 10 até 20. Faça esse processo para cada década, percebendo os pontos altos e baixos conforme prossegue. Se o cliente não estiver atualmente em uma idade que acabe em 0, termine pedindo para ele considerar o período de seu último marcador de década até agora. Quando tiver gerado a linha temporal, peça que olhe para trás ao longo dela enquanto você lê as notas em um ritmo de narrativa, para que ele ouça sua história recontada. Ele pode querer incluir outras coisas.

Peça a seu cliente para combinar os dois conjuntos de informações (notas e linha temporal) e pergunte o que ele percebe sobre seus pontos fortes e altos. O que os tornou pontos altos e o que o cliente percebe sobre as próprias habilidades? Ajude o cliente, de verdade, a ver e sentir seus pontos fortes e sabedoria.

Oriente-o em um ritmo lento, para que sinta o volume e o peso de seu sucesso. Guie e encoraje-o a internalizar tudo dizendo coisas como: "Perceba como você era bom em *x* desde muito cedo. Você deve ser competente nisso, de forma inconsciente, há muito tempo. Algumas pessoas passam anos tentando adquirir essa habilidade. Consegue ver como isso é valioso em você e para outras pessoas?" Sua função nessa parte é fazê-lo realmente perceber o valor que tem. Muitas vezes, é possível ver o cliente ajustar sua postura quando você faz isso. Perceba e aguarde isso para si mesmo; não precisa comentar.

Pergunte como percebe os pontos fracos quando o feedback indica que ele não estava operando em sua melhor forma. Ajude o cliente a realmente ver seu eu integral e entender os aprendizados que precisa fazer. Se ele tiver problemas para ver sua contribuição nos pontos fracos, pergunte-lhe coisas como: "Então, quando considera esse ponto fraco, o que consegue tirar disso que o pode ajudar agora e no futuro?", "O que há para você aprender quanto a esse ponto?" e "O que os outros diriam se você lhes perguntasse?"

Agora, seu cliente está realmente se conscientizando sobre os padrões em seus comportamentos passados e possivelmente considerando novas perspectivas sobre como os outros os vivenciam. Você quer mantê-lo ali um pouco mais. Apenas dê-lhe bastante espaço para perceber seu eu por completo.

Passo 3: Descobrindo o progresso desejado

O próximo passo é ajudar seu cliente a determinar o que mais ele tem que fazer, experimentar ou mudar. Como ele precisa direcionar seus pontos altos para flexibilizar seu comportamento? O que ele gostaria de criar com suas relações? Em que ele precisar trabalhar e com quem? Encoraje-o a começar a criar resultados específicos e a articular como perceber que a melhoria que deseja está no caminho certo ou já aconteceu.

Peça-lhe para criar um mapa visual que mostre o que ele quer melhorar e o que pode criar mais sucesso. Ajude-o a recapitular o que aprendeu sobre si mesmo; onde as coisas funcionaram e onde não funcionaram. Sugira que ele considere como pode usar as percepções observadas. Encoraje-o a compartilhar sua autodescoberta com outras pessoas além do coaching para buscar apoio ao gerenciar suas próprias áreas de desenvolvimento conforme experimenta novas formas de entrega e faz pequenos ou grandes ajustes.

DICA

Esse assunto também está relacionado a você. Não é apenas informação. O autoconhecimento é um alicerce para ajudá-lo a desenvolver flexibilidade e permitir que outras pessoas tenham sucesso. Você precisa ser capaz de captar quando tem padrões de comportamento que não lhe dão apoio ou perceber o que você faz que funciona para continuar fazendo. Faça o trabalho se quiser resultados.

Trabalhando em Si Mesmo

O autoconhecimento e o autodesenvolvimento são contínuos para líderes e coaches, em particular para líderes sênior. As habilidades técnicas e profissionais são obviamente importantes, mas se forem seu foco como líder sênior, pense de novo. Pesquisas mostram que, conforme os líderes sobem na hierarquia empresarial, a importância das habilidades técnicas diminui e a necessidade de gerenciar relações consigo e com os outros aumenta. O foco em autoconsciência e relações cria oportunidades de negócios e carreira. O mesmo ocorre com os coaches. Os clientes querem saber se um coach tem habilidades técnicas de coaching e um conjunto de táticas amplo. No coaching empresarial, esse fator geralmente não é o diferencial. A relação que um coach cria com um dono de empresa/líder muitas vezes é mais importante. O foco dos coaches são as conversas impactantes. A maneira como você se relaciona e como seu futuro cliente vivencia essa relação é muitíssimo importante.

Se você já pensou que os clientes podem "esgotar" as questões sobre as quais os orientar ou que não há clientes suficientes por aí com questões que exijam suporte de coaching, pode não estar trabalhando bastante consigo mesmo. (Ai, doeu um pouco, não?) Coaches que têm dificuldade para encontrar clientes muitas vezes precisam superar as próprias crenças em seus 40 dias e 40 noites no deserto de coaching do cliente.

Sendo autêntico

Se for coach, espere que qualquer líder empresarial que você oriente pergunte sobre qual trabalho fez consigo mesmo e o que abrange seu desenvolvimento contínuo. Eles lhe estão confiando sua história, medos, esperanças e desejos. Para eles, é uma questão pessoal, e é preciso criar e manter essa relação compartilhando algo sobre você.

Parece razoável para um cliente esperar que um coach tenha um coach, seja trabalhando com um supervisor de coaching, coach ou mentor. Essa pessoa o mantém nos trilhos, ajuda com seu trabalho pessoal e o faz expandir e desenvolver sua prática e trabalhar a autoconsciência. Temos mentores e coaches experientes a quem recorremos para auxiliar nossa autorreflexão e desenvolvimento contínuos. Temos falhas, deficiências e frustrações, como a maioria da população adulta. Nossos clientes trazem elementos para o coaching que apertam nosso colarinho, tocam nossas emoções e nos fazem questionar nossos pensamentos.

Observar a si mesmo e aumentar sua autoconsciência é o segredo do coach. Como seus clientes, você precisa da opinião de outra pessoa para discutir sobre sua prática e seu negócio, alguém que segure o espelho e diga: "Olha só, não está bonito" ou "Você é fabuloso, apenas não consegue ver isso no momento". Pergunte a si mesmo: "Se vou ser o melhor em liderar minha empresa ou na prática de coaching que puder, o que preciso ter para assegurar que eu permaneça no topo?" Você precisa de um coach, mentor ou ambos para se manter autêntico?

Pratique o que prega e seja o que ensina. Se você for coach praticante, arrume um coach que o leve além de onde acha que pode chegar, não importa o quão experiente seja. Faça o trabalho e, algum tempo depois, esteja preparado para recomeçar tudo.

Permanecendo no jogo

Líderes e coaches precisam ter ideias e percepções novas. Um desenvolvimento profissional contínuo e sua compreensão dos negócios são importantes. Você precisa permanecer conectado ao mundo dos negócios e à sua profissão ou setor. Para alguns, isso significa ler as páginas sobre negócios e cenário econômico no jornal regularmente, ouvir programas de negócios e se encontrar com colegas em uma rede de contatos. Para outros, treinamentos regulares e manutenção de horas e credenciamento profissionais são importantes. Mantenha o pensamento e o conjunto de habilidades em movimento. Um líder obsoleto é como pão velho, e você sabe o que acontece — vira torrada.

Um grande coach identifica um colega que está a 50 passos da torradeira. Eles têm as mesmas conversas que tiveram três anos atrás, usando as mesmas histórias e os mesmos slides. Orientam e lideram as pessoas usando "seu jeito" ou superando seu papel ao se conectar a um cliente por tempo demais. Essa situação é como o autoatendimento em um caixa de supermercado, quando o caixa deixou as chaves na caixa registradora. Basicamente, serve às próprias necessidades e interesses, e espera-se que as pessoas embarquem enquanto eles cantam "Fiz do meu jeito" no corredor marcado com "Sou a única opção na cidade". Não são e, infelizmente, a complacência deles os tira do jogo. Você pode ler sobre como trabalhar com uma atitude "do meu jeito" no Capítulo 6.

Começando forte e evitando carência

Ted era empreendedor e se reunia com seu mentor empresarial há dois anos desde que lhe dera suporte para falar com um banco. O mentor era um ex-bancário que havia se aposentado há quase 25 anos, aos 55 anos. Ele nunca havia treinado, usado ferramentas de coaching ou realizado qualquer mentoria. Era um mentor autodenominado, que tinha adotado o título em seu cartão de visitas e negociava com base em seus muitos anos de experiência bem-sucedida em finanças e investimento bancário, nos quais era excepcionalmente bom. Ted foi ver Marie para discutir a possibilidade de ela o orientar. Ele estava vendendo sua empresa e criando um novo empreendimento. Queria formar uma organização rapidamente para conseguir uma solução de teste em biotecnologia existente, mas melhorada, dentro de 15 meses e havia assegurado um bom financiamento de capital para a startup e o desenvolvimento da primeira fase.

Marie perguntou se ele havia trabalhado na ideia com seu mentor até então. Ela queria entender como o mentor de Ted o ajudara a chegar àquele estágio e como agregaria valor dali em diante. Ted disse que seu mentor não lhe dera suporte de fato para desenvolver suas ideias ou no processo de criação. Ele tocou o projeto com o auxílio de um amigo e dono de empresa que havia criado vários negócios. Ele também disse que via seu mentor de quatro a seis vezes por ano para um "bate-papo e prestação de contas".

Você provavelmente adivinhou que o mentor agia como a consciência financeira de Ted. Ele era um parceiro que responsabilizava Ted pelos detalhes das finanças que o mentor o havia ajudado a assegurar. Isso não é mentoria! Se Ted estivesse aprendendo com a troca e ganhando valor, provavelmente seria irrelevante como chamavam isso. Marie perguntou a Ted o que ele achava útil nas reuniões e o que lhe dava suporte para seguir em frente na maneira como trabalhavam juntos. Ela queria arrancar alguma novidade que tivesse funcionado para Ted e que pudesse usar no relacionamento de coaching.

302   PARTE 4 **Criando uma Identidade Bem-sucedida**

LEMBRE-SE

Se algo funcionou bem para o cliente, você vai achar útil saber disso. Entender como um futuro cliente trabalhou bem com outro coach ou mentor lhe oferece dados valiosos para ajudá-lo a criar um programa de coaching para ele.

Ted levou muito tempo para finalmente responder: "Me ajudar? Bem, ele assegurava que entregássemos o prometido aos investidores. Verificava contratos regularmente e garantia que funcionássemos de acordo com eles. Ele falava com investidores sobre fluxo de caixa e levantava capital adicional temporário."

Consegue adivinhar qual foi a pergunta seguinte de Marie? "Você tem um diretor financeiro e/ou chefe operacional responsável (COO)?" Ted disse: "Sim." A próxima? "Ele irá com você para a nova companhia?" Ted respondeu: "Não. Preciso de alguém mais vigoroso, que saiba lidar com complexidades e com as relações entre todos esses novos investidores de maneira mais proativa."

Nesse momento, Marie soltou um suspiro aliviado. Ela decidiu que o "mentor" financeiro não se envolveria na nova companhia, já que o investimento havia sido garantido por um grupo de empresários-anjo que não o queria a bordo. Eles colocariam alguém de seu pessoal com habilidades financeiras na diretoria. Felizmente, alguém naquele grupo de investimento estava prestando atenção. Esse exemplo é o clássico do consultor servindo às próprias necessidades e criando limites nebulosos com o papel do COO. É nesse papel que deveriam estar localizados os deveres para o "mentor" cumprir.

Marie não orientou Ted. Quando discutiram suas exigências, ele queria realmente suporte de consultoria em curto prazo para avaliar como criar a organização, saber quais elementos preparar e como definir uma estrutura sênior e atrair talentos rapidamente. Ela fez um trabalho de consultoria com ele e quando ele colocou seu pessoal sênior a bordo, promoveu alguns dias de planejamento e liderança com seu diretor de COO, contador e diretor de informações. A experiência de Ted com "mentoria" havia embaçado sua compreensão da diferença entre coaching, mentoria e consultoria.

CUIDADO

Não suponha que os líderes saibam a diferença entre coaching, mentoria e consultoria, ou que as relações de suporte que aproveitaram ou mantiveram com coaches, mentores e consultores anteriores facilitem o entendimento. O importante é que os coaches sejam claros sobre a oferta e a empresa na qual estão, e os líderes, sobre qual serviço estão buscando antes de investirem em uma relação. Se não estiverem claras, as distinções estão definidas no Capítulo 1.

DICA

Ao encontrar líderes para discutir sobre coaching, não suponha que necessariamente haja solução certa. Pode não ser o que a empresa realmente precisa. Verifique as suposições e esteja preparado para explorar outras possibilidades. Mantenha as necessidades da empresa de seu cliente em primeiro lugar e deixe quaisquer desejos egoístas de ser necessário e conseguir um contrato a qualquer custo na porta. Isso dará frutos no final. Sua reputação é tão boa quanto seu último contrato de coaching e sua habilidade de ajudar as pessoas a conseguir o que precisam para avançar.

Cultivando Relações com Clientes

Após estabelecer uma relação entre coach e cliente, ela precisa de sua atenção contínua. Alimentar relações exige planejamento, comprometimento e contato. Parece fácil, não é? Na verdade, relacionamentos são uma área na qual coaches e líderes tendem a fracassar. As pessoas ficam tão engajadas no coaching que esquecem que estão em uma relação empresarial, ou o líder se esquece de rever a relação e o que quer dela. Esse deslize leva ao desencantamento e, antes que você perceba, o cliente começará a cancelar reuniões, pois não vê valor em aparecer. Esse problema se reflete em todos os aspectos da empresa, não apenas no coaching. Verificar se está entregando o que os clientes querem no padrão que esperam é importante e faz a diferença entre perder ou manter uma peça-chave do negócio.

Muitos bons negócios são criados por meio de relações mais gerais. Essas empresas colaboram com outras em produtos e marketing conjunto, ou mesmo criam uma fusão ou empresa nova. Essa escolha engloba fazer parceria em um novo mercado com um nome diferente ou novos produtos, ou simplesmente buscar novos clientes e canais de distribuição em função de uma conversa que você teve em um evento de networking. Aprender a se relacionar com outras pessoas e gerir ativamente as relações impacta nos negócios. Essa habilidade não é opcional.

Criar uma empresa sustentável exige certo nível de foco em estimular, não apenas em entregar o produto. Tire uma parte do dia para trabalhar ativamente na empresa. Ligue para um cliente com quem não fala há algum tempo e o encontre para pôr a conversa em dia e explorar oportunidades. Sugira aos clientes existentes que vocês passem um tempo revendo como as coisas estão indo e o que eles pensam de sua oferta. Se interesse em descobrir o que está funcionando ou não para o cliente e se você está atingindo suas expectativas. Lembre-se de verificar se o cliente está realmente recebendo o que deseja.

Verificando comprometimento e desejo

A programação neurolinguística (PNL) inclui uma técnica que se relaciona com a especificidade do desejo e a verificação do compromisso em relação a ele, criando resultados bem formados. Essa consideração é útil quando se trabalha com qualquer consumidor/cliente. A maioria das organizações define seus resultados usando metas inteligentes, ou seja, verificando se um resultado é específico, mensurável, possível, relevante e tem prazo determinado definitivo. A teoria prega que, se o resultado não atender a essas características, será muito vago e não necessariamente satisfatório.

Se você trabalha com organizações há muitos anos, já viu muitos resultados, metas ou objetivos bem elaborados. Chame-os como quiser, mas são gradações da intenção de se entregar algo para alguém com um conjunto de recursos dentro de uma determinada janela de tempo. Intenções que foram firmadas por equipes de liderança, retrabalhadas, redefinidas e planejadas meticulosamente, que passaram por processos de aprovação e voltam à origem de alguma forma em um plano de desempenho em algum lugar. Às vezes, elas não se realizam por causa de circunstâncias econômicas, movimentações no pessoal, mudanças em mercados, uma curva inesperada ou falta de conhecimento específico. Na maioria das vezes, a entrega não é realizada por causa de fatores humanos: falta de comprometimento e desejo de atingir o resultado articulado. Essa área é ótima para o coaching.

Uma das coisas que você deve fazer com suas metas inteligentes e bem elaboradas é verificar os níveis de comprometimento e desejo que os responsáveis têm em relação a atingi-las (veja a seção a seguir). Ajude-os a ser o mais específicos possível. Ser específico cria compromisso e evita que uma meta seja meramente cobiçada. Em termos empresariais, é a diferença entre planejar o que fazer e realmente entregar e mensurar o que você disse que faria.

Exemplo de caso de como verificar o comprometimento com metas

O exemplo de coaching a seguir mostra como verificar o compromisso e o desejo para estabelecer metas inteligentes. Você pode pedir às pessoas para fazerem este exercício sozinhas ou fazer com elas.

> **Resultado empresarial:** No final de dezembro, a equipe de serviços ao consumidor da unidade de empacotamento de carne terá diminuído o tempo de reconhecimento e resposta de reclamações iniciais de cinco para três dias e terá melhorado a satisfação do consumidor com nosso processo de reclamações, enquanto reduz falhas de empacotamento e entrega.

À primeira vista, a situação parece específica, mensurada, possível, realista e com prazo determinado. Você tem o suficiente aqui para alguém pegar e trabalhar em um plano de entrega, mas não tem "sustância". Se estivesse orientando a equipe de serviços ao consumidor ou os gestores dessa equipe, você precisaria ajudá-los a criar uma imagem bastante ampla. Você precisa fazê-los espantar quaisquer preocupações conscientes e fatores inconscientes que possam bloquear.

É possível usar um diálogo estruturado e perguntar:

> » **"Considerando que essa é a meta que se espera que vocês atinjam, o que especificamente querem entregar?"** Continue perguntando: O que mais? Especificamente o quê? Faça a equipe ser realmente específica e articular isso em voz alta. Coloque em cartazes ou quadros eletrônicos. Esse exemplo do frigorífico é um caso real. Steve ajudou o grupo a fazer

acontecer. Eles surgiram com coisas como: "Quero ouvir Geoff da seção de congelados dizer 'Bem, vocês fizeram a Marston's Meats parar de reclamar toda semana. Vou fazer o café para sua equipe por uma semana.'"

» **"Como vocês saberão, sem dúvida, que atingiram o resultado?"** Você quer medidas realmente concretas aqui. Quer que eles se posicionem com certeza absoluta de que os resultados foram satisfatórios e eles sabem disso porque... Essa equipe conhecia seus números e podia dizer prontamente o que aquela redução de reclamações significaria em termos do volume de papelada nos próximos dez meses. Eles podiam calcular de cabeça o que significaria para seus consumidores e que seria uma grande possibilidade de que conservassem um cliente importante sem o qual os empregos de alguns colegas açougueiros estariam em risco. Todos sabiam exatamente o que significaria em seu bônus de Natal; um deles, até os centavos. É esse o envolvimento desejado. Você quer indicadores ricos, significativos e de bem-estar pessoal, que motivarão as pessoas a atingir bons resultados. O fato de que o bônus seria mais alto não é suficiente por si só.

» **"Qual evidência você mostrará aos outros de que a meta foi atingida?"** Complementando a última pergunta, você está pedindo ao grupo para realmente imaginar qual é e onde está a prova que permite que os outros saibam que eles entregaram o que prometeram. Steve trabalhou com esse grupo para descobrir como eles comemorariam, como iriam a um bar próximo na noite de sexta depois do trabalho e gastariam a vaquinha que seu gestor lhes daria do seu fundo de Natal. Eles concordaram em segurar um pouco até o fim do mês para ter sua "festa de três dias, três cervejas e três equipes". Com a facilitação do grupo, Steve os fez imaginar isso acontecendo e como seria incrível beber aquele primeiro brinde de comemoração juntos.

» **"Como eles saberão?"** Aqui, você checa se os integrantes da equipe conseguem se pôr no lugar dos que têm interesse em seu sucesso (ou não) e sabem que os outros perceberam suas conquistas. Essa equipe surgiu com coisas como: "O Sr. Drew verá a movimentação nos números da semana e saberá se vamos bater nossa média no fim de novembro a partir do histórico de reclamações. Ele verá o gráfico eletrônico mudar de vermelho para amarelo."

» **"O que especificamente eles vão experimentar/ver/ouvir/sentir?"** Ajude a equipe a pensar no que vai experimentar, assim como no que as pessoas a seu redor podem experimentar. Você lhes está ajudando a associar emoções e imagens mentais à sua história em desenvolvimento. Quanto mais puderem criar, mais provavelmente serão motivados a fazer e perceber os indicadores específicos que lhes permitem saber se estão no caminho certo.

» **"Qual é a cor?"** Nessa parte, alguns deles dizem: "Ahn?" Fique firme e pressione-os para conseguir detalhes. Eles têm uma cor em mente. Podem se sentir estranhos ao admitir isso, mas têm. Compartilhando algo que os faça dizer "Ahn?" e criando um diálogo, você cria conexões com o resultado e um diálogo em um nível diferente de abstração; nesse caso, um bem divertido: "Como pode o resultado entregue ser verde e uma reclamação ser rosa? Com certeza são todos vermelhos."

» **"Qual é o formato?"** Novamente, uma pergunta pensada para fazê-los falar sobre como veem o resultado para que tenham uma imagem comum. Essa equipe criou um conjunto de círculos com uma fonte brotando dinheiro no meio. Assim, agora eles têm um resultado verde e branco, que saiu do vermelho e rosa em um período de dez meses e era um conjunto de círculos interligados com uma fonte de dinheiro no meio.

» **"Como é o som?"** Nesse momento, a equipe será levada ou persuadida a jogar unida. A equipe foi clara, parecia uma cascata de moedas saindo de uma máquina caça-níqueis em alta velocidade. (Algumas pessoas até tentaram imitar o som.)

» **"Como é o cheiro?"** Agora que seu resultado bem-sucedido tem uma imagem clara com um som associado, eles concordam que o cheiro é de uma manhã gelada — clara e fresca.

Agora, você pega todas as informações fornecidas e as reproduz enquanto eles apenas ouvem e se imaginam concretizando-as entre agora e o prazo. Encoraje o cliente a fechar os olhos e criar a imagem, sentir as sensações descritas e ouvir tudo internamente.

Perceba quanta diversão é possível ter com um resultado ou objetivo aparentemente sem graça. Ele realmente anima as pessoas e as motiva. Isso faz uma frase bem chata em um papel ganhar vida, tendo algo tangível por trás.

Embora tenhamos descrito esse processo aqui para um grupo, você o pode fazer com indivíduos ou trabalhar com um grupo e pedir que eles atuem individualmente, conforme você os guia.

DICA

Se estiver pensando em usar um processo estruturado como esse com clientes, você pode gravá-lo em um telefone ou computador. Dessa forma, seu próprio diálogo estará ali para ser tocado novamente. Eles têm o processo disponível para acessar quando quiserem. Pequenas coisas, como uma gravação, realmente agregam valor para os clientes. Isso os põe no controle. Empoderar clientes constrói a relação.

Gerenciando Relações com Interessados e Patrocinadores

Todas as empresas têm interessados e algum tipo de patrocinador. Um *interessado* é alguém que tem interesse no sucesso de uma empresa, como equipe, fornecedores e investidores. Um patrocinador é alguém que apoia um indivíduo, projeto ou atividade, e que normalmente tem influência, porque oferece tempo ou aloca dinheiro e recursos para atividades específicas.

Ser claro sobre quem seus interessados são e como gerenciar essas relações é crítico para a empresa. Os patrocinadores são importantes porque podem ter muita influência sobre o que é feito e como é entregue. Ambos os tipos de relação precisam ser alimentados ao longo do tempo.

Gerenciando relações com interessados

Pense nos objetivos da empresa pela qual você é responsável. Quem está envolvido em antigi-los? Quem tem a ganhar ou perder se esses objetivos não forem alcançados? Pense amplamente em termos de pessoas e grupos internos e externos.

1. **Faça uma lista dos interessados.**

2. **Considere a lista e tenha em mente um de seus objetivos amplos.**

- De quem você precisa ter suporte para entregar?

- Quem na lista pode ajudar a fazer isso?

- Quem pode tentar atrapalhar ou dificultar sua entrega?

Analise a lista e circule esses interessados.

3. **Quais interessados estão *altamente comprometidos* e investiram no resultado (defensores)? Qual nível de influência eles têm sobre o resultado?**

- *Alta influência:* Podem fazer as coisas acontecerem ou pará-las diretamente.

- *Média influência:* Têm impacto ao influenciar os outros.

- *Baixa influência:* Não podem mudar nem influenciar os outros, embora possam dar apoio pessoalmente.

Ponha seus nomes no local adequado na tabela da Figura 14-1.

4. **Quais interessados são bastante neutros? Eles têm um *comprometimento médio* em relação a seu resultado e podem ser persuadidos para apoiá-lo ou não. Qual nível de influência eles têm sobre o resultado?**

- *Alta influência:* Podem fazer as coisas acontecerem ou pará-las diretamente.

- *Média influência:* Têm impacto ao influenciar os outros.

- *Baixa influência:* Não podem mudar nem influenciar os outros, embora possam dar apoio pessoalmente.

Ponha seus nomes no local adequado na tabela da Figura 14-1.

308   PARTE 4 **Criando uma Identidade Bem-sucedida**

5. Quais interessados têm um *baixo comprometimento* em relação a seu resultado e são potenciais opositores ou adversários? Qual nível de influência eles têm sobre o resultado?

- *Alta influência:* Podem fazer as coisas acontecerem ou pará-las diretamente.
- *Média influência:* Têm impacto ao influenciar os outros.
- *Baixa influência:* Não podem mudar nem influenciar os outros, embora possam dar apoio pessoalmente.

Ponha seus nomes no local adequado na tabela da Figura 14-1.

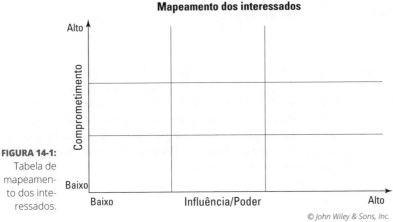

FIGURA 14-1: Tabela de mapeamento dos interessados.

© John Wiley & Sons, Inc.

A tabela básica mostrada na Figura 14-1 ajuda os líderes a decidir em que manter ou aumentar esforços para ganhar comprometimento e em que a influência dos outros impacta o sucesso de maneira mais ou menos favorável.

Você tem um mapa de influência dos interessados e, se o sobrepuser aos quatro quadrantes, manter informado, gerenciar de perto, esforço mínimo e manter satisfeito (como mostrado na Figura 14-2), verá para onde seus esforços precisam ser direcionados para entregar resultados. Essas quatro estratégias podem ser utilizadas dependendo do padrão de relações dos interessados.

FIGURA 14-2: Gerencie os interessados por seu nível de influência.

© John Wiley & Sons, Inc.

CUIDADO

Os líderes podem cometer o erro de pensar que se andarem com os interessados que os apoiam, serão capazes de entregar o produto, o que não é necessariamente o caso. O nível de influência que um interessado ou grupo de interessados tem em um resultado é mais importante do que gostar de você. O esforço de gerenciamento da relação precisa se voltar para pessoas de alta influência, para mantê-las engajadas e persuadi-las a influenciar os outros, em particular aqueles na área do comprometimento neutro. É com esse processo que você faz os interessados neutros e altamente comprometidos darem apoio ativamente. Você também precisa minimizar o impacto daqueles com alta influência, porém baixo comprometimento, conquistando-os ou reunindo suporte em outro lugar.

Quando você pensa nesse resultado agora, quais relações precisa cultivar? Em que pode posicionar seus esforços? Em que pode colaborar com os outros para conseguir que as coisas sejam aceitas pelas pessoas de alta influência e baixo comprometimento? Como pode antecipar um conflito? Quais relações precisa monitorar ativamente? Para o que precisa construir confiança? Quais redes oferecem apoio e com quem você precisa fazer contato para ter suporte?

Você consegue ver como pode trabalhar com seus principais produtos, um por um ou com todos, para saber como gerenciar e desenvolver as relações?

DICA

Se combinar o compromisso de verificação e os exercícios de desejo e mapeamento de interessados, começará a desenvolver detalhes para se informar sobre como posicionar seus esforços e ênfase de gerenciamento da relação para obter sucesso.

Comunicação em situações triangulares

Relações de três vias poderão ser complicadas se os papéis não estiverem claros e distintos. Em geral, os patrocinadores fazem o papel da terceira parte em relações nas quais comprometem esforços e têm um nível de responsabilidade pelo resultado. Normalmente, você também tem o gestor do projeto e o gestor a quem o gestor do projeto está subordinado. Essas relações gerenciais tríplices se sobrepõem e podem ser complexas para todos os envolvidos.

Em uma gestão organizacional de projetos, o patrocinador muitas vezes é o diretor do projeto, com alta influência e comprometimento. Tal pessoa exerce poder e precisa ser ativamente informada. Em termos de influenciar um patrocinador, o *Project Management Institute* (PMI) descreve a necessidade de o gestor do projeto estabelecer uma relação de confiança com os patrocinadores para entender suas motivações e expectativas, assim como as restrições sob as quais operam. O PMI define as condições para desenvolver e gerenciar a relação com o patrocinador, caso você seja o gestor do projeto:

» Trabalhe o que é importante para eles e foque os ajudar a ser bem-sucedidos.

» Conecte seus objetivos de projeto aos objetivos deles.

» Alerte-os gentilmente se não atenderem às expectativas de suporte da equipe.

» Dê quaisquer notícias negativas pessoalmente.

» Quando apresentar um problema, tenha uma proposta de solução.

» Adapte seu estilo de comunicação à forma como eles gostam de receber informações.

» Fique conectado e mantenha-os proativamente atualizados.

Como gerente de produtos que apoia um membro da equipe para assumir um papel de gestão de projeto, é útil orientá-lo a respeito desses fatores. Você deseja capacitar o membro da equipe para gerir expectativas e complexidades.

Relações complexas são um fato da vida, e muitos líderes agora encontram-se gerenciando equipes matrizes e vários grupos de projeto. Aprender como confiar, motivar e definir metas de expansão, como dar feedback, gerir expectativas e lidar com conversas difíceis quando elas surgem faz parte do conjunto de ferramentas do século XXI.

Patrocinando uma intervenção de coaching

A relação de patrocinador em uma situação de coaching é diferente. O patrocinador pode ser a pessoa que encomenda o coaching para o membro de sua equipe, o diretor de RH ou um gestor sênior offline. Embora o coach normalmente se relacione com o patrocinador de início, os limites nesse triângulo entre patrocinador, coachee e coach precisam ser bem definidos. Quem paga pode ser o patrocinador que detém os recursos, mas o cliente a quem você serve é o coachee. Um coach precisa ter clareza sobre essa relação na fase de contratação e ao longo dela. O coach deve manter o patrocinador informado sobre a frequência do coachee nas sessões, mas não sobre os detalhes. O coachee pode ser encorajado a ter conversas com seu gerente de produtos para mantê-lo informado sobre o impacto de seu coaching.

O coach pode também apresentar um relatório em termos amplos sobre o processo de coaching em relação aos resultados acordados, mas não sobre o conteúdo do coaching em si. Isso pode, às vezes, representar um problema se o patrocinador não entendeu seu papel no contexto de coaching, sobretudo se for o patrocinador de projetos e esperar estar mais envolvido e informado. Se os líderes nas organizações não entenderem o papel do coach e a natureza da relação de três vias (ou, às vezes, de quatro vias, se o patrocinador não for o gerente de produtos), não tenha vergonha de explicitar isso antes que haja desconfianças em potencial.

DICA

Gerencie as expectativas proativamente. Seja muito claro sobre a confidencialidade e os relatórios. Se não, essas coisas serão uma fonte de confusão e até de conflito.

Construindo uma Colaboração Sinérgica

Desenvolver relações de colaboração dentro e fora de uma empresa alavanca ideias, investimento, inovação e afins. Muitas empresas de alto crescimento foram criadas através do trabalho colaborativo e desenvolvimento de redes de contatos em setores específicos. O setor de alta tecnologia, em particular, identificou ativamente sinergias em novos produtos ou trabalho em conjunto, e colaborou para criar empresas derivadas e novas joint ventures. Essa situação é particularmente evidente em conglomerados de empresas de alta tecnologia no Vale do Silício e em Cambridge. Um estudo feito por Myint *et alii*, publicado em 2005, demonstra a importância das redes de contatos e da colaboração. Seu mapeamento do desenvolvimento do Silicon Fen de Cambridge mostra como o *capital social*, um investimento em relações-chave ao longo do tempo, criou capital econômico na área de Cambridge.

Criando sinergia e empreendedorismo em série

O empreendedorismo em série encorajou e deu suporte a novos empreendimentos e empresas a se estabelecerem na área de Cambridge e tirar vantagem dos laços sociais localizados. Essa situação ajudou as empresas a ter acesso a fundos mais de imediato e mostra o poder de uma rede de contatos para criar e alavancar inovação e sinergia com rapidez. A região se tornou especializada em criar empreendimentos derivados nas áreas da biotecnologia e da alta tecnologia. Os altamente bem-sucedidos sistemas ARM e Conexant são derivados da Acorn Computers, estabelecidos na década de 1970.

Os empreendedores em série, da mesma forma, estabeleceram muitas companhias com equipes se movendo entre as organizações regularmente ao longo do tempo como um coletivo sinérgico. Essas sinergias têm dado suporte ao investimento interno. Os investidores acharam mais fácil investir dentro do conglomerado em um longo período de tempo devido à proximidade e às redes de contato sociais de alto nível criadas lá. As relações entre as pessoas têm sido providenciais e criaram rotas de entrada para muitos novos empreendedores. É possível encontrar alguns complexos mapas de interessados que mostram a complexidade das relações e as conexões que criaram essa infraestrutura.

Crescendo em sabedoria e criando valor

Você pode encontrar mentores empresariais ocultos dando suporte ao crescimento empresarial em muitos lugares. Na região tecnológica de Cambridge, por exemplo, eles podem não se denominar mentores, mas sua sabedoria específica e experiência em investimento, transferência de tecnologia, desenvolvimento e crescimento empresarial, desenvolvimento organizacional e entrada em novos mercados têm sido útil para o crescimento da região. Essa melhoria positiva demonstra o poder e a criação de valor nas relações empresariais efetivas. Isso foi alcançado com meios formais, como investidores-anjo em diretorias e através de redes de contatos sociais informais. A proximidade com a universidade obviamente ajuda, com o acesso rápido a novas pesquisas, biotecnologia inovadora, engenharia e microtecnologia. E, mais, o mapa de relações das redes de contatos desenvolvido em alta tecnologia ao longo de 40 anos é impressionante. A Figura 14-3 mostra a criação de empresas geradas com a rede de contatos dos donos de empresas e dos investidores afins.

Se fosse criar o próprio mapa de conglomerados para sua rede de contatos social e empresarial, como poderia criar ou expandir o próprio miniconglomerado no setor? O que seria necessário para você desenvolver confiança suficiente em si mesmo e nos outros para colaborar mais e cocriar, em vez de competir? Agora, uma ideia: criar capital social e fluxo de caixa por colaboração. Obviamente, você gostaria de medidas, como acordos de confidencialidade, adotadas no momento apropriado para mitigar o risco, mas isso é um parêntese se a ideia de criar sinergia entusiasma você.

CAPÍTULO 14 **Desenvolvendo Relações em Todos os Níveis**   313

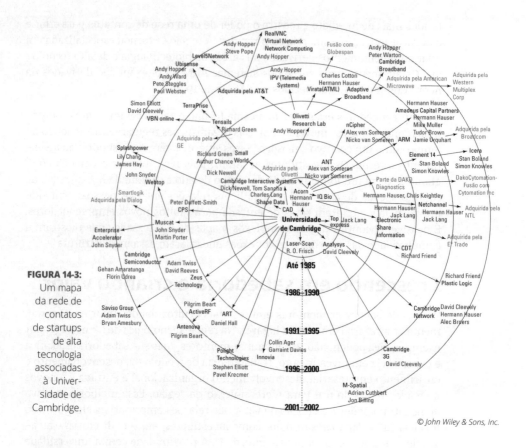

FIGURA 14-3: Um mapa da rede de contatos de startups de alta tecnologia associadas à Universidade de Cambridge.

© John Wiley & Sons, Inc.

DICA

Os empreendedores em série tendem a ser altamente bem relacionados e estão na diretoria de mais de uma companhia. Há várias formas de aprender a ser um diretor de conselho. Se quer criar vários negócios durante sua carreira de liderança, tem um plano para isso? Está sendo orientado em direção a essa meta?

Networking É um Depósito no Banco Cármico

O networking é recíproco. Você pode desenvolver sua rede de contatos de maneiras diferentes. Tradicionalmente, a criação de relações cara a cara tem sido a regra. Esse método muitas vezes consiste em participar de reuniões noturnas de networking, com profissionais corporativos afins, entre canapés e taças de vinho ou em um café da manhã empresarial com um palestrante, socializando enquanto mastiga um croissant e bebe café. Redes de contatos organizadas de pequenos negócios ou associações profissionais, como os britânicos BNI, *Institute of Directors*, *Small Business Federation* e similares, nos quais cartões de visita são trocados e conversas de elevador são levadas à perfeição, também têm surgido durante os últimos 30 anos.

Uma nova onda de networking está ocorrendo em empresas de pequeno e médio portes, nas quais o aspecto social de negociações associado a espaços de trabalho compartilhados tem se tornado popular. Empreendedores espertos e atentos a oportunidades estão fazendo disso um negócio. A WeWork, uma empresa estabelecida em 2010, atingiu US$16 bilhões em sete anos desenvolvendo espaços de escritórios com serviços de alta especificação nos Estados Unidos e, mais recentemente, no Reino Unido. A WeWork vai além de um serviço de escritórios; representa mais um conceito de rede e criação de negócios. A WeWork é financiada por assinaturas contínuas baseadas no uso. Os membros são encorajados a socializar, compartilhar ideias e criar comunidade. O sistema é um modelo vibrante e uma ótima maneira para empresas jovens fazerem conexões, conseguirem recomendações e obterem acordos entre elas.

EXEMPLO

COMEÇAR DE BAIXO CRIA RESULTADOS DE NETWORKING INESQUECÍVEIS

Ben, um assistente de diretor recém-indicado e bastante tímido, tinha o objetivo de aumentar sua rede de contatos dentro do setor de seguros em um período de 12 meses. Ele assumiria a divisão de seguros de uma empresa jurídica no final do ano. Quando seu coach explorou esse problema com ele, ficou claro que ele queria criar confiança para falar com novas pessoas. Uma de suas preocupações era encontrar alguém pessoalmente e esquecer seu nome durante a conversa. Quando chegasse a hora de ir, ele lidaria mal com o "até logo e mantenha contato", pois não conseguiria se lembrar do nome da pessoa e estaria tão focado nos cartões de visita que pareceria rude e desinteressado. Essa questão parecia algo pequeno, mas estava realmente atrapalhando Ben.

Lembrar um nome cria empatia e faz as pessoas se sentirem bem. Seu coach demonstrou um simples método testado e comprovado para ajudá-lo a se lembrar. Você mesmo pode experimentá-lo. Quando as pessoas disserem seus nomes, atribua-os a alguma coisa inesquecível, como "vestido vermelho de Vera" ou "Sharon trabalha para a Guinness e vem do Canadá". Obviamente, você não as apresentaria em eventos de networking assim! Você poderia ir a uma "socialização" de networking com um colega ou seu coach e transformar o aprendizado em diversão. Veja quantas pessoas em comum vocês dois conhecem, o que usou como lembrete de identificação e o que consegue se lembrar. Em seguida, discuta os compromissos de acompanhamento.

CAPÍTULO 14 **Desenvolvendo Relações em Todos os Níveis**   315

Da mesma forma, o networking online deslanchou e teve um grande crescimento na última década. Não estamos falando de networking do tipo passar tempo no Facebook compartilhando as últimas fotos do seu aniversário. Pelo contrário, queremos dizer usar mídias sociais, como Facebook, Twitter, Instagram e LinkedIn, para fazer contatos empresariais e criar redes de contatos facilmente. O poder do networking online é enorme e também gerou grandes receitas para empresas.

A resposta para "Como você faz contatos?" tornou-se mais complexa. Estamos fazendo isso em vários níveis. O que você está fazendo para criar novas relações e desenvolver ativamente as existentes?

O conceito de networking empresarial começou com a Revolução Industrial, de acordo com historiadores, mas e os mercados na Grécia Antiga e em Roma? Civilizações inteiras foram baseadas em comércio e transação. O princípio do networking é o mesmo hoje: um jogo de depósito e saque. O investimento poderá valer seu peso em ouro se você esclarecer dois fatores:

» **Para que está fazendo networking?** Identifique grupos de networking que atendam a seus interesses. Algumas redes se destinam a fazer contatos e gerar conversas sobre negócios. Outras são baseadas em aprendizado e fazer contatos para projetos futuros.

Você busca ser mentor de um novo dono de empresa, por exemplo, ou faz networking para trocar contatos e aumentar vendas? Seja claro sobre quais são seus objetivos porque isso ajuda a focar sua atenção e determinar onde quer buscar contato, quem quer conhecer e por quê.

» **O que está preparado para compartilhar e qual é seu limite?** O quanto você confia nos outros e o que está disposto a compartilhar com essas pessoas? Networking engloba o desenvolvimento de relações de confiança para benefício mútuo. É recíproco e, quando funciona bem, relações duradouras são construídas. Se você pensar em networking como algo transitório, estará realmente perdendo o foco. Pense em onde estão seus limites nas relações que pretende criar.

LEMBRE-SE

Networking cria empresas, e fica mais valioso como experiência quando você foca sua atenção no lugar certo. Desenvolva suas habilidades se precisar. Descubra como se relacionar com os outros, para escutar ativamente e ter um interesse genuíno neles. Faça boas perguntas, que gerem diálogo, em vez de deixar a outra pessoa se sentindo como se estivesse sendo entrevistada. Seja claro sobre isso e como pode estar apto a ajudar alguém, e leve adiante seus compromissos. Seja claro sobre o que gostaria em cada relação de networking. Torne-se confiante para falar de si mesmo, sua empresa e aspirações.

Gerenciamento de relações é uma ótima área para se fazer coaching. Não funciona como um coaching passo a passo para conseguir um encontro (que é popular, aliás); serve mais para orientar um cliente a desenvolver estratégias para atingir suas metas de networking. Um pouco desse coaching pode se voltar para ajudar um cliente a esclarecer duas perguntas: "Para que você está fazendo contatos?" e "Qual é seu limite?" Como alternativa, pode ser uma área de habilidades específicas que um cliente quer desenvolver.

DICA

Se você acha o networking desafiador, pode ser tímido, inseguro ou simplesmente precisa praticar. Divida as habilidades em abordar e se apresentar, escutar ativamente, lembrar, descrever a si mesmo e seu trabalho, fazer uma solicitação, fechar e concordar com a continuidade. Foque acertar apenas um elemento. Então, continue daí e trabalhe no próximo. **Lembre-se:** Networking é uma habilidade, e as habilidades exigem prática.

Construindo Confiança e Reconstruindo a Confiança Perdida

Relações são formadas e rompidas com base na confiança, e nós precisamos ter confiança constante nos outros em nossas empresas: interessados externos (banqueiros, contadores, advogados, seguradoras, empreiteiros, investidores, fornecedores) e interessados internos (equipe, associados, assistentes virtuais, membros de diretoria). Você sabe que tem relações de confiança saudáveis quando as pessoas cumprem o que prometeram, quando você compartilha um segredo e ele continua secreto, quando sente que seguem na mesma direção e promovem resultados que parecem vantajosas sob todas as perspectivas.

A verdade é que as coisas dão errado. Às vezes, as pessoas nos decepcionam e nós as decepcionamos, também. Há muito neste capítulo sobre construir relações, mas como se constrói confiança organizacional e o que se faz quando as coisas não saem como o esperado?

Desenvolvendo confiança a nível organizacional

As pessoas querem confiar nas organizações em que trabalham e com as quais se relacionam. Todos temos contratos tácitos com organizações, um conjunto subentendido de promessas que esperamos que governem nossas negociações. O contrato mais importante para a equipe não é o de trabalho, que define acordos para pagamento, quando, onde e como. Seu contrato implícito é mais importante, ou seja, as expectativas que as pessoas têm. Elas são evidentes na maioria das negociações empresariais. Em geral, buscamos justiça em como nos relacionamos, em termos de processo e de resultados. Esse objetivo é verdadeiro para qualquer plano empresarial, incluindo os de coaching.

Queremos sentir as organizações como ambientes nos quais os processos são justos e igualitários. Queremos ver que as práticas de RH são aplicadas com coerência e, se não, que os motivos sejam justificados; que se algo der errado com um contrato, o fornecedor e a organização chegarão a um acordo justo e razoável.

As organizações gastam milhões criando políticas, procedimentos, documentos de conformidade e afins. As regras escritas e tácitas contribuem com a construção da confiança. Se você é um empreendedor novato e não gosta de regras, pergunte a alguém que pediu financiamento duas ou três vezes, ou que vendeu uma empresa, para saber o que foi que fechou um acordo ou acabou com ele. Muitas vezes, a busca de informações (due diligence) é determinante, e esse processo busca as regras e brechas, e o risco em sua ausência. Você pode achar lindo e maravilhoso criar e desenvolver um negócio com seu melhor amigo, que você ama e em quem confia, mas não investiria as economias de sua vida sem algumas regras, não é?

Veja perguntas que o coach pode usar ao trabalhar confiança com o cliente:

» Se pensar em sua empresa, em quem confia e por quê?

» Você confia até que a confiança acabe ou espera que as pessoas a ganhem?

» Onde estão as fraquezas de seu sistema? Onde estão os riscos e quem cuida dessas áreas? Como confiar que as pessoas farão isso bem? Como verificar?

» Há alguma área na empresa que se beneficiaria com seus esforços em gerar confiança na direção que ela está tomando?

» Quais interessados gostam de você? Quais confiam em você?

» Quem, na diretoria, substituiria você amanhã? Por quê?

» Onde você está contribuindo para potenciais desconfianças como líder?

» Como você pode criar mais conversas de coaching abertas e de confiança?

» Como as pessoas pelas quais você é responsável pelo coaching sabem que têm sua confiança e que podem confiar em você?

Muito para se pensar, não?

O modelo na Figura 14-4 foi desenvolvido por Marie quando trabalhou coaching e confiança com um grupo de líderes. Ele resume os elementos que criam confiança consigo e com os outros. Com o tempo, esses elementos aumentam a autoconsciência e a construção ativa de relações. Você o usa no autocoaching ou no de líderes sobre desenvolvimento de autoconsciência e confiança.

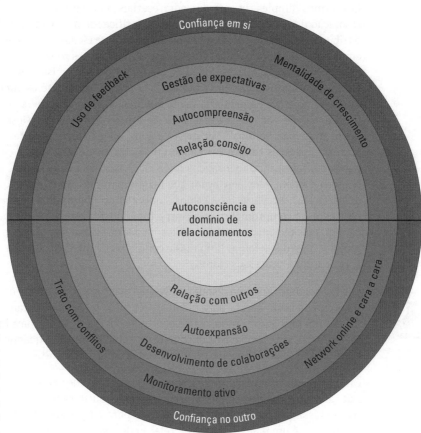

FIGURA 14-4: Elementos que contribuem com uma relação de confiança consigo e com os outros.

© John Wiley & Sons, Inc.

Resolvendo conflito e evitando destruição mutuamente assegurada

Ah, se fosse possível fazer negócios sem conflitos. Os advogados corporativos estariam sem um centavo e os tribunais de causas cíveis, vazios a maior parte da semana. Conflito é um fato da vida, e você precisa descobrir como lidar com ele da forma mais construtiva possível. Senão, ele poderá se tornar caro e moroso. Vimos boas empresas pequenas irem abaixo por causa dos custos de lidar com litígios que poderiam ter sido evitados e superados com um pouco de diálogo proativo, corretagem honesta e bom senso. Sócios empresariais perdem a paixão por sua empresa original e uns pelos outros. Essa é uma área na qual os coaches, às vezes, ficam no limite e você precisa ajudar os clientes a verem como o comportamento deles e o dos outros se agravam quando as coisas começam a dar errado. Assim, como é possível evitar incêndios e apagá-los quando surgem?

Em termos simples, os acordos empresariais precisam permitir processos de resolução de conflitos. Você pode querer verificar se os seus levam direto para o tribunal se uma disputa ocorrer ou se existe uma cláusula de mediação. Pense em como quer lidar com conflitos, caso surjam, antes mesmo de se tornarem uma possibilidade. Alguns donos de empresas pensam: "Isso nunca vai acontecer aqui. Somos como uma família." Leve essa noção até os funcionários e diretores da antiga gigante de investimentos, Lehman Brothers. Em seu relatório anual de 2007, sua declaração de funcionários dizia: "Nosso pessoal é nosso ativo mais valioso." Dez meses depois, quando a empresa declarou falência, essas pessoas saíram carregando os materiais de suas mesas em caixas de papelão e rabiscando mensagens nada elogiosas nas paredes sobre a diretoria, conforme saíam. Eles pensavam que faziam parte de uma família que cuidaria deles. O CEO estava lá há 42 anos, mais tempo que muitos casamentos, um indicador de comprometimento com a família para alguns na equipe. Só parecer feliz, protecionista e preocupada com a família não significa que a empresa esteja protegida de falhas humanas e condições de mercado. Proteja seus ativos com acordos e processos claros.

LEMBRE-SE

Caso se encontre em uma disputa individual ou de grupo, continue conversando; mantenha a porta aberta para o diálogo. Quando as pessoas param de conversar, há um problema. Então, esteja aberto a conversas, seja o mais honesto que puder, seja justo, razoável e busque criar soluções mesmo quando não puder oferecer às pessoas tudo que quiserem antes de fechar a porta.

Orientar pessoas a respeito de disputas é útil. Um líder pode achar difícil ser criticado por seu pessoal, diretoria, imprensa ou durante uma reunião com os interessados. Saber ouvir e dar espaço para as pessoas desabafarem suas frustrações é uma parte valiosa na relação de coaching. A função do coach não é resolver o problema do coachee ou fazê-lo se sentir melhor com chavões, meditação conjunta e cantos. A função é ajudá-lo a recuperar a perspectiva, lembrar-lhe de seus sucessos, das vezes em que lidou com coisas assim antes, ajudá-lo a ver sua realidade por inteiro. Dito isso, um pouco de meditação plena e consciente é uma boa sugestão às vezes.

Ter a Coragem de Desapegar

De vez em quando, as coisas simplesmente não funcionam, e os líderes precisam socorrer funcionários, encorajá-los ou exigir que sigam em frente. Os coaches podem ajudar os líderes a se preparar para essas conversas ajudando os clientes a antecipar as reações que podem ocorrer e trabalhá-las. Coragem envolve falar com franqueza. Alguns líderes precisam de ajuda para estruturar essas conversas honestas. Ao terminar um relacionamento, a maneira como se fala as coisas muitas vezes é tão importante quanto o que é dito.

Praticar um diálogo pode ser útil quando você precisa ter uma conversa difícil. Você pode usar a técnica da cadeira vazia como ferramenta de autocoaching ou com um coach o guiando e apoiando. Pode parecer um pouco estranho no começo, mas vá adiante. Siga estes passos:

1. **Pegue três cadeiras e organize-as, duas de frente e outra ligeiramente distante, em uma configuração triangular.**

2. **Sente-se na primeira cadeira e fale com a cadeira vazia.**

    Imagine a pessoa com quem você precisa ter a conversa difícil sentada ali. Realmente imagine-a. Veja como se sentaria, o que vestiria, como agiria se estivesse na sua frente. Imagine-a apenas ouvindo o que você tem a dizer.

3. **Vá até a cadeira da outra pessoa e sente-se. Imagine que você é a pessoa ouvindo o que acabou de ouvir.**

4. **Espere um minuto até ter absorvido tudo e responda como imagina que a pessoa responderia.**

5. **Volte para a cadeira original e vá trocando, em ambas as posições novamente.**

6. **Sente-se na terceira cadeira e imagine que você não faz parte desse diálogo, apenas lhe assiste.**

    O que percebe? O que está ajudando? O que não está? Se estivesse aconselhando a pessoa sentada na primeira cadeira a fazer algo de forma diferente ou fazer mais outra coisa, o que seria?

7. **Pense em como lidará com essa conversa agora, então converse ou marque na agenda.**

DICA

Essa técnica é útil em vários contextos, como ao tentar descobrir quais objeções pode haver para uma proposta que você está fazendo, por exemplo. Trocar cadeiras de lugar, em um sentido literal, faz diferença. Não fique tentado a deixar esse detalhe de fora.

322   PARTE 4 **Criando uma Identidade Bem-sucedida**

> **NESTE CAPÍTULO**
>
> » Comunicando-se em vários níveis de consciência
>
> » Entendendo como as pessoas tomam decisões
>
> » Tornando-se um líder melhor e empoderando outros para liderar
>
> » Influenciando decisões ao mudar sua comunicação

Capítulo **15**

Orientando para Engajar, Informar e Influenciar

Seres humanos são uma espécie falante e social. Somos mestres da comunicação e, mesmo durante nossos breves momentos de silêncio, falamos muito. Desenvolvemos a habilidade de nos comunicar além das fronteiras de gênero, idade, raça e cultura por gerações, tornando possível a criação de alianças para o bem maior, assim como para o mal.

Neste capítulo, focaremos os padrões implícitos da comunicação. Você descobrirá como informar, engajar e influenciar de forma ética, assim como ser mais capaz de reconhecer quando alguém está tentando influenciar você.

Entendendo a Importância da Comunicação Efetiva

Comunicações implícitas são padrões, conceitos e princípios comuns que influenciam o comportamento social. Entender e ser capaz de usar esses parâmetros em seu coaching permite que você e seus clientes se tornem comunicadores melhores e mestres da persuasão e influência em vários contextos empresariais. A comunicação efetiva é cada vez mais reconhecida como um determinante-chave do sucesso empresarial.

Esse reconhecimento resultou em uma proliferação de programas de coaching e treinamento, e um coach pode se especializar em todos: redação, apresentações de mídia, apresentação para plateias, vendas, serviços ao consumidor, negociação e mediação. Todas essas especializações influenciam o comportamento humano, e o denominador comum a todos esses programas é:

» Como as pessoas processam internamente a comunicação

» Como as pessoas são influenciadas pela comunicação para tomar decisões

Esses conceitos de comunicação são usados em muitos contextos empresariais, tais como:

» Marketing:

- Capturar a atenção do consumidor e engajar as pessoas em conversas que levem a negócios

- Influenciar comportamentos, assim como as ações e decisões resultantes que as pessoas tomam

- Criar poderosas associações de marca

» Vendas:

- Levar as pessoas a dizer sim, com certeza

- Superar as objeções às propostas

» Negociação e resolução de conflitos:

- Superar diferenças de opinião aparentemente intransponíveis

- Criar situações nas quais as diferenças não importem

» Ganho de conformidade:

- Assegurar que as pessoas ouçam para aprender

- Fazer as pessoas seguirem as declarações

» Empenho pela melhor compreensão:

- Transmitir informações para assegurar que as pessoas entendem suas comunicações

- Informar as pessoas para que tomem ações especificamente desejadas

Comunicando Mais Rápido que a Velocidade do Pensamento Consciente

Veja dois conceitos sobre como a mente processa a comunicação recebida pelo ouvinte (ou receptor), que, em última instância, afeta e influencia o comportamento:

» **A comunicação é verbal e não verbal.** A mente processa milhões de bits de dados por segundo, muito além da habilidade consciente de processar toda a informação que chega; ainda assim, tudo é processado em algum nível inconsciente. Tudo o que vê, ouve, sente, cheira e prova é processado, mesmo sem você estar consciente disso. Gostando ou não, o exterior influencia a maneira como você interpreta, pensa, sente e age.

Pesquisas mostram que, enquanto processamos comunicações verbais, estamos conscientes e somos influenciados 7% pelas palavras ditas (o que é dito), 38% pela voz e tom (como essas palavras são ditas) e 55% pela linguagem corporal (o que não é dito). A comunicação não verbal, que inclui os 55% da linguagem corporal, também inclui outras formas, como recursos visuais (gráficos, tabelas e modelos), além de informações transmitidas pelos sentidos de tato, paladar e olfato.

» **Você não consegue não processar a comunicação.** Assim que a comunicação verbal ou não verbal é feita, o ouvinte a processa, independentemente de estar consciente ou não dela. O pacote de informação foi entregue. (Veja o box "Toda comunicação conta" para entender o conceito.)

Por exemplo, pense em uma situação na qual você disse a um cliente: "Apenas imagine como esse empreendimento pode ser bem-sucedido." Para entender a frase, o cliente primeiro precisa criar uma imagem em sua mente de como imagina que seria um empreendimento bem-sucedido. (No Capítulo 5, exploramos como as imagens mentais visuais afetam os comportamentos.) Você influencia seus clientes com tudo o que diz e faz, estejam eles (ou você) conscientes do nível de influência ou não. Com sua comunicação, você os leva a criar imagens em suas mentes e, dessa forma, influencia seus comportamentos. Eles também fazem o mesmo com seus consumidores, fornecedores e colegas em toda comunicação, em todos os formatos e mídias.

Se os clientes querem se engajar, informar e influenciar, primeiro precisam ganhar a atenção do ouvinte (receptor). Uma maneira simples de conseguir essa atenção é fazer uma pergunta que force os ouvintes a se engajarem na comunicação, assim, eles ficam instigados. Ganhe sua atenção primeiro; depois, crie interesse (curiosidade) e desejo; e instrua-os sobre qual ação tomar. Esse encadeamento sequencial de estados em direção a uma ação desejada é conhecido pelo acrônimo AIDA, abreviação para atenção, interesse, desejo e ação.

Sempre que tiver a oportunidade de demonstrar seu coaching e efetividade, receba isso como um presente. Dê aos clientes a experiência de coaching em vez da teoria; essa é uma oportunidade de convencê-los dos benefícios do que você faz. Esses benefícios são um poderoso influenciador para os clientes e seus consumidores quando se trata de tomar decisões sobre comprar algum produto ou serviço.

Entender o poder desses dois conceitos, nos quais as comunicações verbal e não verbal são processadas inconscientemente, e a comunicação acontece independentemente de o receptor estar consciente dela, abre toda uma caixa de ferramentas de comunicação e conceitos disponíveis para você e seus clientes.

A arquitetura da escolha, creditada ao professor Richard Thaler, da Universidade de Chicago, é um conceito que argumenta que reforço positivo e sugestões indiretas influenciam a tomada de decisão de grupos e indivíduos, pelo menos tão eficientemente quanto, senão mais, imposições, instruções diretas ou legislação. Considere, em sua empresa, como você direcionou a equipe para implementar ações que foram ignoradas ou, pelo menos, evitadas. A arquitetura da escolha usa o conceito da comunicação inconsciente analisada neste capítulo para direcionar as pessoas a tomarem um caminho desejado de ação, que pareça escolhido por elas, em vez de influenciado.

Quando a pessoa influenciada (ou incentivada) percebe que tomou a decisão de seguir um caminho de ação sob a própria vontade, sente que tem domínio sobre suas ações e tende a defender sua decisão, sendo consistente com suas ações.

Considere como essa abordagem seria útil em sua empresa para fazer mudanças comportamentais, em vez de usar as tradicionais diretivas de gestão vertical.

TODA COMUNICAÇÃO CONTA

Na TV britânica, Derren Brown dá uma poderosa demonstração do poder da comunicação inconsciente para influenciar pessoas. Em um episódio, ele deu a dois designers uma tarefa: eles tinham meia hora para criar um logo para um cemitério de animais.

Quando criaram o logo, Derren revelou um que ele havia preparado mais cedo, que era uma imagem de espelho do deles, usando todos os elementos de design que eles haviam usado. Os designers ficaram boquiabertos com as semelhanças impressionantes.

Na viagem de táxi até o estúdio, imagens foram estrategicamente posicionadas por toda a viagem para influenciar suas decisões. Havia adesivos de ursos de pelúcia e cartazes de asas de anjo. Eles passaram por portões de ferro; tudo isso apareceu depois em suas propostas de design. Embora os designers não estivessem conscientes das imagens, eles as processaram mesmo assim e foram influenciados para usá-las.

Entendendo Por que as Pessoas Dizem Sim

Imagine uma geladeira com a porta aberta. Dentro, há aipo e cheesecake. Qual você escolhe? Por trás da decisão de escolher a resposta óbvia, que sem dúvida é cheesecake, há muito processamento interno de informação.

Várias perguntas-chave, que a mente se faz, influenciam as pessoas a dizer sim e não (dois lados da mesma moeda), como:

> » O que valorizo ou o que é importante para mim?

> » O que tento evitar? (Isso também é entendido como dor, que se manifesta nas esferas sexual, social, financeira, emocional ou mesmo a dor física.)

> » O que busco? (Isso é entendido como prazer, seja físico, sexual, social, financeiro ou emocional.)

A mente processa essas variáveis e apresenta a resposta. O processamento ocorre em uma fração de segundo, e a resposta é dada sob a forma de imagens mentais. No cenário da geladeira, se a reposta for aipo (por mais improvável que seja), a imagem mental do aipo e do que ele significa para o indivíduo parecerão mais atraentes do que a maneira como o cheesecake é representado. No Capítulo 5, analisamos as *submodalidades*, que são as qualidades e detalhes das

CAPÍTULO 15 **Orientando para Engajar, Informar e Influenciar**   327

imagens visuais que todos criamos em nossas mentes. Dois aspectos das submodalidades são importantes para entender como influenciam o sim:

» **Análise comparativa:** Quando apresentadas as escolhas, as pessoas inconscientemente processam as opções, e a análise comparativa de suas submodalidades (as diferenças entre elas) determina suas decisões. Uma escolha será mais atraente que a outra — pode ser maior, mais brilhante, mais colorida, em 3D ou dinâmica, em comparação com a pequena, opaca, monocromática, 2D e estática. Se existirem distinções claras entre as escolhas, a decisão "parecerá óbvia". Se as distinções forem similares, as pessoas muitas vezes acharão difícil fazer uma escolha.

» **Vendo um resultado desejado:** As pessoas dizem "sim" quando veem o resultado da decisão, e ele as faz se sentir bem. As submodalidades das imagens mentais podem ser estáticas ou dinâmicas, mas geralmente estarão associadas e criarão sentimentos de desejo, conforto ou uma noção de segurança.

Esses dois processos inconscientes de tomada de decisão são explorados em negociações, publicidade e vendas, embora a maioria das pessoas nessas profissões não esteja ciente de que o que fazem e dizem influencia e muda as submodalidades em suas mentes. Por exemplo:

» O negociador pode apontar o sofrimento e os custos de alguém se manter em uma posição e criar uma imagem de desejo discutindo os benefícios de se concordar com uma nova posição.

» O vendedor muitas vezes descreve a aflição financeira de perder uma oferta e o prazer e os benefícios de comprar o produto, com frequência fazendo com que as pessoas o segurem ou testem o serviço para, de fato, experimentarem o resultado desejado.

» Os publicitários criam imagens de estilo de vida associadas ao produto, para que o espectador se imagine consumindo o produto ou vivendo o sonho, participando do cenário criado.

DICA

Esses processos são apenas duas maneiras de influenciar as ações e decisões das pessoas e de fazê-las dizer sim:

» Se tiverem escolhas, use sua comunicação para diminuir as imagens mentais da escolha ou escolhas que você preferiria que as pessoas não fizessem, então, melhore a escolha desejada.

» Use a comunicação verbal e a não verbal para criar imagens mentais nas quais as pessoas vejam os resultados desejados, que as faça se sentir bem.

Se Tiver Necessidade de Influenciar, Você Precisa Fazer Todo o Trabalho

Você já se comunicou com alguém e teve a sensação de que estava falando sozinho, que sua comunicação não era ouvida? Qualquer um com filhos adolescentes está familiarizado com essa situação. Se você ou seus clientes são os comunicadores e querem que o ouvinte (receptor) seja engajado, informado e influenciado, comece assumindo total responsabilidade pelo trabalho. Não espere que os ouvintes se ajustem ao que estão fazendo; eles não precisam disso. A parte interessada é a que deve fazer todo o trabalho.

Se alguém estiver relutante em ouvir ou receber a comunicação, você precisa ajustar o que está fazendo e fazer outra coisa para engajá-lo (para saber mais sobre isso, veja a seção "Se Não Consegue os Resultados Desejados, Mude Sua Comunicação", no final do capítulo). No Capítulo 7, vimos a estratégia de identificar os inimigos do aprendizado e como é importante conseguir atenção e engajar o cliente. Essa tática se aplica a todas as formas de comunicação nas quais a intenção é influenciar.

Navegando pelo Cenário Político

O cenário político de cada empresa que você orienta é único e exclusivo, e muda com o tempo. Nenhuma empresa é igual. Ao preparar quaisquer comunicações com intenção de engajar, informar e influenciar, lembre-se de que comunicação é mais do que uma pessoa falando e outra escutando. Pelo contrário, a comunicação acontece dentro do contexto do cenário político do ouvinte. O ouvinte opera em um mundo complexo, que afeta como ele percebe a comunicação, o que isso significa para ele e, basicamente, as atitudes que toma.

O comunicador sofisticado e eficiente leva o cenário em consideração antes de criar suas comunicações. No Capítulo 11, apresentamos a Tabela de Informações, uma ferramenta de diagnóstico que pode ser usada para transformar grandes visões em planos viáveis. Partes da Tabela também podem ser usadas para colocar ordem no complexo cenário político dentro do qual a comunicação ocorre.

DICA

Ao criar comunicações, ou seja, newsletter, discurso, argumento de vendas, site ou relatório, oriente os clientes a considerar a perspectiva do ouvinte e o cenário político antes de formular a mensagem. Faça as seguintes perguntas:

- » O que é importante para o ouvinte? O que ele valoriza?
- » O que pode causar objeção no ouvinte (distância)?

» O que pode atrair o ouvinte (aproximação)?

» O que o ouvinte precisa ver, ouvir e sentir para dizer sim?

Então, use partes da Tabela de Informações (listadas a seguir) para considerar o contexto mais amplo dentro do qual o ouvinte opera e faça esta pergunta para cada célula da tabela: "O que pode afetar o ouvinte e evitar que ele concorde ou diga sim?" Poderia ser:

» Tempo?

» Dinheiro?

» Esforço?

» Pessoas?

» Crenças e valores?

» Habilidades?

» Capacidades?

» Ambiente?

» Ecologia?

» Jurídico?

DICA

Os clientes são espertos ao dedicar tempo para pesquisar e descobrir do possível público o que ele teria que ouvir para ser influenciado. Uma pesquisa de mercado, estudos e bancos de ideias fornecem informações valiosas, permitindo que comunicações sejam criadas para atender especificamente às necessidades do ouvinte.

REVELANDO A RESISTÊNCIA OCULTA A SER INFLUENCIADA

EXEMPLO

Colin era CEO de um grupo de imobiliárias. Durante uma sessão de coaching, ele levantou um problema que ele e sua equipe enfrentavam. Eles tinham negociado um acordo "em princípio" com Stuart, um fazendeiro, para reestruturar um lote de terras agrícolas para unidades mistas de indústria leve e residenciais. Após 18 meses, eles finalmente conseguiram permissão para planejar, embora Stuart ainda estivesse hesitante em assinar o contrato para que o trabalho começasse. Colin e sua equipe tinham uma boa relação com Stuart, que não conseguia explicar sua relutância em assinar.

Foi sugerido a Colin que a resistência de Stuart era causada por um fator incoerente. Depois de analisar a Tabela de Informações para entender a situação da perspectiva de Stuart e se fazer a pergunta "O que pode estar afetando Stuart e impedindo que concorde e diga sim?", Colin foi instruído a analisar mais a fundo duas categorias com Stuart para descobrir quais influências desconhecidas causavam a resistência. Essas influências eram:

- **Crenças e valores:** O que a venda das terras significava para Stuart?
- **Contexto:** Quem e o que mais no mundo de Stuart seria afetado pela venda das terras?

Colin organizou uma reunião com Stuart e anunciou na sessão seguinte de coaching que eles chegaram ao limite de sua relutância, e que o projeto agora estava fora de questão. Colin discutiu com Stuart sobre o que vender as terras significaria para ele, e o que e quem mais seriam afetados pela venda. Depois de um momento de reflexão, Stuart teve uma visão. Ele era descendente de uma longa linhagem de donos de terras e, embora precisasse do dinheiro da venda, percebeu que não queria ser conhecido como o primeiro na família em gerações a ter que vender as terras. Ele se veria como um fracassado, e tinha certeza de que os outros o veriam assim também. Se essa resistência, escondida no fundo do cenário político da vida de Stuart, tivesse sido identificada antes, teria sido mais fácil abordá-la no início das negociações, ou, se soubesse que era um obstáculo intransponível desde o início, Colin teria desistido do projeto e economizado tempo, dinheiro e esforços consideráveis da empresa.

Sabendo qual era a resistência, uma reunião foi marcada com Stuart para lhe oferecer um acordo reestruturado, dando-lhe posse de um pequeno percentual do projeto por menos dinheiro. Stuart conseguiu liberar o patrimônio valioso da venda e ainda ser o dono das terras para as futuras gerações.

Influenciando Eticamente e Persuadindo para Ter Resultados

Ao buscar influenciar ou persuadir, sempre tenha o objetivo em mente e considere o que pode ser um obstáculo ou impedimento para atingir.

LEMBRE-SE

Sempre pense: o que minha linguagem faz com as submodalidades do ouvinte ou receptor?

A palavra *manipulação* é emocionalmente carregada, especialmente no contexto de influenciar e persuadir. Para muitas pessoas, implica ser desleal. A palavra *manipulação* significa "usar ou alterar (números, informação e daí em diante) de maneira ardilosa ou para um propósito em particular". Se incluirmos aí "ou mudar em um sentido em particular", fica claro que, sem alterar consumidores, colegas ou fornecedores no sentido de dizerem sim, nenhum negócio aconteceria. É a intenção por trás da manipulação que é importante.

Como quaisquer ferramentas, persuasão e influência podem ser usadas tanto para o bem quanto para o mal. Muitos dos princípios e conceitos deste capítulo foram mal usados por muitas pessoas, e até usados para o mal. Eles foram usados para acelerar sedução, venda não ética, política, belicismo e radicalização, mas isso não torna as ferramentas em si más. É um fato infeliz da vida que haja clientes que as vejam como maneiras de persuadir pessoas a tomar decisões que não estão nos interesses do receptor.

DICA

Você encontrará bastantes clientes de coaching querendo usar a persuasão e influência de forma ética. Melhor recusar um projeto do que se envolver em algo que vai contra sua moral. Use esse modelo simples para decidir em quais projetos orientar clientes e para quais dizer não. Se os resultados forem:

» **Ganho** (para o comunicador) e **ganho** (para o ouvinte), diga **sim**.
» **Ganho** (para o comunicador) e **perda** (para o ouvinte), diga **não**.
» **Perda** (para o comunicador) e **ganho** (para o ouvinte), diga **não**.

DONOS DE EMPRESAS

O termo *liderança tóxica* tem sido usado para descrever a taxa de fracasso dos CEOs. Nas últimas duas décadas, 30% dos CEOs da lista da *Fortune 500* duraram menos de dois anos, com estudos que mostram taxas de fracasso de CEOs variando de 30% a 75% nos primeiros três anos de permanência. A liderança tóxica é um fenômeno que opera a partir de uma perspectiva de ganho/perda e é conduzida por arrogância, ego e falta de inteligência emocional.

Valorizar a importância de uma relação vantajosa com colegas, equipe, consumidores e fornecedores aumentará seu valor no trabalho, eficiência e longevidade.

São Precisos Dois para Influenciar

Pense em engajar, informar e influenciar como uma interação elegante, uma dança entre o comunicador e o receptor. O comunicador é quem a comanda, manipulando e levando o receptor gentilmente em uma direção desejada. O comunicador presta atenção em como o receptor reage a seu comando, e, se o receptor começar a sair do compasso, o comunicador gentilmente o guiará mudando paulatinamente sua comunicação. Esse processo é conhecido como *passo e comando*.

O segredo de uma boa influência é prestar atenção no feedback do receptor da comunicação e testar se está atingindo os resultados desejados, ou, pelo menos, indo na direção correta em geral. (Para saber mais sobre mudança de direção, veja a seção posterior "Se Não Consegue os Resultados Desejados, Mude Sua Comunicação".)

Todas as ferramentas a seguir manipulam. Seria um desperdício que os clientes não as utilizassem para fazer as pessoas dizerem sim em um cenário de ganho mútuo.

Prestando atenção

O exercício a seguir sobre o poder de prestar atenção melhora suas habilidades de comunicação.

1. **Sente-se de frente para o cliente e peça-lhe para falar sobre um hobby ou atividade que ele ama, por três minutos.**

    Essa conversa deve ser de mão única, apenas ele deve falar.

2. **No primeiro minuto, preste atenção total, com todos os seus sentidos. Inclua muitos acenos de cabeça, sorrisos e murmúrios de consonância sem comentar.**

3. **Depois de um minuto, comece a se inquietar e distrair: boceje, tire a poeira da calça, limpe suas unhas ou dê uma olhada no celular.**

   Em todas as vezes, enquanto finge distração, preste atenção ao que seu cliente estiver dizendo para repetir para ele no final do exercício.

   Uma das duas situações acontece. Ele pode falar com você com mais empenho, na tentativa de chamar sua atenção, mas isso raramente acontece. A resposta normal é ele parar de falar, porque você não está prestando atenção.

4. **Instrua-o a continuar falando e lembre-o que você está ouvindo.**

    Ele vai continuar, com relutância.

5. **Volte ao comportamento distraído enquanto ouve atentamente.**

6. **Depois de um minuto, volte à postura atenta pelo restante do tempo.**

7. **Então, ponha um fim no exercício.**

8. **Questione-o sobre a experiência.**

   Os feedbacks comuns são: "Enquanto você não estava ouvindo, eu me senti desconfortável", "Eu não conseguia falar" ou "Fiquei irritado". Então, relate para ele tudo o que foi dito enquanto você aparentemente não estava prestando atenção; ele ficará chocado com o fato de que você estava ouvindo.

Esse exercício ensina às pessoas duas lições valiosas sobre influência. Primeiro, elas descobrem o poder de prestar atenção total quando alguém se comunica; se as pessoas sentirem que alguém não está ouvindo, tendem a se desligar. Segundo, descobrem como pode ser fácil interpretar mal se alguém está prestando atenção.

LEMBRE-SE

Oriente os clientes a:

» Prestar total atenção quando alguém estiver se comunicando.

» Não supor que alguém ouviu o significado de sua comunicação, mas testar sua compreensão.

Teste fazendo perguntas e, se for apropriado, faça-o repetir o que foi dito. Esse teste é valioso durante reuniões, nas quais, com muita frequência, as pessoas recebem instruções, mas não ouviram realmente o que foi dito ou interpretaram-nas de forma diferente da intenção original.

É essencial dominar essas duas habilidades, especialmente para negociadores, vendedores e profissionais de atendimento ao consumidor.

Escutar ativamente

Chamamos este exercício de "Papagaiar, e não parafrasear":

1. **Imagine que você é corretor de imóveis e faça seu cliente descrever uma casa ideal.**

   Instrua-o a descrever tamanho, localização, ambientes e características da propriedade.

2. **Durante a descrição, ouça e tome notas das duas coisas a seguir:**

   • A sequência e a ordem na qual ele cita as características.

   • As palavras que usa para descrever o quão importantes e necessárias são. Essas palavras são chamadas de *operadores modais* ou OMs. As palavras a se prestar atenção são *queria, gosto, preciso, teria/tem/não tem, deve/não deve, pode/poderia, não poderia* e *vai*.

3. **Depois que ele descrever sua propriedade ideal, leia a lista três vezes e, a cada vez, pergunte-lhe como a informação é recebida. Como é a sensação? Você está descrevendo a propriedade ideal?**

Por exemplo, ele diz: "Quero uma casa de dois andares; tem que ser no campo; deve ter quatro quartos, com duas suítes. Tem que ficar a 30 minutos de carro do meu escritório. Eu gostaria que tivesse uma cozinha ampla e ela precisa ter um jardim grande, de preferência, com um quintal para se sentar à noite."

4. **Primeiro, mude a sequência e teste a reação dele à descrição.**

"Então, tem que ficar a 30 minutos de carro do seu escritório; tem que ser no campo; deve ter quatro quartos; ela precisa ter um jardim grande, de preferência com um quintal para se sentar à noite. Você gostaria que ela tivesse uma cozinha ampla. E você quer uma casa de dois andares com duas suítes. Correto?"

5. **Segundo, repita a sequência original, mude os operadores modais e teste a reação dele à descrição.**

"Então, você gostaria de uma casa de dois andares. Poderia ser no campo; deve ter quatro quartos, com duas suítes; e você quer que seja a 30 minutos de carro do seu escritório. Precisa ter uma cozinha ampla e você gostaria que tivesse um jardim grande, que deve ter um quintal para se sentar à noite. Correto?"

6. **Terceiro, repita a sequência original e use os operadores modais como ele os apresentou e teste a reação à descrição.**

"Então, você quer uma casa de dois andares. Tem que ser no campo. Ela deve ter quatro quartos, com duas suítes. Tem que ficar a 30 minutos de carro do seu escritório, e você gostaria que tivesse uma cozinha ampla. Ela precisa ter um jardim grande, de preferência com um quintal para se sentar à noite."

Com as duas primeiras descrições, ele terá problemas para reconhecer a propriedade ideal e pode até rejeitar enfaticamente o que você disse, pois, simplificando, não é o que ele pediu. Você não estava ouvindo. Mudando a sequência e os operadores modais, você lhe dando uma mensagem clara: "Escutei o que você falou, mas não estou realmente ouvindo e agora vou mudar tudo." Essa descrição é o equivalente verbal a tirar poeira de sua calça durante uma conversa. Com a terceira descrição, você o verá relaxar visivelmente à medida que reconhece sua descrição da propriedade ideal que descreveu.

CAPÍTULO 15 **Orientando para Engajar, Informar e Influenciar** 335

DANDO AO CLIENTE O QUE ELE PEDIU

No serviço ao consumidor e em vendas, assim como em negociações, ser capaz de ouvir com propósito e repetir exatamente ao ouvinte, para que ele sinta que você o entende, é uma habilidade essencial. Isso cria consonância entre dois indivíduos e demonstra compreensão.

Receba seu café exatamente como gosta:

- **Consumidor:** "Eu gostaria de um latte grande com leite de soja, extraquente, com uma dose extra de café, para viagem, e duas colheres de calda de avelã, por favor. Ah, e uma rosquinha."
- **Barista:** "Então, você quer uma rosquinha com um latte grande com uma dose extra, para viagem, e duas colheres de calda de avelã. Você quer ele extraquente com leite de soja. Correto?"
- **Consumidor:** "Não tenho ideia. Vou querer só um copo d'água!"

Não estou com raiva, só quero ser ouvido:

- **Consumidor:** "Não estou ligando para reclamar, mas estou desapontado, porque meu refrigerador foi entregue à uma da tarde. Vocês combinaram a entrega na parte da manhã, e achei que gostariam do feedback."
- **Serviço ao consumidor:** "Sinto muito em saber que você está aborrecido. Informarei à nossa equipe de entrega que eles desperdiçaram sua manhã."
- **Consumidor:** "Bem, eles não desperdiçaram minha manhã. Eu tinha o dia de folga. Apenas pensei que você gostaria de saber que não recebi a mensagem de texto como prometido. Se a entrega fosse atrasar, eu gostaria de ter sido avisado, então poderia ter saído, se quisesse."
- **Serviço ao consumidor:** "Sim, isso não deveria ter acontecido, e pedimos desculpas pelo aborrecimento. Às vezes, as mensagens de texto atrasam. Vou repassar a reclamação para o departamento de entrega. Se precisasse sair por um motivo importante, não poderia, entendo por que está aborrecido."
- **Consumidor:** "Me ouça. Eu não estava com raiva, reclamando nem aborrecido... mas estou agora."

Desenvolvendo consonância

Comunicar para engajar, informar e influenciar é mais fácil quando a consonância entre o comunicador e o receptor é evidente. *Consonância* representa ter confiança e harmonia em uma relação. Pense na consonância como parte da dança na qual o comunicador que tem necessidade de influenciar estende sua mão como um convite. Se o receptor se sentir confortável, estenderá a dele e dará ao comunicador permissão para guiá-lo. O comunicador consegue consonância para comandar o receptor em uma direção proposital, ao ponto de concordar ou dizer sim.

Influenciar é um processo de quatro passos:

1. **Consonância:** Consiga consonância. Maneiras de fazer isso serão abordadas nas próximas seções.

2. **Compreensão:** Quando a consonância é estabelecida, confiança e harmonia estão presentes, então o receptor se sente compreendido.

3. **Permissão:** Como o receptor se sente compreendido, ele (inconscientemente) dá permissão para ser comandado. Ele se dispõe a se engajar na comunicação.

4. **Influência:** Ele está agora mais disposto a ser influenciado pela comunicação.

Criando consonância de forma elegante

Aqui estão algumas maneiras como as pessoas experimentam e demonstram naturalmente consonância entre indivíduos e grupos:

» **Identidade:** Pessoas que compartilham a mesma identidade percebida muitas vezes têm uma consonância natural, em gênero, raça, religião, membros de grupos sociais, equipe ou organização.

» **Crenças e valores:** Considere todas as pessoas com quem você passa seu tempo. Em algum nível, vocês devem ter consonância sobre o que acreditam e valorizam, ou você não se associaria a elas. Esse conceito é abertamente usado em empresas quando declarações de valor ficam públicas.
Um exemplo é a "ética" ou "comércio justo", nos quais as companhias declamam uma prática ética, dando aos consumidores que têm valores correspondentes a oportunidade de decidir usar seus produtos e serviços.

» **Habilidades e capacidades:** Pessoas com as mesmas qualificações ou nas mesmas profissões demonstram consonância natural por suas credenciais.

» **Ambiente:** Geralmente, as pessoas gostam de lugares com os quais estão familiarizadas ou que combinam com suas expectativas e as fazem se sentir confortáveis. Em termos de consonância, considere um coach empresarial que opere em um centro empresarial; tenha credenciais de treinamento na parede, um escritório profissional, limpo e organizado; e se vista de forma profissional. Compare esse cenário ao de um coach igualmente habilidoso e qualificado, que trabalhe na sala de casa, com fotografias da família expostas, e se vista casualmente. Um cliente que visita seu escritório em casa pode valorizar a abordagem mais relaxada, ter valores familiares similares e achar que as fotos de família criam consonância; mas, em geral, é melhor criar um ambiente que combine com as expectativas da maioria.

CUIDADO

Não tente criar consonância com identidade, crenças e valores se não existir. Fingir ser algo que você não é nunca é uma boa estratégia para criar confiança. Quando não existe consonância natural, a maneira mais fácil de criá-la é com habilidades, capacidades e comportamentos particulares.

DICA

Aqui estão quatro maneiras de conseguir consonância a nível comportamental:

» Padrões linguísticos compatíveis
» Movimentos corporais e gestos compatíveis
» Tom de voz, volume e ritmo compatíveis
» Roupas compatíveis

LEMBRE-SE

O propósito de criar consonância é criar uma relação para que o receptor sinta confiança (mesmo em um nível inconsciente) e compreensão, assim, ele dará permissão para ser influenciado.

Entendendo os sistemas de representação preferidos

Todos nos comunicamos usando uma combinação de linguagem que expressa os cinco sentidos: visão, audição, tato, olfato e paladar. São conhecidos como *sistemas de representação*. As palavras sensoriais que as pessoas usam na comunicação para representar sua experiência são chamadas de *predicados*.

A maioria das pessoas tem um sistema de representação preferido, usado com mais frequência e com o qual se sente confortável. Se uma pessoa, cujo sistema de representação favorito é visual e tende a se comunicar usando predominantemente predicados visuais, fala com alguém cujo sistema de representação preferido é auditivo, às vezes, elas podem usar linguagens diferentes porque não têm consonância. Por exemplo:

Gestor: "Continuo falando, mas você continua dizendo que não entende o que quero dizer." (O sistema de representação preferido é auditivo.)

Supervisor: "Entendo o que está dizendo, mas ainda não parece claro para mim." (O sistema de representação preferido é visual.)

Escute ativamente as palavras que as pessoas usam em sua linguagem, porque elas deixam pistas do seu sistema de representação preferido pelos predicados que geralmente usam. A Tabela 15-1 lista alguns predicados que as pessoas comumente usam no mundo dos negócios.

TABELA 15-1   Palavras Sensoriais Comumente Usadas

Visual	Auditivo	Sinestésico	Olfativo	Gustativo
Analisar	Afirmar	Agitar	Aroma	Acentuado
Antever	Anunciar	Aperto firme	Buquê	Amargo
Assistir	Articular	Ativo	Cheiros	Apetitoso
Clareza	Comentar	Carga	Doce	Azedo
Escopo	Conversar	Concreto	Essência	Delicioso
Examinar	Declarar	Dar suporte	Fede	Doce
Focar	Discutir	Emocional	Fragrância	Fresco
Ilustrar	Dizer	Intuição	Mau cheiro	Picante
Mostrar	Enunciar	Movimento	Mofado	Salgado
Observar	Escutar	Mudança	Odor	Simples
Olhar	Expressar	Pegada	Podre	Suave
Parecer	Falar	Pressão	Pungente	
Perceber	Manifestar	Segurar		
Percepção	Mencionar	Sensível		
Pesquisa	Ouvir	Sentir		
Ver	Pronunciar	Tocar		
Visão	Ruído			

Dominar as habilidades de consonância requer prática. As seções a seguir mostram quatro exercícios para você e seus clientes praticarem no grande laboratório do cotidiano.

Essas habilidades requerem prática, mas são poderosas para criar consonância onde pode não haver nenhuma. Você começará a ver exemplos de pessoas naturalmente em consonância, seja em termos linguísticos ou no tocante aos sentidos e expressão corporal.

IDENTIFICANDO O SISTEMA DE REPRESENTAÇÃO PREFE-RIDO DE ALGUÉM

Para identificar os sistemas de representação preferidos, tente este exercício:

1. **Divida um pedaço de papel em cinco colunas intituladas Visual, Auditivo, Sinestésico, Olfativo e Gustativo (como na Tabela 15-1).**

2. **Trabalhe com um parceiro e peça-lhe para falar por cinco minutos sobre um assunto que ele ama.**

3. **Faça uma marca abaixo da respectiva coluna quando ouvir, perceber ou sentir que ele usou uma palavra predicativa sensorial.**

4. **Depois de cinco minutos, conte a pontuação dos predicados de cada sentido.**

O sentido que ele usou mais em sua linguagem é seu sistema de representação preferido.

Se possível, tenha duas ou mais pessoas fazendo as marcações para poder comparar os resultados. Geralmente, as duas pessoas vão concordar; talvez, com algumas discrepâncias. Para melhorar sua habilidade de identificar o sistema de representação preferido de alguém para que seja natural, assista e ouça TV com uma marcação.

ADEQUANDO-SE AO SISTEMA DE REPRESENTAÇÃO PREFE-RIDO DE ALGUÉM

Para se adequar aos sistemas preferidos dos outros, tente este exercício:

1. **Trabalhe com alguém de quem você já tenha identificado um sistema de representação preferido.**

Se, por exemplo, for predominantemente visual, fale com ele por dois minutos sobre um assunto que você gosta usando predominantemente predicados visuais.

2. **Depois de alguns minutos, pare e repita a conversa usando outros predicados sensoriais.**

3. **Pergunte ao seu parceiro sobre sua experiência.**

Qual das duas conversas ele preferiu? Embora o assunto fosse o mesmo, o parceiro quase certamente preferiu a primeira versão, porque você usou sua linguagem.

340   PARTE 4 **Criando uma Identidade Bem-sucedida**

CRIANDO CONSONÂNCIA COM UM ESTRANHO

EXEMPLO

Em um treinamento sobre persuasão e influência na Flórida, Steve tomava café da manhã no restaurante do hotel e decidiu praticar algumas habilidades que ele aprenderia ao longo do curso. Ele se sentou e, com sua visão periférica, a seis mesas de distância, viu um homem forte, com uma camisa de lenhador e uma barba grande e cheia tomando café da manhã.

Steve mimetizou a respiração e movimentos dele, levando a comida à boca em consonância com o homem, bebendo quando ele bebia, virando a página do jornal quando ele virava. Então, Steve passou a mão nos cabelos, e o homem imitou o gesto. Steve coçou o nariz; o homem o imitou novamente.

Depois de alguns minutos assim, o homem fechou o jornal e se levantou, olhou pelo salão e foi em direção a Steve. Focando intencionalmente ler seu jornal, Steve cuidadosamente olhou para cima para ver o gigante parado em sua frente. "Com licença", disse ele, "não quero interromper seu café, mas tenho uma impressão muito forte de que te conheço de algum lugar. Já nos encontramos antes?"

COMBINANDO MOVIMENTOS E GESTOS CORPORAIS

Tente este exercício para compatibilizar movimentos e gestos corporais:

1. **Vá para um lugar silencioso, como uma biblioteca, e escolha um parceiro desavisado. Sente-se a uma distância da qual o possa observar sem ser observado.**

2. **Perceba o ritmo da respiração.**

   A melhor maneira de fazer isso é observando o subir e descer dos ombros.

3. **Combine sua respiração com a dele.**

4. **Faça essa respiração por alguns minutos até que estejam sincronizados; então, lentamente, acelere ou desacelere seu ritmo de respiração.**

   O desavisado seguirá seu comando. Embora esteja inconsciente desse fenômeno, ele estará em consonância com você.

5. **Combine a respiração por mais alguns minutos; depois, faça um gesto e espere que ele siga o seu.**

   Com prática, você consegue fazer as pessoas seguirem seus comandos.

COMBINANDO TOM DE VOZ, VOLUME E RITMO

Neste exercício, você combina tom, volume e ritmo de voz:

1. **Converse com um colega prestando atenção ao ritmo de sua respiração.**

2. **Então, tome consciência da velocidade e volume que ele usa.**

3. **Iguale sua respiração e fale com ele na mesma velocidade e volume.**

4. **Lentamente, reduza o volume e a velocidade da conversa para que ele comece a desacelerar também.**

Escolhendo palavras que podem, devem e vão fazer a diferença

Você já conheceu alguém que disse que faria algo, mas não agiu de forma condizente? Esse hábito lastimável é comum nos negócios, especialmente depois de reuniões nas quais instruções foram dadas ou acordos foram feitos, mas as pessoas ainda não fizeram sua parte. Nesta seção, veremos como os operadores modais dão pistas do motivo dessa estagnação e como você pode orientar seus clientes a ouvir cuidadosamente a comunicação dos outros e mudar sua linguagem para influenciar pessoas para que cumpram as promessas feitas.

Os operadores modais podem ser pensados como "operadores de humor". Eles estimulam o desejo motivacional de agir mudando as submodalidades das imagens mentais. Os pensamentos precedem as ações, e, quando as pessoas conseguem se ver atuando como em um filme mental e atingindo um resultado bem-sucedido, elas se envolvem na atividade.

Este exercício é chamado de "Estimulando a motivação para agir". Use-o para avaliar como mudar uma palavra em uma frase influencia como se sente ao tomar uma ação e seu provável comportamento decorrente.

1. **Repita as frases abaixo, uma de cada vez, em sua cabeça, usando sua voz interna.**

Conforme diz cada frase, pare e perceba como se sente.

2. **Conforme faz o exercício, compare os sentimentos de uma frase com outra.**

Em uma escala motivacional de 0 a 10, na qual 0 é sem motivação para agir e 10 é totalmente motivado, perceba a motivação de cada frase.

Comece supondo que, independentemente de realidade e circunstâncias de sua vida, você tem o poder de tirar folga na segunda-feira e dizer para si mesmo:

342   PARTE 4 **Criando uma Identidade Bem-sucedida**

- "Eu *queria* poder tirar folga na segunda-feira." Perceba o sentimento motivacional e classifique-o de 0 a 10.

- "Eu *gostaria de* tirar folga na segunda-feira." Perceba o sentimento motivacional e classifique-o de 0 a 10.

- "*Quero* tirar folga na segunda-feira." Perceba o sentimento motivacional e classifique-o de 0 a 10.

- "*Preciso* tirar folga na segunda-feira." Perceba o sentimento motivacional e classifique-o de 0 a 10.

- "Eu *deveria* tirar folga na segunda-feira." Perceba o sentimento motivacional e classifique-o de 0 a 10.

- "*Posso* tirar folga na segunda-feira." Perceba o sentimento motivacional e classifique-o de 0 a 10.

- "*Pretendo* tirar folga na segunda-feira." Perceba o sentimento motivacional e classifique-o de 0 a 10.

- "*Vou* tirar folga na segunda-feira."

Perceba que, mudando apenas uma palavra da frase, você obtém um grau diferente de motivação. Em geral, conforme as pessoas avançam na lista, sentem-se mais motivadas.

LEMBRE-SE

As pessoas e esses padrões de linguagem são únicos; portanto, algumas pessoas não cumprirão exatamente os mais típicos. Sempre trabalhe com o que a pessoa específica com quem se comunica lhe apresenta.

Agora, faça o mesmo exercício novamente; mas, dessa vez, preste atenção às imagens mentais que você cria conforme diz as frases, tomando consciência de quais submodalidades mudam.

Em geral, as frases no topo da lista são descritas como pouco claras ou banais; as pessoas sentem baixos níveis de motivação, e é provável que a atividade não ocorra. À medida que avançam na lista, as imagens se tornam mais claras e ativas, e há mais motivação para a ação desejada.

Teste outra frase e perceba o que acontece. Se disséssemos "Você *deve* tirar folga na segunda-feira", o que aconteceria com a imagem? Para a maioria das pessoas, quando outra lhe diz que deve fazer algo, a imagem mental desaparece. Diga às pessoas os que *devem* fazer e você apagará todos os pensamentos de sua mente. Sem pensamento = sem ação.

INFLUENCIANDO CLIENTES COM O QUE VOCÊ PODE FAZER POR ELES

EXEMPLO

Steve foi convidado por uma empresa internacional de cinema e TV para analisar alguns comerciais que promoviam uma nova série de documentários. A instrução era avaliar os comerciais de uma "perspectiva de persuasão e influência". O cliente queria saber duas coisas:

- Os comerciais poderiam ser melhorados para encorajar os espectadores a ficar no canal durante a propaganda, em vez de mudar?
- Alguma coisa poderia ser feita para melhorar a lembrança dos espectadores sobre como os próximos programas seriam e quando iriam ao ar?

Os comerciais estavam fracassando em reter a atenção em amostras de pesquisa de IBOPE; não apenas um número muito alto de espectadores mudava de canal durante os comerciais, mas os que assistiam não conseguiam lembrar sobre o que tratavam ou quando os documentários iriam ao ar.

Depois de assistir aos comerciais, Steve perguntou aos clientes: "Vocês querem primeiro a má notícia ou a pior, que na verdade é boa?" Os clientes estavam compreensivelmente confusos e um pouco aborrecidos com esse feedback franco, mas curiosos sobre o que Steve queria dizer.

O grupo de clientes era formado por executivos sênior, assim como a equipe que tinha criado e filmado os comerciais. Primeiro, Steve explicou ao grupo que, da perspectiva da persuasão e influência, toda comunicação é processada pelo espectador, conscientemente ou não. Na primeira parte dos comerciais, havia uma flecha vermelha afiada, com uma música aguda acompanhando-a, que voava por uma linda série de paisagens e terminava apontando diretamente para o espectador. Embora parecesse artístico e as paisagens fossem esteticamente agradáveis, a mente humana reage negativamente a objetos rápidos e afiados voando em sua direção, mesmo que estejam apenas na tela. A cor vermelha, que é inconscientemente associada a perigo e ameaças, e o som de staccato agudo intensificavam essa reação.

Pesquisas mostraram o impacto neurológico de objetos afiados se movendo em direção ao corpo. Usando testes com cutelaria, foi descoberto que objetos afiados de metal causavam aumento de frequência cardíaca e adrenalina. Mais tarde, Steve conseguiu demonstrar esse efeito fazendo testes com monitores de frequência cardíaca e programas que mostraram que espectadores experimentavam elevados níveis de estresse enquanto assistiam à primeira parte do comercial. Essa era uma das razões pelas quais muitos espectadores mudavam de canal ou buscavam um lanche na cozinha. A primeira parte do comercial os fazia se sentir estressados, e as pessoas tendem a se afastar e evitar o que percebem como estresse.

344   PARTE 4 **Criando uma Identidade Bem-sucedida**

Na segunda parte do comercial, o personagem principal do novo documentário aparecia na tela olhando para o canto superior esquerdo do monitor; enquanto o logo e o horário do programa apareciam no canto superior direito. O espectador naturalmente seguia a comunicação não verbal do personagem na tela e olhava para onde seus olhos indicavam, perdendo totalmente o logo e o horário. Essa era uma das razões pelas quais os espectadores não se lembravam do nome ou do horário do programa. Eles não tinham visto; tinham sido mal conduzidos.

No comercial, o logo do programa, no canto superior direito da tela, piscava, explodia em fragmentos e desaparecia no horizonte, tudo muito dramático e visualmente agradável. Porém, essa animação tinha o mesmo efeito de dar aos espectadores amnésia virtual sobre o programa e o horário; Steve demonstrou a efetividade dessa técnica com Charles, o diretor do comercial, fazendo-o pensar em um problema com o qual se preocupava desnecessariamente e gostaria de entender. Depois de usar a técnica por cinco minutos, Charles achou difícil lembrar qual era o problema.

Em resumo, a primeira parte do comercial fazia as pessoas se sentirem estressadas, o que era ruim. A má notícia era que elas se sentiam mal com o futuro programa por associação, mas a boa notícia era que aquelas que ficavam no canal, embora se sentissem mal, não se lembravam de qual era o programa.

Embora o grupo de executivos estivesse aborrecido com o impacto negativo de sua criação artística, eles agora entendiam por que os números de sua pesquisa para esses comerciais eram tão baixos e por que as propagandas não atingiam os resultados desejados de engajar a audiência, informá-la sobre o programa e influenciá-la a ligar a TV na hora certa. Os comerciais foram mudados, tornando a música de acompanhamento mais harmoniosa, arredondando a ponta da flecha e reduzindo o vermelho forte para uma cor pastel. A principal figura da tela foi virada para atrair o olhar em direção ao nome e horário do programa, para que os espectadores naturalmente seguissem essa comunicação não verbal. Os detalhes do programa agora ficavam estáticos por alguns segundos, permitindo que os espectadores os memorizassem. As estatísticas da pesquisa de retenção de público durante a pausa comercial e lembrança do programa cresceram drasticamente.

Com esse conhecimento sobre como a linguagem muda a motivação e o desejo de agir, considere estas frases e se a pessoa que as diz provavelmente cumprirá ou conseguirá que outras cumpram suas promessas. Ao lado de cada uma está uma frase reformulada, elaborada para influenciar o ouvinte e atingir os resultados desejados.

> » "Eu gostaria que o relatório fosse concluído até segunda-feira" versus "O relatório precisa estar concluído e ser entregue no meu escritório na segunda-feira."

CAPÍTULO 15 **Orientando para Engajar, Informar e Influenciar**   345

> "Queremos terminar esse projeto até o fim do mês" versus "Vamos pôr como objetivo terminar esse projeto e vê-lo pronto no fim do mês."

> "Os clientes devem ser informados de que devem devolver os contratos assinados antes de podermos enviar o produto" versus "Diga ao cliente para devolver os contratos assinados e o produto será enviado para eles em troca."

DICA Para aumentar sua taxa de sucesso em influenciar as pessoas a agir, quando possível, remova completamente os operadores modais da comunicação ou use os mais motivadores.

Se Não Consegue os Resultados Desejados, Mude Sua Comunicação

Você conhece o ditado: "O significado da comunicação é a resposta que você recebe"? Quanto mais variedade os clientes tiverem na maneira como comunicam suas ideias, mais sucesso terão em alcançar seus resultados desejados.

Experimentos de psicologia social confirmam que nossas decisões e comportamentos são influenciados por muitas coisas além do que temos consciência. No livro de Robert Cialdini, *As Armas da Persuasão*, ele identifica seis princípios que influenciam inconscientemente as decisões, testados e validados com experimentos sociais.

Orientar clientes a usar esses princípios lhes dá muitas maneiras de influenciar. Com cada princípio, damos exemplos de como usá-los com eficiência nos negócios. Os princípios são os seguintes:

> **Reciprocidade:** As pessoas tendem a devolver um favor. Empresas que oferecem amostras grátis usam esse princípio para influenciar os compradores a se sentirem como se devessem um favor:
> - *Ofereça algo primeiro:* Permita que se sintam em dívida com você.
> - *Ofereça algo exclusivo:* Isso faz com que se sintam especiais.
> - *Personalize a oferta:* Assegure-se de que eles saibam que a oferta vem de você.
>
> **Compromisso e consistência:** Se as pessoas assumem um compromisso verbal, é mais provável que sigam com a ação porque querem que as ações permaneçam coerentes e confiáveis em relação à palavra delas:
> - *Peça às pessoas para começarem com pequenas ações:* Se tomarem a primeira atitude, é mais provável que sigam para a próxima.

PARTE 4 **Criando uma Identidade Bem-sucedida**

- *Encoraje compromissos públicos:* É menos provável que as pessoas voltem atrás em um acordo se fizeram uma declaração pública.

» **Prova social:** As pessoas fazem coisas que veem as outras fazendo:

- *Usuários:* Aprovação de usuários atuais/anteriores, taxas de uso, avaliações e testemunhos.
- *Pares:* Aprovação de amigos ou pessoas similares ao ouvinte.

» **Autoridade:** As pessoas tendem a obedecer ou agir de acordo com figuras de autoridade, especialistas e celebridades:

- *Especialistas:* Aprovação de especialistas confiáveis na área relevante.
- *Celebridades:* Aprovação ou aval de pessoas que são amplamente admiradas.

» **Gosto:** As pessoas são facilmente persuadidas por pessoas de quem gostam (veja a seção "Desenvolvendo consonância", anteriormente neste capítulo). Esse fato se deve a:

- *Atração física:* As pessoas são influenciadas pela aparência. Esse infeliz fato da vida é claramente demonstrado no mundo da publicidade.
- *Similaridade:* Comporte-se como um amigo, não como uma marca. Mostre às pessoas que você pode se relacionar com elas e entendê-las.

» **Escassez:** Se existe uma escassez percebida por um produto ou serviço, ela gera uma demanda como as seguintes:

- *Número limitado:* O item está acabando e não estará disponível depois.
- *Tempo limitado:* O item só está disponível durante um período fixo de tempo.
- *Competição:* A inclinação é de querer coisas mais porque outras pessoas também as querem. Essa tendência pode ser usada em leilões, licitações ou contagens regressivas que mostram uma oferta decrescente.

Esses princípios são bem conhecidos e usados nos negócios, especialmente em marketing e vendas online, nos quais a internet e os e-mails fornecem plataformas econômicas para oferecer incentivos e comunicações múltiplas, incluindo todos ou alguns dos seis princípios.

LEMBRE-SE

Os princípios funcionam porque influenciam inconscientemente as decisões da pessoa que recebe a comunicação. É difícil discordar do que não temos consciência porque isso ultrapassa quaisquer resistências conscientes.

348   PARTE 4 **Criando uma Identidade Bem-sucedida**

5

A Parte dos Dez

NESTA PARTE...

Encontre mais de dez recursos online que incrementarão seu coaching.

Encontre nossas dez maiores dicas para líderes que são coaches ou mentores de pessoas em empresas.

Encontre dez dicas para líderes empresariais que buscam contratar um coach empresarial.

Faça dez perguntas que farão os clientes pensarem sobre onde estão, o que estão fazendo e se estão levando a empresa na direção certa.

> **NESTE CAPÍTULO**
>
> » Mantendo-se atualizado
>
> » Tomando conta do negócio
>
> » Ampliando suas ferramentas de coach

Capítulo **16**

Dez Recursos Online para Maior Eficácia

N este capítulo, compartilhamos dez recursos que o ajudarão em sua jornada para se tornar o coach ou mentor mais eficiente que puder. Na verdade, oferecemos mais de dez recursos porque fornecemos grupos de recursos organizados por tipo.

Existem muitos recursos por aí, e você terá seus favoritos também. Estamos compartilhando alguns que conhecemos e gostamos, incluindo os nossos. Esses recursos lhe dão suporte prático, aumentam suas habilidades de coaching e desenvolvem seu raciocínio. Convidamos você a explorar e tornar este capítulo a ferramenta de referência para dar suporte a seu desenvolvimento.

Steve Crabb

Um de nossos autores, Steve Crabb, tem dois sites de recursos nos quais você encontra conteúdo online gratuito em formato de vídeo, áudio e texto para coaching, uso empresarial e desenvolvimento pessoal encontrados no *Media Hub*. Há uma infinidade de conteúdo de coaching para ajudá-lo a desenvolver excelência em todas as áreas, com demonstrações de como usar várias ferramentas e técnicas de programação neurolinguística (PNL) e coaching.

Veja onde obter mais informações de Steve (conteúdo em inglês):

>> **Treinamento/coaching corporativo e empresarial:** `http://www.stevecrabbcoaching.com`. Esse site contém seminários especializados em vídeo demonstrando técnicas de PNL, coaching e hipnose. Essas técnicas foram criadas para desenvolver a mentalidade do coach, empreendedor e vendedor próspero, assim como uma mentalidade sem estresse.

>> **Excelência pessoal e profissional:** `www.how2easily.com`. Esse site contém programas de coaching em áudio disponíveis para download para o bem-estar pessoal e profissional.

>> **YouTube:** `www.youtube.com/channel/UCUs1hFvmtle7LPNNSFsNE9w`.

Listas de Leitura de Negócios

Aumentar seu conhecimento em negócios com leitura é uma ótima maneira de educar a si mesmo e as pessoas em sua empresa sobre negócios. Se busca inspiração, veja algumas listas de leitura. Você encontra várias dessas online, mas aqui vão apenas duas (todas com conteúdo em inglês):

>> **Blackwell's (**`http://bookshop.blackwell.co.uk/jsp/readinglists/selectlist.jsp`**):** Você pode fazer uma busca na lista de leitura dessa universidade por cursos de negócios.

>> **Goodreads (**`www.goodreads.com/list/tag/business`**):** Essa é uma lista de livros de negócios atualizada e comentada por leitores.

Encorajamos você a continuar explorando!

iTunes U

Dê uma olhada no que está disponível sobre administração de empresas, empreendedorismo e empreendedorismo social no iTunes U. Várias palestras públicas sobre esses tópicos estão disponíveis online. Particularmente, recomendamos as seguintes (todas com conteúdo em inglês):

- **Discussões sobre Empreendedorismo da Cambridge Judge Business School:** http://itunes.apple.com/us/itunes-u/cambridge-judge-business-school/id536544066
- **The Open University: Negócios e Administração:** http://itunes.apple.com/us/itunes-u/investigating-entrepreneurial/id401133835
- **Universidade Harvard:** https://itunes.apple.com/us/itunes-u/the-business/id673110189
- **Universidade Stanford:** https://itunes.apple.com/us/itunes-u/entrepreneurial-thought-leaders-seminar-winter-2012/id561802542

YouTube

Muito conteúdo irrelevante no YouTube se posiciona como material sobre negócios quando, na verdade, é uma máquina de vendas e publicidade. Se você conseguir superar essa parte, chegará a alguns ótimos conteúdos educacionais e informativos.

Os melhores vídeos sãos os relativamente curtos com pequenos e ótimos conselhos ou palestras mais longas e profundas sobre coaching. A de Kevin Roberts trata da criação de marcas que o meio empresarial ama e se relaciona aos Capítulos 9 e 15 (todos com conteúdo em inglês).

- **Conselhos sobre Estratégias Empresariais do Dr. Richard Bandler:** http://youtu.be/-BheYPWb7ls
- **Fique Mais Motivado – Melhores Técnicas de Automotivação de Richard Bandler:** http://youtu.be/u1VZvytE5As
- **Como Ser Feliz: Quatro Maneiras Fáceis:** http://youtu.be/Mx-y8pO7xQQ
- **Você Precisa de Mais Dinheiro — Isso É Verdade? O Trabalho de Byron Katie:** http://youtu.be/s78jm5PIUDI

» **Time Warrior (AudioBook) – Você Tem Tempo para Seu Sucesso? Parte 1:** http://youtu.be/QWfDCNGV0O8

» **Robert Holden – Sobre Ser Coach:** http://youtu.be/PD410AqTNUc

» **Passos no Processo de Coaching: Coaching para uma Mudança Comportamental:** http://youtu.be/Hwn_W-X2Rds

» **Lovemarks: Kevin Roberts no TEDxNavigli:** http://youtu.be/bOIbEKA7kzU

Podcasts

Recomendamos dois podcasts gerais sobre negócios aqui, em inglês, (*The World of Business*, comandado por Peter Day, e *Welchcast*, comandado por Jack e Suzy Welch), ambos falando sobre questões empresariais cotidianas. Os empreendedores compartilham sua pegada nos próprios negócios e visões sobre a vida empresarial mais geral.

O podcast de Michael Hyatt, *This Is Your Life*, da mesma forma, trata de sua atual jornada nos negócios e dos aspectos mais amplos da vida e dos negócios usando mídias sociais e ferramentas online para se auto-organizar e aumentar a eficiência (todos com conteúdo em inglês).

» *The World of Business* **da BBC:** www.bbc.co.uk/programmes/p02nrwfk/episodes/downloads

» *Welchcast – A Weekly Conversation on Growing Your Career, Leading Teams, and Winning in Business:* http://itunes.apple.com/us/podcast/welchcast-weekly-conversation/id1007502096

» *This Is Your Life, com Michael Hyatt:* http://itunes.apple.com/us/podcast/this-is-your-life-michael/id502414581

Blogs

É possível encontrar uma infinidade de blogs empresariais. Escolhemos blogs gerais, nos quais você encontra conteúdo atualizado sobre negócios e pesquisas recentes resumidas no formato de artigos (todos com conteúdo em inglês).

» *The Huffington Post* **Business:** www.huffingtonpost.com/business

» *Forbes:* www.forbes.com

- » *Harvard Business Review:* www.hbr.org
- » **The Enneagram in Business:** www.theenneagraminbusiness.com/blog
- » **Seth Godin:** http://sethgodin.typepad.com
- » **NLP University:** www.nlpuniversitypress.com
- » **Pure NLP:** www.purenlp.com

TED Talks

Amamos o TED. Todo aquele conteúdo gratuito com palestrantes de renome global! Os seguintes são uma mistura de palestras irreverentes e autorreflexivas para fazer você pensar. Elas são focadas em liderança de destaque e autenticidade para si mesmo e sua empresa. Sente-se e assista aos vídeos sem distrações, apenas use um caderno. Desligue todos os aparelhos eletrônicos como se estivesse na plateia da conferência. Em seguida, faça a si mesmo duas perguntas simples: "O que aprendi?" e "Como posso usar isso?" (Todas as palestras possuem legendas em português.)

- » **Shawn Achor: The Happy Secret to Better Work:** www.ted.com/talks/shawn_achor_the_happy_secret_to_better_work
- » **Eddie Obeng: Smart Failure in a Fast-Changing World:** www.ted.com/talks/eddie_obeng_smart_failure_for_a_fast_changing_world
- » **Roselinde Torres: What It Takes to Be a Great Leader:** www.ted.com/talks/roselinde_torres_what_it_takes_to_be_a_great_leader
- » **Margaret Heffernan: Dare to Disagree:** www.ted.com/talks/margaret_heffernan_dare_to_disagree
- » **Simon Sinek: Why Good Leaders Make You Feel Safe:** www.ted.com/talks/simon_sinek_why_good_leaders_make_you_feel_safe

Twitter

Poderíamos mencionar muito mais feeds; mas, em vez de oferecer feeds sobre conceitos específicos de negócios, sugerimos os gerais porque postam sobre vários tópicos (todas as contas estão em inglês):

CAPÍTULO 16 **Dez Recursos Online para Maior Eficácia** 355

» **IoD:** www.twitter.com/The_IoD

» **BusinessUSA:** www.twitter.com/BizUSA

» **Bloomberg:** www.twitter.com/business

» **BBC Business:** www.twitter.com/BBCBusiness

» **Wiley Business:** www.twitter.com/WileyBusiness

» *For Dummies:* www.twitter.com/ForDummies

» *Shark Tank:* www.twitter.com/ABCSharkTank

DICA

Pode ser divertido seguir um tópico em alta em vários feeds, ter diferentes perspectivas e brincar um pouco. Faça a si mesmo estas perguntas:

» Se eu estivesse comandando essa empresa agora, o que faria?

» Se eu estivesse comentando uma ideia no *Shark Tank*, que tipo de comentário faria?

» Se eu participasse do *Shark Tank*, o que gostaria de ouvir em um comentário?

» De que tipo de empresas eu gostaria de ouvir?

Facebook

As marcas que têm páginas populares no Facebook (com, digamos, mais de 16 milhões de curtidas) têm algumas coisas em comum:

» Conteúdo atualizado

» Visual limpo

» Conteúdo baseado em fãs, e fãs que são encorajados a se engajarem

» Lançamentos de produtos e promoções

As marcas grandes têm um pequeno exército de especialistas em mídia social trabalhando com elas, e algumas curtidas e comentários de fãs são forjados, mas ainda assim você pode aprender lições sobre comunicação com clientes existentes e futuros.

Dê uma olhada nas páginas de Facebook dessas quatro marcas bem-sucedidas e pergunte a si mesmo:

Como posso replicar alguns desses elementos em uma escala menor dentro da minha empresa com nosso orçamento?

>> **Burberry (em inglês):** www.facebook.com/Burberry

>> **Burt's Bees:** www.facebook.com/burtsbees

>> **Coca-Cola:** www.facebook.com/cocacola

>> **Converse:** www.facebook.com/converse

Vídeos Complementares a Este Livro

Por último, mas com certeza não menos importante, Marie gravou uma série de apresentações curtas em vídeo com conteúdos relacionados às seções deste livro (todos em inglês):

>> **Introduction to Business Coaching and Mentoring:** http://players.brightcove.net/624142947001/default_default/index.html?videoId=5264945493001

>> **What Is Business Coaching?:** http://players.brightcove.net/624142947001/default_default/index.html?videoId=5264945494001

>> **Mentoring vs. Coaching:** http://players.brightcove.net/624142947001/default_default/index.html?videoId=5264945496001

>> **What Are the Benefits?:** http://players.brightcove.net/624142947001/default_default/index.html?videoId=5264945499001

>> **Create Right Environments:** http://players.brightcove.net/624142947001/default_default/index.html?videoId=5264948323001

>> **Mentoring a Leader:** http://players.brightcove.net/624142947001/default_default/index.html?videoId=5264945502001

>> **Coaching a Leader to Develop Vision:** http://players.brightcove.net/624142947001/default_default/index.html?videoId=5264948331001

>> **Brand Identity:** http://players.brightcove.net/624142947001/default_default/index.html?videoId= 5264922910001

358   PARTE 5 **A Parte dos Dez**

> **NESTE CAPÍTULO**
>
> » Liderando pessoas efetivamente com o kit de ferramenta na própria organização
>
> » Desenvolvendo hábitos de liderança que criam resultados

Capítulo **17**

Dez Dicas para Líderes que São Coaches ou Mentores

Boas empresas são criadas pelos esforços de várias pessoas, todas fazendo sua parte em prol do todo. Para motivar as pessoas, tirar o melhor delas e mantê-las engajadas, os líderes precisam liderar e gerir bem. Eles precisam direcionar as pessoas por quem são responsáveis para demandas na empresa enquanto atribuem a si mesmos, sua equipe de gestão e diretoria os resultados e desenvolvimento do negócio. Isso exige que mantenham as várias partes interessadas nos trilhos, informando regularmente o porquê, o quê, quando e como funciona a empresa. Manter a equipe (ou membros da família de acionistas) alinhada com metas, valores e cultura da empresa é essencial para o sucesso contínuo.

Este capítulo ajuda os líderes a refletirem sobre suas habilidades de coaching e mentoria, e oferece dicas para orientar as pessoas em circunstâncias específicas. Convidamos você a experimentar algumas dicas deste capítulo. Arrisque. Crie condições para aqueles à sua volta reconhecerem seus talentos. Trabalhe com eles para identificar as melhores formas de usar esses talentos para o benefício da empresa; então, dê um passo para trás e deixe-os brilhar.

As dicas deste capítulo são úteis para:

» Líderes que são coaches do próprio pessoal (equipe ou membros da família em empresas familiares)

» Líderes que são coaches ou mentores de colegas dentro da organização

» Líderes que são coaches ou mentores em organizações além da própria

Você encontra algumas dicas simples para líderes que são coaches em `www.stevecrabbcoaching.com/steve-crabb-coaching-media-hub` (conteúdo em inglês).

Desenvolva Talentos Naqueles que Lidera

Os líderes existem para liderar e, no entanto, vemos muitos que se concentram em entregar tarefas. Eles gostam do título da função e do pacote; mas, para muitos, o papel de liderança lhes foi dado como promoção para estender a abrangência do controle na empresa sem refletir sobre a importante parte de liderar e delegar.

Trabalhamos com líderes que acham que seu papel é lidar com toda questão que seu pessoal leva a eles, resolver todo problema e efetivamente se tornar agentes de assistência. Eles se tornaram soluções patriarcais de problemas correndo para cima e para baixo, ocupados demais com as questões de sua equipe enquanto seu pessoal encontra ainda mais problemas. Não surpreende que seu pessoal se acostume a repassar o problema no minuto em que a questão se apresenta como "muito difícil".

Se os líderes continuarem concentrando os problemas de seu pessoal, depois de um período, também os entenderão como muito difíceis. Eles ficarão esgotados e acabarão em um cemitério perto de você com uma lápide dizendo: "Ocupado até a morte". Sob ele, uma multidão que aprendeu a passar o problema para frente. É quase possível ver um grupo da equipe sentado em suas salinhas mandando e-mails uns para os outros mais tarde dizendo: "Mandei um e-mail perguntando o que dizer no seu velório, mas ele não respondeu."

360 PARTE 5 **A Parte dos Dez**

> ## ORIENTAR A LIDERANÇA É O SEGREDO PARA O ENGAJAMENTO DA EQUIPE
>
> A NASA se orgulha do fato de que, alguns anos atrás, quando um cara que limpa o chão foi questionado sobre seu papel, respondeu: "Ajudo as pessoas a descobrirem planetas e andarem na Lua." Não foi um incidente; a NASA tinha um estilo de coaching que encorajava o pessoal a alinhar a si mesmo e seu trabalho ao programa espacial. O coaching é usado como ferramenta de gestão para fazer as pessoas entenderem sua contribuição individual como parte da organização mais ampla. O coaching em organizações facilita esse tipo de engajamento. Para criá-lo internamente, os líderes precisam ser capazes de usar ferramentas de coaching e adotá-lo como ferramenta de apoio.

Da mesma forma, vimos aqueles que falham em delegar autoridade, responsabilidade e tarefas adequadamente. Eles ficam presos na teia da confusão, quando as coisas não funcionam e os resultados não são entregues. A teia é criada por sua falta de ação e falha em delegar de forma efetiva. E todos nós sabemos o que acontece com coisas que ficam presas em uma teia, não sabemos?

CUIDADO

Não seja um desses extremos, principalmente depois de ler este livro. Seria embaraçoso para nós, e um completo descuido de sua parte. Em nosso mapa do mundo, desenvolver talentos é parte integrante do que é a liderança do século XXI. Invista no desenvolvimento das próprias habilidades e descubra como delegar adequadamente, e como fazer bem coaching e mentoria dos outros.

Venda Mais do que Fale

Liderança significa criar seguidores eficientes que consigam contribuir e expandir suas capacidades. O desejo de ter todas as respostas na liderança de pessoas é um indicador de liderança autocrática, não liderança de coaching. Liderança de coaching faz com que os outros gerem soluções para problemas que têm e usem suas habilidades para solucionar problemas que ainda nem sabem que têm.

As pessoas gostam de seguir líderes que permitem que elas contribuam. Como você desafia as pessoas a contribuir e agregar valor através de seu coaching? Se estivesse se observando falar com as pessoas que orienta, o que se ouviria dizendo? Quais padrões de linguagem você usa na maior parte do tempo?

Perceba a diferença entre:

» "Você precisa fazer A primeiro, depois B, depois C. Isso deve levar cerca de duas horas e, quando terminar, tente F ou G. Você deve completar isso até o fim da semana que vem." (Estilo autocrático)

» "Precisamos completar essas atualizações no plano de projeto até a última sexta do mês a partir de agora. Como você vai possibilitar que a equipe o entregue?" (Estilo coaching)

CUIDADO

Observe sua linguagem ao liderar e orientar os outros. Se adota um estilo autocrático, perceba que faz todo o trabalho de gerar a solução. Quando os líderes fazem isso, detêm a posse do problema. A pessoa que recebe a mensagem trabalha, mas raramente se sente completamente responsável pelos resultados. Isso não significa que você não deve ser direto como líder de vez em quando; de preferência, no contexto de coaching, você deve motivar as pessoas a assumirem a responsabilidade adequada e ajudá-las a gerarem soluções viáveis para si, em vez de lhes dizer o que fazer sempre que possível.

Identificando a Erva Daninha Antes de Arrancá-la

Se andar por qualquer organização, você encontrará essas estranhas criaturas que passam a maior parte de seu dia de trabalho ignorando seus problemas-chave. Elas parecem encontrar dificuldade em expor o que realmente querem dizer. Assim, circulam por aí e dizem tudo, menos o que precisam. É como se a questão estivesse no ambiente, mas escrita com tinta invisível, para a qual todos os presentes tentam não olhar. O líder não parece ser capaz de dizer o que é impopular, então, anda por aí, esticando e encolhendo as pernas, mas nunca para tempo suficiente para dizer: "Na verdade, precisamos falar sobre suas ações. Seu trabalho está péssimo. Você precisa de mais prática para ficar no grupo."

Para orientar com eficiência, você precisa estar preparado para encontrar a erva daninha e arrancá-la corretamente. Ela não vai sair sozinha; crescerá e tomará conta de tudo.

Veja a coautora Marie, por exemplo. Marie orientava um grupo com uma equipe de lideranças recém-formada na Pens R Us (não é o nome real). A equipe analisava a visão que mantinha há três anos e era formada por alguns diretores existentes e outros recém-indicados. Havia uma "atmosfera de tensão na sala" e, na hora do café, Marie sabia que, se não fosse questionada, o trabalho com a equipe seria bom, mas não ótimo; seriam capazes de desenvolver uma visão, mas ela duvidava de que a unificassem como equipe.

Depois do café, ela começou o segmento com uma única pergunta: "Por que há uma atmosfera de tensão no ar, e como a dissipamos?"

Depois de um silêncio desconfortável, as pessoas se abriram. Havia uma questão de confiança não resolvida entre duas pessoas que parecia afetar todos os oito integrantes da equipe. Discutindo-a, planejando, considerando os receios do que poderia dar errado e buscando como construir confiança na equipe dali para frente, a tensão foi dissipada. As coisas ficaram mais claras e fáceis para todos.

Às vezes, como líder que é coach, você precisa ajudar as pessoas a esclarecerem e darem nome ao problema para que consigam resolver ou contornar. Tornar-se muito bom em identificar adequadamente uma preocupação e a articular claramente ajuda os líderes a verem um problema antes que se torne uma erva daninha. São imperceptíveis no começo, mas podem tomar conta de tudo.

Seja Bom em Fazer Perguntas

A forma como se faz perguntas induz o tipo de resposta que se recebe. É preciso usar perguntas no coaching que sejam apropriadas ao tipo de situação. Os líderes em organizações que trabalham para resultados específicos acham particularmente útil modelar perguntas dependendo de gerarem um processo, identificarem problemas potenciais ou buscarem uma solução rápida.

As perguntas no coaching existem dentro de um contexto. Você as usa para ajudar os outros a chegarem a um resultado: faça perguntas similares de formas diferentes para perceber o que funciona com as pessoas que você lidera regularmente; fique atento ao tipo de pergunta que abre sua cabeça e ajude a criar o nível de clareza que necessita. Esse tipo de questionamento serve para identificar o que funciona e continuar fazendo.

Perceba a diferença entre estas três perguntas:

» "Imagine que você possa criar a solução perfeita para um problema que está gerindo. Qual seria o primeiro passo?"

» "Imagine que você possa criar a pior solução para um problema que está gerindo. Qual seria o primeiro passo? O que faria depois?"

» "Imagine que você possa criar uma solução rápida e viável para um problema que está gerindo. Qual seria o primeiro passo para sua equipe nas próximas duas horas?"

Brinque um pouco com suas perguntas de coaching. Ajude as pessoas a chegarem ao resultado de diferentes formas e preste atenção ao que funciona. A habilidade de fazer boas perguntas economiza tempo e permite que as outras pessoas pensem e ajam.

Seja Específico e Preste Atenção à Sua Linguagem

Todos já fizemos isso. Falamos por meio de generalizações e, às vezes, jogamos dicas na conversa na esperança de que alguém pegue a mensagem ou entenda o que realmente queremos dizer sem termos que dizer claramente. Quando fazemos coaching dentro de uma organização, tendemos a manter esse hábito. Esse erro acontece porque temos uma experiência compartilhada ou um conjunto de suposições compartilhado, um tipo de estenografia organizacional. Às vezes, essa estenografia funciona, mas não se as suposições coletivas precisarem ser confrontadas.

Suposições nos negócios podem ser resultado de uma falta de clareza. Quando as pessoas não se manifestam, essas suposições começam a soar como fatos que todos usam para justificar um comportamento. Essa situação gera risco organizacional, mitos e equívocos. Ao fazer coach como líder, é você que, às vezes, precisa questionar as suposições e confrontar as generalizações.

Nessa área, pode ser muito útil confrontar as próprias generalizações antes de falar; seja específico e desafie seu coachee a fazer o mesmo.

Por exemplo, considere esta interação:

> **Líder:** "A equipe de cobrança de débitos é inútil para cobrar nossos consumidores, e isso sempre atrasa nossos pagamentos de bônus. Precisamos retificar isso. Quais ideias você tem?"

> **Membro da equipe:** "Eu sei, eles são inúteis. Vou falar com Fred e ver se ele consegue fazer com que sejam mais eficientes no futuro. Podemos ver se a equipe mudará. Posso fazer isso na quarta."

Perceba como uma mensagem e uma chamada para ação generalizadas criam o que parece ser uma solução. Além disso, perceba como a generalização convida à conivência com o *status quo*. Agora, considere a seguinte interação:

> **Líder que é coach:** "Alguns dos nossos débitos não parecem ser recuperados com tanta eficiência quanto outros, e isso parece ter criado um problema com os pagamentos de bônus para a equipe de vendas em fevereiro. Não é a primeira vez que acontece. Precisamos retificar isso. Quais ideias você tem?"

> **Membro da equipe:** "Eu sei, eles são inúteis. Posso falar com Fred e ver se ele pode fazer com que sejam mais eficientes no futuro. Podemos ver se a equipe mudará. Posso fazer isso na quarta."

> **Líder que é coach:** "Eu não disse que eles são inúteis, apenas que contribuíram para que a equipe de vendas não recebesse seus bônus. O que busco são ideias de como você pode melhorar a situação."

Membro da equipe: "Ah. Bem, acho que posso me sentar com Fred para ver o que aconteceu em fevereiro. Posso considerar se é um problema com a cobrança de débitos ou outra coisa."

Líder que é coach: "O que poderia ser essa 'outra coisa'?"

Membro da equipe: "Bem, pensando nisso, acho que parte do problema pode ser o prazo. Posso checar em quais datas a equipe de vendas está passando os detalhes dos clientes para fazer a cobrança de débitos."

Líder que é coach: "Mais alguma coisa?"

Membro da equipe: "Por só acontecer em alguns meses, me pergunto se está acontecendo alguma coisa nesses meses, ou nos anteriores, que causa o problema, e se a equipe de vendas está contribuindo para isso..."

Você entendeu a mensagem. Orientando e deixando de lado suposições e generalizações, você ajuda as pessoas a gerarem pensamentos e ideias específicas que podem realmente solucionar o problema.

Reconheça o Valor de Desacelerar ou Se Calar

Às vezes, quando as pessoas orientam, falam demais. Pode ser que façam isso porque amam o som das próprias vozes, tenham muitas ideias que não podem guardar para si mesmas ou simplesmente se sentem desconfortáveis com o silêncio em uma conversa. Quando os coaches falam a maior parte do tempo, normalmente também fazem a maior parte do trabalho de coaching. Se isso acontece, eles podem começar a dirigir, em vez de liderar, ou podem acabar gerando soluções que o membro da equipe não reconhece como suas. Quando o coachee não gerou a solução, pode ser mais difícil para ele implementá-la.

Perceber essa situação acontecendo é o primeiro passo para voltar a conversa para os trilhos, seja desacelerando o ritmo da fala, seja usando o silêncio como uma maneira de ajudar os outros a pensarem.

DICA

As pessoas tendem a pensar mais profundamente quando desaceleram um pouco o ritmo. No coaching, você cria condições para permitir que outras pessoas gerem ideias e soluções ponderadas e viáveis, em vez de respostas rápidas. Considere como pode dar espaço para aqueles que lidera pensarem em soluções simplesmente ao desacelerar a conversa. Se achar difícil fazer isso, uma técnica simples é praticar falar em voz alta lendo em ritmo de narrativa.

Ficar quieto e confortável com o silêncio também ajuda. O silêncio inevitavelmente parece mais longo para o coach do que para o coachee. A pessoa sendo orientada gera ideias e usa o espaço que o coach cria para solucionar a questão com a qual foi confrontada. Fique confortável com o silêncio e, se ajudar, diga ao coachee que você vai parar de falar tanto e ficar um pouco em silêncio de vez em quando durante a conversa para permitir que sua massa cinzenta funcione.

Tente isso e veja quais resultados consegue.

Pese as Diferenças para Fazer a Diferença

A globalização e os trabalhos remotos mudaram o papel da liderança. Do mesmo modo que ficamos, de certa forma, onipresentes, gerir pessoas de diferentes culturas em um único local também se torna cada vez mais importante. O coaching transcultural pode ser difícil para aqueles que têm experiência limitada com a diversidade cultural.

Precisamos entender como as diferenças culturais se manifestam, pois apresentam filosofias completamente diferentes de vida e trabalho, e visões de mundo muito particulares. Com isso, vem uma gama de valores, suposições e crenças. Para orientar efetivamente, é preciso entender algumas dessas distinções e como respeitá-las no processo de coaching.

Pergunte às pessoas de diferentes culturas o que funciona para elas no processo de coaching e o que acham útil, particularmente se tiverem feito coaching antes em seus ambientes específicos. Até maneiras básicas e métodos de comunicação podem ser diferentes entre as culturas. Ser sensível a essas diferenças é importante em termos de ganhar e manter a harmonia com o coachee. Você pode precisar mudar seus parâmetros culturais para servir bem ao membro da equipe. Saber quando tirar um pouco de liderança do coachee é importante. Se você for homem, apertar a mão de uma mulher muçulmana não é aceitável, por exemplo. É preciso se familiarizar com as normas culturais e engajar sua equipe ativamente na conversa sobre o que funciona para ela.

Você sabe quais são as expectativas que as pessoas que lideram têm em relação ao trabalho? Quais são as várias celebrações e festas culturalmente específicas em sua equipe? Como as reconhece e leva em conta no processo de coaching? Por exemplo, se alguém está jejuando, é bom considerar mudar o horário das conversas de coaching da tarde para a manhã, quando a pessoa provavelmente estará menos cansada. Os coaches precisam se adaptar e ser flexíveis.

Crie as Condições Ideais para Fazer Coaching a Distância

Ao orientar pessoas de diferentes localidades, é preciso considerar algumas coisas óbvias, como as diferenças de horário, e organizar horários de reuniões quando você e o coachee têm energia para orientar e ser orientado. Nós dois fazemos coaching internacionalmente e tivemos a experiência de falar com um cliente à meia-noite depois de um dia cheio de trabalho. Embora tenhamos técnicas que podemos usar para recarregar nossa energia, na verdade, ligações tarde da noite nunca são uma boa ideia. Reorganizar seu dia para começar mais tarde e aprender a arte do cochilo de 10 minutos são bons hábitos a desenvolver se você trabalha em fusos horários diferentes.

Quando se tem conversas de coaching a distância, é uma boa ideia recriar as condições de uma reunião cara a cara o máximo possível. A checklist a seguir ajuda. Ela é destinada para o uso do coach, e você também pode usá-la como um guia de preparação para o coachee.

» Use o Skype ou videoconferência para ver a pessoa cara a cara. Verifique se o link funciona 10 minutos antes da ligação. Se estiver usando telefone, fique longe do computador ou de quaisquer distrações do escritório.

» Tenha uma mesa limpa e, se não estiver usando o computador, feche-o e desligue quaisquer alertas de mensagens para evitar distrações. Se precisar de algo para tomar notas, deixe acessível.

» Desligue celulares ou outras linhas telefônicas que o possam distrair.

» Se corre o risco de ser perturbado, ponha um aviso na porta ou na sua mesa pedindo para não ser interrompido durante a ligação.

» Antes de iniciar a ligação, crie uma imagem mental da pessoa com a qual está prestes a falar. Se tiver uma foto dela, ponha em sua frente com seu nome embaixo.

» Revise quaisquer notas de encontros anteriores e relembre quais modelos de coaching usou com essa pessoa e o que a ajuda, de verdade, nas conversas de coaching. Esclareça quaisquer questões que queira discutir com o coachee e o que ele deseja discutir com você.

» Tenha em mente quanto tempo gostaria de gastar em cada elemento que leva para a discussão.

» Lembre-se de desacelerar o ritmo do seu diálogo e escutar ativamente ainda mais que o usual, para que você ouça as nuanças na conversa.

» Esvazie sua mente de qualquer outra coisa para ter uma conversa focada pelos próximos x minutos.

Se estiver fazendo coaching por e-mail ou serviço de mensagens, mantenha os e-mails curtos e use um estilo coloquial, em vez de instruções. Use fontes de cores diferentes, uma para cada pessoa. Assim você conseguirá ver o diálogo imediatamente.

Nunca recomendamos o coaching por e-mail como único método. O valor da relação de coaching está na conversa. O coaching por e-mail pode ser útil entre as ligações se o coachee não avançar e precisar de mais suporte para verificar seu pensamento ou se ele quiser checar se está no caminho certo para entregar um resultado específico.

Apoie Seu Pessoal Durante a Mudança

Quando você está liderando e fazendo coaching de pessoas por meio de um programa de mudança, lembre-se de que as pessoas podem achar a mudança um desafio. Se a equipe não conseguir reconhecer ou articular sentimentos de choque, raiva e melancolia que podem se manifestar durante a mudança, esse desafio será ainda maior.

O desempenho individual e o da equipe podem sofrer, a equipe pode se sentir despreparada e, às vezes, achar difícil fazer a transição para novas formas de trabalho.

O melhor que os líderes que são coaches podem fazer durante a mudança é:

» Encorajar as pessoas a continuarem falando sobre a mudança e o processo de mudança, mesmo se sentir que já ouviu seu feedback dez vezes antes.

» Agradecer às pessoas regularmente e ser o mais específico que puder sobre com o que estão contribuindo, o que você valoriza nelas e com o que gostaria que contribuíssem no próximo mês, semana ou dia!

» Estar preparado para se sentir um pouco idiota às vezes. Você pode não ter respostas para as perguntas e não ter nem pensado em algumas das perguntas que surgem. Tudo bem dizer: "Não sei. Retornamos depois."

» Ser honesto quando sabe, mas não pode compartilhar as informações. Isso pode se tornar uma forma de arte ao orientar pessoas durante mudanças. Na maior parte do tempo, a melhor política é dizer às pessoas que "estão sendo tomadas decisões de conhecimento apenas da equipe sênior no momento" (se houver), em vez de um "Não sei" geral.

» Ajudar as pessoas a ver seus pontos fortes e capacidades dando muito feedback e encorajando o coachee a rever o próprio trabalho e destacar seus pontos fortes. Pode ser uma ótima ideia orientar alguém a reconhecer e "vender" seus pontos fortes durante mudanças, principalmente se esse alguém precisa se candidatar a uma nova função.

Para ajudar as pessoas que você está orientando, tente trabalhar com estes tipos de perguntas de coaching:

» Como você está experimentando o processo de mudança?

» Em uma escala de 1 a 10, o quão motivado você está para entregar o que precisa fazer essa semana? O que o ajudaria a se mover um ou dois pontos nessa escala?

» Se nossa equipe fosse apenas 10% mais eficiente nas próximas duas a quatro semanas, o que você sugeriria que fizéssemos? O que me pediria para fazer? O que faria?

» Posso ver que você está com raiva das mudanças e do impacto em seus colegas. O que mais eu poderia fazer para dar suporte a você nesse período?

» O que você precisa realmente entregar na próxima semana? O que gostaria de entregar se pudéssemos encontrar outra maneira de fazer as coisas no fim desta conversa?

» Como equipe, vamos dar uma volta pela sala e, em uma escala de 1 a 10, indicar o quão informado você se sente sobre o impacto da mudança nessa equipe. Onde você está nessa escala em relação à sua compreensão da mudança organizacional inteira?

» Se eu perguntasse a todos os seus consumidores internos e externos o que você entregou e como entregou nos últimos três meses, quais comentários positivos ouviria?

» Diga uma coisa que ajudaria a tornar o processo de mudança mais fácil para você nas próximas quatro a oito semanas.

Entenda a Empresa

Quando os líderes são coaches e mentores dentro das organizações, você precisa conhecer o negócio: saber mais do que eles sobre a visão do negócio, os valores importantes e o que os ajuda a ter êxito dentro dela. Os líderes precisam ser honestos, mas você pode dizer apenas "Não sei" muitas vezes antes que sua credibilidade como líder seja afetada. As perguntas que seu pessoal faz nas conversas de coaching e as questões levantadas que você não entende podem dar alguns indicadores de onde estão suas falhas de conhecimento.

Não achamos que os líderes precisam saber tudo o que seu pessoal sabe; pelo contrário, você precisa de um panorama do negócio e saber onde o trabalho que seu pessoal faz se encaixa em longo prazo. Precisa entender a terminologia do negócio e as funções que as pessoas têm ao torná-lo bem-sucedido para ser um grande coach também. Considere as três categorias de fatores a seguir:

» **Fatores de pessoal:** Ser capaz de explicar o papel da diretoria, da liderança executiva, das diferentes funções na empresa e dos seus consumidores; ser capaz de descrever as relações entre os principais atores na organização, quaisquer políticas organizacionais e maneiras aceitas de operação na empresa.

» **Fatores de processos empresariais:** Saber como interpretar o relatório anual, entender a principal política operacional e conhecer datas e prazos de eventos-chave; conhecer o ritmo da empresa, tais como prazos orçamentários, prazos do conselho, comunicados periódicos para ler, calendários sociais e afins.

» **Fatores de indústria e mercado:** Entender o negócio externamente para ajudar seu pessoal a ampliar suas perspectivas e bases de conhecimento durante suas carreiras; compartilhar seu conhecimento de redes de contatos e associações profissionais relevantes ou ajudar o coachee/mentor a examinar as principais publicações para ler ou entender quem são os proponentes e mandachuvas do setor.

Essa compreensão é essencial se você está ajudando seu pessoal a desenvolver suas carreiras, e nós acreditamos que um dos papéis dos líderes é fazer isso. Não que você deva simplesmente passar informações para sua equipe como se fosse um posto de informações turísticas. Em uma sessão de coaching ou mentoria, você precisa encorajar um nível de autodescoberta e busca pessoal. Para fazer isso, precisa ter as visões interna e externa fundamentadas para ajudar as pessoas a saberem se estão seguindo a direção certa.

DICA

Uma boa maneira para os líderes que são coaches considerarem essa questão é desenhar mapas mentais e mapas de interessados. Um mostra seu conhecimento interno das áreas de pessoal, políticas, processos, visões e planos. O outro, suas relações externas e conhecimento do setor, grupos consumidores e experiência profissional. Esses dois mapas o ajudam a identificar suas falhas e, às vezes, as próprias áreas de desenvolvimento como coach, líder ou profissional. Você mesmo consegue identificar as áreas nas quais deve buscar suporte de coaching ou mentoria.

NESTE CAPÍTULO

» Esclarecendo o que você quer

» Sendo liderado pelo especialista

» Assegurando que todos estejam em sintonia

Capítulo **18**

Dez Dicas para Líderes que Contratam um Coach Empresarial

Nos últimos 20 anos, todos se acostumaram a ficar online e comprar um produto ou serviço. Encontrar o menor preço nunca foi tão fácil. Se você busca coaching exclusivamente pelo critério do melhor preço, provavelmente ficará desapontado e terminará com remorso do comprador. Há critérios mais importantes a considerar do que apenas o preço.

Neste capítulo, damos dez dicas para ajudá-lo a avaliar o melhor programa e encontrar o melhor coach para seus propósitos.

Quando contratar um coach, pense no processo como uma via de duas mãos e construção de uma relação profissional. Não apenas você estará entrevistando o potencial coach, mas um ótimo coach também estará entrevistando você para se assegurar de que será vantajoso para todos os envolvidos. Pense em contratar um coach como um processo colaborativo e terá um ótimo resultado.

Seja Claro sobre Aonde Quer Chegar

Comece com o fim em mente e não só terá uma direção para seguir, mas também será capaz de descrever suas metas para o futuro coach. Seu coach, então, poderá planejar um mapa que o levará de onde está agora aonde deseja chegar.

Pergunte a si mesmo: "O que terei depois que o coaching terminar?" Seja o mais detalhado que conseguir em sua resposta. (Você pode usar o processo de metas e resultados bem formados do Capítulo 4 para ter clareza.) Se não sabe o que quer, como um coach saberá ajudá-lo a atingir suas metas?

Aceite Estar Errado

Às vezes, você simplesmente não sabe o que quer e, com frequência, esse é o tema para o coaching começar: conseguir clareza. Se você já tem clareza, esteja disposto a ser questionado e desafiado sobre seus desejos, necessidades e suposições. O que você almeja pode ser pouco realista, não desafiador o suficiente ou simplesmente estar errado.

Durante uma reunião com um futuro cliente, Steve ouviu Charlotte traçar um plano de coaching detalhado para sua equipe de gestores sênior. Ela queria o coaching para melhorar habilidades de comunicação, prestação de contas e responsabilização, com foco em melhorar sua habilidade de delegar. Os membros da equipe tinham um desempenho abaixo do esperado e cometiam erros, e as pessoas estavam fracassando em prestar contas e assumir responsabilidade por seus erros. A companhia tinha uma cultura de culpa e negação.

Depois de ouvir a proposta de Charlotte para um programa de coaching individual com cada gestor sênior, Steve perguntou qual foi a resposta quando o programa de coaching foi discutido em reuniões com os gestores sênior. Não houve resposta, pois isso não foi discutido.

Steve questionou a relevância e eficácia de querer um programa individual quando uma mudança cultural no grupo era o necessário. Ele precisava orientar a organização de cima para baixo para serem abertos, honestos, responsabilizados e responsáveis, e isso exigia que se comunicassem e trabalhassem visando metas como equipe. Depois da relutância inicial, Charlotte concordou, e um programa de treinamento de gestores sênior foi organizado, com o apoio de sessões de acompanhamento individuais com toda a equipe gestora, incluindo ela.

Quando você discutir seus resultados com o futuro coach, esteja disposto a explorar não o que você *acha* que quer, mas o que é realmente necessário. Esteja disposto a encontrar um coach que queira superar suas expectativas.

Busque um Ponto de Vista Diferente

Quando procura analisar uma solução ou necessidade particular, você pode querer buscar um coach que tenha conhecimento aprofundado em seu setor ou nicho em particular. Por exemplo, se trabalhar em recrutamento, buscar um coach especializado em recrutamento parece uma escolha óbvia, mas alguém especializado pode fazer o que todo mundo dentro do setor já faz.

DICA

Trabalhar com um coach com bagagem e perspectiva totalmente diferentes é inestimável. Essa pessoa pode desafiar as abordagens normais para o negócio e ajudá-lo a ver possibilidades que você não tinha considerado antes. Se quiser resultados diferentes de sua concorrência, esteja disposto a explorar diferentes maneiras de fazer negócios.

Tire algum tempo para entrevistar coaches que tenham grandes credenciais, mas podem não ter se restringido a um setor. Pense diferente!

Crie as Bases

O tempo gasto preparando o resumo e explorando a estrutura de um programa de coaching é bem empregado. Esteja disposto a explorar com futuros coaches formas alternativas de entrega.

Se busca um programa de larga escala, invista em uma pesquisa pré-programa e uma sessão de diagnóstico. Alguns coaches farão isso sem cobrar; outros farão o diagnóstico por uma comissão, que poderá ser deduzida e recuperada assim que o contrato de coaching for assinado.

LEMBRE-SE

Embora você conheça seu negócio melhor do que qualquer coach jamais conhecerá, um coach experiente estará mais bem capacitado para determinar do que você realmente precisa e como o melhor pode ser entregue. As pessoas não sabem que não sabem, então, não suponha que você saberá automaticamente o que está disponível. Pergunte!

Foque Conteúdo em Vez de Estilo

Por 10 anos, Steve foi assistente-chefe do Dr. Richard Bandler, cocriador da programação neurolinguística (PNL), e do escritor best-seller Paul McKenna. Por ano, eles treinaram mais de 5 mil pessoas em PNL e coaching. Estudantes que queriam se juntar à equipe de assistentes procuravam Steve.

Os benefícios de estar na equipe incluíam trabalhar com coaches de alto desempenho, participar de, no mínimo, seis sessões de treinamento de coaching e PNL por ano e ter a oportunidade de trabalhar com centenas de pessoas em um curto espaço de tempo.

A pergunta que os estudantes sempre faziam era: "Como entro na equipe de assistentes?"

A resposta de Steve era sempre a mesma: "Primeiro, não peça. Segundo, não estou interessando no que você diz ter feito. Estou interessando apenas no que pode fazer."

Ao longo do treinamento, os pretensos assistentes eram observados em segredo para ver como interagiam com os outros. Eles eram testados por seu conjunto de ferramentas e, acima de tudo, suas atitudes. Eram proativos e engajados? Buscavam impressionar ou auxiliar os outros porque essa era a coisa certa a fazer e não porque estavam sendo observados?

Apenas aqueles que mostravam as atitudes corretas eram convidados para a equipe por um período de experiência. Durante esse período, eles eram treinados e testados.

Quem eles tinham treinado antes, a qualidade de seus sites, sua fama ou a quantidade de livros que tinham escrito não tinha relação com suas verdadeiras habilidades para ser um ótimo coach.

Evite cair na armadilha de pensar que o logotipo de uma organização ou um site bonito significa que alguém é um grande coach. Teste, teste, teste, em conversas, reuniões ou sessões de coaching experimentais, e você logo vai separar aqueles que têm uma boa conversa daqueles que realmente agem.

Encontre o Mais Adequado à Sua Empresa

Se for às compras com uma lista, será muito provável que volte com o que quer. Para encontrar o melhor coach para você ou sua equipe, decida os critérios e qualidades do coach com quem deseja trabalhar antes de ir às compras.

DICA

Depois de conversar com os futuros coaches sobre seu negócio e necessidades, faça-lhes estas perguntas:

» Por que você acha que nós somos adequados?
» Como sabe disso?
» O que acontecerá se descobrirmos que não somos adequados?
» Como você lidaria com isso?

Busque Participação dos Interessados

São necessários dois para dançar tango. Se você busca um coach para trabalhar com outras pessoas em sua empresa, deve considerar suas necessidades e desejos. Converse com elas sobre o que buscam em um coach e avalie sua disposição para ser orientadas, em primeiro lugar.

LEMBRE-SE

As conversas que você tem com a equipe são tão importantes quanto as que terá com os futuros coaches. Se os membros de uma equipe forem forçados a fazer o treinamento, o coach terá que passar muito tempo os preparando antes que o coaching real comece de fato.

DICA

Peça conselhos para o futuro coach para lidar com a resistência ou sabotagem dos interessados. Suas respostas darão perspectivas sobre sua experiência e ajudarão a escolher um coach que esteja preparado para fazer os interessados vestirem a camisa e os manter engajados.

Para obter mais informações sobre a participação dos interessados, confira o Capítulo 7 sobre como pré-estruturar a conversa de coaching. Embora seja escrito da perspectiva do coach, donos de empresas podem usar essas informações para avaliar a disposição de um interessado em se engajar completamente em um programa de coaching.

Evite o Coaching Tamanho Único

Grandes coaches sempre têm mais de um conjunto de recursos de coaching do que se valer. Eles geralmente treinaram com várias organizações e exploraram uma grande variedade de abordagens de coaching.

LEMBRE-SE

Ao escolher um coach que tem muitas ferramentas na manga, você sabe que quando o que ele fizer não funcionar, tem a flexibilidade para tentar outra abordagem.

Explore com os futuros coaches suas diferentes abordagens de coaching. Verifique se supõem que todos os clientes se encaixarão direitinho em seu manual de coaching CBTN (coach por números).

Administre Suas Expectativas

Ao buscar e entrevistar futuros coaches, sempre almeje o melhor que puder pagar. O preço mais alto nem sempre é uma medida de eficiência de coaching; mas, como a maioria das coisas na vida, você recebe pelo que paga.

LEMBRE-SE

Os coaches profissionais tratam seus negócios como todos os profissionais, e valorizam seu tempo e conhecimentos. Se quiser um coach que investiu milhares de horas em aperfeiçoar sua prática, tem vários livros escritos e uma série de recomendações, não espere que cobre o mesmo que um coach novinho em folha, que treinou simplesmente com um curso de coaching.

Ponha os Pingos nos Is

Um coach experiente vai apresentá-lo a seus termos e condições padrão, geralmente como parte de um contrato. Isso mostra que ele tem experiência e quer assegurar que os termos funcionarão para ambas as partes.

Os termos e condições devem incluir o seguinte:

- » Honorários e termos de pagamento claramente descritos
- » Políticas do coach em relação à assiduidade e encontros cancelados
- » Custos de viagem do coach, custos adicionais para dias de viagem etc.
- » Cláusulas para terminar a relação ou suspender o coaching
- » Acordos para o recebimento de feedback
- » Políticas do coaching em relação a confidencialidade e conflitos de interesse

NESTE CAPÍTULO

» Começando no caminho certo

» Reconhecendo quando uma empresa está fora dos trilhos

» Fazendo ajustes de curso para voltar aos trilhos

Capítulo 19

Dez Perguntas para Manter uma Empresa nos Trilhos

Manter uma empresa nos trilhos envolve mais do que verificar balanço financeiro, ter reuniões de progressão regulares e avaliar se metas ou objetivos já foram atingidos. Mas, como coach, esses são os pontos de partida ao orientar uma empresa para que fique nos trilhos.

Estamos sempre chocados com a quantidade de empresas que não têm esses medidores fundamentais. É a parte boa (sucessos fáceis e iniciais) para os coaches pegarem. Revisar finanças, avaliar como uma empresa faz reuniões e avaliar como mede seu desempenho são sempre bons tópicos a examinar antes de fazer qualquer coaching. Essas áreas muitas vezes mostram se uma empresa está nos trilhos ou não, e revela os motivos. Muitas empresas, especialmente de pequeno e médio portes, não têm esses medidores, então, oriente os clientes a defini-los se ainda não fizeram isso.

Neste capítulo, mostramos dez questionamentos poderosos que vão além de reuniões financeiras e medidores. São perguntas que o auxiliam a orientar os clientes para saber se estão no caminho certo para começar e verificar se ainda estão nos trilhos. As respostas às perguntas também dão aos clientes percepções sobre os ajustes que precisam fazer para voltar aos trilhos.

O que Criaríamos se Fosse Possível?

Uma longa viagem começa com um único passo.

— LAO TZU

Em uma jornada, você quer seguir a direção certa desde o início. É burrice seguir para o leste em busca do pôr do sol. Muitas empresas começam no caminho errado ou seguem uma direção que, se soubessem o destino, provavelmente nem teriam começado a jornada.

"O que criaríamos se fosse possível?" é uma ótima pergunta a se fazer no começo ou ao longo do projeto, e em qualquer momento durante o ciclo de vida de uma empresa para assegurar que ela fique em um caminho que vale a pena.

LEMBRE-SE

Faça essa pergunta a seus clientes para verificar se estão no caminho certo, para começar. Com muita frequência, as empresas pensam pequeno e têm sua escada para o sucesso apoiada em um muro baixo. Muitas vezes, dinheiro e esforços vão para projetos que, mesmo quando bem-sucedidos, fazem as pessoas dizerem: "É isso?" Oriente os clientes a pensarem com ousadia e pegarem o caminho certo de início.

Por que Fazemos Isso?

É dizendo não para mil coisas que nos asseguramos de não pegar o caminho errado ou tentar fazer demais. Sempre pensamos sobre novos mercados nos quais poderíamos entrar, mas é apenas dizendo não que você consegue se concentrar nas coisas que são realmente importantes.

— STEVE JOBS

Quando fazemos essa pergunta para os clientes, estamos pedindo para perguntarem a si mesmos o que é importante para eles. O "Por quê?" revela seus valores.

MIRE ALTO

EXEMPLO

Trabalhando em um projeto com seu amigo, autor best-seller e guru da autoajuda Paul McKenna, era responsabilidade de Steve criar um plano de negócios para uma ideia que eles desenvolveram.

Depois de meses de trabalho para verificar a prova de conceito e criar um plano adequado ao propósito (veja o Capítulo 12), eles tinham um plano sólido e bem pesquisado, que parecia valer o investimento de seu valioso tempo, dinheiro e esforços.

Uma noite, Steve recebeu uma ligação de Paul, que ria histericamente. Eles discutiram o plano com amigos e consultores, todos empreendedores internacionalmente reconhecidos. Um dos consultores é especialista em marcas e marketing globalmente reconhecido. Ele possui, entre outras coisas, uma companhia aérea e um time de futebol. Paul estava rindo porque seu amigo não conseguia entender por que eles pensavam tão baixo com o projeto.

Depois de tirar seu ego ferido do caminho, Steve sentou com esse feedback por um tempo e percebeu que seu amigo estava certo. Nem Paul nem Steve pensam baixo, eles até chamaram o plano de "Pensamento Céu Azul"; o amigo de Paul pensava em escala global.

Steve revisou o plano e o modificou de um projeto nacional para um transnacional. O trabalho adicional envolvido para transformar o plano em realidade global foi pequeno em comparação ao necessário para o projeto nacional, e o retorno potencial também tinha um valor bem maior.

Se você pensa em valores como regras não escritas, muitas vezes inconscientes, que ditam o que está certo e errado, eles podem ser usados como uma bússola para mostrar se você está no caminho certo com suas ações.

LEMBRE-SE

Identificar os valores para um indivíduo, equipe, projeto ou organização é uma busca crucial e um exercício no qual vale a pena gastar tempo.

Quando você age em conflito com seus valores pessoais, tem uma sensação ruim, ou seja, é incoerente. Quando age em alinhamento com seus valores, parece certo ou é coerente. As ações corretas parecem fáceis e óbvias, e os resultados muitas vezes acontecem de forma natural e sem esforço.

Faça os clientes escreverem seus valores, mantendo-os à vista, e encoraje-os a manter a resposta do "Por quê?" sempre em mente. Fazer isso é uma maneira simples, elegante e poderosa de usar os valores como uma bússola interior para assegurar que as ações tomadas mantêm a empresa nos trilhos.

O que Richard Branson Faria?

Não pense na forma mais barata ou rápida de fazer algo; pense na mais incrível.

— RICHARD BRANSON

No Capítulo 4, exploramos o valor de uma perspectiva diferente. Todos agimos através das perspectivas do que pensamos ser as ações certas a seguir, e vemos o mundo através das lentes cor-de-rosa das nossas próprias crenças sobre o que é possível e o que não é.

Fazendo essa pergunta você cria espaço de coaching para um cliente ir além da limitação do próprio pensamento. Você pode substituir Richard Branson por qualquer especialista do setor ou pessoa que seria um consultor valioso em uma equipe de suporte. Permita o pensamento criativo, inovador e lateral, e explore todas as opções e percepções que o cliente tem.

Muitas vezes, essa pergunta revela caminhos mais rápidos, melhores, mais fáceis e incríveis do que aqueles que seu cliente segue atualmente.

O que É um Caminho Melhor?

Muitos são teimosos na busca do caminho que escolheram; poucos, na do objetivo.

— FRIEDRICH NIETZSCHE

Projetos e planos mudam com o tempo, e o que poderia ter sido um ótimo plano no começo pode não ser mais o melhor. Muitas empresas sabem o valor de lançar um projeto antes que esteja perfeito, reunindo feedback dos consumidores ou equipe e fazendo ajustes no caminho.

LEMBRE-SE

Se uma empresa é rígida e inflexível, e a liderança tem a mentalidade de dar seguimento a um plano predeterminado, essa empresa está fechando outras opções. Use essa pergunta como uma verificação regular para ajustar planos e passos de ação conforme o projeto se desdobra e evolui, e conforme novas informações são reunidas.

Essa pergunta é uma variação da anterior. Ela pressupõe que um caminho melhor é possível. Permita o brainstorming e substitua a palavra *melhor* por *mais rápido, mais fácil, mais elegante, mais econômico* ou *mais inteligente*.

Ainda Somos as Pessoas Certas para Fazer Isso?

Talento é a prioridade nº 1 para um CEO. Você pensa que são visão e estratégia, mas é preciso primeiro ter as pessoas certas.

— ANDREA JUNG

Conforme o fulgor dourado do entusiasmo com um novo projeto enfraquece, dando lugar ao desbrio opaco e fosco de apatia, o entusiasmo instável pode ser um sinal de que o projeto ou empresa está fora dos trilhos.

Muitos projetos estagnam ou fracassam por falta de entusiasmo e pessoas que falham em entregar resultados. Em tais casos, não apenas eles saem dos trilhos, mas muitas vezes parece que os trilhos em que estavam começam a desaparecer diante de seus olhos.

Se uma empresa está nesse estado, sempre faça aos clientes as duas primeiras perguntas deste capítulo para verificar se o projeto é inspirador, vale a pena e se está alinhado com os seus valores. Se a resposta para ambas as perguntas for "sim", então o entusiasmo instável muitas vezes é sinal de que a empresa pode não ter as pessoas certas para as tarefas.

Fazer e responder a essa pergunta exige uma coragem honesta. É preciso deixar egos de lado para o bem maior do projeto ou empresa. Uma empresa saudável tem a honestidade de substituir, com todo o respeito, pessoas por aquelas mais adequadas para as tarefas.

Estamos Ocupados Sendo Ocupados?

Estar ocupado nem sempre significa trabalho real. O objetivo de todo trabalho é produção ou realização e, para ambos os fins, deve haver ponderação, planejamento sistemático, inteligência e propósito honesto, assim como transpiração. Parecer fazer não é fazer.

— THOMAS EDISON

A maioria das pessoas nunca tem tempo suficiente no dia para fazer todas as tarefas que precisam ser feitas. O mundo dos negócios é cheio de pessoas ocupadas, sendo ocupadas sem serem produtivas.

O tempo do cliente muitas vezes é gasto fazendo tarefas urgentes em vez das tarefas importantes, que mantêm um projeto nos trilhos. Orientar um cliente para identificar o "bug do empresário ocupado" é o primeiro passo para ajudá--lo a ser mais eficiente com seu tempo.

O princípio de Pareto afirma que aproximadamente 20% das ações produz 80% dos resultados, ou 80% dos efeitos originam-se de 20% das causas. Esse princípio é simples e economicamente eficaz, e vem sendo usado há décadas por profissionais corporativos para produzir melhores resultados.

Oriente os clientes perguntando "Você está ocupado sendo ocupado?" para focar sua atenção nas tarefas que criam resultados, e eles permanecerão nos trilhos pelo menos em 20% do tempo. Brincadeira!

O que Podemos Fazer para Otimizar ou Simplificar?

A habilidade de uma organização de aprender e transformar esse aprendizado em ação rapidamente é a vantagem competitiva máxima.

— JACK WELCH

Em um curso de Treine os Treinadores de PNL, Steve ouviu Dr. Richard Bandler (cocriador da PNL) explicar para o público que otimizar um processo ou estratégia envolve tirar os passos redundantes. Bandler seguiu explicando que ele costumava desmontar relógios e montar de volta, deixando partes de fora, e os relógios sempre trabalhavam mais rápido. Muitos não entenderam a piada, mas o princípio de otimizar é valioso para manter uma empresa no melhor caminho.

As pessoas têm capacidade criativa para complicar as coisas. Fazer regularmente essa pergunta aos clientes assegura que revejam suas ações e encontrem os caminhos mais simples para atingir suas metas. Pense em otimização como encontrar um novo trilho, ou atalho, para o destino. Essa abordagem economiza muitas voltas que gastam tempo e esforços, e resultam em oportunidades e prazos perdidos, que, por fim, custam dinheiro às empresas.

Essa abordagem pode ser resumida pelo princípio da navalha de Occam, desenvolvido pelo frei franciscano e filósofo William de Occam. A navalha de Occam é mais comumente resumida em: "A resposta mais simples muitas vezes está correta."

Estamos Indo na Direção Certa?

Todos que passam pela empresa cometerão erros. A grande pergunta é: quão grandes serão esses erros? Com que rapidez aprenderão com os erros e quão rapidamente colocarão a empresa na direção certa?

— FRED DELUCA

Quando um avião decola de Nova York para Los Angeles, nunca segue exatamente o plano de voo. O piloto sempre faz ajustes de percurso por causa de velocidade do vento, pressão do ar, turbulência, combustível e constantes mudanças de altitude, velocidade do ar e direção. Ainda assim, o avião está sempre se dirigindo a seu destino, embora não em linha reta.

Fazer pequenas correções de percurso em uma empresa é muito mais fácil do que reorganizar completamente um plano se ele saiu do rumo. Essa pergunta valiosa, muitas vezes, revela se uma empresa está nos trilhos e se o plano original tornou-se inviável. Fazer a pergunta revela quando chegou o momento de mudar do plano A para o B, e daí pensar no plano B como o novo plano A.

Contanto que o indivíduo, equipe, projeto ou empresa esteja seguindo a direção certa, a tendência é chegar lá em algum momento.

O que Precisamos Parar de Fazer?

Não gaste muito onde pouco resolve.

— PROVÉRBIO BUDISTA

Essa pergunta é outra maneira de ajudar os clientes a identificar se estão fora dos trilhos estando ocupados ou tornando um projeto mais complicado do que o necessário, e o que precisa acabar.

Quando respondem a essa pergunta, os clientes identificam tarefas ou etapas em um processo que podem parar de fazer e ainda atingir suas metas ou resultados. Fazer isso libera recursos valiosos, tais como tempo e esforço, que podem ser desviados para tarefas mais úteis.

Ainda Estamos em Sintonia?

Quando você está rodeado por pessoas que compartilham um compromisso apaixonado em torno de um propósito comum, tudo é possível.

— HOWARD SCHULTZ

Supondo que uma companhia tenha reuniões regulares com atualizações sobre projetos e marcos para atingir suas metas, ainda deve haver verificações regulares para ver se todos os membros da equipe estão em sintonia em relação ao projeto. Decisões e compromissos feitos no início de um projeto podem não ser mais válidos semanas ou meses depois.

Lembre-se do ditado: "Uma corrente é tão forte quanto seu elo mais fraco." É essencial saber se uma equipe ou integrante tem compromisso instável ou está atrasado em uma tarefa, e descobrir o porquê. Assim, ajustes podem ser feitos antes tarde do que nunca.

Muitos projetos e empresas saem dos trilhos quando são feitas suposições sobre todos ainda estarem comprometidos com as decisões e com um plano. Oriente os clientes a se dedicarem regularmente a esse diálogo honesto e aberto, e a evitarem fazer suposições sobre compromisso e engajamento.

Índice

SÍMBOLOS
3M, 86

A
acordo de coaching, 117
    cláusula, 117
acordos empresariais, 320
afetação, 152
AIDA, 326
Alfred Korzybski, 178
alicerce da empresa, 190
alinhamento, 212–213
ambiente, 100
ambiente de coaching, 54–55
ambiente seguro, 240
ambiguidade, 133
ameaça, 117
American Idol, 274
análise comparativa, 328
análise de custo-benefício, 36–38
análise do campo de força, 125
análise FOFA (SWOT), 79
análise histórica, 200
análise PEST, 125
análise SWOT, 125
Angel Network, 88
aninhamento, 142
Anthony Grant, 11
aparência e comportamento, 264
apetite pelo risco, 123
área de especialidade, 81
área de fluxo, 81
argumento empresarial, 34
armadilhas do sucesso, 257–263
arquitetura da escolha, 326
Art Fry, 86
atenção plena, 118
atenção total, 334
atividade neural, 141
austeridade, 292
autenticidade, 301
autocoaching, 318–321
autoconhecimento, 300–303

autoconsciência, 298–318
autocrítica, 282–284
autocuidado, 152
autodesenvolvimento, 300–303
autogerência, 96
autoidentidade, 147
autoliderança, 117
autolimitação, 259
automedicação, 116
autorreflexão, 161
avaliação de necessidades, 71–73
avaliação horizontal de necessidades, 72
avaliação vertical das necessidades, 72
averiguação, 80

B
bases do pensamento, 94–95
benefícios, 35
    ocultos, 39–40
Bernard Arnault, 122
boa influência, 333
Bronnie Ware, 294
Burberry, 274

C
cabeça, 213
campanha de gotejamento, 31
capital humano, 99
capital social, 312
cenário político, 329–331
chefe operacional responsável (COO), 303
Christina Underhill, 8
ciclo psicocibernético, 95
cinco forças de Porter, 125
cinco sentidos, 338
cinestésicas (C), 104
círculo virtuoso, 95
clientes, 169
coachee, 10–22
coaching, 9–26
    melhorias, 9
    pesquisas, 28

coaching a distância, 367
coaching de grupos, 173
coaching de níveis executivos, 51–52
coaching e confiança, 318
coaching e mentoria internos, 77–78
coaching empresarial, 14–21
coaching executivo, 10
coaching focado em solução, 60–61
coaching internacional, 367
coaching pessoal, 255
coaching por e-mail, 66
coaching por telefone, 65
coaching por videoconferência, 66
coaching transcultural, 366
coach pessoal, 21
coerente, 279
colaboração, 10
Cometa 67P/Chryumov-Gerasimenko, 227
compaixão, 151
complexidade da empresa, 190
comunicação, 325–348
    efetiva, 324–325
    inconsciente, 326
    não verbal, 325–326
    verbal, 325–326
comunicações implícitas, 324
conceder contingência, 248
concorrentes, 170
confiança, 199–201
conflito, 319–320
conflito construtivo, 84
conflito destrutivo, 84
congelamento, 101–106
conjunto de ferramentas do século XXI, 311
consciência de pensamento, 130
consonância, 336–338
construtos auditivos (Ca), 104
construtos visuais (Cv), 104
contador de histórias, 173
contexto, 329
contratação, 50
contrato de coaching, 53–55
contrato psicológico, 169
contribuições da liderança, 135–138
conversa pré-contratual, 16
coração, 213
corda andon
    Toyota, 241

crenças limitantes, 210–222
criação de histórias, 210
criatividade, 176

D
Daniel Goleman, 141
decisões de compra, 169
declaração de missão, 206
declaração de visão, 206
declarações de valores, 216–218
definição cultural de sucesso, 254
definição pessoal de sucesso, 253
DeLorean DMC-12, 276
desalinhamento, 214
desejo profundo, 211
desenvolvimento contínuo, 301
desfalecimento, 102
detalhe, 228
Diagnóstico Simples de Riscos, 126
diálogo auditivo (Ad), 104
diálogo estruturado, 305–307
diálogo interno, 100–107
diferenças entre coaching e mentoria, 46–48
diferenças geracionais, 268
dinheiro, 247
discurso de elevador, 173
discussão de coaching, 169
disposição para aprender, 142–144
distância espacial, 33
distância hipotética, 34
distância social, 33
distância temporal, 32
distorções, 66
diversão, 146
diversidade cultural, 366

E
efeito cumulativo, 102
eficiência e sucesso, 255
ego, 147–149
    estados, 147
empatia, 151–152
empenho pela melhor compreensão, 325
empreendedorismo em série, 312–313
empresa de caráter social, 88–90
empresário-anjo, 303
empresas familiares, 82–85
empresa sustentável, 304

eneagrama, 133–134
  tipos, 134
equilíbrio, 80
equilíbrio trabalho-vida, 206
equipe, 169
equipe virtual de gênios, 201
Eric Barne, 147
escala, 193
escolha, 206
escuta, 47
escuta ativa, 334–336
esforço, 247
esforço de gerenciamento de relação, 310
esmagamento visual, 282
espaço criativo, 86
espaços de trabalho compartilhados, 315
essência, 211
estado, 98
  emoções e humores, 98
estado de desfalecimento, 118
estado de drama, 152–160
estado emocional, 98–99
estados de habilidades positivos, 152
estados de habilidades ruins, 152
estágio de contratação, 252
estar presente, 48–49
estoicidade, 152
estratégia, 191
  questões, 191
estresse, 94
estrutura mais profunda, 179
ética, 332
eventualidade, 228
excelência da marca, 282–283
excentricidade, 149–151
exigência profissional, 23–26
  checklists, 24–25
experiência claramente imaginada, 151
  evento real, 151
expressão de estrutura de superfície, 179

F
fala, 47
falsificações, 274
fatos, 177–186
feedback, 185–188
feedback em tempo real, 199
feedback negativo, 200

feeds, 355
ferramentas de gerenciamento
  risco, 124–126
filme de sucesso, 116
finanças, 80
fisiologia, 100–102
flexibilidade, 122–126
flexibilidade comportamental, 298
flexibilidade de coaching, 42
folha de visão geral, 126
fornecedores, 169
fuga, 101–106

G
ganho de conformidade, 324
generalização, 184
George Miller, 231
Geração X, 269
Geração Y
  millennial, 269
gerações VICA, 255
gerenciamento de relações, 316–317
gerenciar triangulações, 14
gestão de talentos, 76–77
gestão emocional, 47
globalização, 366
grande líder, 263–267
grau de adaptação, 123
grau de alinhamento, 213
Gregory Bateson, 218
Grupo LEGO, 83

H
habilidades do coaching, 47–51
hábito, 96
hierarquia, 269
história atual, 168
história de empresa, 166–171
história futura, 168
história originária, 168
histórias anteriores, 201
humildade desavergonhada, 292–293

I
idade produtiva, 299
identidade de marca, 281
identificar valores, 214–216
imagem mental, 327

Índice   387

imagem passada, 115
imagens internas, 100
   imagem mental, 113
imagens sugestivas, 112
incapacidade aprendida, 156–157
incoerência, 161
indicador-chave de desempenho (KPI), 276
influenciar, 337
informação em tempo real, 200
inimigos do aprendizado, 145–146
inoculação, 157
inspeção, 194
inteligência emocional, 141
   autoconsciência, 142
   QE, 141
interessado, 307–312
intraempreendedor, 85–88
intuição, 213

J
John DeLorean, 276
jornada, 173
jornalistas, 170

L
laços sociais localizados, 312
legado, 83–84
Lehman Brothers, 320
lembranças auditivas (La), 104
lembranças visuais (Lv), 104
líder, 93–94
liderança, 361–370
liderança adaptável, 123–124
liderança relacional, 298
liderança tóxica, 332
líder emergente, 269–270
líderes millennials, 269–270
líder sênior, 268–270
limitações, 55–56
linguagem, 176
linguagem hipnótica, 242
linguagem temporal, 243
linguagens diferentes, 338
linha temporal, 242–244
lista de responsabilidades, 127
localização, 108

locus de controle, 208–210
   externo, 208
   interno, 208
lucratividade, 276
ludificação, 150
   gamification, 150
luta, 101–106

M
Mandy Evans, 260
manipulação, 332
mapa da realidade, 178–179
   modelos inconscientes, 178
mapa mental, 202
mapa pessoal, 298
mapas de interessados, 313
mapeamento de interessados, 214
marca, 274–296
marca corporativa, 275
marcador temporal, 243
marca, marketing e venda, 275
marca pessoal, 274–294
marca pessoal de coaching, 275
Marianne Williamson, 292
marketing, 324
mascate, vii
matriz de fatores organizacionais, 195
Matriz de Fluxo, 81
matriz de liderança, 268
matriz de qualidades de liderança, 265–266
matriz de risco, 126
meditação, 118
meditação plena e consciente, 320
medo, 158–162
mensuração, 39
mentalidade da mentoria, 47–48
mentalidade de coaching, 52
mentorado, 22–23
mentor de liderança, 252
mentor e coach
   combinação, 252
mentoria, 11–26
mentoria informal, 8–9
mentoria organizacional, 8–9
metáfora, 142–155
metáfora de coaching, 287

metáfora náutica, 248
metamodelo, 182
metas inteligentes, 304–307
métodos de coaching, 42
mídia, 170
mídias sociais, 199–200
Mihály Csíkszentmihályi, 118
missão, 205–226
missão e visão
    exemplos, 225–226
mnemônico, 61
modelo, 201
    imitar, 201
modelo CLEAR, 58–60
Modelo Comportamental de Estado, 99–115
modelo de coaching, 57–65
Modelo de Degraus da Competência, 22
    competência consciente, 23
    competência inconsciente, 23
    incompetência consciente, 22
    incompetência inconsciente, 22
modelo de Níveis Lógicos, 218–224
    seis níveis, 219–221
        ambiente, 220
        capacidades ou competências, 220
        comportamento, 220
        crenças e valores, 221
        identidade, 221
        propósito, 221
modelo PEST, 238
momento de percepção, 156
monetizar o coaching, 38
Moonpig, 248
motivação, 107
motivação para agir, 342
mudança, 30
mudanças comportamentais, 326
Muhammad Yunus, 88
multitarefas, 231
mundo interior, 180

N

narrativa, 266
narrativa efetiva, 178
natureza do sucesso, 255–257
necessidades, 288–289

negociação e resolução de conflitos, 324
networking, 304–316
networking online, 316
neuroplasticidade, 110
neuroquímica, 103–106
neurotransmissores, 141
nicho, 274
nicho de coaching, 14
Nick Jenkins, 248
níveis de comprometimento e desejo, 305
níveis neuroendócrinos, 102
nível de influência, 308
nível organizacional, 123
nominalização, 107
nova onda de networking, 315

O

observação externa, 29–34
óbvio elusivo, 29–31
ocupação e eficiência, 255
ondas teta, 106
operadores modais, 334–342
opiniões, 177–186
oportunidades de negócios, 300
orçamento para treinamentos, 42
organizações tradicionais, 124
orientação, 133

P

padrões de comportamento, 300
padrões de excelência, 286
padrões sinestésicos, 94
palavras sensoriais, 339
papel de educador, 28–29
papel de protagonista, 155
paradigma de liderança, 133
partes interessadas, 168
passo e comando, 333
patrocinador, 308–312
Paul McKenna, 374
pensamento com propósito, 130–131
pensamento consciente, 325–327
pensamento construtivo, 32
    alto nível, 32
    baixo nível, 32

pensamento estratégico, 190–193
pensamento "fiz do meu jeito", 122–138
pensamento lento, 130
    nível de equipe, 133
    nível individual, 132
pensamento lúdico, 222
pensamento no nível de tarefa, 190
pensamento rápido, 130
    nível de equipe, 132
    nível individual, 132
pensamento reativo, 154
pensamentos poderosos, 263
pensamento visionário, 230
pequena organização, 201–204
Percorrer o Plano, 242
perguntas, 363
perguntas adequadas, 180–181
Perspectiva da Visão, 232–233
perspectiva do ouvinte, 329
Perspectiva do Planejamento, 233–234
perspectiva externa, 29–30
Perspectiva Independente, 235–245
perspectivas alternativas, 133–138
persuasão e influência, 332
pesquisa transderivacional, 181
Peter Hawkins, 58
Photobox, 248
planejamento, 231–236
    exercícios, 231–232
planejamento de cenário, 125
planejamento de sessão, 52
planejamento de sucessão, 76–77
plano adequado ao propósito, 229–241
plano de ação de marketing, 80
plano de aprendizado, 127
plano de autocuidado, 105
plano de coaching, 70–78
plano de desenvolvimento, 193
plano de negócios, 79
plano empresarial, 194
poder do pensamento positivo, 108
Polegares da Sabedoria, 144
ponto de incompetência consciente, 127
ponto ideal, 228
pontos cegos, 140–162
pontos fracos, 299

postura, 233–234
PPADAV, 246
praticar, 96
predicados, 338
pré-estruturação, 140–142
    regras, 141
princípio da navalha de Occam, 382
princípio de Pareto, 382
processamento interno de informação, 327–328
Processo de Valor Oculto, 39
procrastinar, 232
programação neurolinguística (PNL), 139–158
programas de coaching, 324
Project Management Institute (PMI), 311
propósito, 277–281
propósito comum compartilhado, 281
psicologia positiva, 118
psicologia social, 346
psiconeuroimunologia, 95
público-alvo, 275

Q

quatro afirmativas Toltec, 285
questionamento, 47
questões psicoterapêuticas, 117
Quociente de inteligência, 141

R

recontar sua história, 171–176
rede de contatos, 313
redes de contatos empresariais, 313–314
redes de contatos sociais, 313–314
reestruturar, 141
Regras de Mentalidade do Planejamento, 230
reinicialização de estresse 7/11, 105
relação coach-cliente, 304–307
relação de causa e efeito, 255
relação de patrocínio, 311–312
relações colaborativas, 312–314
relações com interessados, 308–310
relações gerenciais tríplices, 311
representação dramática, 155
    papel de herói, 155
    papel de vilão, 155
    papel de vítima, 155

reputação, 303
reputação da marca, 276
respiração, 102–103
respiração diafragmática, 132
responsabilidade, 199
ressonância harmônica, 293
resultado desejado, 328
retorno futuro, 40–41
retorno sobre investimento
    ROI, 34–41
retrospectiva antecipada, 33
reunião de planejamento, 240
reunião de projeto, 247
Richard Bandler, 139
Richard Branson, 380
Richard Thaler, 326
Robert Cialdini, 346
Robert Dilts, 218
Robert Holden, 255
Roger Kaufmman, 72

S
sessão, 52–56
sessão de contratação, 53
Shark Tank, 356
Sigmund Freud, 147
silêncio no coach, 365
Silicon Fen de Cambridge, 312
Simon Fuller, 274
Simon Sinek, 224
sinais de movimentação dos olhos, 104
sinergia, 312–314
sinestesia, 95
sistema de ativação reticular (SAR), 153
Sistema de Produção Toyota, 241
sistemas de representação, 338–342
Skype, 367
solidariedade, 151
Spencer Silver, 86
startups, 78–79
status do projeto, 247
Steve Crabb, 105
submodalidades, 113
sucesso, 253–270
    coisas, 253
    cultura, 254

destino, 255
experiências, 253
símbolos, 253
sucesso pessoal, 253–270
suposições, 66
supressão, 182
Swish
    padrão, 115–116

T
Tabela de Informações, 234–248
técnica da cadeira vazia, 321
TED, 355
tempo, 247
teoria no nível da construção, 30–34
terapia, 11–12
termos e condições padrão
    coaching, 376
termostato financeiro, 290–291
The Big Issue, 88
tom, 108
trabalho inteligente, 78
trabalho intercultural, 67
transparência, 170
treinamento de coach, 18

U
umbral financeiro, 290
Universidade de Cambridge, 313

V
Vale do Silício, 312
valor da marca, 276–289
valores, 206–226
valores corporativos, 212
valores operacionais, 213–218
    incoerência, 214
valores pessoais, 212
valor percebido da marca, 286–288
velocidade, 108
vendas, 324
vício no destino, 255
Victoria Beckham, 274
visão, 205–226
    comunicar, 224

visão cultural de mundo, 254
visão de mundo, 177
visualização guiada, 277
Volant Charitable Trust, 88
volume, 108

W
William de Occam, 382

Z
zona de conforto, 144

CONHEÇA OUTROS LIVROS DA PARA LEIGOS!

Negócios - Nacionais - Comunicação - Guias de Viagem - Interesse Geral - Informática - Idiomas

Todas as imagens são meramente ilustrativas.

SEJA AUTOR DA ALTA BOOKS!

Envie a sua proposta para: autoria@altabooks.com.br

Visite também nosso site e nossas redes sociais para conhecer lançamentos e futuras publicações!
www.altabooks.com.br

/altabooks ▪ /altabooks ▪ /alta_books

ALTA BOOKS
EDITORA

Este livro foi impresso nas oficinas gráficas da Editora Vozes Ltda.,
Rua Frei Luís, 100 – Petrópolis, RJ.